Beijing Logistics:
Status and Trends

北京物流

——现状与趋势

北京现代物流研究基地 编

北京大学出版社
PEKING UNIVERSITY PRESS

图书在版编目(CIP)数据

北京物流:现状与趋势/北京现代物流研究基地编.—北京:北京大学出版社,2013.12

ISBN 978-7-301-23612-3

Ⅰ.①北… Ⅱ.①北… Ⅲ.①物流-经济发展-研究—北京市 Ⅳ.①F259.271

中国版本图书馆CIP数据核字(2013)第308831号

书　　名:**北京物流——现状与趋势**
著作责任者:北京现代物流研究基地　编
责 任 编 辑:赵学秀
标 准 书 号:ISBN 978-7-301-23612-3/F·3803
出 版 发 行:北京大学出版社
地　　址:北京市海淀区成府路205号　100871
网　　址:http://www.pup.cn
电 子 信 箱:em@pup.cn　　QQ:552063295
新 浪 微 博:@北京大学出版社　@北京大学出版社经管图书
电　　话:邮购部62752015　发行部62750672　编辑部62752926　出版部62754962
印 刷 者:三河市博文印刷厂
经 销 者:新华书店
730毫米×980毫米　16开本　24.25印张　418千字
2013年12月第1版　2013年12月第1次印刷
定　　价:78.00元

编写人员名单

按姓氏笔画排序

王可山　王旭东　王晓芳　孙前进　安久意
李义福　李俊韬　张旭凤　张志勇　刘玉奇
刘　江　刘　俐　刘　旗　吴　非　郑进科
周三元　翁心刚　唐秀丽　童年成

编委会

目　录
Contents

上篇　总　述

下篇 专　　题

前　言

2005年4月由北京市商务局和北京物资学院联合编写并由新华出版社出版的《北京物流蓝皮书》，曾在社会上取得良好反响，这本书是北京市出版的第一本物流蓝皮书，该书于2006年获得北京市第九届哲学社会科学优秀成果奖。由于该书出版已近十年，首都城市发展特别是物流基本情况已发生较大改变，因此，结合现代物流发展新特点、新动向，与时俱进地对首都物流发展的新情况、新经验进行总结，研究首都物流业发展的特点和规律，为首都世界城市建设提供物流方面的发展思路而编写一本新的《北京物流》，是十分适时而有必要的。

《北京物流——现状与趋势》正是因应这一需要而完成的，该书分上、下两篇，上篇对北京物流发展总的背景、现状和趋势进行了概括和总结，下篇选择若干重点热点物流问题进行专题研究。第一章分析了北京物流发展环境，提出经济增长对物流需求拉动逐步由数量向质量转变，产业结构调整带动物流需求结构变化，物流基础设施日益完善、物流网络基本形成，物流配套政策相继出台、发展环境不断优化，电子商务改变传统流通模式；这些观点对于正确认识和把握物流发展的背景条件提供了明确判断。第二章用大量最新数据概述了北京物流发展总的基本情况，包括物流产业产出情况，如社会物流量、社会物流总额、物流业总收入、物流业增加值、物流费用占GDP的比重等，物流基础设施基本情况，如运输设施数量、仓储设施数量、物流企业数量等，在此基础上探讨了北京物流发展的五大趋势，即物流基础设施进一步完善、城市物流保障体系更加健全、专业化物流将获重点发展、物流总部经济特征更加显著、国际物流发展将成为北京一大优势。第三章按照北京市产业结构和物流需求的特点，指出北京物流的定位主要是立足北京，构建国际化大都市生活和生产服务的城市末端物流，形成辐射环渤海经济区，面向全国乃至世界的开放型现代物流体系。北京市物流基础设施主要由商贸物流、农产品物流、保税与国际物流三大部分构成。商贸物流由三个层次组成，最外层的是六环附近的物流基地，它主要解决多种运输方式之间的换载，是连接城市内部物流和辐射物流的几个重要的功能最强的结点。中间是五个综合物流区，解决多个产业的物流配送问题。最里层是为工业、商业、专业化冷链、化工等专业的物流配送区。农产品物流主要由九大农产品批发市场构成。保税与国际物流主要由天竺综合保税区、马坊物流基地、口岸等构成。

第四章分析了北京市农产品市场状况，包括历史演变、供需来源、存在问题、发展趋势，在此基础上探讨了繁荣稳定首都农产品市场的物流保障对策。第五章以食品安全及可追溯体系建设为重点，探讨了北京市食品可追溯体系建设现状、发展趋势以及完善首都食品可追溯体系的积极举措。第六章围绕北京建设国际商贸中心城市这一重要命题，探讨了物流业在国际商贸中心城市中的独特地位和作用，以及国际商贸中心城市建设所派生出的巨大物流需求，提出完善北京国际商贸中心城市物流体系的四大举措。第七章专门探讨了北京交通运输业现状和发展趋势，第八章探讨了北京仓储业现状和发展趋势，这两个产业是物流业的核心，也是物流业中的“基础产业”和“传统产业”。首都运输业的主要问题是基础设施（交通运输设施）投资欠账、“大城市病”（交通拥堵）、道路运输企业规模偏小从而效率偏低、运输管理上的部门掣肘和社会成本偏高等问题，仓储业的主要问题是结构问题、布局问题、资源整合问题等，解决二者的共通举措是加大投入、深化改革、大力推进信息公共平台建设。第九章研究了北京物流业发展中的一个新生事物即物流金融问题，概略梳理了北京地区物流金融开展情况、存在问题，探讨了首都物流金融发展的四个新动向，即互联网金融的发展促进物流金融业务进一步发展与创新、物流公司收购银行独立进行物流金融业务将成为可能、物流金融业务逐步规范物流金融风险将得到控制、大型物流公司物流金融系统与银行物流金融系统对接。第十章以商业连锁与商品配送为研究对象，探讨了首都连锁经营与商品配送的发展历程、现状特点、欠缺不足以及发展趋势，提出了进一步完善连锁经营与商品配送的对策建议。

第十一章以当前获得社会广泛关注的电子商务物流发展问题为研究对象，

总结了首都电子商务发展的现状和特点，分析了电子商务企业的物流运营模式，以及首都快递企业发展的现状和存在问题，并在此基础上展望了电子商务物流发展的未来前景。第十二章以当前迅速发展的冷链物流为考察对象，总结了北京市冷链物流需求特点和发展现状，北京市冷链物流服务体系现状和服务能力，在此基础上分析了北京市冷链物流发展趋势，即从宏观的政策扶持到微观的设计与选用注重冷链设施设备的适用性、提高冷链物流服务质量积极推进城市冷链物流共同配送、鼓励冷链物流技术创新积极推广各环节冷链技术的运用、提高冷链物流市场化程度加强冷链物流市场管理、完善冷链政策和监管机制提高冷链行业管理规范性。

第十三章总结了北京公共物流信息平台建设现状、取得的成绩，分析了北京公共物流信息平台建设中存在的问题和不足，探讨了未来信息技术发展创新趋势，并提出首都物流公共信息平台下一步建设建议。第十四章以北京应急物资保障体系构建为切入点，首先对北京应急物资保障体系的体系发展和认识发展进行了回顾，接着总结了北京应急物资保障体系建设的现状，包括应急物资储备体系现状、运输体系现状、应急法规与预案体系现状、应急物资信息体系现状、应急组织指挥体系现状，在此基础上，分析并提出了北京应急物资保障体系改进建议。第十五章对北京城市垃圾回收物流的现状、问题及改进措施进行了探讨，城市垃圾处理是一个世界性难题，也得到世界各国从中央到地方政府的普遍重视，而垃圾回收包括城市垃圾回收系统建设则相对被人们忽视，本章以独特的视角和大量的数据总结了北京垃圾产生的数量和结构分布，概括分析了北京垃圾回收物流体系的现状和存在问题，并在此基础上提出了北京垃圾回收物流体系的改进建议。第十六章对北京物流教育、人才培养问题进行了总结，包括北京物流教育的历史演变，北京物流人才供、需现状，在此基础上分析了物流人才发展新趋势，并提出了首都物流教育发展对策。

目 录

Contents

Part one Overview

上篇　总述

2013

第 1 章

北京物流发展环境分析

北京是全国重要的交通枢纽和全国性物流节点城市，物流资源丰富，区位条件优越。北京物流业经过多年的发展，取得了较为显著的成绩，物流业成为首都经济的重要组成部分，在促进产业结构调整、转变经济发展方式和增强城市竞争力等方面发挥着重要作用。大力发展现代物流业，对于优化发展环境、带动产业升级、降低流通成本、普遍提高经济运行的质量和效益、增强城市综合服务保障能力，具有十分重要的意义。

改革开放 30 年以来，北京物流经历了粗放式的自由发展阶段——加强规范管理阶段——注重质量的发展阶段，实现了从传统物流业向现代物流业的转变。2000 年以前物流发展基本处于自由发展时期。进入 21 世纪以后，随着《北京市商业物流发展规划(2002—2010 年)》和《北京市"十一五"时期物流业发展规划》的颁布实施，北京市开始重视政府引导物流产业发展，重视物流相关的基础设施、基本平台、人才培养、货物运输、物流基地/园区等的建设，开展了对北京市物流产业的统计研究，北京物流从粗放式的自由发展转向规范管理阶段发展。2005 年以后，《北京物流业调整与振兴实施方案》(京政发[2010])的实施，加速了物流业快速发展的进程。进入"十二五"时期，物流的政府引导作用进一步增强，随着《北京市"十二五"时期物流业发展规划》的颁布实施，北京市物流产业发展进入快速发展时期。物流业以服务中国特色世界城市建设为目标，加速推进物流业结构调整与创新，更加注重物流系统运行效率的提高和服务保障能力的增强，物流业进入重视质量的发展时期。

随着北京经济的快速发展和世界城市及国际商贸中心城市建设进程的加快，将会产生巨大的现代物流需求，从而为物流产业发展提供广阔空间，同时也拉动物流业向高效、集约、低碳方向迈进，促进北京物流业整体水平的提升。

1.1 经济增长对物流需求拉动逐步由数量向质量转变

物流需求是一种派生需求，产生于工商企业和事业部门的事业经营以及个人和家庭的生活需要，物流需求的规模与质量同经济发展水平紧密相关，物流快速发展有赖于社会经济环境的支撑。

进入21世纪以后，北京经济继续保持快速、健康发展，经济实力显著增强，宏观经济效益不断改善。2011年北京市地区生产总值达到了16 251.9亿元（见表1-1），比上年增长15.15%。产业结构逐步朝着增大第三产业比重的方向发展，居民生活质量和城市建设水平不断提高。

表1-1 2000—2011年北京GDP和货运周转量的变化

年 份	2000	2001	2002	2003	2004	2005
GDP（亿元）	3 161.7	3 708.0	4 315.0	5 007.2	6 033.2	6 969.5
货运周转量（万吨公里）	2 996 414	3 159 848	3 405 498	3 620 777	4 022 791	4 577 370
年 份	2006	2007	2008	2009	2010	2011
GDP（亿元）	8 117.8	9 846.8	11 115.0	12 153.0	14 113.6	16 251.9
货运周转量（万吨公里）	4 231 243	4 490 390	4 542 168	4 412 317	5 136 580	6 169 272

经济快速发展必然会对物流产生影响，这种影响主要体现在数量和质量两个方面。就数量而言，2011年北京市货运周转量达到6 169 272万吨公里。从近十年的GDP与货运周转量的数据分析来看（见图1-1），货运周转量的增长趋势与GDP增长趋势大致相同，随着经济总量的增长，货运周转量也会相应增长。但是自2000年以来的11年间，北京GDP增长了4.14倍，货运量增长了1.05倍。尽管北京经济在近十几年持续大幅度增长，但货运总量的变化却一直比较平稳。

由此看出北京经济发展与货运量之间的关系，随着经济总量的增长，货运量也会相应增长，当经济发展到一定阶段以后，经济总量的增长对货运量的拉动作用已经十分微弱。这种关系特点说明，北京经济总量增长对物流需求的影响，已经由数量拉动逐步向质量提升转变。

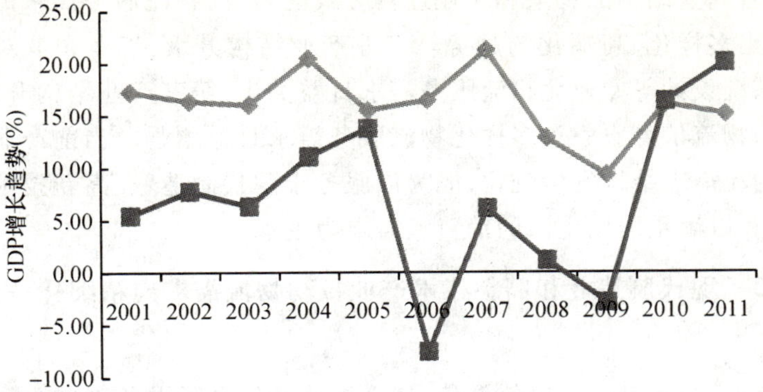

图 1-1　北京市 GDP 与货运周转量增长变化趋势

资料来源：根据《北京统计年鉴 2012》数据进行整理。

1.2　产业结构调整带动物流需求结构变化

1.2.1　物流需求结构以生产型和消费型需求为主

20 世纪 90 年代以来，为适应市场环境的变化，北京市逐步进行了产业结构调整，确立了以大力发展高新技术产业和现代制造业，加快发展现代服务业，大幅度提升产业综合竞争力的发展目标，调整效果比较明显。2011 年，三大产业的比重分别为 5.2%、42.3% 和 52.5%（见表 1-2），二产和三产占的比重较大，三产比重最大。

表 1-2　北京市产业结构和经济总量变化　　单位：亿元

类　别	1995 年	2000 年	2005 年	2010 年	2011 年
地区生产总值	1 615.7	3 161.7	6 969.5	14 113.6	16 251.9
第一产业	83.5 (5.1%)	79.3 (2.5%)	88.7 (1.3%)	124.4 (0.9%)	136.3 (5.2%)
第二产业	683.1 (42.3%)	1 033.3 (32.7%)	2 026.5 (29.1%)	3 388.4 (24 %)	3 752.5 (42.3%)
第三产业	849.1 (52.6%)	2 049.1 (64.8%)	4 854.3 (69.6%)	10 600.8 (75.1%)	12 363.1 (52.5%)

注：括号内数字表示各类产业占 GDP 的比重。

资料来源：《北京市统计年鉴 2012》。

伴随着产业结构的调整和企业经营方式的转变,物流服务需求的结构和质量也呈现出多样化、高端化的趋势。工业产业结构升级,工业企业对于库存管理、物流系统设计等专业化物流服务需求日益突出;第三产业结构升级,对电子商务物流、物流信息服务等多样化物流服务需求日益增强。当前产业结构的调整,导致物流需求结构发生变化,成为以服务于现代制造业、高新技术产业等生产型需求和以满足居民生活的消费型需求为主。

1.2.2 现代制造业和高新技术产业拉动物流需求向精细化、一体化方向发展

北京市已初步形成了通信设备、计算机及其他电子设备制造业和汽车制造业为主导的现代制造业及电子信息、生物工程和新医药、光机电一体化、新材料、环保与资源综合利等现代产业和高新技术产业。现代制造业和高新技术产业所创造的产品附加值高,单位价值量大,市场周期短,市场风险相对较高,因而对于现代物流服务的质量要求也非常高。加之企业进行全球采购和销售的比重越来越大,致使企业在采购、库存、商品配送等领域的运作方式发生了根本性转变。缩小库存周期,加快流通速度,提高物流服务的准确性和快速反应程度,成为高附加值商品对物流服务的基本要求。这种要求拉动物流需求向精细化、一体化方向发展。

同时,为了满足这种要求,企业在选择运输方式的时候,更倾向于汽车运输和快速的航空运输。这一点可以从货运周转量的变化上反映出来(见图1-2)。在铁路运量呈下降趋势的同时,公路自2000年开始出现下降趋势,自2004年以后趋于平稳,航空货运量保持上升趋势,航空货运量占货运总量的比重由1995年的23.6%上升到2001年的26.2%,航空货运量的比重由2.3%上升到17.2%。

1.2.3 消费型物流需求对城市配送提出更高要求

2011年北京市常住人口2018.6万人,比上年增长2.9%,庞大的消费群体产生了巨大的消费需求。2011年北京社会消费品零售额达到6900.3亿元,比上年增长10.8%(见表1-3)。

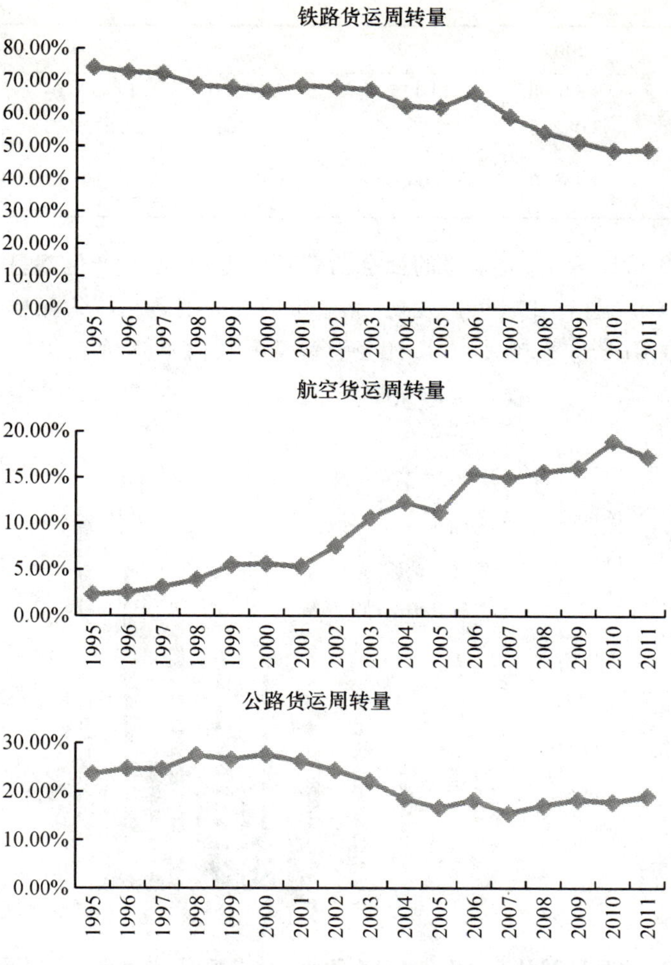

图 1-2　1995—2011 年北京市货运结构的变化

资料来源:《北京市统计年鉴》(1996—2012 年)。

表 1-3　北京市 2001—2011 年 GDP、工业生产总值与社会消费品零售额

单位:亿元

年　份	2001	2002	2003	2004	2005	2006
GDP	3 708.0	4 315.0	5 007.2	6 033.2	6 969.5	8 117.8
工业生产总值	938.8	1 021.2	1 224.5	1 554.7	1 707.0	1 821.8
社会消费品零售额	1 831.4	2 005.2	2 296.9	2 626.6	2 911.7	3 295.3

（续表）

年份	2007	2008	2009	2010	2011
GDP	9 846.8	11 115.0	12 153.0	14 113.6	16 251.9
工业生产总值	2 082.8	2 131.7	2 303.1	2 764.0	3 048.8
社会消费品零售额	3 835.2	4 645.5	5 309.9	6 229.3	6 900.3

由图 1-3 可以看出，北京市的社会消费品零售额、工业产值都呈逐年增加趋势。二者同 GDP 进行比较可以发现，北京市的社会消费品零售额要超过工业产值，并且所占 GDP 份额较大，本市社会消费品零售总额连续三年居全国城市之首。这表明北京是一个特大型消费型城市。

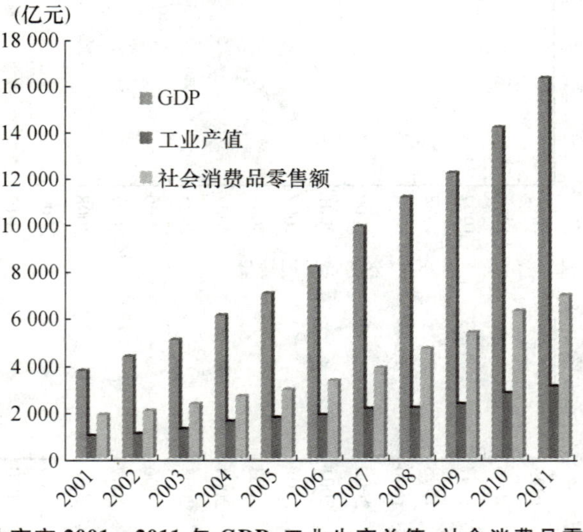

图 1-3　北京市 2001—2011 年 GDP、工业生产总值、社会消费品零售额趋势

北京市作为特大型消费型城市，人口多，对生活物资需求量大，对城市物流配送提供了巨大需求。从物流需求的结构来看，服务于消费型城市的物流需求，商品配送以多品种小批量为主，对市内承载工具、信息化程度、时效性要求都较高，因而对城市配送提出更高的要求。

世界城市和国际商贸中心城市建设、居民收入水平的提高和人们消费观念的变化，也将促进多元化消费方式特别是以电子商务为代表的新型消费方式的发展，为农产品物流、冷链物流、电子商务物流、居民消费“最后一公里”物流等带来巨大的发展潜力。

1.3　基础设施日益完善　网络格局基本形成

2011年北京市完成全社会固定资产投资5 910.6亿元，比上年增长7.6%。其中，基础设施投资1 400.2亿元，占全社会固定资产投资的比重为23.7%。主要投向交通运输和公共服务业，其中，交通运输投资680.7亿元，占基础设施投资的48.6%；公共服务业投资379.4亿元，占基础设施投资的27.1%。交通运输投资的持续加大，使公共运输环境得到改善。此外，首都第二机场的建设必将大大改善航空运输业的环境。

作为全国重要的交通枢纽，北京市已基本形成公路、铁路、航空互为补充的综合立体交通网络。截至2011年年末，全市公路总里程达21 347.1公里，公路线路10 065条；铁路运营里程达到1 067公里；规模以上专业物流企业、商业企业和工业企业自有仓储面积（含仓库和货场）达到3 055.9万平方米；拥有货运车辆4.2万辆，其中冷藏车、集装箱运输车等专用车辆1万辆；拥有起重机、叉车等装卸设备3.6万台（见表1-4）。

表1-4　北京市物流基础设施变化情况

指　标	计量单位	2011年	2010年	2006年	增长(%)
铁路里程	公里	1 067	956	962	-0.6
公路里程	公里	21 347.1	21 114.0	20 502.6	3.0
公路线路条数	条	10 065	9 833	9 583	2.6
民航	条	576	798	937	-14.8
管输里程	公里	3 496.5	3 423.5	2 151.8	59.1
管道线路条数	条	15	15	10	50.0
规模以上单位物流基础设施情况					
自有仓储面积	万平方米	3 055.9	3 099.9	1 676.4	84.9
货运车辆数	辆	42 074	41 858	27 011	55.0
普通货车数	辆	31 673	32 472	18 691	73.7
专用货车数	辆	10 401	10 793	8 320	29.7
装卸设备台数	台	35 998	35 026	22 860	53.2
物流计算机管理系统套数	套	1 697	1 966	1 386	41.8

资料来源：《北京统计年鉴2011》。

北京市加快顺义空港、通州马驹桥、平谷马坊和大兴京南等物流基地以及十八里店物流中心、西南物流中心等一批物流中心(综合物流区)和配送中心(专业物流区)的规划与建设,形成了以物流基地、物流中心为载体,专业物流为特色的多层次节点布局,以及与交通线网有效衔接的物流网络。点、线、面相互协调的“三环、五带、多中心”的物流设施空间格局基本建立。

1.4 配套政策相继出台 发展环境不断优化

(一) 物流规划相关政策

近年来,物流业越来越受到各界的重视,物流发展的政策环境也得到了很大的改善。2006年3月,十届全国人大四次会议通过了《国民经济和社会发展第十一个五年计划纲要》,其中将“大力发展物流业”单列出来。这是物流产业地位首次在国家规划层面得到确立。《北京市国民经济和社会发展第十一个五年规划纲要》也将“发展现代物流业”作为“发展现代服务业”的一个重要内容单列出来,提出“着重整合物流资源,提升物流效率,重点推进顺义空港、通州马驹桥等公共物流园区建设,形成物流基地、物流中心和配送中心互为补充、协调发展的物流基础设施格局。大力发展产业物流,积极推进国际物流和航空物流,重点优化都市配送物流。以信息技术和供应链管理技术为核心,显著提升物流企业的专业化、信息化和社会化水平,加快培育一批重点企业”。同时也提出,注重农产品物流、建立农产品物流中心,开展北京与其他地区的物流合作以及建立空港等一系列物流基地等内容。

北京市“十一五”时期物流业发展规划出台,对北京市物流业发展做出了具体部署。规划分析了北京市物流业发展的良好基础,指出了北京市物流业发展的历史机遇和主要挑战。在此基础上,对空间布局进行规划,形成了“三环、五带、多中心”的物流格局。

北京市“十二五”物流发展规划提出以直接关系民生的城市保障型物流设施、物流公共基础设施、物流产业结构调整、信息化提升和先进技术应用示范等项目为重点,加大政府扶持力度。拓宽投融资渠道,鼓励社会资金投向物流行业。支持金融、担保机构为物流企业发展提供融资服务,改善物流企业融资环境。对纳入规划的物流基地、物流中心、配送中心等重要物流设施建设用地给予重点保障,提高土地使用效率。鼓励将工业企业旧厂房、仓库和存量土地资源用于发展物流业。

（二）税收政策

为贯彻经国务院批准，国家发改委等九部门联合印发的《关于促进我国现代物流业发展的意见》的精神，进一步落实国家税务总局《关于试点物流企业有关税收政策问题的通知》（国税发［2005］208号）的有关政策，扩大物流税收政策的试点范围，国家发改委与国家税务总局组织开展了第四批物流企业税收试点工作。

2008年年底国家税务总局下发了《试点物流企业名单（第四批）的通知》（国税函［2008］907号），公布了第四批试点物流企业名单184家，其中北京上榜的有10家物流企业。在运输、仓储等享受税收优惠。同时，北京市也规定，对于一定标准以上的第四方物流企业，享受一次计税的方式，而不进行重复征税。在财政补贴方面，《北京市商业流通发展资金使用管理办法》和《北京市公共物流基础设施建设资金管理实施办法》都将物流业的开展和物流设施的建设列为重点支持对象。

为有效应对国际金融危机，2010年制定出台《北京市物流业调整和振兴实施方案》。建立现代物流工作联席会议制度，对物流业发展的推进和协调力度明显加大。扩大税收试点企业范围，实现物流企业差额纳税。截至“十一五”期末，本市已有税收试点物流企业47家。实施促进物流业发展的鼓励政策，实现物流企业水、电、气、热与工业企业同价，降低物流企业经营成本。

2012年9月1日起，北京交通运输业和部分现代服务业实行营业税改增值税试点。规定从事交通运输业和部分现代服务业的纳税人自新旧税制转换之日起，由缴纳营业税改为缴纳增值税；在现行增值税17%和13%两档税率的基础上，新增11%和6%两档低税率，交通运输业适用11%税率，部分现代服务业中的研发和技术服务、信息技术服务、文化创意服务、物流辅助服务、鉴证咨询服务适用6%税率，部分现代服务业中的有形动产租赁服务适用17%税率。营改增后，交通运输行业由原来3%的营业税，变成现在11%的增值税。

1.5 电子商务改变传统商业模式

2011年电子商务延续2010年快速发展态势，同时呈现出多种新的趋势，全年市场交易规模达到6.5万亿元，同比增长35.42%（见表1-5，图1-4）。电子商务行业将进一步成熟，规模化和精细化将是主要特色。同时，伴随着互联网基础服务的不断成熟、LTE网络以及移动支付等创新型支付方式的出现，我国电子商务正处于成熟化的关键阶段,2012 年伴随物联网技术在全国范围的应用推广,势必引爆我国电商行业新的增长点。预计未来 3—5 年,电子商务市场仍将维持稳定的增长态势,平均增速达到 35% 以上(见表 1-5),预计 2015 年达到 27.5 万亿元。大型电子商务企业需要更为集中的大型仓储及分拨设施,由于土地价格、劳动力成本等因素,并且考虑到区域辐射功能,部分电商将仓库向北京周边地区转移。

表 1-5 2008—2015 年电子商务市场交易规模

年　份	2008	2009	2010	2011
交易规模(万亿元)	3.15	3.7	4.8	6.5
增长速度(%)	—	17.46	29.73	35.42

资料来源:艾瑞咨询统计数据。

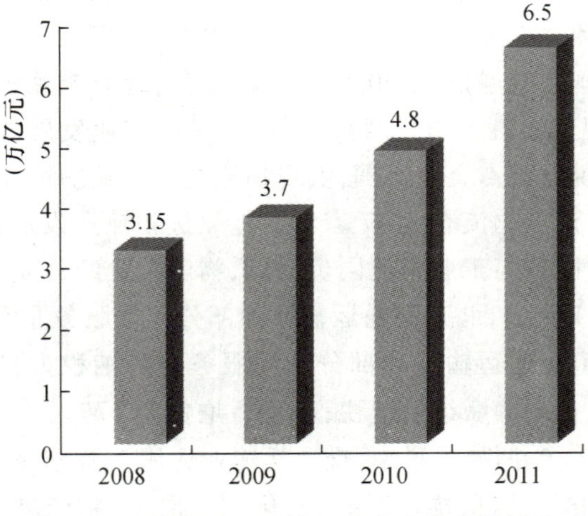

图 1-4 2008—2015 年电子商务市场交易规模

资料来源:艾瑞咨询统计数据。

第 2 章

北京物流发展现状和趋势

2012 年年末，北京市常住人口达到 2 069.3 万人。当年，北京 GDP 增速为 7.7%，比 2011 年 8.1% 略降，GDP 总量达到 17 801 亿元，人均 GDP 达到近 1.38 万美元，接近富裕国家水平。

随着北京城市规模的持续扩大、经济的发展与国际影响力的提升，国际化进程步入更高阶段，北京市政府明确提出建设世界城市、打造国际商贸中心城市的目标。物流业作为城市发展的基础支持产业，对北京城市目标的实现起着极为重要的基础性的支撑作用，其发展水平与层次直接影响着世界城市目标的实现。

自 2000 年北京市政府开始重视物流体系的规划和建设以来，北京物流基础设施日益完善，行业规模迅速增长，运行效率不断提高，成功服务了 2008 年北京奥运会和国庆六十周年庆典等重大活动，服务保障能力明显提升，总体上呈现平稳较快发展态势，也为支撑首都经济发展、便利居民生活发挥了重要作用。

相对于其他城市，北京市物流有以下几点比较明显的特征：物流总量巨大；物流基础设施比较先进、健全；以货物进口及外省市进京物流为主；消费型城市物流特征明显；物流总部经济特征明显；物流科研、教育力量雄厚。

2.1 北京物流业发展现状

2.1.1 北京物流业总体情况

（一）北京市社会物流量

北京市2011年的货运量达到2.68亿吨，相对于2007年增长了29.3%，平均年增长6.7%。[①] 其中汽车货运量占总货运量的86.7%，达到了2.33亿吨，相对2007年货运量增长30.2%，平均年增长7.0%；铁路货运量占总货运量的5.1%，为0.14亿吨，其总量和占比逐渐降低，平均每年降低7.9%；民航货运量增长了34.7%，年平均增长8.6%；管道货运量增长135.5%，达到0.20亿吨，占总货运量的7.7%，处于快速增长中，年平均增长25.1%，如表2-1所示。

表2-1　2006—2011年北京市货物量　　单位：万吨

指标＼年份	2006	2007	2008	2009	2010	2011
铁　路	1 956	1 925	1 733	1 635	1 572	1 380
公　路	30 953	17 872	18 689	18 753	20 184	23 276
民　航	89	98	93	98	130	132
管　道	549	875	1 369	1 531	1 827	2 061
合　计	33 547	20 770	21 885	22 017	23 712	26 849

资料来源：《北京统计年鉴2012》。

北京市2011年的货运周转量达到616.9亿吨公里，相对于2007年增长了37.4%，平均年增长8.7%。其中铁路货运周转量占总货运周转量的50.5%，达到311.3亿吨公里，相对2007年货运量增长16.0%，平均年增长4.5%；公路货运周转量占总货运周转量的21.4%，为132.3亿吨公里，增长66.9%，平均每年增长14.1%；民航货运周转量增长了26.3%，年平均增长7.2%；管道货运周转量增长97.6%，达到125.8亿吨公里，年平均增长18.7%，如表2-2所示。

① 2006年首钢等大型企业启动整体搬迁，对公路运输统计数据影响较大，不列入变化趋势计算。

表 2-2　2006—2011 年北京市货物周转量　单位：万吨公里

年份 指标	2006	2007	2008	2009	2010	2011
铁　路	2 625 719	2 684 862	2 535 249	2 293 902	2 574 567	3 113 203
公　路	885 991	792 883	840 878	878 887	1 015 944	1 323 259
民　航	335 693	376 074	356 744	355 257	482 467	474 856
管　道	383 840	636 572	809 297	884 271	1 063 602	1 257 955
合　计	4 231 243	4 490 390	4 542 168	4 412 317	5 136 580	6 169 272

资料来源：《北京统计年鉴 2012》。

综合表 2-1 和表 2-2，可以看出北京市货运以汽车运输为主，主要实现近距离运输；铁路运输货运量小，但货运周转量较大，主要实现长途运输。民航运输持续平稳增加，管道运输增长较快。

（二）北京市社会物流总额

北京市社会物流总额和物流业务收入总体呈现逐年上升趋势，如表 2-3 所示，2011 年全市社会物流总额达 5.96 万亿元，较 2006 年的 2.54 万亿元增长 134.7%，年平均增长 19.5%，呈现快速上升的趋势。

表 2-3　2006—2011 年北京市社会物流总额及构成情况　单位：亿元

年份 指标	2006	2007	2008	2009	2010	2011
社会物流总额	25 406.4	30 553.6	41 005.7	38 442.7	50 424.7	59 624.5
农产品	224.0	231.2	260.0	269.4	280.2	310.2
工业品	7 511.6	8 669.9	9 201.4	9 577.9	11 390.9	12 327.9
进口货物	9 386.8	10 951.5	14 880.6	11 366.8	16 649.1	21 344.4
再生资源	257.3	229.5	288.4	67.9	69.3	105.4
外省市流入物品	7 971.5	10 409.2	16 283.4	17 064.1	21 909.6	25 387.0
单位与居民物品	55.2	62.3	91.9	96.6	125.6	149.6

资料来源：据《北京统计年鉴》资料整理。

2011 年，北京全市社会物流总额达 59 624.5 亿元，比上年增长 18.2%，增速比上年降低 13 个百分点。其中，工业品、进口货物和外省市流入物品物流额分别为 12 327.9 亿元、21 344.4 亿元和 25 387 亿元，比上年分别增长 8.2%、28.2% 和 15.9%，增速分别回落 10.7 个、18.3 个和 12.5 个百分点。

从图 2-1 全市社会物流总额各项指标占比情况来看，工业品、外省市流入物品和进口货物一直是北京社会物流总额的三大组成部分。到 2011 年,工业品、外省市流入物品和进口货物占到了北京社会物流总额的 99%。2006—2011 年,工业品占比由 30% 降到了约 21%,外省市流入物品由 31% 提高到 43%,进口货物占比变化不大。这说明北京作为一个特大的消费型城市,其对外省市的依赖越来越高,而自身工业生产所占比重越来越低。

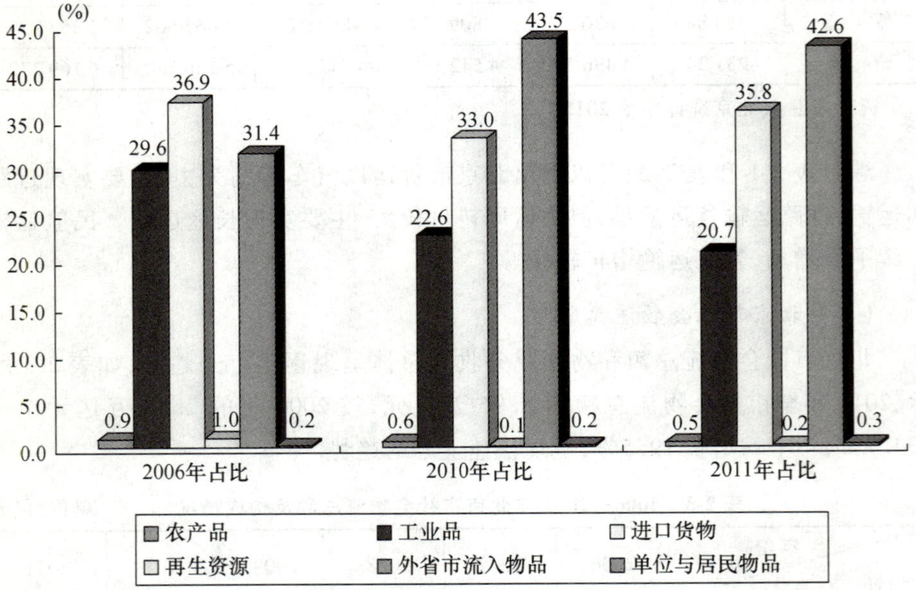

图 2-1 北京市社会物流总额各项指标占比情况

资料来源:据北京统计年鉴资料整理制作。

(三)北京市物流业务总收入

北京市物流业务收入总体呈逐渐上升趋势,如表 2-4 所示,2011 年全市物流业务收入达 1 891.1 亿元,较 2006 年的 1 007.9 亿元增长 87.6%,年平均增长 14.0%。

表 2-4 2006—2011 年北京市物流业务收入情况 单位:亿元

年份 指标	2006	2007	2008	2009	2010	2011
物流业务收入	1 007.9	1 153.2	1 365.3	1 299.8	1 686.1	1 891.1
运输收入	723.0	802.7	996.3	973.3	1 214.1	1 467.6
保管收入	284.9	344.3	362.5	321.7	463.1	406.3
一体化物流业务收入	0.0	6.2	6.5	4.9	9.0	17.1

资料来源:据《北京统计年鉴》资料整理。

在北京市物流业务总收入中，运输收入一直维持在较高的比例，平均达到了73%的水平，并有缓慢提高的趋势。保管收入平均达到了26%的比例，但其占比有逐步降低的趋势。一体化物流业务收入目前所占比例还很低，2011年为0.9%，但其发展比较迅速。

（四）北京市物流业增加值

北京市物流业增加值由2006年的368.0亿元增加到2011年的562.5亿元（见表2-5），增长52.9%，年均增长9%。其中，交通运输、邮政、仓储业增长40.4%，年均增长7.2%；流通加工、配送、包装业增长114.6%，年均增长17.7%，明显高于行业整体增幅。

表2-5　2006—2011年北京市物流业增加值及构成　单位：亿元

物流业增加值＼年份	2006	2007	2008	2009	2010	2011
合计	368.0	383.5	423.4	427.7	493.7	562.5
交通运输、邮政、仓储业	306.2	318.1	324.2	326.1	382.9	429.9
流通加工、配送、包装业	61.8	65.4	99.2	101.6	110.8	132.6

资料来源：据《北京统计年鉴》资料整理。

（五）北京市社会物流总费用与GDP的比率

北京市物流效率不断提高，社会物流总费用与GDP的比率由2006年的17.7%下降到2010年的15.5%，低于全国平均水平2.3个百分点，2011年更进一步降低为15.1%，促进了首都经济社会发展环境的进一步优化和企业运行效益的普遍提高。

2011年，全市社会物流总费用与地区生产总值的比率稳中有降。北京市社会物流总费用为2 446.3亿元，比上年增长12.2%。其中，运输费用为1 695.1亿元，同比增长19.4%；管理费用为220亿元，同比增长11.9%；保管费用为514亿元，同比下降7.6%。社会物流总费用与全市地区生产总值的比率为15.1%，比上年降低0.4个百分点（见图2-2），表明2011年北京市物流业总体运行效率比上年有所提高。

（六）北京市物流从业人员统计

2011年，北京市物流从业人员为50.6万人（见表2-6），比2006年增长了18.8%，年均增长3.6%。其中，交通运输、邮政、仓储业从业人员33.9万人，占物流业从业人员总数的67%；制造业、批发和零售业物流从业人员16.7万人，占物流业从业人员总数的33%。

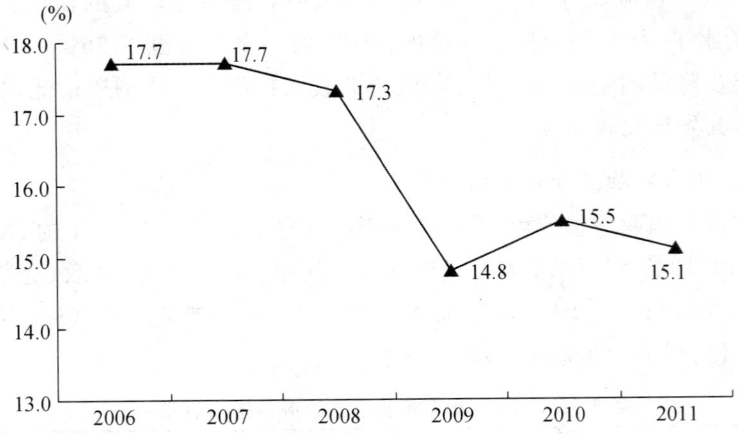

图 2-2 2006—2011 年全市物流总费用与地区生产总值之比

资料来源：据北京市统计局《2011 年北京市物流统计报告》制作。

表 2-6 2006—2011 年北京市物流业从业人员 单位：万人

指标＼年份	2006	2007	2008	2009	2010	2011
物流业从业人员	42.6	46.3	45.1	47.5	48.6	50.6
交通运输、邮政、仓储业	27.3	28.7	28.8	30.0	31.2	33.9
采掘业、制造业、批发和零售业	15.3	17.6	16.3	17.5	17.4	16.7

资料来源：据《北京统计年鉴》资料整理。

2.1.2 北京物流基础设施现状

（一）北京市交通运输网络概况

北京作为全国重要的交通枢纽，已基本形成公路、铁路、航空互为补充的综合立体交通网络，2006 年与 2011 年交通运输基础设施详细情况如表 2-7 所示。截至 2011 年年底，境内道路总里程达到 2.8 万公里，年内净增 539 公里。公路里程达到 2.1 万公里，年内净增 234 公里，公路路网密度已达 130.1 公里/百平方公里；在全部公路中，等级公路比重达到 99%；年末高速公路达到 912 公里，年内净增 9 公里。铁路运营里程达到 1 067 公里，年内净增 110.7 公里。

表 2-7　2006 年与 2011 年全市交通运输基础设施变化情况

指　标	2006 年	2011 年	增长(%)
铁路里程(公里)	961.7	1 067.0	10.9
公路里程(公里)	20 502.6	21 347.1	4.1
公路线路(条)	9 583	10 065	5.0
管输里程(公里)	2 151.8	3 496.5	62.5
管道线路(条)	10	15	50.0

注:①铁路里程为营业里程;②管道长度为管输里程。

资料来源:据《北京统计年鉴》资料整理。

(二) 北京市仓储设施概况

2011 年 11 月,北京市商务委员会与北京市发展和改革委员联合发布了《北京市"十二五"时期物流业发展规划》,明确了北京市四大物流基地基础设施,包括顺义空港物流基地、平谷马坊物流基地、通州马驹桥物流基地、大兴京南物流基地。规划中指出"继续强化以航空货运枢纽型为特征的空港物流基地功能,加快推动马驹桥、马坊物流基地海陆联运体系建设,提升京南物流基地公铁联运的服务功能"。

2012 年,北京物资学院现代物流研究基地对北京市仓储设施进行了一次调研。本次调研采用了 GIS 技术,使用卫星地图对北京市仓库进行了普查,共调研 595 个企业仓库聚集区、2 611 座仓库,仓库总投影面积约 1 024 万平方米。

根据本次调研,北京市二环内已经没有成规模仓库存在,二环和三环之间仓库分布仅占北京市仓库分布面积的 0.3%,三环至四环之间占 1.0%,四环至五环之间占 20.3%,五环至六环之间占 56.1%,六环以外占 22.4%,如图 2-3 所示。

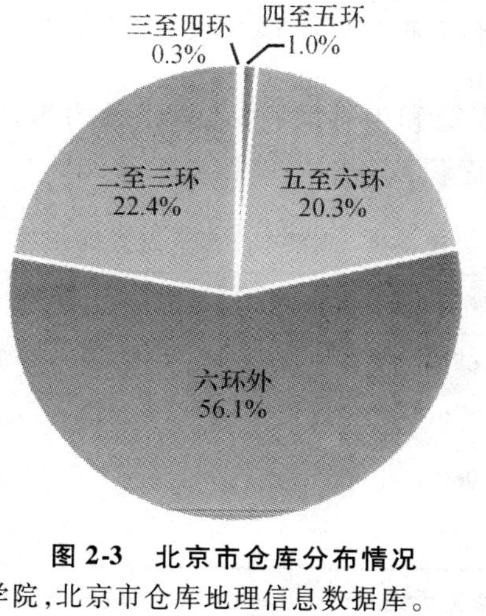

图 2-3　北京市仓库分布情况

资料来源:北京物资学院,北京市仓库地理信息数据库。

北京市仓库布局已经在西南、东南、东北三个方向形成了相对集中的区域。西南方向自丰台五里店、沿五环至西红门、再沿京开高速至大兴,形成了块状分布。东南方向在马驹桥形成了一个非常密集的仓储集中区域,自十八里店向东到朝阳区黑庄户、再到双桥形成了一个比较密集的带状分布。在空港区域则以首都机场为依托,在机场北侧到西侧形成了集中的仓库分布,如图 2-4 所示。

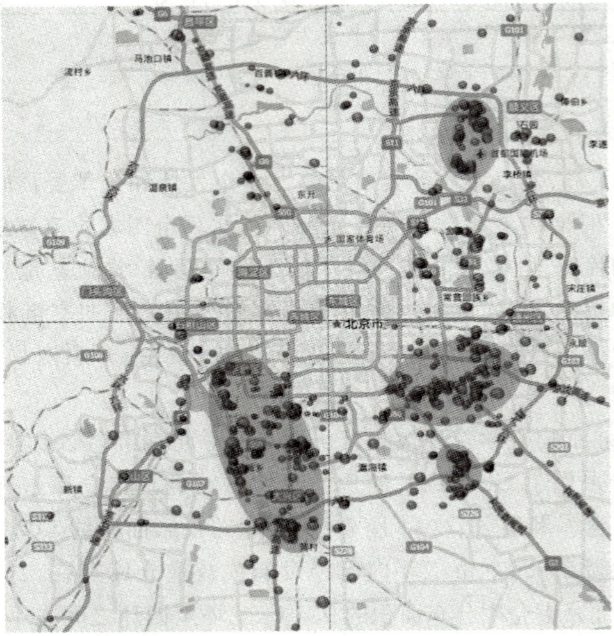

图 2-4　2012 年北京市仓库区位分布

资料来源:北京现代物流研究基地,北京地区仓库地理信息数据库。

如果以北京市长安街和中轴线,将北京市分为东北、东南、西南、西北四个方向,分布仓库座数和面积及比例如表 2-8 所示。

表 2-8　北京市仓库区域方位分布

	仓库座数(座)	个数比例(%)	面积(万㎡)	面积比例(%)
东北	680	26	286	28
东南	719	28	332	32
西南	969	37	349	34
西北	243	9	57	6

资料来源:北京现代物流研究基地,北京地区仓库地理信息数据库。

总体上看，大型仓库在北京市的仓库总体资源比重越来越大。在 595 个企业仓库聚集地的 2 611 座仓库中，10 000 平方米以上的仓库有 190 座，数量为 7.3%，但其面积占到了 33.6%。北京市仓库面积总体情况如表 2-9 所示。

表 2-9　北京市现有仓库面积分布

	仓库座数(座)	百分比(%)	面积(万 m^2)	百分比(%)
10 000 平方米以上	190	7.3	344	33.6
5 000—10 000 平方米	396	15.2	269	26.3
2 000—5 000 平方米	1 009	38.6	294	28.7
2 000 平方米以下	1 016	38.9	117	11.4

资料来源：北京现代物流研究基地，北京地区仓库地理信息数据库。

2.1.3　北京物流企业概况

（一）北京物流企业总体情况

2008—2011 年北京专业物流企业情况如表 2-10 所示。

表 2-10　北京市专业物流企业数情况

单位：个

行业	2008 年	2009 年	2010 年	2011 年
专业物流企业家数	5 271	—	7 451	7 571
铁路运输业	20	31	31	36
道路运输业	2 971	3 778	3 812	3 870
水上运输业	8	14	14	18
航空运输业	22	44	42	54
管道运输业	1	8	6	6
装卸搬运和其他运输服务业	1 679	2 144	2 175	2 189
仓储业	668	848	864	885
邮政业	385	533	507	513
规模以上专业物流企业家数	733	—	817	811
物流业务收入亿元以上企业个数	89	80	121	—

资料来源：据《北京统计年鉴》资料整理和《北京市“十二五”时期物流业发展规划》(2011 年)。

2008 年经济普查数据显示，全市共有 5 271 家专业物流企业，其中规模以上企业 733 家，占 13.9%，其营业收入占全部专业物流企业的 96% 以上。2010 年，本市物流业务收入达 1 686.1 亿元，其中 817 家规模以上专业物流企业实现物流业务收入 1 260.2 亿元，占总量的 75%。在 817 家规模以上专业物流企业中，大中型企业数量占比为 13.1%，而其物流业务收入占比则达 74.4%（见表 2-11）。尽管单从营业收入看，全市数千家规模以下企业占比较小，但是从保障城市正常运转、保障市民正常生活、保障人员充分就业的角度看，规模以下专业物流企业却发挥着不可或缺的重要作用。

表 2-11　2010 年规模以上专业物流企业按规模划分物流业务收入情况

企业规模	单位数（个）	收入（亿元）	收入比重（%）
合计	817	1 260.2	100
大型企业	25	526.1	41.7
中型企业	82	411.6	32.7
小型企业	710	322.5	25.6

资料来源：据《北京统计年鉴》资料整理和《北京市“十二五”时期物流业发展规划》（2011 年）。

（二）2011 年度中国物流百强在京企业

由中国交通运输协会、中国国际货运代理协会、中国铁道学会等联合发起的“2011 年度中国物流百强企业评选”活动中，有 18 家注册地为北京的物流企业在列，其中位居前 10 的有 7 家，分别是中国远洋物流有限公司、中铁快运股份有限公司、中邮物流有限责任公司、中远国际货运有限公司、中铁集装箱运输有限责任公司、中国物资储运总公司、中铁现代物流科技股份有限公司（见表 2-12）。

表 2-12　2011 年度中国物流百强企业名单（在京或京属企业）

排名	企业名称	排名	企业名称
1	中国远洋物流有限公司	23	北京宅急送快运有限公司
2	中铁快运股份有限公司	34	北京福田物流有限公司
3	中邮物流有限责任公司	39	北京近铁运通运输有限公司
4	中远国际货运有限公司	40	中铁联合物流股份有限公司
5	中铁集装箱运输有限责任公司	50	北京奇力物流有限公司
7	中国物资储运总公司	69	北京东方信捷物流有限责任公司
10	中铁现代物流科技股份有限公司	71	北京近铁运通运输有限公司
18	中国物流公司	82	北京和众奥顺达物流有限公司
20	中铁特货运输有限责任公司	93	北京和风国际物流有限公司

资料来源：全国物流信息网（http://dx88.56888.net/）。

（三）2011年度中国物流企业50强在京企业

根据国家发展改革委、国家统计局《社会物流统计核算与报表制度》的要求，2011年4月至2011年12月，中国物流与采购联合会组织实施了重点物流企业统计调查。借鉴国际通行的经验和做法，结合中国物流发展的实际情况和重点物流企业统计调查结果，提出了中国物流企业50强排名，表2-13是2011年度中国物流企业50强名单中的在京企业，共有20家。

表2-13　2011中国物流企业50强名单（在京企业）

排名	企业名称	主营业务收入（万元）
1	中国远洋运输（集团）总公司	14 361 517
2	中国外运长航集团有限公司	9 158 012
5	中铁物资集团有限公司	2 266 728
6	中国物资储运总公司	2 196 617
11	中铁集装箱运输有限责任公司	1 062 759
13	朔黄铁路发展有限责任公司	955 798
14	中国国际货运航空有限公司	857 856
15	五矿物流集团有限公司	800 000
16	中铁快运股份有限公司	772 478
18	北京华油天然气有限责任公司	706 176
21	中国铁路物资总公司	504 157
22	嘉里大通物流有限公司	495 171
24	国电物资集团有限公司	458 797
26	联邦快递（中国）有限公司	361 130
27	天地国际运输代理（中国）有限公司	358 691
30	中外运—敦豪国际航空快件有限公司	333 944
35	中钢国际货运公司	256 468
37	新时代国际运输服务有限公司	225 240
39	中铁特货运输有限责任公司	210 038
50	北京福田物流有限公司	153 784

资料来源：全国物流信息网（http://dx88.56888.net/）。

（四）中国A级物流企业在京情况

2005年我国颁布了《物流企业分类与评估指标》的国家标准（GB/T 19680-2005）。评估指标分别有经营状况、资产、设备设施、管理及服务、人员素质、信息化水平6项一级指标，下面分设共16项二级指标。A级物流企业中既有我国物流业中的顶尖企业，也有近年来物流业发展过程中成长起来的骨干物流企业；既有国有大中型企业、中外合资企业、民营企业，也有不同所有制形式的股份制企业；既有在传统运输、仓储等业务基础上发展起来并满足客户物流需求的运输型、仓储型物流企业，也有按照现代物流要求提供一体化第三方物流服务的综合服务型企业。这些企业分布在铁路、交通、贸易、港口、远洋等不同的领域，但在管理体制、经营理念、运作模式等方面均体现了现代物流企业的基本特征，符合国家标准所设立指标的各项规定性要求，代表了我国现代物流业的发展方向。

2007年7月，物流企业综合评估委员会依据这个标准对物流企业进行了第一次评估。截止到2011年5月，全国共有各类A级物流公司/企业1 264家，其中，5A级物流公司/企业84家、4A级物流公司/企业391家、3A级物流公司/企业548家、2A级物流公司/企业224家、1A级物流公司/企业17家。而北京共有45家3A级以上物流公司/企业，其中，5A级物流公司/企业15家、4A级物流公司/企业11家、3A级物流公司/企业17家，分别占比20.2%、2.8%、3.1%，这也充分表明了北京市物流企业的发展实力。

2.2 北京物流业发展趋势

依据北京物流发展环境分析，结合北京物流发展现状和《北京市“十二五”时期物流业发展规划》，在“十二五”期间，北京物流业发展将呈以下趋势。

2.2.1 物流基础设施进一步完善

自2001年北京市商委发布《北京市“十五”时期商业物流发展规划》之后，北京市的物流基础设施一直按照规划的方向不断完善，物流及相关行业固定资产投资总体持续增长。2011年全年北京市共完成固定资产投资314亿元，比2010年增长13.5%。

在路网建设方面，截至2011年年底，北京市境内道路总里程达到2.8万公里，其中公路里程达到2.1万公里，高速公路达到912公里，铁路运营里程达到1 067公里。北京市的路网密度在全国各省份中处于前排位置，还在不断地加强建设之中。

在大型物流基地建设方面，顺义空港、通州马驹桥、大兴京南、平谷马坊四大物流基地建设加快推进，不断完善基础设施条件，积极推进重点入驻企业项目落地。2012年上半年，四大物流基地固定资产投资超过18亿元；基地的运营发展能力不断增强。截至2012年6月，四大物流基地累计入驻企业数达880余家，较好地发挥了公共物流区的吸引集聚能力，2012年1—6月共实现营业收入320亿元，同比增长20.8%，实现利润14.5亿元，同比增长59.8%。

"十二五"期间，北京市将进一步发挥物流基地在物流发展中的基础平台作用，加大资金投入，推进配套设施建设，完善基础设施条件，提升物流基地功能。

东北方向：天竺综合保税区要在完善一期开发配套设施、优化园区公共服务环境的基础上，加快推进二期开发建设，拓展发展空间，重点发展保税物流，打造服务京津冀、辐射东北亚的重要功能平台；空港物流基地要发挥临空经济区核心区区位优势，在拓展一期范围内设施建设的同时，加快重点项目落地，优先发展体现首都产业优势和特色的航空物流、金融物流，加快推进空港物流基地东区建设，拓展发展空间，吸引高端物流企业入驻。

东南方向：马驹桥物流基地要继续推进各项设施建设，不断完善硬件投资环境，加快形成服务首都及周边区域的物流集聚区，重点推进朝阳口岸平移，提升国际物流服务功能。

平谷方向：马坊物流基地要完善口岸基础设施，开展平谷国际陆港二期建设，在实现京津海陆联运的基础上，推进与京唐港的口岸对接与物流合作。

京南方向：京南物流基地要依托铁路专用线及主要进京公路货运通道承担北京南部货运集散功能，在推进基础设施建设的同时，加快物流资源整合和提升，重点发展以展示和交易为特征的商贸物流；北京第二机场的建设，将极大推动京南方向物流的发展。

四大物流基地，连接多个综合、专业的物流中心，衔接机场、车站、海关，通过发达的交通网络，将形成北京市完善的物流基础设施体系。

2.2.2　城市物流保障体系更加健全

2011年，北京市社会消费品零售额达到6 900亿元，连续四年成为国内最大的城市消费市场，第三产业增加值占全市的比重达到76.1%，比"十一五"期初增加4.2个百分点，服务业在首都产业结构中的比重逐渐增大，城市物流保障体系的完善对于首都日常的运转显得尤为重要。

北京市农产品及各类快速消费品的物流配送不断完善，以图书、医药、汽车、电子产品为代表的专业物流配送居于全国领先水平。电子商务物流发展迅速，满足"最后一公里"物流需求的快递服务实现基本全面覆盖，物流服务对城市生活、生产的保障能力显著增强。

物流运营模式不断创新,共同配送模式得到深化发展,城市物流配送的社会化、集约化水平进一步提升。一是开展城市物流末端共同配送示范工程,在全市主要社区及高校搭建共同配送站点,承接电子商务、快递物流以及专业物流配送等各类企业的终端配送业务,提高配送效率。截至 2011 年 7 月底,已建设完成共同配送门店 47 家,在建 6 家,服务覆盖 300 个社区、80 万户居民;实现共同配送业务对接合作的快递物流公司 8 家、电子商务公司 10 余家,日处理业务量达 3 万件。二是推动成立农产品直采直供联盟,以满足集团化需求为特色,依托信息化服务交易平台,实现农产品流通供需双方的规模化对接,引入第三方共同配送物流模式,提高农产品物流效率和运作水平,在应对突发灾害时发挥了积极作用。

"十二五"期间,北京市还将进一步完善物流配送重点设施及配送网络,推广现代物流信息技术和管理技术,构建面向商贸流通企业和消费者的城市物流配送体系,全面推进流通领域国家现代物流示范城市建设,提高城市运行服务保障能力。

(1) 推动农产品物流配送体系建设。按照农产品流通体系建设要求,加快农产品配送中心建设。提高农产品检测、加工、包装、仓储、配送等设施条件和水平,试点推行农产品物流全程跟踪、监控。

(2) 实施物流共同配送试点工程。鼓励企业以多种形式搭建共同配送平台,整合商贸企业物流需求和社会物流资源,优化共同配送管理运行模式,提高商贸流通配送的社会化、集约化水平。

(3) 加快电子商务物流发展。构建支撑电子商务发展的物流服务体系,支持电子商务企业加强物流配送网络建设,鼓励电子商务企业与第三方物流企业开展深度合作,实现电子商务与现代物流的集成发展。实施城市快递物流共同配送试点工程,搭建同城快递共同配送信息平台,以进小区、进校园为试点,实现信息标准化、配送区域化、服务集中化,优化"最后一公里"快递配送服务网络,提高居民生活便利度。

(4) 加强城市应急物流体系建设。建立覆盖全市的应急物流网络体系,完善应急预案。选择和培育一批具有应急能力的重点物流企业,建立应急物流绿色通道及绿色车队,提高应对突发事件的物流快速响应能力。

2.2.3 专业化物流将获得重点发展

北京市作为全国的科技、文化、经济中心,在装备制造、电子信息、生物医药、音像图书等方面拥有独特的竞争优势。

"十二五"期间,北京市将推动装备制造业、电子信息、生物医药、音像图书等优势产业和新能源、新材料等新兴产业发展,同时大力推进相关专业化物流体系建设,提高对区域和全国市场的辐射能力;选择关联度强、贡献率大的行业,实施制造业与物流业联动试点工程。以汽车、电子、医药行业企业为重点,运用供应链管理和信息技术,推动制造业与物流业联动发展。

北京市将加快冷链物流发展。加强冷链基础设施建设,完善食品冷链物流体系。在试点的基础上,推动以信息技术和冷冻冷藏技术为代表的现代科技在冷链物流中的推广应用,提高冷链物流发展的整体水平。

北京市将在逆向物流、绿色物流体系加大建设。以电子产品、废旧家电、汽车等为重点,建设逆向物流体系,实现资源的循环再利用;在城市配送、快递物流等领域,试点组建零排放绿色新能源车队,降低对城市交通、环境的影响,推动物流业的可持续发展。

2.2.4 物流总部经济特征更加显著

北京市良好的商务环境以及招商引资政策,吸引大量的企业将总部设立在北京。截至目前,总部在北京的5A级物流企业达15家(全国总数99家),居全国首位;在"2011年度中国物流50强"企业中,共有20家设在北京,前20名中有10家。北京市规模以上专业物流业企业数由2006年的445家,增加到2011年的811家,业务涵盖"海、陆、空"各个领域,业务网络遍及全国,中远、中外运等大型国有企业经营网络辐射全球。

"十二五"期间,北京市将进一步吸引国内外知名物流企业落户北京,支持开展资金结算、营运组织、管理控制等高端物流总部业务。鼓励创建自主物流服务品牌,积极发展物流金融、物流咨询等新型服务模式。培育一批服务水平高、市场竞争力强的现代物流企业,增强物流业发展的集聚效应。

2.2.5 国际物流发展将成为北京一大优势

国际物流是北京物流的一大特色。经过多年建设,北京市口岸体系进一步发展和完善,通关效率得到较大提升,形成了以首都机场空港口岸为核心,铁路口岸、公路口岸为重要补充的布局合理、功能齐全的口岸体系,为提高国际物流运行效率创造了条件。2011年,全市各口岸进出口货物监管总量(实际货物通过量)共计150.4万吨,同比增长9.16%;其中,进口货物124.2万吨,同比增长11.1%,出口货物26.2万吨,同比增长0.83%。北京天竺综合保税区、亦庄保税物流中心(B)型、平谷国际陆港等国际物流设施加快建设,全市已形成北有天竺、南有亦庄、东有马坊,空、陆、海直通,综合保税区、保税物流中心、保税仓库等多元配套的国际物流设施空间格局,成为发展以保税功能为特色的国际物流的重要平台。

"十二五"期间,北京市将进一步优化国际物流发展环境,完善口岸体系,加快"大通关"建设,进一步提高口岸通关效率,提升口岸服务水平,吸引更多物流企业聚集,拉动国际物流货量增长。

天竺综合保税区将加快公共服务体系建设,吸引高端企业入驻,建设国际采购分拨中心、保税维修中心、公共检测实验中心、保税展览展示交易中心和离岸金融中心,实现以保税功能为特色的国际物流发展新突破。

平谷国际陆港与天津口岸数据交换公共服务平台将建设,引进船代、货代、报关行驻场办公,推行便捷、高效的业务运营模式,扩大以海陆联运为特征的国际物流业务。

亦庄保税物流中心(B 型)将建设并投入使用,为本市外向型企业发展提供保税仓储物流服务。

十八里店朝阳口岸向马驹桥物流基地平移工作将开展,口岸的通关能力将极大提升。

北京第二机场规划已经通过,即将开建。第二机场位于大兴区榆垡镇,占地约 43 000 亩,总投资额为 790 亿元,定位为综合性超大型国际枢纽机场,2020 年规划建设用地 55 平方公里, 2030 年规划建设用地 80—90 平方公里,年客运量将达到 8 000 万人次,规划物流区规划面积 8 平方公里。连接第二机场的京台高速 2013 年年底即将开通,25 分钟畅达北京南三环。第二机场的建成,将进一步壮大北京市国际物流的服务能力,提高北京市航空国际物流辐射能力。

第3章

北京现代物流基础设施规划与建设

按照北京市产业结构和物流需求的特点,北京物流的定位主要是立足北京,构建国际化大都市生活和生产服务的城市末端物流,形成辐射环渤海经济区,面向全国乃至世界的开放型现代物流体系。

北京市物流基础设施主要由商贸物流、农产品物流、保税与国际物流三大部分构成。商贸物流由三个层次组成,最外层的是六环附近的物流基地,它主要解决多种运输方式之间的换载,是连接城市内部物流和辐射物流的几个重要的功能最强的节点。中间是5个综合物流区,解决多个产业的物流配送问题。最里层是为工业、商业、专业化冷链、化工等服务的专业物流配送区。农产品物流主要由九大农产品批发市场构成。保税与国际物流主要由天竺综合保税区、马坊物流基地、口岸等构成。

3.1 北京基础设施空间布局与政策支持

(一)“三环、五带、多中心”的空间布局

北京市物流基础设施的空间布局是由物流基地、物流中心(综合物流区)和配送中心(专业物流区)三个层次的物流节点构成,并形成不同功能的物流节点在空间上的相对集聚，简称“三环、五带、多中心”。①

物流基地是大型、公共性的物流节点，是城市功能性基础设施，是辐射全国乃至全世界的重要物流枢纽，主要为北京市进出货物的集散与大型厂商在全国及亚太地区采购和分销货物提供物流平台。物流中心是衔接干线、支线运输，方便市内配送和集散运输，连接物流基地和配送中心的重要物流节点，为本市进出货物的集散以及为制造商、分销商在北京及周边地区采购和分销提供物流平台。物流配送中心是为城市生活和工业生产提供专业化物流配送服务的城市基础设施，是城市末端物流活动集结的公共场所。

三环：在六环路附近重点规划建设物流基地，在五环路附近重点规划建设物流中心，在四环路附近重点规划建设配送中心，形成物流基地、物流中心和配送中心由远及近、相互依托、协调发展的空间格局。

五带：为加强货物运输的合理化，提高物流效率，积极引导各类物流资源向西南（京石高速公路和107国道）、正南（京开高速公路和106国道）、东南（京津塘高速公路、京沈高速公路）、东北（机场高速、京密路、京承高速公路）、西北（八达岭高速、110国道）五个方向的物流通道聚集，规划建设大型物流基地、若干个物流中心，形成五条集聚发展、连通快捷、服务产业的物流产业带。

多中心：根据北京市各产业集聚和新城建设多中心分散布局的特点，相应配置物流中心、配送中心，实现物流节点服务于产业发展和居民生活的功能。

（二）鼓励发展物流基础设施

北京市商业委员会与更名后的北京市商务委员会单独或与北京市发展和改革委员会、北京市规划委员会及北京市工商行政管理局在2003年、2004年、2006年、2007年及2009年共同编制了《北京市流通业发展分类指导目录》。目录分为鼓励发展项目与限制发展项目两类。

鼓励发展符合国家产业政策、适应首都经济发展需要以及符合《北京城市总体规划（2004—2020年）》和商业发展规划、商业设施发展规划的行业、流通基础设施建设项目和先进技术应用等；限制发展不符合国家产业政策、不适应北京城市发展需要的商业项目。对鼓励发展类项目，政府将在政策、资金等方面给予必要的支持；对限制发展类项目，有关部门将采取有效措施予以限制和禁止。

2003年3月4日印发的2003年指导目录列入鼓励发展的项目有：物流配送设施——物流基地、物流中心、配送中心、农产品物流配送中心，现代化农产

① 《北京市“十一五”时期物流业发展规划》。

品批发市场升级改造——统一结算中心、检测中心、信息中心。

2004年3月19日印发的2004年指导目录列入鼓励发展的项目有:物流配送体系,包括物流基地(园区)建设,物流、配送中心——企业物流配送中心、第三方物流配送中心,物流资源整合——现有物流资源联合、重组、合作,供应链管理系统(SCM),标准化托盘应用。农产品流通体系,包括农产品市场升级改造,农产品批发拍卖系统的应用技术,专业化农产品经销公司,农产品物流配送中心,农产品标准化分类分级包装,"协会+农户"、"公司+农户"农业合作组织,食品安全快速检测技术应用。

2006年1月13日印发的2006年指导目录列入鼓励发展项目有:物流配送与批发体系,包括公共物流区(物流基地、综合物流区、专业物流区)建设,社会化物流配送中心,专业化物流配送中心(冷链、汽车、图书、医药、服装等),供应链管理系统(SCM),物流信息技术应用,物流资源整合——现有物流资源联合、重组、合作,跨国、跨区域采购中心,奥运物流设施建设,保税物流中心。农产品流通体系,包括农产品批发市场升级改造(检疫检测中心、信息中心、废弃物污水环保处理中心、结算中心和安全监控中心等基础设施建设),专业化农产品经销公司,农产品物流配送中心,农产品标准化分类分级包装,农产品加工中心,农产品流通专业合作社,农产品产地批发市场、配送中心。

2007年4月9日印发的2007年指导目录的鼓励发展项目有:公共物流区(物流基地、综合物流区、专业物流区)建设,社会化物流配送中心,专业化物流配送中心(冷链、汽车、图书、医药、服装等),供应链管理系统(SCM),物流信息技术应用,物流资源整合——现有物流资源联合、重组、合作,跨国、跨区域采购中心,奥运物流设施建设,保税物流中心。农产品流通体系,包括农产品批发市场升级改造(检疫检测中心、信息中心、废弃物污水环保处理中心、结算中心和安全监控中心等基础设施建设),专业化农产品经销公司,农产品物流配送中心,农产品标准化分类分级包装,农产品加工中心,农产品流通专业合作社,农产品产地批发市场、配送中心,食品安全体系建设(追溯系统、检验检疫系统等)。

(三)调整与振兴实施方案

2010年1月29日,《北京市人民政府关于印发北京市物流业调整和振兴实施方案的通知》(京政发[2010]2号)印发。

加快以顺义空港、通州马驹桥、房山良乡、平谷马坊和大兴京南物流基地(以下统称五大物流基地)为重点的物流设施建设,扶持培育一批竞争力较强的现代物流企业,初步建立起比较完善的都市型现代物流体系,进一步提升对城市运行的服务保障能力。

继续推进物流基地道路改造、市政管线、场地平整、配套设施等工程项目建设,完善五大物流基地的基础设施条件,增加政府基础设施建设投入,带动社会投资。

加强分类引导,强化特色功能。加快推进天竺综合保税区建设,充分发挥其政策功能,吸引跨国公司国际分拨中心入驻;顺义空港物流基地要充分发挥北京临空经济区核心区的区位优势,重点发展体现首都特色和优势的航空物流产业;平谷马坊物流基地要在完善设施和功能的基础上,加快与天津港实现口岸直通,通过海陆联运发展国际物流,为本市外向型企业拓展新的海运通道;通州马驹桥物流基地要加紧推进设施建设,为实现朝阳口岸功能平移创造条件;房山良乡物流基地和大兴京南物流基地要充分利用公路铁路联运优势,积极吸引物流企业入驻。

(四) 促进物流业健康发展

2012 年 3 月 14 日,《北京市人民政府办公厅印发关于落实促进物流业健康发展政策措施实施意见的通知》(京政办发[2012]8 号)印发。

完善政府公共服务。将天竺综合保税区二期、空港物流基地东区、平谷国际陆港二期、亦庄保税物流中心(B 型)、通州马驹桥口岸、新机场口岸等重点基础设施建设和全市性大型综合型农产品批发市场、大型农产品物流配送中心项目纳入"绿色审批"通道,加快建设进程,加大扶持力度,尽早投入使用。

3.2 北京社会经济发展与物流基础设施建设

(一) 北京城市总体规划

2005 年 1 月 12 日,国务院总理温家宝主持召开国务院常务会议,讨论并原则通过了《北京城市总体规划(2004—2020 年)》。其中明确提出:加强与以天津港为核心,京唐港(王滩港区、曹妃甸港区)、秦皇岛港共同组成的渤海湾枢纽港群海洋运输体系的协调,建立以北京为核心的区域高速公路和铁路运输体系,以北京首都机场为枢纽的区域航空运输体系,形成陆海空一体、国际国内便捷联系的区域交通网络。

建成分布合理、结构优化、高效低耗的现代物流体系,积极发展第三方物流。集中建设包括物流基地、综合物流区和专业物流区在内的公共物流区,立足首都,辐射环渤海地区,满足国内外物流需求。与空港和产业基地的分布相结合，重点完善以空港、马驹桥、良乡等物流基地为主的物流体系的建设。

（二）“十一五”计划发展纲要

2006年1月20日，北京市第十二届人民代表大会第四次会议批准《北京市国民经济和社会发展第十一个五年计划发展纲要》提出：着重整合物流资源，提升物流效率，重点推进顺义空港、通州马驹桥等公共物流园区建设，形成物流基地、物流中心和配送中心互为补充、协调发展的物流基础设施格局。大力发展产业物流，积极推进国际物流和航空物流，重点优化城市配送物流。以信息技术和供应链管理技术为核心，显著提升物流企业的专业化、信息化和社会化水平，加快培育一批重点企业。

（三）服务业发展规划要求

2006年8月，北京市发改委会发布的《北京“十一五”时期服务业发展规划》提出了北京发展生产性服务业的主要方向——金融业、信息服务业、科技服务业、现代物流业、商务服务业、会展业。其中强调：

充分发挥北京作为全国航空、铁路、公路交通枢纽以及京津冀都市圈核心城市的综合辐射功能，整合物流资源，提升物流效率，构建物流基地、物流中心、物流配送中心互为补充、协调发展的物流基础设施结构。构建市域物流体系，集中建设沿六环路分布的空港、马驹桥、良乡、大兴、京北等五个大型物流基地，沿五环路分布的物流中心，沿四环路分布的多个物流配送中心等三个层次构成的物流体系。大力发展产业物流，积极推进国际物流和航空物流，重点优化城市配送物流。以信息技术和供应链管理技术为核心，显著提升物流企业的专业化、信息化和社会化水平。引导企业间的物流合作，实施市场化的重组，培育大型物流企业，形成以交通运输设施和公共物流区为依托、龙头企业为核心、中小企业为辅助的现代物流产业群。

（四）“十二五”规划纲要要求

2011年1月21日北京市第十三届人民代表大会第四次会议通过的《北京市国民经济和社会发展第十二个五年规划纲要》就北京市流通与物流业发展明确提出：

流通服务。运用现代信息技术、创新营销模式及金融服务配套等手段，提升流通业的现代化水平。加快交通枢纽、大型物流节点和流通网络的建设，强化批发业和物流业的营运控制功能。鼓励商业流通企业发展连锁经营和电子商务等现代流通方式，培育专业化、规模化的贸易企业和品牌代理商。

临空经济区。以枢纽空港和天竺综合保税区为依托，积极开展保税服务和离岸金融业务，完善首都国际机场配套设施，增强临空服务功能，努力建成辐射东北亚、面向全球的临空经济区。

建设国际一流的口岸体系。打造国际枢纽空港口岸，加快完善和提升天竺综合保税区功能，推进北京西站铁路口岸和平谷国际陆港口岸建设。引进跨国公司设立国际分拨中心，发展离岸贸易。建设电子口岸，营造高效通关环境。

（五）北京市重点建设项目

北京市每年根据社会及经济发展情况，在市级重点建设项目的交通、产业项下安排了物流基础设施工程，2004—2009 年的具体项目如表 3-1 所示。

表 3-1 列入北京市重点建设项目的物流工程（2004—2009 年）

<table>
<tr><th>年份</th><th>项目性质</th><th>项目名称</th><th>项目</th></tr>
<tr><td rowspan="6">2004</td><td rowspan="6">市重点建设项目</td><td rowspan="6">市场设施及物流项目（市场建设、物流设施建设）</td><td>北京新发地农产品批发市场升级改造工程</td></tr>
<tr><td>北京顺鑫石门农产品批发市场升级改造工程</td></tr>
<tr><td>北京良乡综合物流园区基础设施一期工程</td></tr>
<tr><td>空港物流园区基础设施一期工程</td></tr>
<tr><td>通州物流产业园区基础设施一期工程</td></tr>
<tr><td>北京物流港市政基础设施一期工程及北京新视野国际博览中心</td></tr>
<tr><td rowspan="3">2005</td><td rowspan="3">市重点建设项目</td><td rowspan="3">市场设施、会展设施及物流项目（市场设施、物流设施）</td><td>北京新发地农产品批发市场升级改造工程</td></tr>
<tr><td>空港物流园区基础设施一期工程</td></tr>
<tr><td>北京京东物流中心基础设施一期工程</td></tr>
<tr><td rowspan="2">2006</td><td rowspan="2">市重点推进前期工作项目</td><td rowspan="2">产业项目</td><td>北京空港保税物流中心暨航空货运大通关基地建设项目</td></tr>
<tr><td>九州通达医药仓库及配送中心</td></tr>
<tr><td>2007</td><td>市重点推进工作项目</td><td>产业项目（金融经贸）</td><td>航空货运大通关基地暨保税物流中心（B 型）项目</td></tr>
<tr><td>2008</td><td>市重点推进工作项目</td><td>现代产业项目（续建项目）</td><td>航空货运大通关基地暨保税物流中心（B 型）项目</td></tr>
<tr><td rowspan="7">2009</td><td rowspan="7">市重点建设项目计划</td><td rowspan="5">现代产业项目</td><td>北京天竺综合保税区建设工程</td></tr>
<tr><td>北京天竺综合保税区配套基础设施建设工程</td></tr>
<tr><td>北京国际花卉物流港项目（一馆、一中心）</td></tr>
<tr><td>花博会物流港室外展区周边设施建设工程（一展）</td></tr>
<tr><td>花博会物流港周边道路及配套市政管线工程</td></tr>
<tr><td rowspan="2">续建项目</td><td>北京锦绣大地绿色安全食品市场</td></tr>
<tr><td>大洋路农贸市场升级改造</td></tr>
</table>

资料来源：根据北京市发改委网站（http://www.bjpc.gov.cn/）资料整理。

3.3　北京物流发展专项规划

2002年至2013年2月底,北京市曾先后编制发布了《北京市商业物流发展规划(2002—2010年)》、《北京市"十一五"时期物流业发展规划》、《北京市"十二五"时期物流业发展规划》三个物流业发展专项规划。

3.3.1　北京现代物流体系的雏形设计

2002年2月,原北京市商业委员会与北京市发展计划委员会共同发布了《北京市商业物流发展规划(2002—2010年)》(以下简称《规划》)。

《规划》确定到2010年计划建成3个大型物流基地(空间布局见图3-1)、17个物流配送区(空间分布见3-2),其功能定位、规模等设计如下。

(一)物流基地

(1)定位。首都城市功能性基础设施,辐射全国乃至亚太地区的重要物流枢纽。为本市进出货物的集散和大型厂商在全国及亚太地区采购和分销提供物流平台。

(2)选址。在房山阎村—丰台王佐、通州马驹桥和顺义天竺三处各规划建设一个大型物流基地。

(3)类型。阎村—王佐物流基地:铁路—公路货运枢纽型物流园区,主要依托京广铁路、京石高速路、107国道和城市六环路;马驹桥物流基地:公路—海运国际货运枢纽型物流园区,主要依托天津港、京津塘高速路和城市六环路;天竺物流基地:航空—公路国际货运枢纽型物流园区,主要依托首都机场、101国道和城市六环路。

(4)规模。每个物流基地占地3平方公里左右。

(5)功能。

内陆口岸功能:可设置海关、卫检、动植物检疫检验机构,为以北京为生产、加工基地或者最终销售市场的制造商、分销商提供储存、保管、运输、加工、货代等服务。

货物集散功能:接收通过各种运输方式到达的货物,并进行分拣、储存,将本市发出货物进行集中,通过直接换装方式向外发运。

配送功能:通过物流基地内的物流配送中心实施对客户的商品配送服务。

流通加工功能:包括商品的包装整理、加固、换装、改装、条形码印制等。

商品检验:商品检验与养护等。

物流信息服务:物流状态查询、物流过程跟踪、物流要素信息记录与分析、物流客户关系管理、物流决策支持、物流公共信息平台等。

(6)设施。规划和建设完善的内部市政基础设施,道路交通与高速公路、城市快速路、铁路等有方便的接口。

物流基地中的物流配送中心使用自动化的装卸、搬运、传送和分拣设备。物流基地建立先进的指挥调度与监控系统,广泛应用计算机控制系统、数字识别系统、EDI系统、全球卫星定位系统、地理信息系统等。建立公共物流信息网络平台。建立物流资源网、设立北京物流运价指数、建立物流资源招投标与拍卖系统等。在物流基地内建设完善的生活、办公、商品展示等辅助及配套设施。

图3-1 北京市物流基地布局(2013年2月)

(二)物流配送区

(1)定位。城市基础设施,覆盖北京市及周边地区的物流枢纽。为本市进出货物的集散和厂商在北京及周边地区采购和分销提供物流平台;为进行末端配送服务提供专业化的物流设施。

（2）选址。

综合性物流配送区：在朝阳十八里店、半截塔、大兴大庄、海淀杏石口四处各规划建设一个综合性物流配送区。

专业性物流配送区：在海淀四道口、丰台玉泉营、大红门三处结合现有冷库设施，各规划建设一个专业冷链（食品）物流配送区；在朝阳洼里、来广营、楼梓庄、管庄、青年路、百子湾、海淀清河、丰台五里店、久敬庄、昌平马池口 10 处结合现有仓库改造各规划建设一个满足不同行业或不同业态要求的专业性物流配送区。

（3）规模。每个综合性物流配送区占地 20 万—50 万平方米；每个专业性物流配送区占地 1 万—10 万平方米。

（4）功能。货物集散、配送、流通加工、商品检验、物流信息服务。个别进出口业务量较大的物流配送区具有口岸功能。

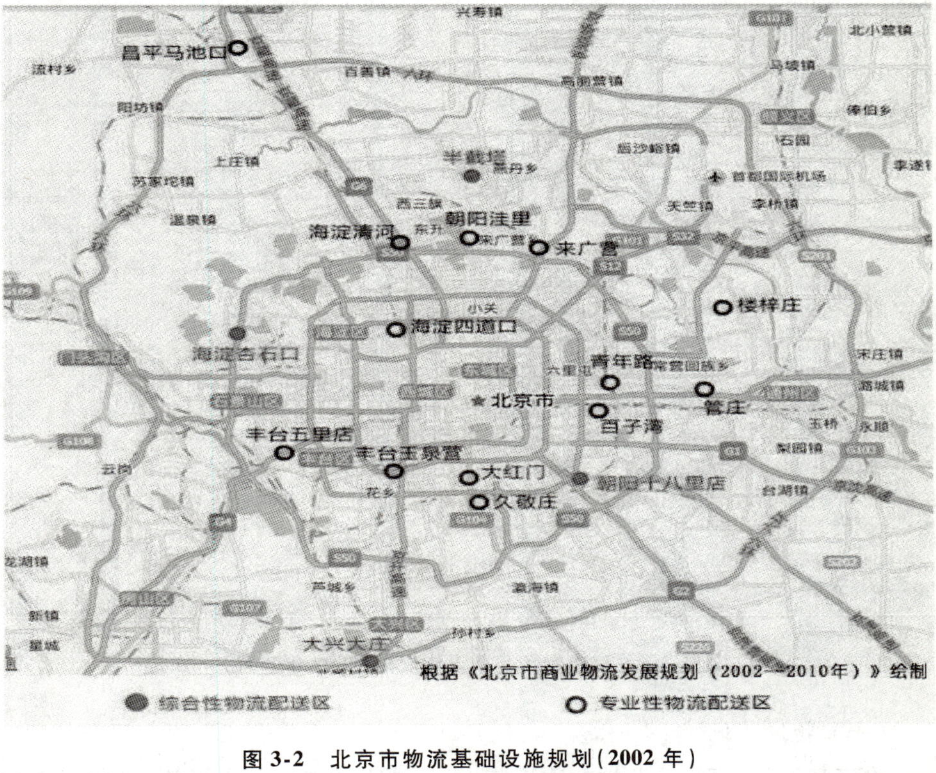

图 3-2　北京市物流基础设施规划（2002 年）

3.3.2 北京现代物流体系的初步轮廓形成阶段

2007 年 3 月，北京市发展和改革委员会、北京市商务局联合发布了《北京市“十一五”时期物流业发展规划》，对北京正在建设的物流基础设施进行了更为明确的功能定位，其空间分布如图 3-1、图 3-3 所示。

图 3-3 北京市物流基础设施规划（2007 年 3 月）

（一）物流基地

物流基地是大型、公共性的物流节点，是城市功能性基础设施，是辐射全国乃至全世界的重要物流枢纽，主要为本市进出货物的集散与大型厂商在全国及亚太地区采购和分销货物提供物流平台。其功能主要包括内陆口岸功能、交通换载和货物集散功能、流通加工功能以及信息服务和货物配送功能等。

“十一五”期间，在优先发展顺义空港、通州马驹桥和房山良乡三个物流基地的基础上，加快培育平谷马坊物流基地。此外，要积极培育已具有一定物流规模的大兴京南和延庆京西北等大型综合物流区，使其加快向物流基地方向发展。

(1) 空港物流基地。位于顺义区天竺镇，首都机场以北，顺平路北侧，临近 101 国道和北六环路，属于公路—航空—口岸国际货运枢纽型物流基地。主要承担北京及环渤海地区的国际、国内航空物流功能，并服务于天竺工业开发区，是北京市唯一的以航空货运集成其他货运方式的综合型物流基地。

(2) 马驹桥物流基地。位于通州区马驹桥镇，京津塘高速公路以东、南六环路以北，是海运—公路—口岸国际货运枢纽型物流基地。主要承担北京和环渤海地区经海路的国际、国内海运物流功能，重点服务于北京东南方向京津塘经济发展带，服务于亦庄经济技术开发区，是北京市大宗货物进出境的主要枢纽。

(3) 良乡物流基地。位于房山区阎村镇，京广铁路、京石高速公路、107 国道和六环路交界处。属于铁路—公路货运枢纽型物流基地，承担大宗货物进出的中转集散功能，是北京市西南方向的重要公路货运枢纽与铁路集装箱节点站。

(4) 平谷马坊物流基地。位于平谷区马坊镇，首都机场东面，北临京津高速，南靠京哈高速，西接六环，属于海运—公路枢纽型物流基地。主要服务顺义、怀柔、平谷、密云京东四区县，是北京东部发展带的重要物流节点和京津发展走廊上的重要通道。

(二) 物流中心(综合物流区)

物流中心是衔接干线、支线运输，方便市内配送和集散运输，连接物流基地和配送中心的重要物流节点，为本市进出货物的集散以及为制造商、分销商在北京及周边地区采购和分销提供物流平台。其主要功能是货物集散、公铁联运与换装、中转、仓储、流通加工、信息服务、配送等。

“十一五”期间，结合二级货运枢纽布局，在五环路及五大物流方向的交汇处附近重点规划建设 10 个左右的物流中心。

西南方向：(京石高速公路、107 国道)规划建设王佐、五里店、首钢建材物流三个物流中心。

东南方向：(京津塘高速公路、京沈高速公路)规划建设十八里店物流中心。

正东方向：(京通快速路)规划建设宋庄物流中心。

东北方向:(京密路、机场高速、京承高速公路)规划建设怀柔新城物流中心、顺义李桥物流中心。

西北方向:(八达岭高速公路、110国道)规划建设清河物流中心和马池口物流中心。物流中心的占地规模控制在0.5—1平方公里。

(三)物流配送中心(专业物流区)

物流配送中心是为城市生活和工业生产提供专业化物流配送服务的城市基础设施,是城市末端物流活动集结的公共场所。主要功能包括储存、分拣、流通加工、配送等。

"十一五"时期,重点在四环路周边和顺义、通州、亦庄等新城以及远郊区县人口密集区附近规划建设20个左右的物流配送中心,每个占地规模控制在0.1—0.2平方公里。

3.3.3 北京市现代物流体系的完善阶段

2011年11月,北京市商务委员会、北京市发展和改革委员会公布了联合编制的《北京市"十二五"物流业发展规划》(以下简称《规划》)。

《规划》确定:"十二五"时期物流规划空间布局的思路是继续完善"三环、五带、多中心"物流节点空间布局,发挥各物流节点的设施功能优势,引导物流资源在空间上的合理配置;适应未来五年物流业发展的实际需要,以加快物流业发展方式转变和服务水平提升为着力点,深化内涵、延伸发展,按照城市保障物流、专业物流、区域物流和国际物流的发展主线,强化本市物流业发展"广覆盖"、"多组团"、"立体化"的网络结构特征,进一步优化全市物流空间布局。

《规划》认为:"十一五"时期,北京市加快顺义空港、通州马驹桥、平谷马坊和大兴京南等物流基地以及十八里店物流中心、西南物流中心等一批物流中心(综合物流区)和配送中心(专业物流区)的规划与建设,形成了以物流基地、物流中心为载体,专业物流为特色的多层次节点布局,以及与交通线网有效衔接的物流网络。点、线、面相互协调的"三环、五带、多中心"的物流设施空间格局基本建立。

3.4 北京物流基地与专业配送中心项目建设

3.4.1 五大物流基地建设

（一）北京空港物流基地

北京空港物流基地位于北京东北方向，地处北京市规划的新城区范围内，与首都机场紧密衔接，距燕莎商圈20公里，据天津港160公里。

北京首都国际机场是我国地理位置最重要、规模最大、设备最齐全、运输最繁忙的大型国际航空港，是首都北京的空中门户和对外交往的窗口。

北京空港物流基地的功能分区：顺平路以南作为物流基地的核心区，与首都机场实现无缝对接，大力发展国际航空物流，建设航空货运大通关基地；顺平路以北，发展国内航空物流以及航空指向性不明显的生产型物流、商业物流和流通加工产业。

空港物流基地是北京唯一的航空—公路国际货运枢纽型物流基地。基地自2002年7月成立以来，空港坚持不懈地朝着“建设国际一流空港物流基地”的奋斗目标努力。

2007年是空港物流基地的建设年。基地一期范围内入驻的泛骏华物流、康力物流等实体项目陆续开工建设，同时，由航空货站、国际快件中心、海关二级监管库、北京空港保税物流中心（B型）和海关综合办公楼等功能区组成的首都机场航空货运大通关基地也进入全面建设阶段。

目前，空港物流基地共引进项目200余家，其中包括TNT、日本邮船、三菱、索尼等七家世界500强企业以及中外运、近铁、SANTAFE、宅急送、顺丰速运等70余家国内外知名物流企业。

（二）马驹桥物流基地

北京通州物流基地位于北京东南的通州区马驹桥镇，规划面积5.04平方公里，是北京物流“十一五”规划中的四大物流基地之一。基地集现代物流功能、内陆口岸功能、流通加工功能于一体，是适应首都现代化国际大都市的功能性基础设施，辐射环渤海地区及全国的重要物流枢纽，为北京市进出货物的集散和大型厂商在环渤海地区、全国采购和分销提供物流平台，定位于公路—海运国际货运枢纽型物流基地。

《北京城市总体规划（2004—2020年）》确立“两轴”“两带”“多中心”的北

京城市发展空间新格局，从战略性的长远发展着眼，明确城市和产业发展的方向是向东和向南，重点发展的是“东部发展带”。基地所在的通州区是东部发展带上的未来重点发展的新城，近邻亦庄也是东部发展带上未来重点发展的新城。基地是北京东部发展带上的两大新城的配套区，基地的建设能够进一步增强北京作为京津冀地区核心城市的综合辐射带动能力，是环渤海地区的经济合作与协调发展的战略选择。

基地不仅具有得天独厚的区位优势，更具备了物畅其流的区位交通条件，可谓占尽了“天时、地利”。基地位于北京东南黄金通道（京津塘高速公路）上，距市中心 15.5 公里，距首都国际机场 30 公里，距天津塘沽新港 120 公里，京津塘高速公路与北京城市六环路在此交汇，并与京沈、京哈、京开、京石等 11 条高速公路相连，是北京海、陆、空多式联运的最佳结合点，拥有作为物流枢纽所应具备陆海空一体、国际国内便捷联系的区域交通网络。

（三）良乡物流基地

北京西南良乡物流基地位于良乡新城的西南角，北起良坨铁路，南至六环路，西邻京石高速公路，东至 107 国道，总占地面积 4 365 亩。目前，除物流基地一期占地 526 公顷外，物流基地还配有生活区 33 公顷，二期储备用地 150 公顷，具备了良好的中、远期拓展空间。2003 年、2004 年连续两年被列为北京市重点建设项目。良乡物流基地为铁路—公路货运枢纽型物流基地，承担大宗货物进出的中转集散功能，是北京西南方向的重要公路货运枢纽与铁路集装箱节点站。

良乡物流基地具备了得天独厚的交通和区位优势。良乡物流基地距首都市区 22 公里、距天津港 120 公里，到首都国际机场 40 分钟车程，北京西站 15 分钟即达。有京石高速公路、国道、京原公路、京周公路以及城市六环路。京九、京广、京山、京原等铁路干线连接。古往今来，良乡一直是通往华北、华中、华东、华南、西南、西北等地的重要商埠。这些地区进京的第一高速停靠站就是京深高速与京周公路的阎村立交桥和京深高速公路与六环路的良乡立交桥出入口。

在《北京市“十一五”时期物流业发展规划》中，良乡物流基地被定位为“铁路—公路货运枢纽型物流基地”，承担大宗货物进出的中转集散功能，是北京西南方向的重要公路货运枢纽与铁路集装箱节点站。

（四）平谷马坊物流基地

马坊物流基地位于平谷区西南侧的马坊镇内，西邻北京市顺义区，南与河北省三河市接壤，西距北京市区 50 公里、距首都国际机场 35 公里，南距天津新港 130 公里，地处京津唐三角区域的中心。物流基地纵向紧邻高等级密三路，可与 101、102 国道等多条公路相连，横向经物流专用通道与京平高速公路仅距 1 公里，可方便通达京津两大都市。

马坊物流基地是《北京市"十一五"时期物流业发展规划》中确定的"十一五"期间重点建设的口岸型物流基地，基地总规划面积 130 公顷。

（B 型）保税物流中心申请已于 2006 年 5 月得到市政府批复并上报海关总署。在平谷设立海关监管点的请示 2008 年 2 月得到北京海关批复。

主要建设内容为综合管理办公楼、生活服务楼、联检大楼及辅助功能区域、保税监管区围场，包括空重箱堆场、保税仓库、海关检验平台及罚没仓库、闸口监控设施等。目前已完成立项、规划、土地、建筑方案设计等前期工作，拟投资 2.77 亿元。

作为具有口岸功能的保税物流区，马坊物流园区利用得天独厚的区位优势，依托保税物流区的政策优势和身处环渤海经济圈的市场优势，全力打造平谷临空产业的物流引擎。力争在 3—5 年将马坊物流园区建成为北京东北地区的"进出口物流主枢纽"，并具备内陆口岸、海关监管及保税、配件及商品配送、物流增值、配套服务等功能，开辟出一条通向天津的物流新通道，成为京津冀地区重要的物流集散地。

（五）北京京南物流基地

京南物流商港项目是大兴区重点建设的十大基地之一。位于京开高速公路、北京六环路、京九铁路交汇点，占地 6.71 平方公里。

园区内拥有 6 条铁路专用线、行包专列处理场，整车零担场亦可直达，它是北京唯一具有公路转铁路运输的综合物流商港。目前商港内已聚集了中铁行包国家行邮中心、广州本田汽车北京物流基地、北京百利威物流公司等大型物流企业。

采用现代信息技术和科学的物流管理模式，以现代信息科技手段和装备，将公路、铁路等多种运输方式进行整合。提供运输、仓储、配送、信息服务等全程物流服务，使其成为现代化、综合性、多功能的，辐射华北并通过铁路逐步扩展到华南地区的大型综合物流园区。商港将建设并形成三大版块：现代化物流仓储；现代化铁路运输及分拣、配送；以大型现代化市场为导向的信息平台。

3.4.2 专业与行业物流配送中心（园区）

"十一五"期间，北京市重点发展 IT 行业物流、农产品物流、汽车物流、医药物流、图书物流、冷链物流等行业物流，不断提升绿色物流、特种物流的发展水平，其中带有行业特点的物流园区建设是推动行业物流的重要因素。

(一) 中国包装物流园区

中国包装物流园区是北京西南良乡物流基地的重要组成部分，由中国包装联合会会员企业泽楷集团直属“北京泽楷中包物流有限公司”承建并经营管理。

园区距北京市区 15 公里，距首都机场 45 公里，距天津塘沽新港 120 公里，位于京广铁路、良坨铁路、京深高速、良燕里和北京六环路交汇处，是海、陆、空立体运输，公铁联运的最佳枢纽。园区占地 413 亩，规划建筑总面积 46 万平方米。

(二) 北京医药物流配送中心

北京医药股份有限公司与西门子德马泰克集团合作建立的中国第一家现代化医药物流配送中心项目。该项目位于北京马连道物流区内，总建筑面积 1.2 万平方米，总投资约 3 000 万元(不含土建)，北京医药股份有限公司是北京最大的综合性医药企业，集药品生产、医药流通和药品零售连锁为一体，市场覆盖北京甲级以上医疗单位和零售药店 98% 以上。

(三) 北京烟草物流配送中心

北京市烟草物流中心是一个大型的现代化物流中心，占地面积 78 亩，总建筑面积 31 000 平方米。库房建筑面积 25 512 平方米，货位 10 944 个，存储量约为 45 000 大箱。物流中心建设项目基建工程于 2005 年 3 月 28 日动工，当年 11 月 18 日竣工。

北京烟草物流中心隶属于北京市烟草专卖局(公司)，负责全市卷烟仓储配送工作。物流中心库房采用现代化高架立体库存储和激光定位堆垛机入出库，满足年销量 70 万箱和平均储量 4 万箱的营销需求。

该项目实现了全市烟草的统一仓储、集中分拣和分级配送，陆续取消了分布在全市 18 个区(县)公司的烟草物流中心。北京大约有 3.6 万个烟草零售户。北京市烟草专卖局每天要给 7 000 户左右的零售户配送大约 1.2 万件(50 条/件)的烟草产品。

(四) 北京出版发行物流中心

北京出版发行物流中心占地面积 460 亩。园区入口正对面是建筑面积达 8 万平方米的北京国际图书城；在其左侧，4.5 万平方米的配套服务中心悄然延伸；书城后面，是 12.5 万平方米的物流配送中心。

北京出版发行物流中心建造了一个出版发行经营链条上“集”和“散”的多

功能平台。这个平台成为出版发行业实现共赢、共谋发展的大舞台。中心集商流、现代物流、信息流、资金流为一体。北京国际图书城目前已实现了与全国200多家主要出版社的信息对接，与北京百余家经营网点和上海、天津等地多家新华书店联网，提供18种20亿条以上的业内信息。这里汇集了全国几乎所有出版社及其图书的展示场所。它常年展销各社近三年出版的图书30余万种，满足来自全国团购、批发和零售的购书需求。

（五）首钢京西钢材交易中心

2006年9月28日，北京首钢钢材配送有限公司正式开业，北京地区最大的钢材物流基地——首钢京西钢材交易中心宣布建成并投入运营。

首钢京西钢材交易中心位于北京市丰台区卢沟桥畔，距京石高速2公里，东北紧邻石景山南站，西与五环路相连，总占地面积553亩，一期工程占地295亩。钢材仓储货场设有1个大型露天货场，3个室内仓库，1条铁路专用线，1个大型专业运输车队。货场可存储摆放10万吨钢材，年吞吐能力150万吨以上。

（六）怀柔京北物流中心

京北物流中心（北房）项目占地1 000亩，拟规划成为北京市整个京北区域性综合物流园区。以公路运输为主要依托，以商贸物流为主要发展方向，服务于怀柔新城都市圈，内部功能以商品批发、零售、展示与生活资料配送为主，兼有流通加工、仓储、运输及信息服务功能的区域性综合物流园区。根据京北物流中心的服务对象、需求和“京北怀柔物流中心”的发展方向，确定其主要功能为工业物流、商业物流、商品交易展示和生活资料配送。

（七）京北物流中心（马池口）

筹建中的京北物流中心项目包括，开通中德国际铁路集装箱直达车、建设国际铁路集装箱货运站和建设物流园；项目位于昌平新城规划的马池口念头工业区，占地0.8平方公里，铁路贯通西北、东北，可直达欧洲，京北物流中心的建成将充分发挥铁路场站在现代物流领域的集约高效功能。

（八）天竺一级货运枢纽

天竺一级货运枢纽被北京市定为国家级一级货运枢纽，列为全市物流业重点发展项目。该枢纽拟建于空港物流园区东部，南连机场，东接六环路，北邻顺平路，地势平坦开阔，周边公路密集，交通极为便利。建筑面积预计占地面积1 152亩，建筑面积214 285平方米，其中枢纽中心建筑面积5 000—8 000平方米，停车场面积21 000平方米。

（九）北京航空邮件转运站

2004年2月18日，作为北京邮政“2008奥运工程”的重点项目，投资总额1亿元的“北京航空邮件转运站”正式破土动工。

邮政航站主要担负着北京与全国和国际航空邮件的接发与经转任务。新站位于首都机场货运路东侧，主楼建筑面积达3万平方米，地上2层、地下1层，整体建筑现代、简洁，与周边环境相协调，建成后将成为全国最大的邮政航站楼。

（十）华润物流仓储项目

2009年5月8日上午，华润物流（北京）有限公司通州马驹桥物流基地物流仓储项目举行开工奠基。投资2.75亿元的华润物流马驹桥物流仓储项目为华润物流集团在内地投资最大的物流项目，也是2006年原北京市商务局和通州区政府赴港参加“京港经贸洽谈会”的招商成果之一。项目的目标是在通州物流基地建设一个具有示范效应、在华北地区乃至全国领先的快速消费品物流配送中心，同时作为华润物流和华润万家超市华北区交易结算总部。

项目总用地面积11.6万平方米，配送中心总建筑面积约9.35万平方米，一期工程建筑面积为4.5万平方米。

3.5 北京农产品物流基础设施规划与建设

目前北京市呈现新发地、岳各庄、大洋路、顺义石门、通州八里桥、锦绣大地、昌平水屯和回龙观八大农产品批发市场分布的格局。其中，新发地农产品批发市场是北京市最大的农产品批发市场，占地1200多亩，承担着北京市70%的蔬菜供应、85%的水果供应和100%的进口水果供应。全市农产品经八大批发市场、超市及各类早市、集贸市场、社区菜市场进入到消费者手中。

（一）北京农产品批发市场分布

农产品批发市场是农产品流通体系的主体，在农产品流通市场中占主导地位。目前北京有八个较大型的农产品批发市场主要承担京外农产品在京内的批发及零售功能。

根据北京农产品流通体系规划的要求，目前建有大型农产品批发市场8个，并已基本完成升级改造，如图3-4所示。

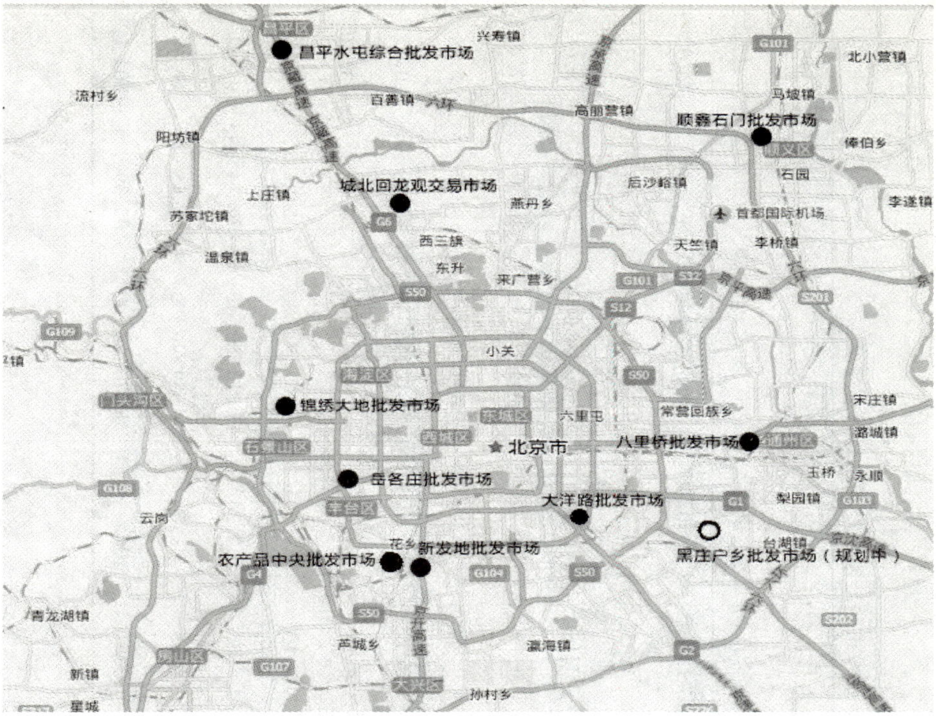

图 3-4　北京市农产品批发市场分布(2013 年 2 月)

（二）2010 年北京八大农产品批发市场蔬菜上市情况

根据笔者整理,2010 年北京八大农产品批发市场的基本业务数据如表 3-2 所列。

（三）北京农产品批发市场群发展规划①

2002 年 4 月 16 日,北京市商业委员会、发展计划委员会与农村工作委员会联合编制的《北京市农产品流通体系发展规划(2002—2008 年)》印发,其中提出:根据测算,未来 10 年北京农产品批发市场年成交量将保持在 430 万吨左右。按国际通行算法,以生鲜农副产品交易为主的批发市场每平方米用地年交易量为 4—5 吨,北京市区大约需要 90—110 公顷的批发市场用地,形成 9 个左右大型综合农产品批发市场,其中 2 个为占地 30 公顷左右的特大型综合农产品批发市场。

(1) 四环至五环路附近为大型农产品批发市场布局的合理区位,远期应主

① 《北京市农产品流通体系发展规划(2002—2008 年)》。

表 3-2 2010 年北京八大农产品批发市场蔬菜类产品市场占有情况

批发市场	总量（千克）	占全市场比例（%）	本市蔬菜（千克）	本市蔬菜所占比例（%）		外地蔬菜（千克）	外地蔬菜所占比例（%）	
				占全市场	占本市蔬菜		占全市场	占外地蔬菜
新发地	4 012 786 690	40.46	132 067 200	1.33	8.02	3 880 719 490	39.13	46.92
大洋路	1 828 428 250	18.44	479 314 850	4.83	29.10	1 349 113 400	13.60	16.31
顺鑫石门	684 834 240	6.91	18 096 240	0.18	1.10	666 738 000	6.72	8.06
昌平水屯	641 167 350	6.46	28 629 200	0.29	1.74	612 538 150	6.18	7.41
八里桥	537 850 190	5.42	96 043 000	0.97	5.83	441 861 190	4.46	5.34
回龙观	312 112 310	3.15	0	0	0	312 112 310	3.15	3.77
岳各庄	298 233 800	3.01	32 600 400	0.33	1.98	265 633 400	2.68	3.21
锦绣大地	91 848 040	0.93	9 676 470	0.10	0.59	82 171 570	0.83	0.99
八大市场合计	8 407 260 870	84.77	796 407 860	8.03	48.36	7 610 854 510	76.74	92.02
其他市场	1 510 394 790	15.23	850 494 200	8.58	51.64	659 846 590	6.65	7.98
总计	9 917 655 660	100	1 646 921 560	16.61	100	8 270 734 100	83.39	100

资料来源：根据各批发市场公开发布数据计算、整理而成。

要布局在五环路附近。

城市四环、五环具有较好的交通运输条件，四环路和五环路之间是近期住宅建设和产业结构调整的重点区域。综合各种因素，规划对四环、五环附近的龚村（锦绣大地）、田村、清河、平房、东郊、大羊坊路、南苑、新发地、岳各庄九个现有规模和影响较大的批发市场进行改造升级，形成规范的大型综合农产品批发市场。

（2）三环路内现有的交易量和影响力较大的农产品批发市场，如大钟寺—四道口农产品批发市场，应在现有基础上进行市场功能转换、环境整治和改造升级，可考虑三种方式：一是在三环路以外选址建立物流配送中心，现有场地试行拍卖，实现物流与商流分离，就地升级；二是保留部分批发品种，形成专类商品批发市场，并试行拍卖等形式实行市场升级；三是保留并发挥其原有品牌优势，与其他市场整合，外迁升级。三环路内其他农产品批发市场3年左右退出农产品批发经营。

（3）远郊区参照市区市场建设的条件、规模和标准，结合本地区的实际情况，利用现有基础，建设农产品批发市场，如通州的八里桥、昌平的水屯、顺义的石门等。

（四）北京农产品流通体系发展规划①

2011年8月25日，北京市商务委员会、北京市发展和改革委员会、北京市农村工作委员会联合发布了《北京市“十二五”时期农产品流通体系发展规划》，其中提出：

到“十一五”时期末，北京市建立了以销地农产品批发市场为核心的农产品流通体系，多种渠道、多种方式地满足了农产品流通需要和居民生活消费需求，有效地保障了首都城市平稳运行和经济社会发展，是我国北方地区农产品流通网络重要枢纽。

从层次上看，已形成大型农产品批发市场（经营收入20亿元以上）为主要集散中心、区域性批发市场为重要节点的批发市场格局。全市性综合型和区域性综合型农产品批发市场成为整个农产品批发市场格局的重要组成部分；从方位上看，北京东、南、西、北方向均有分布，初步形成京西南、京东、京北三个大型农产品批发市场聚集区。9个大型农产品批发市场有5个在五环路内、4个在五环外。各类农产品批发市场互为补充，总体格局稳定。

“十二五”期间，形成2个全市性大型综合型农产品批发市场，各远郊区县

① 《北京市“十二五”时期农产品流通体系发展规划》。

确保1个区域性综合型农产品批发市场，建立起“2＋15”的农产品批发市场体系。

在五环外东南方向黑庄户乡，采取园区式开发模式，新建1个全市性大型综合农产品批发市场，占地约100公顷，地理位置如图3-5所示。

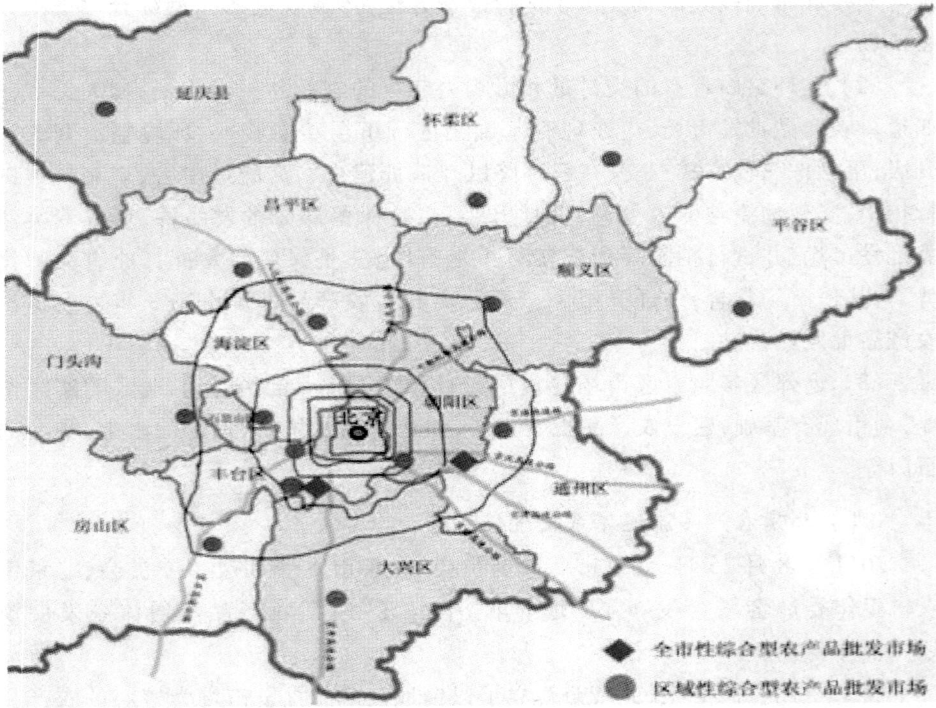

图3-5 北京市“十二五”时期全市性、区域性综合型农产品批发市场规划

新发地批发市场对现有的市场进行设施改造和功能提升，继续发挥全市大型综合型农产品批发市场的交易和集散中心作用。

(1) 远期目标(至2020年)：构建与中国特色世界城市和国际商贸中心相适应的农产品现代流通体系，形成2—3个全市大型综合农产品批发市场，每个远郊区县保有1个区域性综合型农产品批发市场；形成全市覆盖、连锁经营、组织化程度较高的农产品零售网络；农产品批发市场与生产基地和零售末端紧密衔接，货源保障充足，形成布局合理、渠道通畅、安全高效、保障有力的农产品现代流通体系。

(2) 发展指标：本市蔬菜自给率由不足30%提高到35%；形成2个全市性

综合农产品批发市场，承担全市 80% 左右的市场供应量；新增规范化菜市场 150 个，形成比较完善的农产品零售网络；构建现代化农产品物流服务体系。果蔬、水产品、肉类三类农产品冷链流通率由目前的 10%、30% 和 50% 分别提高到 20%、45% 和 70% 以上。

（五）政策支持农产品批发市场发展①

2012 年 3 月 14 日，北京市人民政府办公厅印发的《关于落实促进物流业健康发展政策措施实施意见》的通知确定：

优先发展农产品物流。明确农产品批发市场和社区菜市场的公益性，统筹研究相关支持政策。在符合土地利用总体规划和城市规划的前提下，在土地供应计划中优先保障新建市场用地。落实国家关于农产品批发市场、社区菜市场的用地政策和农产品批发市场房产税政策。积极争取纳入国家农产品增值税抵扣政策调整试点。实行批发市场、社区菜市场水电气热价格与工业企业同价。规范和降低农产品批发市场、社区菜市场的摊位费等相关收费。在全市范围内形成 2 个全市性综合型农产品批发市场，各远郊区县确保形成 1 个区域性综合型农产品批发市场，建立起“2 + 15”的农产品批发市场体系。空间布局见图 3-5。

（六）建设中的北京农业部定点市场

农业部定点市场工作自 1995 年开展以来，已批准 15 批共 773 家定点市场，构建了以产地为基础、销地为骨干、产销两地结合的农产品批发市场网络，有力地促进了农产品市场流通，在带动农民增收、推动区域经济发展和确保农产品稳定供应等方面发挥了重要作用。

其中，北京批发市场有 16 家批发市场入围，详见表 3-3。

表 3-3　北京的农业部定点市场名单

批次	北京入围批发市场	批准时间	全国数量
第 15 次 市发[2010]12 号	—	2010 年 11 月 25 日	65
第 14 次 农市发[2008]17 号）	北京大红门京深海鲜批发市场	2008 年 12 月 17 日	54
第 13 次 农市发[2007]38 号	北京日上综合商品批发市场 北京八达岭绿野菜蔬中心	2007 年 12 月 6 日	79

① 北京市《关于落实促进物流业健康发展政策措施的实施意见》。

（续表）

批次	北京入围批发市场	批准时间	全国数量
第12次 农市发[2006]22号	北京市西沙窝农副产品批发市场	2006年 12月1日	112
第11批 农市发[2005]20号	北京城北回龙观大钟寺农副产品批发市场 北京锦绣大地农副产品批发市场	2005年 12月5日	96
第10批 农市发[2004]14号	—	2004年 11月8日	65
第9批 农市发[2003]14号	北京朝阳区大洋路综合市场 北京顺鑫石门批发市场	2003年 10月10日	59
第8批 农市发[2002]17号	北京市昌平水屯农副产品批发市场	2002年 11月14日	53
第7批 农市发[2001]18号	北京八里桥农产品中心批发市场	2001年 10月10日	47
第6批 农市发[2000]15号	北京市平谷县大桃市场	2000年 10月27日	60
第5批 农市函[1999]5号	北京延庆蔬菜批发市场	1999年 9月28日	55
第4批 农市发[1998]7号	—	1998年 10月16日	28
第3批	北京新发地农副产品批发市场	1997年	19
第2批	—	1996年	13
第1批	北京华垦岳各庄批发市场 北京大钟寺农副产品批发市场 北京农产品中央批发市场	1995	27

资料来源：根据农业部网站（http://www.moa.gov.cn/）资料整理。

3.6 保税物流及其基础设施

（一）国际物流设施布局[①]

2011年11月公布的《北京市“十二五”时期物流业发展规划》更加重视与强调了保税物流、国际物流体系的建设与发展，其中要求：

① 《北京市“十二五”时期物流业发展规划》。

北京物流体系建设要服务首都开放型经济发展，以口岸和政策功能区设施建设为重点，为构筑多种运输方式衔接顺畅的“立体化”国际物流体系奠定设施基础。

继续优化北京口岸体系。调整口岸功能布局，完善口岸功能，加强国际物流配套设施建设，打造具有世界一流水平的国际物流“高速走廊”。加强入海通道建设，推进通州马驹桥口岸功能区及配套设施建设，加快朝阳口岸向通州马驹桥平移；继续完善平谷国际陆港口岸功能区设施，形成连接天津新港的海运国际物流通道；完善首都机场空港口岸周边综合配套，在北京新机场一期工程建设基础上，启动新机场口岸建设工作；加强北京丰台铁路货运口岸与边境口岸合作，配合铁路集装箱中心站建设合理规划口岸功能。

推进服务国际物流发展的政策功能区设施建设。加快推进天竺综合保税区的一期设施建设和二期用地调整、土地一级开发，大力推动亦庄保税物流中心（B型）建设，形成南北呼应的政策功能区分布格局。

（二）北京天竺综合保税区

北京天竺综合保税区于2008年7月23日获得国务院批复（国函［2008］64号），成为全国首家依托空港口岸设立的综合保税区，总体规划面积5.944平方公里，分为南北两个围网区。[①] 按照“统一规划、整体围网、分区管理、分期建设”的原则进行规划建设，整体规划为两大功能区：口岸操作区和保税功能区。

北京天竺综合保税区封关验收后，不再保留北京天竺出口加工区和北京空港保税物流中心。北京天竺综合保税区的功能和有关税收、外汇政策按照《国务院关于设立洋山保税港区的批复》（国函［2005］54号）的规定执行。

北京天竺综合保税区地处首都临空经济核心区范围内，集口岸通关、出口加工、保税物流等功能于一体，享有“免证、免税、保税”政策，并优化整合了国内不同海关特殊监管区域的政策优势，是北京目前唯一的海关特殊监管区域。

2008年12月17日，北京天竺综合保税区领导小组正式成立，并召开第一次会议，标志着综保区各项工作正式启动。

2009年2月25日，北京市政府决定设立北京天竺综合保税区管理委员会，为正局级市政府派出行政机构，委托顺义区政府代管，具体负责统筹推进北京天竺综合保税区的规划、建设、招商引资和日常管理工作。综保区管委会设置6个内设机构，分别为办公室、政策法规处、规划建设处、经贸发展处、保障处、信息处。

---

① 北京天竺综合保税区网站（http://www.bjftz.gov.cn/）。

2009年4月30日,北京天竺综合保税区管理委员会正式挂牌。

2009年7月28日,北京天竺综合保税区(一期)通过国家十部委联合验收。一期工程占地3.495平方公里,包括围网面积3.177平方公里和配套服务设施用地面积0.318平方公里。

(三) 马坊物流基地

马坊物流基地是北京市"十一五"期间重点建设的六大物流基地之一,具有口岸功能。2006年5月22日,北京市人民政府原则同意在平谷区设立保税物流中心(B型),并由北京海陆港国际物流有限公司向海关提出申请。

马坊物流园区位于京津冀两市一省交界处,平谷区西部与顺义交界处的京平蓟高速公路马坊出口处,东邻天津新港,西接首都机场。2008年6月,京平和平蓟高速公路贯通,而紧邻京平高速路的马坊物流基地的区位优势凸显,成为连接天津新港出海口和首都国际机场最短的海空国际物流通道,是北京东部发展带的重要物流节点和京津发展走廊上的重要通道。

为提高奥运会物流保障能力和赛时交通管制下一般货物通关问题的交通处理能力,北京市于平谷区马坊物流园区内设立奥运应急通关监管点,办理进出口货物海关监管手续。奥运应急通关监管点建成后将提高奥运物流保障能力,同时利于赛时交通管制下一般货物通关的变通处理。

平谷区区委、区政府积极争取将马坊通关监管点作为奥运工程暨奥运应急通关监管点进行申报,得到了北京市政府、北京奥组委物流部、北京海关、北京出入境检验检疫局及相关部门的大力支持。经过紧张筹备,奥运应急通关监管点工程于2008年5月初开始施工,通过两个多月的紧张施工,保证了奥运期间通关监管点顺利投入使用。

(四) 国际物流建设项目①

列入北京市"十二五"时期物流业发展规划的国际物流项目主要有:

(1) 北京天竺综合保税区一期建设工程。主要建设内容包括市政基础设施二期工程、市政设施管理用房、保税展览展示交易中心、综合服务平台、标准化保税监管库、公共检测实验中心、现场监管查验设施、金融综合服务中心等。

(2) 北京天竺综合保税区二期用地调整土地一级开发项目。位于首都机场西侧、北侧,涉及铁匠营村、杨二营村、十二里堡村三个行政村总占地面积为400公顷,其中纳入综保区二期规划的土地为121公顷,建设内容包括征地、拆

① 《北京市"十二五"时期物流业发展规划》。

迁、安置等。

（3）亦庄保税物流中心（B 型）。位于北京经济技术开发区，一期建设 5 万平方米库房、查验库、罚没库、卡口、围网、停车场及报关报检楼，二期建设 5 万平方米库房及相关配套工程。

（4）通州马驹桥物流基地口岸功能区建设。占地 846 亩，包括土地一级开发，建设 40 万平方米仓库、3 万平方米堆场以及 8 万平方米办公及配套用房，融合仓储、配送、保税、加工等多种功能。

（5）平谷国际陆港二期。位于平谷马坊物流基地，占地 26.7 公顷，包括国际陆港保税物流中心仓储区和国际陆港综合服务区。

自 2002 年 2 月 8 日《北京市商业物流发展规划》公布以来，经过 12 年的建设与发展，特别是"十一五"时期，北京市加快顺义空港、通州马驹桥、平谷马坊和大兴京南等物流基地以及十八里店物流中心、西南物流中心等一批物流中心（综合物流区）和配送中心（专业物流区）的规划与建设，形成了以物流基地、物流中心为载体，专业物流为特色的多层次节点布局，以及与交通线网有效衔接的物流网络。农产品批发市场得到建设与完善，医药、图书、烟草、冷链等专业化物流快速发展。初步形成了以北京天竺综合保税区为核心，北京西站铁路口岸、朝阳口岸、丰台口岸、北京平谷国际陆港为重要补充的布局合理、功能齐全的口岸体系。可以说，北京点、线、面相互协调的"三环、五带、多中心"的物流设施空间格局基本建立。

下篇　专题

2013

第4章

北京农产品市场状况分析及物流保障问题

农产品是居民“菜篮子”、“果篮子”中的主要内容，事关国计民生。农产品市场是连接农业生产和消费的桥梁纽带，在促进农业生产、保证农产品安全稳定供给、带动农民增收和统筹城乡发展等方面发挥着举足轻重的作用。北京是农产品消费的大都市，农产品市场是否繁荣稳定，关系着广大人民的根本利益，关系到政府在人民心目中的地位，关系到首都的社会安定团结，关系到北京整个经济的运行效率和运行质量，也直接关系到首都世界城市的形象和国际声誉。目前北京市农产品市场在整个供应链上是一个明显的“弱链”。因此，构建与世界城市发展相适应的农产品市场体系，特别是在物流环节上提供强有力的保障是北京市当前社会经济发展中亟待解决的重要问题，也是北京市社会经济生活热点、难点问题。

4.1 北京农产品市场的历史演变

1979年以前，为北京市居民提供农产品供应的主要以公有制经济（国有经济和集体经济）为主导，公有制经济在农产品供应和销售中的比重在99%以上，非公有制经济(个体经济和其他经济)在农产品市场中供应和销售的比重几乎为0。改革开放以后,公有制经济在农产品市场中供应和销售的比重逐年下降,1998年就降到50%以下,而非公有制经济在农产品市场中供应和销售的比重逐年上升,2012年已上升到90%以上。20世纪90年代中期以后,北京市农产品市场形成了多种经济成分、多种流通渠道并存的市场流通格局。下面重点介绍一下北京市蔬菜市场的历史演变。

(一)北京市蔬菜市场管理体系的演变

1951年,北京市供销合作总社郊区处设立蔬菜经理部,并在天桥、广安门、阜成门和东直门四大菜市场设立菜站,经营批发业务,逐步占领蔬菜批发市场;1955年,北京市菜蔬公司成立,分属市第三商业局,负责北京蔬菜的收购、批发和部分零售业务。主要管理市内的二十个基层批发单位和蔬菜经理部。在自给自足的基础上实行计划供应,实行蔬菜的定产、定购、定销等。1959年,在朝阳、丰台、海淀三个区设立蔬菜经理部,代表菜蔬公司与人民公社签订合同,了解生产,提出意见,并负责所在区的蔬菜供应任务。1965年,北京市菜蔬公司改为北京市食品公司菜蔬分公司。1966年又恢复原名。1969年,市副食局、市商业局、市外贸局合并成立北京市第一商业局。1970年将北京市菜蔬公司划归北京市第二商业局管理。此后,从70年代初到80年代中期,北京市菜蔬公司一直作为国营蔬菜经营、销售主渠道发挥着重要作用,其在保证蔬菜供应等方面直属主管市长领导,确保了不同阶段消费者对蔬菜产品的需求。1988年随着全国蔬菜产销体制改革,北京市蔬菜从此进入了国营、集体、个体多渠道经营的新阶段。

(二)北京市蔬菜市场流通体制的演变

北京市的蔬菜流通体制与全国的蔬菜流通体制的演变阶段基本上是一致的,不过,北京市在蔬菜流通体制的演变上也有其一定的特殊性,从历史的角度来看,北京市蔬菜流通体制在变革过程中政策性更强一些。

1949—1955年,北京市的蔬菜流通也是处在自由购销的时期。1956年,随着农村合作化运动的发展以及城市人口的增加,使蔬菜生产有了较快的发展,菜田耕地面积达到23.5万亩,年产各种蔬菜达9亿公斤,平均亩产3 800公斤。1957年按照“就地生产、就地供应、划片包干、保证自给”的蔬菜生产和供应方针,安排蔬菜生产。1958年北京市第一次开始了从蔬菜实行统购包销以来的首次蔬菜经营亏损补贴,其对促进当时的蔬菜销售起到了积极作用,但同时也使国家开始背上了沉重的财政包袱。1959年,北京市第一次提出了比较系统的蔬菜产销方针，城乡并举，扩大蔬菜生产，郊区的蔬菜生产发展逐渐具有一定规模。1960年北京市蔬菜公司提出了每人每天保证供应大白菜、萝卜等600克的目标。对菜农实行售菜奖粮的办法。以此为开端，着手建设以近郊区为主的商品蔬菜基地。此后，蔬菜基地建设成为郊区蔬菜生产发展的一项重要工作。1965年提出了"以销定产，产大于销"的方针，要求商品菜做到"五保证"，即保面积、保数量、保品种、保质量、保上市时间。特别是八、九月淡季蔬菜生产和市场供应一定要过关。此后10年按照产销计划，逐步建成了"以近郊为主、远郊为辅"的17万亩商品菜基地，在生产上努力做到"平时保鲜嫩、淡季保供应、节日保丰满、全年保均衡"，取得了良好的效果。

进入20世纪80年代，蔬菜开始实行统购包销，"大管小活"政策，即在统购包销的前提下，放开了占全年上市量5%左右的九十多个小品种。对这些小品种采取两种购销形式：一种是由产销挂钩单位共同商定品种、面积、数量、质量、上市时间、收购价格，并签订合同；另一种是由生产单位自行决定，由挂钩的销售单位负责收购，但购销价格随行就市。1984年丰台区蔬菜农商联营公司正式成立，开始了蔬菜产供销改革的新尝试。其将农商联为一体，减少国家补贴，保证蔬菜的品种和数量，增加菜农收入，提高商业经营效益。但联营公司对蔬菜仍采取统购包销政策，扩大产销双方的自主权，在保证市场供应的前提下，种植计划和上市任务由联营公司根据需求自行安排。联营公司实行亏损包干办法，在正常情况下，超亏国家不补，减亏自己留用，从而改变了过去商业经营亏损多少全由国家补贴的办法，为城市蔬菜产销体制改革奠定了基础。1985年，商业部发布了《关于改革城市蔬菜产销体制的通知》，提出："取消派购任务，实行多渠道经营；建立批发交易市场，放开购销价格，随行就市，议购议销；发挥国营主渠道作用，参与市场调节，平抑物价。"按照通知精神，北京市对东城、西城、崇文、宣武、朝阳、丰台、海淀、石景山八个区范围内和南郊农场的蔬菜产销体制进行了改革，适当调整菜田布局，按全年平均每人每天0.9斤菜安排市场，城内和近郊区吃菜人口按六百万人计算，全年共需21亿斤商品菜，即近郊15亿斤、远郊2亿斤、外地调入4亿斤。1986年，北京开始试行蔬菜产销体制改革。把蔬菜指令性生产计划改为指导性计划，菜田布局远近结合，逐步调整，近期仍以本市为主，外省为辅；本市仍以近郊为主，远郊为辅；实行以合同订购为主的多渠道、多形式购销。基本理顺购销价格，试行市场调节。管放结合政策有力地促进了蔬菜生产的发展，特别是保护地蔬菜快速发展。至1990年蔬菜保护地设施面积已超过5.5万亩，年产蔬菜6000万公斤，蔬菜品种扩展至20多个，丰富了首都市场，增加了农民收入。从1992年12月开始，北京市蔬菜流通实行市场经济,全面开放,进入一个崭新的历史阶段。

4.2 北京农产品市场现状概况

目前,北京市农产品市场形成了以批发市场为主体、以农超对接为方向、以直供直销为补充、以电子商务为探索的市场流通体系。

2011 年北京市社会消费品零售额为 6 900.3 亿元,按经济类型划分,国有经济零售额为 291.5 亿元,集体经济零售额为 109.3 亿元,个体经济零售额为 899.7 亿元,其他经济零售额为 5 599.8 亿元;按商品类别划分,吃类商品零售额为 1 561.4 亿元,穿类商品零售额为 665.2 亿元,用类商品零售额为 4 080.1 亿元,烧类商品零售额为 593.6 亿元;按销售单位所在地划分,城镇消费品零售额为 6 789.6 亿元,农村消费品零售额为 110.7 亿元。其中农产品零售额在社会消费品零售额中占有一定比例。

(一)北京市农产品批发和零售概况

2011 年北京市粮油类商品销售总额为 11 816 047 万元,其中批发销售额为 11 086 777 万元,零售销售额为 729 270 万元;其中大中型企业粮油类商品销售总额为 9 480 674 万元,其中批发销售额为 8 807 907 万元,零售销售额为 672 767 万元;肉禽蛋类商品销售总额为 127 286 万元,其中批发销售额为 646 119 万元,零售销售额为 626 367 万元;其中大中型企业肉禽蛋类商品销售总额为 1 100 377 万元,其中批发销售额为 507 387 万元,零售销售额为 592 990 万元。限额以上批发和零售企业农产品销售情况如表 4-1 所示。

表 4-1 2011 年限额以上批发和零售企业农产品销售情况 单位:百公斤

项目	总销售量	批发	零售
大米(稻米)	18 367 813	17 192 186	1 175 627
白面(小麦面)	3 238 112	2 479 648	758 464
杂粮	52 293 879	52 074 785	219 094
食用植物油	57 017 537	56 060 391	957 146
猪肉	2 150 883	1 338 467	812 416
牛肉	2 150 883	1 338 467	812 416
羊肉	189 199	35 452	153 747
禽肉	1 047 912	794 973	252 939

（续表）

项目	总销售量	批发	零售
鲜蛋	598 889	121 423	477 466
鲜菜	2 909 810	776 440	2 133 370
鲜瓜果	2 416 100	831 260	1 584 840
水产品	1 685 230	1 347 530	337 700

资料来源：北京市统计局、国家统计局北京调查总队，《北京统计年鉴 2012》，中国统计出版社，2012。

（二）北京市农产品交易市场概况

2011 年北京市有农产品综合市场 241 家，成交额 8 988 945 万元；有粮油市场 5 家，成交额 1 254 523 万元；有肉禽蛋市场 6 家，成交额 43 978 万元；有水产品市场 5 家，成交额 1 255 619 万元；有蔬菜市场 16 家，成交额 324 809 万元；有干鲜果品市场 3 家，成交额 167 011 万元；有其他农产品市场 44 家，成交额 962 455 万元；2011 年北京市农产品交易市场主要商品成交量如表 4-2 所示。

表 4-2　2011 年北京市农产品交易市场主要商品成交量　单位：吨

项目	成交量
粮食	3 363 393
食用植物油	524 003
猪肉	388 695
牛肉	97 402
羊肉	83 127
家禽	71 226
鲜蛋	412 210
鲜菜	13 680 882
鲜瓜果	8 866 411
水产品	968 393

资料来源：北京市统计局、国家统计局北京调查总队，《北京统计年鉴 2012》，中国统计出版社，2012。

（三）北京主要农产品批发市场概况

目前，北京市拥有城北回龙观大钟寺商品交易市场、八里桥农产品中心批发市场、新发地农副产品批发市场、岳各庄批发市场、朝阳区大洋路综合市场、顺鑫石门农产品批发市场、昌平区水屯农副产品批发市场和锦绣大地玉泉路粮油批发市场八大重要农产品批发市场。

1. 新发地农副产品批发市场

北京新发地农副产品批发市场成立于1988年5月，当初只是一个占地15亩、管理人员15名、启动资金15万元的小型农贸市场。经过近23年的建设和发展，现已成为北京市交易规模最大的农产品专业批发市场，在全国同类市场中也具有很大的影响力。

市场现占地面积1 370亩，总建筑面积近30万平方米，有管理人员1 300多名，总资产11.8亿元。主要经营蔬菜、果品、肉类、种子、粮油、水产、副食、调料、禽蛋、菌类、茶叶等农副产品，是一处以蔬菜、果品、肉类批发为龙头的国家级农产品中心批发市场。现有固定摊位5 558个、定点客户8 000多家，日均车流量3万多辆(次)、客流量6万多人(次)。日吞吐蔬菜300多万公斤、果品1 500多万公斤、生猪2 500多头、羊2 500多只、牛150多头、水产1 500多吨。

2003年9月，市场主办单位按照现代企业制度组建成立了新发地农产品有限公司，总注册资金1亿元。

市场位于北京市南郊京开高速路(106国道)新发地桥西侧，距市中心天安门仅12.6千米，是南方各省、市客商进京的咽喉要道。

2. 昌平区水屯农副产品批发市场

昌平区水屯农副产品批发市场是国家农业部定点批发市场之一，始建于1996年，占地面积600亩，主营蔬菜、果品、粮油、肉蛋奶等农副产品批发业务，并兼营日杂百货、家居建材等一百余大类，数十万种商品。现有固定摊位1 000余个，交易大厅30多座，日进场交易车辆超过2 000辆，商品流通范围辐射河北、内蒙古、天津、山东及东北等地区，2005年市场农副产品成交量16亿千克，总交易额20亿元，并以每年超过20%的速度递增，是京北地区经营规模最大、配套服务体系最为完善的农副产品集散地。

蔬菜水果区：北京水屯农产品市场蔬菜水果批发区位于市场西侧，该区域总占地面积20 000平方米，包括蔬菜水果交易大厅。

粮油大厅：该区域经营面积1 000余平方米，于1999年建成开业。

3. 八里桥农产品中心批发市场

北京八里桥农产品中心批发市场，是根据原国内贸易部和北京市人民政府的决定，经国家计委批准立项的国家级重点批发市场，也是首都"菜篮子"重点工程。市场由中央企业中商企业集团公司和北京潞运通经贸集团，共同投资1.5亿元于1998年建成开业。

市场地处北京历史上的著名商品集散地——通州区，距天安门17千米，距首都机场11千米，建于北京五环和六环路之间，由紧临的京通快速路与北京4条环城路和市区连通，市场南北分别为京哈、京沈高速路和102、103、111三条进京国道。

市场占地40万平方米，其中自有土地26万平方米，建筑面积9.9万平方米，营业面积15万平方米，10个交易大厅共有厅内固定摊位2600多个，临时摊位1000多个。

市场有农副产品、建材和日用百货三个营业区，经营粮油、果菜、水产品、肉禽蛋、副食、酒水饮料、调料、建材、百货等十大类。

4. 岳各庄批发市场

北京市岳各庄农副产品批发市场位于北京西南丰台路口，在京石高速公路与西四环路交会处，距北京西客站2.5千米，至前门车程15分钟左右。

2004年12月28日，岳各庄鲜肉水产品综合大厦正式开业。

蔬菜交易区：岳各庄市场蔬菜交易区是北京市最早的蔬菜批发行业之一，占地100亩，于1986年自发形成。

果品市场：果品市场位于市场的西北侧，占地面积11750平方米。主要经营品种有两广香蕉、海南香蕉以及从菲律宾、马来西亚、新加坡、泰国等进口的水果。

海鲜产品综合大厅：海鲜产品综合大厅是一座16000平方米集水产品交易，冷藏、仓储、配送、食品检测于一体的大型建筑物。配备有电子信息显示屏，信息网络、直升货梯、冷藏保鲜库、仓储库房、停车场等各项配套服务设施。

5. 城北回龙观大钟寺商品交易市场

城北回龙观商品交易市场是以农副产品批发为主的综合性现代化交易市场。市场西邻八达岭高速公路，南距五环高速6千米，北距六环高速10千米。

城北市场始建于2002年，2003年6月主体竣工投入运营。市场规划占地1100亩，总建筑面积35万平方米，包括3.5万平方米大型家居广场1栋、交易大厅20栋、门面房2000余间、库房5万平方米、冷库96间、商户生活用房2000余间。

市场主要经营项目包括蔬菜、水果、粮油、肉、蛋、禽、副食、调料、干果、干货、水产、海鲜、茶叶、烟酒饮料、厨具、酒店用品、家居、日杂百货、小商品、服装鞋帽、家具、花鸟鱼虫等。

百货小商品区：日杂、百货、服装区是本市经营规模最大、商户数量最多的区域。该区域下辖7个交易大厅，总占地面积40000平方米，交易面积20000平方米，设有摊档1300多个，拥有商户800余家。主要经营日杂、调料、家具、服装、鞋帽、床上用品、窗帘布艺、文体用品、家用电器、通信器材、儿童玩具等，涵盖数十个系列。

副食批发区：城北大钟寺市场副食品批发区是以糖果、糕点、饼干、罐头、奶粉、小包装食品等为主，涵盖各类副食品批发、零售的大型交易区。该区总占地面积45 000平方米，拥有6个街区、500余间经营门店、一个大型停车场、3栋（10 000平方米）标准库房。

6. 锦绣大地玉泉路粮油批发市场

北京锦绣大地玉泉路粮油批发市场始建于1992年9月。该市场是北京市政府核准注册的一家具有法律地位的大型粮油类专业批发市场。2004年3月在北京锦绣大地农业观光园区内建造新市场，于同年5月正式开业运营。新市场占地面积8万平方米，辟为办公、大米交易、面粉交易、杂粮交易、食用油交易、客户生活等六大区域。

7. 朝阳区大洋路农副综合市场

北京朝阳区大洋路农副产品批发市场是由北京市朝阳区十八里店乡乡政府投资兴建的，于1997年5月竣工正式投入使用。市场位于京城东南郊三环路东侧的十八里店乡大洋路商业街中段，毗邻京沈和京塘高速公路。

市场现占地面积已达32.6万平方米，建筑面积7万平方米（其中房屋面积13 021平方米，大厅面积4.5万平方米，办公及附属面积6 000平方米），硬化场地25万平方米，可为入驻商户提供住房或库房700间。

几年来，随着基础设施的不断完善，市场的经营品种已由最初的单一蔬菜，扩展到水果、鱼肉、水产、禽蛋、粮油、副食调料、服装百货及小商品等。

8. 顺鑫石门农产品批发市场

北京顺鑫石门农产品批发市场成立于1994年6月，是顺鑫农业上市公司与顺义区市场中心合作的股份制企业。市场位于顺义城区，距市区20千米，与首都国际机场毗邻，北京市六环路从市场西侧擦肩而过，市场东侧相隔1千米即京承铁路主干线。

2002年，该市场被北京市主管部门定位为重点扶持的特大型农产品批发市场，2003年，被定为“国家重点批发市场试点项目”，2005年3月11日通过国家ISO 9001质量管理体系认证。

市场占地面积50万平方米，建筑面积15万平方米，现设有蔬菜、水果、粮油、水产、肉蛋禽、快速消费品六大经营区域，商品辐射全国20多个省市200多个区县。

（四）北京市八大农产品批发市场流通概况

根据对北京通过批发市场流通的数据资料计算：2010 年北京市蔬菜交易量为 9 917 655 660 千克，其中本市产蔬菜为 1 646 921 560 千克，外地产蔬菜为 8 270 734 100 千克，分别占北京蔬菜市场的 16.61% 和 83.39%。

1. 2010 年北京八大农产品批发市场中各类蔬菜平均价格和上市数量比重

根据北京主要农产品批发市场公布的数据计算，2010 年北京共销售蔬菜 8 407 260 870 千克，占北京市蔬菜交易量的比重为 84.77%。其中，土豆、大白菜、洋白菜等 20 种菜的销售量为 5 918 111 580 千克，占所有上市蔬菜的 70.40%；本地蔬菜销售量仅占上市总量的 5.34%，外地市场占 94.66%。其余蔬菜 2 489 149 290 千克，本地蔬菜销售量占上市总量的 18.43%，外地占 81.57%，如表 4-3 所示。

表 4-3　2010 年北京八大市场中各类蔬菜平均价格和上市数量比重

序号	品种	平均价格（元/千克）	上市总量（千克）	占全市总量（%）	本地蔬菜数量（千克）	本地蔬菜占比（%）	外地蔬菜数量（千克）	外地蔬菜占比（%）
1	土豆	2.27	618 005 500	7.35	0	0.00	618 005 500	100.00
2	大白菜	1.25	536 029 190	6.38	39 384 000	7.35	496 645 190	92.65
3	洋白菜	1.43	442 760 390	5.27	32 280 000	7.29	410 480 390	92.71
4	葱头	1.72	437 457 400	5.20	129 000	0.03	437 328 400	99.97
5	葱	1.71	414 538 700	4.93	33 130 000	7.99	381 408 700	92.01
6	冬瓜	1.12	346 621 600	4.12	22 922 000	6.61	323 699 600	93.39
7	番茄	2.86	293 247 470	3.49	35 007 070	11.94	258 240 400	88.06
8	刺黄瓜	2.67	284 596 650	3.39	19 196 000	6.74	265 400 650	93.26
9	胡萝卜	1.19	281 832 400	3.35	4 540 000	1.61	277 292 400	98.39
10	白萝卜	1.15	241 037 820	2.87	996 000	0.41	240 041 820	99.59
11	茄子	2.81	229 998 200	2.74	30 589 000	13.30	199 409 200	86.7
12	西葫芦	1.70	226 065 500	2.69	15 441 000	6.83	210 624 500	93.17
13	柿子椒	2.72	221 240 300	2.63	19 214 500	8.68	202 025 800	91.32
14	小辣椒	2.51	209 149 500	2.49	19 621 500	9.38	189 528 000	90.62
15	芹菜	1.63	206 209 600	2.45	20 075 000	9.74	186 134 600	90.26
16	菜花	2.31	204 435 300	2.43	14 040 000	6.87	190 395 300	93.13
17	蒜	7.79	198 190 400	2.36	1 235 000	0.62	196 955 400	99.38
18	蒜苗	6.65	184 840 240	2.20	253 000	0.14	184 587 240	99.86
19	姜	7.79	181 122 920	2.15	0	0.00	181 122 900	100.00
20	云架豆	3.73	160 732 500	1.91	7 880 000	4.90	152 852 500	95.10
21	以上合计	—	5 918 111 580	70.40	315 933 090	5.34	5 602 178 490	94.66

（续表）

序号	品种	平均价格（元/千克）	上市总量（千克）	占全市总量（%）	本地蔬菜数量（千克）	本地蔬菜占比（%）	外地蔬菜数量（千克）	外地蔬菜占比（%）
22	其他	—	2 489 149 290	29.60	458 750 214	18.43	2 030 399 076	81.57
23	合计	—	8 407 260 870	100.00	796 407 860	9.47	7 610 854 510	90.53

资料来源：孙前进，《北京农产品流通体系规划与建设》，中国物资出版社，2011。

2. 2010 年北京八大农产品批发市场主要水果的平均价格和上市数量情况

根据北京主要农产品批发市场公布的数据计算，2010 年北京共销售水果 6 350 378 890 千克，占北京市水果交易量的比重为 92.08%。其中，西瓜、红富士苹果、国产香蕉等 10 种水果的销售量为 4 128 271 210 千克，占所有上市水果的 65.01%；本地水果销售量仅占上市总量的 0.20%，外地水果占 99.8%。其余水果 2 222 107 680 千克，本地水果销售量占上市总量的 1.27%，外地水果占 98.73%，如表 4-4 所示。

表 4-4　2010 年北京八大市场各种水果平均价格与上市数量情况

序号	品种	平均价格（元/千克）	上市总量（千克）	占全市总量（%）	本地水果数量（千克）	本地水果占比（%）	外地水果数量（千克）	外地水果占比（%）
1	西瓜	2.43	1 541 303 460	24.27	4 038 560	0.26	1 537 264 900	99.74
2	红富士苹果	4.33	1 073 487 130	16.90	1 802 530	0.17	1 071 684 600	99.83
3	国产香蕉	3.97	255 852 750	4.03	118 770	0.05	255 733 980	99.95
4	蜜橘	2.64	236 230 100	3.72	0	0.00	236 230 100	100.00
5	哈密瓜	3.14	192 842 630	3.04	1 846 580	0.96	190 996 050	99.04
6	菠萝	2.98	190 907 500	3.01	0	0.00	190 907 500	100.00
7	砂糖橘	5.37	188 568 000	2.97	0	0.00	188 568 000	100.00
8	脐橙	4.79	155 551 100	2.45	0	0.00	155 551 100	100.00
9	雪花梨	2.28	153 255 340	2.41	489 140	0.32	152 766 200	99.68
10	无籽西瓜	3.70	140 273 200	2.21	0	0.00	140 273 200	100.00
11	以上合计	—	4 128 271 210	65.01	8 295 580	0.20	4 119 975 630	99.8
12	其他	—	2 222 107 680	34.99	28 172 170	1.27	2 193 935 510	98.73
13	合计	—	6 350 378 890	100	36 467 750	0.57	6 313 911 140	99.43

资料来源：孙前进，《北京农产品流通体系规划与建设》，中国物资出版社，2011。

3. 2010 年北京八大农产品批发市场各类肉禽蛋的平均价格和上市数量情况

根据北京主要农产品批发市场公布的数据计算，2010 年北京共销售各类肉禽蛋 853 123 230 千克，占北京市肉禽蛋交易量的比重为 86.41%。其中，白条猪（瘦）、前臀尖（瘦）、牛前腱、整羊、白条鸡、箱鸡蛋、松花蛋、生鸭蛋的销售量为

686 586 340 千克，占所有上市肉禽蛋的 80.48%；本地肉禽蛋销售量占上市总量的 23.32%，外地占 76.68%。其他肉禽蛋 166 536 890 千克，本地肉禽蛋销售量占上市总量的 27.64%，外地占 72.36%，如表 4-5 所示。

表 4-5 2010 年北京八大市场各类肉禽蛋年平均价格与上市数量情况

序号	品种	平均价格（元/千克）	上市总量（千克）	占全市总量（%）	本地肉禽蛋数量（千克）	本地肉禽蛋占比（%）	外地肉禽蛋数量（千克）	外地肉禽蛋占比（%）
1	白条猪（瘦）	14.70	291 392 720	34.16	106 537 580	36.56	184 855 140	63.44
2	前臀尖（瘦）	15.92	18 769 600	2.20	2 283 900	12.17	16 485 700	87.83
3	牛前腱	25.70	53 812 730	6.31	1 005 000	1.87	52 807 730	98.13
4	整羊	26.19	42 516 260	4.98	6 098 400	14.34	36 417 860	85.66
5	白条鸡	11.27	63 571 370	7.45	29 164 240	45.88	34 407 130	54.12
6	箱鸡蛋	7.05	173 256 300	20.31	13 989 500	8.07	159 266 800	91.93
7	松花蛋	11.78	24 943 550	2.92	897 610	3.6	24 045 940	96.40
8	生鸭蛋	11.47	18 323 810	2.15	126 770	0.69	18 197 040	99.31
9	以上合计	—	686 586 340	80.48	160 103 000	23.32	526 483 340	76.68
10	其他	—	166 536 890	19.52	46 032 720	27.64	120 504 170	72.36
11	合计	—	853 123 230	100.00	206 135 720	24.16	646 987 510	75.84

资料来源：孙前进，《北京农产品流通体系规划与建设》，中国物资出版社，2011。

（五）北京市农产品市场主要来源分析

1. 北京市蔬菜市场主要来源分析

近年来，农产品价格上涨引起了各级政府的高度重视和社会公众的广泛关注。北京的蔬菜供应自给率偏低，充分利用外地蔬菜生产资源，成为解决“菜篮子”供需矛盾的关键。

传统蔬菜种植呈现一定的季节性特征。随着天气由暖变冷，蔬菜主产地也由北向南转移。近年来随着北方设施菜的投资建设力度加大，北方蔬菜无论是在供应总量还是品种的丰富程度上都有了本质的变化，在种植格局上，基本形成南北结构互补的局面。

综合 2010 年全年的调研数据分析，河北、山东、辽宁既是在区位上与北京最为相近的省市，又是农业生产大省，同时也是北京的“外省菜园子”，基本占到北京蔬菜供应总量的 60% 以上，这些省市将是保障北京蔬菜供应安全的根本。具体来看，上年 12 月到来年 4 月，北京市场蔬菜主要以山东、河北和南方省市的设施蔬菜供应为主，5—6 月，河北、北京、山东等北方露地蔬菜开始接茬上市供应，7—9 月，主要依靠河北坝上地区、承德及东北等冷凉地区蔬菜供应，10—11 月，主要以北方地区秋茬露地菜供应为主。

(1) 上年 12 月到来年 4 月北京蔬菜市场来源情况:

近两年春寒时间有所延长,4 月天气处于乍暖还寒,上年 12 月到来年 4 月可称作冬春季节,蔬菜来源分布较为一致。从调研数据汇总情况来看(见表 4-6),这一时期蔬菜供应以山东居多,其次是河北、南方地区(海南、广东、广西、云南四省)、辽宁和北京。山东设施菜起步早,种植面积大,是冬春季节北京蔬菜的主要供应地,平均占北京市场蔬菜供应量的 27.3%,12 月份最高达到 32.7%。其中,潍坊市、聊城市是山东设施菜的主要来源地,对北京的供应比例分别是 13.5% 和 10%。南方省份对北京市场的供应也非常重要,且对市场供应形成有力的补充,例如海南的豆角、柿子椒,广西的瓜果菜等都是在 1 月上中旬开始大批量进入北京市场,一直持续到 3 月底左右。河北已经成为北京最为稳定的蔬菜供应地,近年来随着设施菜的发展,在冬春季节对北京的蔬菜保障能力也在强化。从 2010 年开始,辽宁省已经逐渐成为北京蔬菜的稳定供应地之一,平均供应比例达到 11.8%。

表 4-6 上年 12 月到来年 4 月北京蔬菜主要来源分布 单位:%

	北京	河北	辽宁	山东	南方省份	合计
12 月	6.1	16.6	10.8	32.7	4.8	70.9
1 月	6.1	19.5	11.6	27.8	16.0	81.0
2 月	6.2	17.2	12.3	27.7	15.0	78.5
3 月	4.4	17.0	12.7	23.7	21.5	79.3
4 月	5.7	19.7	11.5	24.6	15.6	77.1
平均	5.7	18.0	11.8	27.3	14.6	77.4

资料来源:北京市农委,《北京市蔬菜主要来源情况调研报告》,《京郊调研》,2011(14):1—4。

(2) 5—6 月北京蔬菜市场来源情况:

5 月开始,随着天气转暖,露地蔬菜生产逐渐取代设施大棚,北京市蔬菜供应地也开始从山东部分转向河北、北京本地和天津。根据对 5—6 月的调研统计(见表 4-7),从 5 月开始,河北蔬菜供应比例逐步接近并超过了山东的供应比例,到 6 月河北蔬菜基本占到北京蔬菜总量的 4 成,其中廊坊、保定等北京周边地区蔬菜供应比例较大。由于运输成本增加和河北蔬菜的应季上市,山东蔬菜进入北京的比例有所减少,但是平均仍然在 20% 左右。北京本地菜供应比例仅次于河北和山东菜的供应比例,属于一年之中本地供应比例较大的季节。从 6 月开始南方四省蔬菜进入北京的比例已经很小,仅剩云南、广西两省的土豆等几个蔬菜品种进入北京市场。

表 4-7　5—6 月北京蔬菜主要来源分布　　单位:%

	北京	天津	河北	辽宁	山东	南方省份	合计
5 月	9.19	6.01	24.34	11.91	25.74	10.15	87.34
6 月	15.32	5.98	40.54	7.86	15.95	3.63	89.28
平均	12.26	6.00	32.44	9.89	20.85	6.89	88.31

资料来源:北京市农委,《北京市蔬菜主要来源情况调研报告》,《京郊调研》,2011(14):1—4。

(3) 7—9 月北京蔬菜市场来源情况:

从 7 月开始进入一年之中的夏淡季,河北张家口坝上、承德、内蒙古等冷凉地区的反季节蔬菜陆续上市,成为北京蔬菜的主要供应地(见表 4-8)。综合 3 个月来看,河北蔬菜平均占到北京蔬菜供应总量的近四成,是一年四季中供应比例最高的时期,也是北京市场蔬菜的最大供应地。河北的张家口、承德地区蔬菜生产和上市情况对北京市场蔬菜供应和价格波动形成直接的影响,近几年张家口蔬菜生产面积基本在 130 万亩左右,上市量为 350 万吨,2010 年坝上地区进入北京的蔬菜总量为 57 万吨左右,约占 7—9 月北京蔬菜上市量总量的 30%。这一时期,山东、北京、辽宁和内蒙古等地的蔬菜近年也有不断增加的趋势,各地蔬菜进入北京的渠道较为畅通,有利于首都蔬菜供应的稳定和充裕。

表 4-8　7—9 月北京蔬菜主要来源分布　　单位:%

	北京	天津	河北	内蒙古	辽宁	山东	合计
7 月	14.15	2.89	40.11	3.66	7.94	23.09	91.84
8 月	15.44	5.91	39.00	4.73	5.62	20.69	91.39
9 月	16.93	5.90	31.89	8.63	8.83	18.98	91.16
平均	15.51	4.90	37.00	5.67	7.46	20.92	91.46

资料来源:北京市农委,《北京市蔬菜主要来源情况调研报告》,《京郊调研》,2011(14):1—4。

(4) 10—11 月北京蔬菜市场来源情况:

秋季蔬菜供应主要是指 10 月和 11 月,这一时期北京蔬菜主要以北方秋茬露地菜供应为主,蔬菜供应相对比较充足,11 月也是由秋转入冬的过渡季节(见表 4-9)。河北、山东两地蔬菜供应总量占到一半以上,北京周边的内蒙古、辽宁、天津等省市蔬菜也大量进入北京。

表 4-9 10—11 月北京蔬菜来源分布 单位:%

	北京	天津	河北	内蒙古	辽宁	山东	海南	甘肃	合计
10 月	10.66	5.57	29.33	7.91	7.54	26.32	1.51	3.70	92.54
11 月	7.75	1.55	31.22	3.58	1.55	41.42	0.94	3.32	91.33
平均	9.21	3.56	30.28	5.75	4.55	33.87	1.23	3.51	91.94

资料来源:北京市农委,《北京市蔬菜主要来源情况调研报告》,《京郊调研》,2011(14):1—4。

2. 北京市肉禽市场来源地情况

肉禽的供应主要来自河北省。其中猪肉较为特别,因为生猪的屠宰都在北京市定点进行,从批发市场统计来源有一定的困难。从全国来看,生猪的主产地主要集中在四川、山东、河北、河南等省份,生猪价格基本不存在局部变化特征,周期性较长。牛肉主要来自河北省,羊肉来自河北、内蒙古、东北三省,鸡肉也主要依靠河北的供应。

3. 北京市淡水鱼市场来源地情况

淡水鱼主要来自天津市和山东省。天津市和山东省是淡水鱼生产的主要基地,也是供应北京市淡水鱼的主要市场,另外湖北也有部分淡水鱼进京。

随季节转变,农产品的来源地及比例均会产生一定的变化,但总的趋势不会改变。北京市蔬菜、肉禽和淡水鱼价格的形成很大程度上受产地市场的影响,在价格传导过程中供应环节的影响更大。北京市作为全国最大的销地市场,同时也是农产品流通的主要集散地,其辐射的范围在逐渐扩大,价格形成和影响功能凸显。

4.3 北京农产品市场存在问题分析

(一) 农产品市场价格大起大落,严重影响生产者利益和居民对农产品的消费

2010 年以来,经历了“蒜你狠”、“豆你玩”、“姜你军”、“玉米疯”、“辣翻天”、“苹什么”等农产品价格暴涨风潮。例如,北京大蒜零售价最高涨到每斤 8 元,绿豆零售价最高涨到每斤 12 元,生姜零售价最高涨到每斤 7 元等,严重影响了居民对农产品的消费;后来大蒜、生姜等农产品价格又出现了暴跌,严重影响了农民利益。“卖菜难”、“买菜贵”、“菜贱伤农”、“菜贵伤民”等现象时有发生。

（二）农产品流通环节多，导致农产品流通成本高

具体到北京来说，由于外埠进京农产品70%以上经由销地大型批发市场销售到终端零售市场，批发市场是北京市农产品流通的重要节点和主要渠道。所以，本节以大型销地批发市场为纽带，以大白菜为实例，分析我国农产品流通环节以及产品价格形成的全部过程。

第一次价格形成：地头价（25%）＝生产成本（20%）＋农民保底收益（5%）

第一次价格形成产生“地头价”（产地原价），即菜农把大白菜收割下来，销售给产地收购商时得到的价格。地头价主要反映农民的劳动所得。产地收购商一般为当地蔬菜经纪人，也有少数农民专业合作组织。地头价大体占蔬菜零售价格的25%。以山东寿光大白菜为例，2011年地头价大体在0.175元/斤。

第二次价格形成：集货价（35%）＝产地价（25%）＋收购成本（5%）＋产地收购商保底利润（5%）

第二次价格形成产生“集货价”，即产地收购商把大白菜运输到产地批发市场，销售给中间收购商时得到的价格。集货价大体占蔬菜零售价格的35%，加价因素主要为收购成本。仍以山东寿光大白菜为例，此时大白菜的价格大体在0.245元/斤。

第三次价格形成：批发价（55%）＝收购价（35%）＋中转商储运成本（15%）＋中转商保底利润（5%）

第三次价格形成产生“批发价”，即中间收购商将大白菜运到销地大型批发市场，转手给坐地一级批发商时发生的价格。批发价大体占蔬菜零售价格的55%，加价因素主要为运输成本增加。仍以山东寿光大白菜为例。此时，大白菜在中间收购商手中的价格大体在0.385元/斤左右。

第四次价格形成：分批价（65%）＝批发价（55%）＋批发市场费用（5%）＋二级批发商保底利润（5%）

第四次价格形成产生“分批价”，即二级批发商（从大型批发市场一级批发商处购进）将大白菜运到小型批发市场，分批给零售商时得到的价格。分批价大体占蔬菜零售价格的65%，加价因素主要为批发市场管理费用。仍以山东寿光大白菜为例。此时，山东寿光大白菜由销地一级批发商手中分批给二级批发商的价格大体在0.455元/斤。

第五次价格形成：零售价（100%）＝分批价（65%）＋摊位费用（20%）＋销售损耗（10%）＋零售商保底利润（5%）

第五次价格形成产生“零售价”，即零售商依托超市或者社区菜市场，出售

给消费者时得到的价格。这里，蔬菜价格增加较多，占大白菜销售价格的35%以上。加价因素主要为摊位租赁费用和销售过程中损耗较大。仍以山东寿光大白菜为例，至此，零售商手中的价格在0.7元/斤。

在这个环节中，零售商得到大白菜后，大部分要通过超市、农贸市场、社区菜店等销售网络销售给市民。零售商是北京蔬菜供应保障体系的重要组成部分。目前，北京从事蔬菜销售的企业和规模较大的个体工商户有51 300多户。在计划经济时期国营菜蔬公司退出市场经营后，正是这支队伍承担了北京蔬菜的销售任务。零售商在蔬菜销售过程中存在加价因素，批零差价通常达到40%左右。这里的客观因素是零售商摊位租赁成本和零售损耗比较大，当然零售商也存在私自定价的行为。

又比如，以茄子为例，新发地市场的批发价为每斤1.8元，到了大洋路批发市场和石门批发市场是每斤3元，到了新世界商场是每斤5元。

蔬菜从地头到餐桌，一般的途径是收购商—区域市场—批发市场—二级批发商—农贸市场、早市、社区蔬菜供应点、超市蔬菜供应点5个环节，每个环节层层加价，每增加一个流通环节，成本将增加5%—10%，加上各种税收和管理费用，推动菜价居高不下，导致流通环节成本较高。

由于农产品流通环节多，导致农产品物流过程中的损耗也是十分惊人的。有数据统计，我国水果蔬菜等农副产品在采摘、运输、储存等物流环节上的损失率为25%—30%，全国每年果品腐损近1 200万吨，蔬菜1.3亿吨，按每千克1元计算，经济损失上千亿元。而发达国家的果蔬损失率则控制在5%以下。美国水果蔬菜在物流环节的损耗率仅有1%—2%。另外，我国农产品无效物流也是十分巨大的。据有关资料统计，蔬菜中毛菜和净菜销售的结果比较，100吨毛菜可以产生20吨垃圾，而我国毛菜进城到农贸市场上销售是十分普遍的，由此可以推算出毛菜进城存在着一个数量惊人的无效物流成本；如果再加上相关垃圾处理、环境保护和市容管理方面的费用，维持一个农贸市场的正常运作，成本开支将是惊人的。据统计，北京市水果蔬菜等农副产品在采摘、运输、储存等物流环节上的损失率也达25%—35%。

（三）“最后一公里”菜价或翻倍

从菜地、批发市场到城市菜摊追踪发现，蔬菜从收购到批发一般加价25%左右，但从批发市场到城内的零售市场，加价40%—50%甚至超过50%，其中少数菜品价格甚至翻倍。据2013年1月9日央视新闻联播报道，在北京的永辉超市蒜苔的价格是每斤4.98元，西红柿是2.99元，而在北京最大的农副产品批发市场——新发地市场，这两种蔬菜的价格只有零售价的一半左右。

同一个城市,从批发到零售,"最后一公里"菜价上涨幅度最大,其主要原因是城内运输难,卖菜成本高。

现在北京新发地批发市场向市内供应蔬菜的车辆都是面包车。据悉,新发地有163家配送中心,涵盖了北京市内大部分市场、机关单位、大专院校、幼儿园等的蔬菜供应,但这么多配送中心没有一辆合法的运输车。原因是国内还没有出台明确的蔬菜运输车标准。

只有面包车能装菜,而且还能在市内道路上行驶。这些面包车一旦被交警发现会被罚款一两百元,理由是客货混装。一旦被路政部门发现,不仅要连车带货一起没收,还要罚款四五万元。

卖菜成本高主要表现为零售商摊位租赁成本高和零售损耗比较大。

(四)市场信息不畅通

农产品市场信息问题是当前制约农产品流通的核心因素。目前,政府有关部门的信息服务还不到位,由于缺乏系统化的农业信息收集、整理、发布体系,生产与消费之间、区域之间的信息衔接主要由市场来完成,而市场自身的松散性决定了信息的收集加工能力低下,生产、流通存在很大的信息局限性和盲目性。农民作为农产品的生产者具有天然局限性,其市场经营能力普遍较低,市场谈判能力弱,使得农民在搜集、辨析和处理有关市场信息并做出决策时,面临着很大的不确定性和风险,在缺乏信息或信息被扭曲的条件下,小农经营的广大农民极易一哄而上、一哄而下盲目生产,导致市场进入的盲目性和市场均衡的脆弱性,卖粮难、卖菜难等问题随之产生,随之带来巨大的经济风险。另一方面,由于供求双方信息被阻隔,生产者提高产品质量的行为和结果也得不到消费者认可;同时由于许多市场主体的市场意识和行为还不成熟,加之物流不够顺畅,过度投机和时段性、局部性供求矛盾在信息闭塞时发生概率较高,个别品种、个别区域价格波动幅度加大,极易造成市场供求关系的虚假放大和向更大范围传导,导致市场混乱。而政府有关部门缺乏市场突发事件的应急机制和应对能力,最终使农民利益、消费者利益受到损害。

(五)参与市场流通主体组织化程度低,缺乏产销有效对接

一是市场组织化程度低,农业小生产与大市场的矛盾突出。由于农村普遍缺乏具有独立产权的代表农民利益的经济组织,农民的组织化程度很低,分散、细小的生产经营方式限制了农民的交易方式,农民呈无组织分散状态进入市场,农产品从生产、加工到市场销售,参与个体与组织众多,但规模小、层次低、离散性强、联合性差。而且农产品流通市场以政府组织和农民个体为主,两者

的对接缺乏中介组织的有效承载和沟通，而目前的中介组织则刚刚处于起步阶段，运作管理不规范，营销能力还没能得到充分体现。二是流通过程中的中间环节过多，市场主体结构呈“多阶段多元化”的畸形状态。以普通的水果蔬菜的流通过程为例：从集体组织（土地所有者），到生产者、产地中间商、市场批发商、市场中间商、零售商，再到消费者，要经过五六个环节。中间环节众多，每个环节的利润留成加上运输过程中过高的路桥费和乱收费乱罚款等，致使流通过程的无效成本增加，农产品中间环节在最终销售价格中所占的比重过高，加剧了交易的难度和不确定性；农产品价格被人为反复抬高，严重损害了生产者和消费者双方的利益。三是市场管理不规范，造成市场秩序混乱。欺行霸市、哄抬物价、短斤少两、掺杂使假等行为时有发生。四是农产品加工企业数量少、规模小，农产品吞吐能力需要大幅度提高。

（六）北京蔬菜自给比例偏低，供应、价格和应急保障难度较大

北京是一个拥有 2 000 多万人口的特大消费城市，建立稳定的蔬菜销售和供应渠道，对于保障城市安全运行具有重要意义。一是北京蔬菜自给水平过低。北京蔬菜自给水平常年平均不足 30%（冬春、夏两个生产淡季甚至不足 10%）。这种状况与北京作为首都的功能地位很不相称。特别是举办重大活动期间，蔬菜需求量骤然增多，应急供应难度加大。二是蔬菜储备能力明显不足。目前，政府储备的数量、品种以及储备方式都存在一些问题。2010 年，北京启动新一轮菜篮子工程建设，加大政府储备力度，储备量超过 2 千万斤，可以保证市民 2 天的消费量。但从结构来看，储备的品种以茄果类为主，一般蔬菜储备的量还不够。另外，储备方式是委托式储备，即政府委托某个批发市场进行储备，并向批发市场支付费用。这种方式的弊端在于，批发市场具体操作，政府并不能很好地控制储备的数量和质量。三是平抑物价压力加大。由于供应主要依靠外埠，本地生产者难以影响定价过程，供应数量也掌握在外埠生产或中间环节，平抑菜价的压力无疑在增大。当价格在高位波动时期，由于多种原因，市场上某种蔬菜供应量减少，价格高企，通过原来的采购渠道已经不能满足需求量，这时也需要政府采取包括调运等方式进行应急调供。

（七）现有农产品批发市场体系不能完全满足市民高水平的农产品需求

现有农产品批发市场体系，在满足北京市民安全、优质和价格合理的农产品需求方面还存在很大差距。就安全优质程度来讲，各大农产品批发市场在质量安全检测方面的成本较高，不能实现进场农产品每批次、每单品的全部检侧，因此不能完全保证产品质量安全。就合理价位程度来讲，由于批发市场的各项

进场费用和摊位租赁费用一再攀升，农产品经销商只能将较高的入场经营成本转嫁给上游生产者和下游消费者，压低收购价格，抬高销售价格，流通环节成本大幅度增高，造成市民农产品消费支出大幅度增加。

（八）现有农产品批发市场体系不能形成精准的供求价格信息

现有农产品批发市场均采用传统落后的对手交易，基于减少纳税额和垄断某类农产品市场需求的目的，场内各大经销商根本不可能将真实的价格供求信息告知市场管理部门，市场上报给政府相关部门的农产品单日交易价格信息存在大量水分，为精准供求价格信息发布带来巨大障碍和阻力，农户和市民不能利用精准信息进行生产和消费的科学决策。

（九）现有农产品批发市场体系不完全符合高水准农产品流通体系的发展要求

现有农产品批发市场大多处于粗放式经营阶段，在为市民提供安全、优质农产品方面还力不从心；在运用科技手段进行全程电子结算交易、自动化智能仓储控制等方面还有很大一段距离；布局不尽合理，部分批发市场与城市发展规划相违背，经营杂乱，环境污染严重，与低碳环保的发展理念严重脱节。所以，农产品批发市场体系的现状不符合"人文北京、科技北京、绿色北京"指导下的高水准农产品流通体系发展要求。

（十）农产品"倒流"现象严重

内蒙古土豆进北京绕道山东。内蒙古是全国马铃薯主产区之一，全区各地均有种植，播种面积和总产量最大的盟市是乌兰察布盟，占到全区马铃薯总播种面积和总产量的50%以上。呼伦贝尔市等盟市的播种面积、产量也很大。乌兰察布旗距北京不到400公里，但这里的大批土豆要"进京"，竟然首先需绕到800多公里外的山东寿光市，然后再"旅行"约500公里进京。内蒙古、河北等地运到山东寿光的菜多数是"单品菜"，而北京蔬菜批发商一般需要搭配多种蔬菜。目前寿光市场已培育出一批蔬菜经纪人，他们有一定信誉，同北京等地的批发市场形成了固定用户关系，外地"单品菜"到寿光傍上蔬菜经纪人后，配货运到北京，销售就快。

蔬菜"倒流"现象，一是表明现有蔬菜生产布局不合理，许多地区蔬菜种植品种单一，未形成规模，难以支撑市场发展；二是表明农产品物流规划不合理，且90%的农产品运输依赖公路。

（十一）农产品市场物流基础设施落后

从总体上看，北京农产品市场物流基础设施仍比较落后，还不能完全适应

现代农产品流通发展的需要。主要表现在:

第一,当前缺乏农业运输专用技术设备,技术装备落后。农业运输需要大量专门针对农产品和农用物资特性的专业运输工具,而农业专用运输工具却极为缺乏,箱式冷藏车数量极少。而且多数仓储设施(如冷库)简陋、不配套,仓储能力不足。

第二,农产品批发市场设备简陋,新型保鲜库、冷藏库比较缺乏,市场管理运作没有实现现代化。在车辆进场管理以及农产品质检等方面都还很落后,效率低下。

主要原因包括:人们对农产品物流缺乏正确的认识;由于农产品物流基础设施缺乏总体规划,存在盲目性,造成重复建设和资源浪费;北京对农产品物流基础设施建设的扶持力度不够,导致各投资主体缺乏投资积极性。

(十二)农产品物流技术落后

农产品物流技术落后,主要表现在以下方面:

第一,运输技术落后。运输技术落后是我国农产品运输成本居高不下的主要原因。以粮食运输为例,长期以来,我国粮食运输采用传统的"包装运输"方式,而国外发达国家早就采取"四散",即散装、散卸、散储、散运。

第二,储运技术落后。由于农产品大多数属生鲜易腐产品,因此需要使用先进的储藏设施对农产品进行储藏保鲜。目前我国农产品的冷藏链物流尚未形成,农产品保鲜水平较低,仍是以常温物流或自然物流为主。在整个物流链条上,未经加工的鲜销农产品占了绝大部分,而这些农产品大多数因运价、运力、交通基础状况和产品保鲜技术水平低等原因,造成农产品腐烂和变质,损失巨大。发达国家则从田间采后预冷到消费者冰箱形成一条冷链,损耗率1%—2%。粮食储藏方面,利用计算机等现代化手段检测粮温,控制粮情变化的管理方式普及率还比较低。粮食品质检测方式在许多粮食企业还比较落后。国外以植物性杀虫和物理杀虫方法为代表的生态储粮方式在我国还很少使用。

4.4 北京农产品市场发展趋势

中国农产品批发市场起步于20世纪80年代中期,经过20多年的发展,中国已基本建立起以批发市场为中心,以城乡集贸市场,连锁超市和其他零售网点为基础的农产品市场体系。目前全国农产品批发市场数量稳定在4 000多家,中国经由农产品批发市场流通的农产品比重达70 %以上。国际农产品贸易格局出现的新形势和中国农业、农村经济的新发展，以及中国食品消费形态的演变，对建立现代农产品市场流通体系提出了新的要求，中国农产品批发市场目前进入了新的升级改造阶段，出现了以下几种发展趋势。

（一）向集团化方向发展

一些大型批发市场充分利用地方的有利政策，大力整合优势资源，加快了行业收购、兼并步伐，组建集团，控股多家市场，采取集团化运作方式，加强集团化管理，产生集团效应，打造现代批发市场品牌。

深圳农产品股份有限公司先后在深圳、南昌、上海、寿光、长沙、北京、成都、西安、柳州、合肥、惠州、昆明、沈阳、南宁等16个城市投资经营25家大型农产品综合批发市场和大宗农产品电子交易市场，初步构筑了全国性的农产品流通网络体系，成为国内经营管理农产品批发市场的第一品牌。目前，公司旗下市场的农产品年度总交易量超过2 000吨，年度总交易额超过了700亿元，占全国较有规模农产品批发市场交易总量的近10%。哈尔滨哈达农副产品股份有限公司自2002年成立以来，不断发展，由一个开业初期项目单一的果品市场发展成为目前由果品、蔬菜、粮油、绿色、海产品、干调和干果七大类别、上万个经营品种构成，集现货交易、直销展销、包装加工、连锁配送、运输仓储于一体的中国东北地区规模最大的综合性农副产品批发交易集散中心，业务不但辐射黑龙江省内哈尔滨、齐齐哈尔等地，而且目前正向省外长春、沈阳、成都、重庆、云南等地拓展。北京新发地农产品股份有限公司是北京市交易规模最大的农产品专业批发市场，2009年实现年交易量90.2亿公斤，年交易额302亿元。辐射范围已经超出华北地区，对海南、河北、山东等果蔬主产区的种植、价格都产生了影响。目前在积极筹备上市，不断扩大市场发展空间与规模，加快全国连锁布局的步伐，已与河北涿州大石桥农产品批发市场签约合作，成立北京新发地大石桥农产品批发市场，并与河北高碑店市签约投资建设北京新发地高碑店农产品物流园区。

（二）单体市场向规模化方向发展

近年来，中国农产品批发市场单体规模迅速扩大，亿元以上市场数量逐年增加，2007年，中国交易额亿元以上的农产品批发市场达到838家，比2005年增加了227家。随着城市化进程的加快，中国许多地方加快了市场的搬迁重组改造，已经开始涌现出一批新的规模大、辐射能力强的农产品批发市场。

浙江：2008年4月，杭州市区杭州蔬菜公司、笕桥蔬菜批发市场、三里亭农副产品有限公司、杭州果品公司、杭州蔬菜公司三桥果品批发市场、市商业储备公司东新果品批发市场、杭州肉联集团鲜肉市场七大农副产品市场整体搬迁至余杭勾庄杭州农副产品物流中心，该中心规划占地6 000多亩，集聚了粮油、水产、肉类、蔬菜、果品、副食品、农产品加工、仓储配送、公共配套九大专业区块，成为浙江省内规模最大、品种最齐全的农副产品交易市场。

江苏：2008年，规划占地3 000亩、建筑面积148万平方米、总投资约30亿元的"大菜篮"物流基地——南京农副产品物流配送中心在江宁区崛起。根据规划，该中心集蔬菜、果品、水产、家禽、肉品、副食品、粮油、花卉及农副产品加工为一体，由白云亭、惠民桥、紫金山、应天水产等八大农副产品批发市场搬迁至此组成，配送中心建成后，建筑面积相当于白云亭蔬菜批发市场、下关果品市场等八家市场建筑面积总和的6倍，辐射范围可达安徽、苏北、鲁南等区域300公里半径，有望成为南京最大、华东一流的现代化农副产品物流配送中心。

福建：福州海峡农副产品批发物流中心位于福建闽侯南通镇，规划用地4 000多亩，规划15个片区，包括副食品市场、果品市场、畜禽定点屠宰场、肉类冷冻区等。占地1 931亩的一期工程建成后，位于福州鳌峰洲的亚峰蔬菜批发市场、家禽批发市场、蛋品批发市场等将整体迁往此地，福州海峡农副产品批发物流中心将成为福建全省规模最大、档次最高、功能最全和设备最完善的农副产品批发市场。

重庆：西部地区规模最大的农产品一级批发物流市场的规划建设工程，2010年正式在重庆江津双福新区开建，预计3年建成。该项目占地5 000亩，总建筑面积约325万平方米，总投资80多亿元，全部建成投入运营后，可实现年交易额500亿元左右。该批发市场交易主要品种包括蔬菜、果品、肉类、粮油、水产、干副、禽蛋、冻品、茶叶、酒水、花卉等。市场功能主要包括产品交易、产品展销、仓储、冷藏冷冻、物流配送、信息发布、电子商务、电子结算、加工、分选包装、检验检疫、进出口贸易以及金融、工商、税务、质检、餐饮、娱乐、停车等服务及辅助配套功能。

北京：北京市农产品中央批发市场管委会正在委托有关单位设计中央批发市场二期项目，期望向市政府报批建设一座占地达2 400亩的超大型中央农产品批发市场，市场本身将集成多项功能，侧重公众利益，降低流通环节成本，提供准确及时的农产品价格波动信息。

天津：天津市拟于2011年投资1 200 000万元建设一个占地3 276亩的综合类大型农产品批发市场——华北农副产品全球采购中心。

（三）公益功能逐步突出

长期以来，中国对农产品批发市场建设实行"谁投资、谁管理、谁受益"的政策,形成了市场投资主体多元化的复杂局面,市场以非政府投资为主,以营利为目的。近年来,农产品批发市场在保障社会农产品供应、调节供需、稳定价格等方面具有的公益功能日渐突现,在解决农产品卖难或发生重大自然灾害时保供应、稳价格方面发挥了积极有效的作用。

目前,中国政府开始重视农产品批发市场的公益性功能,正以科学规划和升级改造批发市场为依托,探索建立农产品可追溯体系,完善市场价格形成机制,从而保障食品安全,稳定市场价格,调节市场供需,批发市场正向着准公益性方向发展。

(四)向功能齐全化方向发展

经过多年发展,中国农产品批发市场在具备集散、保障农产品质量安全、调节供需等基本功能的基础上,开始加强创新,向电子商务、配送、废弃物处理等功能延伸,具体表现在:

1. 电子商务功能逐步健全

目前,中国绝大部分农产品批发市场建立起了以"信息中心、检测中心和结算中心"为主的信息化系统,企业自觉自愿地将信息化建设作为增强企业核心竞争力的工具。信息化应用为农产品可追溯和价格稳定发挥了重要作用。

北京八里桥市场投资建设了现代化电子监控系统、先进的农产品质量检测中心、智能IC卡管理系统,建立了市场网站和市场管理信息系统,使市场基本实现了管理信息化和收费电子化,极大地提高了工作和服务效率。无锡朝阳集团先后投资2000多万元,建成了集团公司信息中心,批发市场电子信息发布、结算系统,农产品配送系统,连锁超市进销存系统,数字电子监控系统以及办公自动化、财务劳资、物业管理等一系列管理系统,形成了一个完整的信息网络系统。北京新发地农产品批发市场加快电子商务设施建设,建成了电子结算中心、信息网络中心、检测中心、仓储物流中心等,实现了农产品全程可追溯制度,并通过门禁收费系统改进了交易方式、结算手段。

2. 配送功能逐步增强

农产品批发市场本身开始作为配送平台,积极拓展面向零售终端的配送业务。形式主要有批发市场与连锁超市、仓储式商场等现代商业实行联合,为其配送统一标准的农产品或者批发市场自己发展连锁超市,还出现了批发市场在社区建立直营菜店等新型模式的探索。

无锡天惠超市股份有限公司是无锡朝阳集团"基地+市场+连锁超市+保险"朝阳模式功能的农产品流通终端"窗口",依托无锡朝阳农产品大市场优势,以经营蔬菜、盆菜、水果、鲜肉、粮油等生鲜商品为主,确立了放心生鲜食品为主题的“天惠超市,天天实惠,天惠食品,天天放心”的企业形象,年零售额超4亿元,其中生鲜食品销售占零售额的一半以上。北京新发地市场连锁便民菜店是新发地市场与政府、社区合作推出的一种新型果菜连锁配送形式,所有连锁菜店的蔬菜水果由新发地市场内指定的蔬菜水果配送公司负责配货,购销系统分为采购、配送和销售三个环节,整个流程采用“五统一”管理,即统一采购、统一配送、统一标准、统一品牌、统一销售。连锁菜店统一采用新发地品牌,每个菜店品种一般为80—100种,价格不超过新发地蔬菜批发价的20%。

3. 做好废弃物处理,发展低碳、循环经济

近几年,中国的农产品批发市场开始把废弃物、污水处理与保洁管理纳入市场管理工作的重点,对废弃物、污水进行有效处理和合理利用,对市场环境加强管理,很多市场的经销商摊位从院内的大棚转移到新建的大厅,有些市场对每个经销商摊位都明确了具体的卫生要求,并进行评比,建立了专门的废弃物回收处理站,扩大市场的绿化面积。一些大中型的批发市场还配备专门人员,成立了专业的保洁队伍。2008年,通过中国绿色市场认证的农产品批发市场达到89家。

大连熟食品交易中心最初的经营方式是“前店后厂”,熟肉制品加工产生的污水以及餐饮废水、生活废水、清洁废水每天排放量约为150立方米,严重地影响了周边环境,周围居民意见很大。为了彻底解决这一问题,做到对市民、对社会负责,大连熟食品交易中心于2005年4月一次性投入近140万元,投资建立了污水处理中心,先后处理了污水16000立方米,充分满足了中心冲厕、绿化等用水需要。

(五)成为农产品国际贸易新平台

在中国农产品进出口贸易中,经由农产品批发市场的贸易份额虽然不高,约为200亿元,占全国农产品贸易总额的6%左右,只有少数大型批发市场经营农产品进出口贸易,但是,单个市场的贸易规模很大。农产品批发市场汇集了大量的农产品经销商,产品丰富、来源稳定;市场资金雄厚、信誉有保障;组织化程度较高,有行业协会组织提供的智力支持,凭借这些优势,正发展成为农产品国际贸易的新平台。

湛江霞山水产品批发市场的对虾经加工后出口到欧美、日本、非洲、东南亚等十几个国家和地区,全年出口对虾的贸易额达到20亿元。广州江南果菜批发市场是全国最大的进口水果批发市场,进口水果的交易量占全国进口水果交易总量的80%以上,进口水果的销售量占市场水果总销售量的1/3左右,是广东、香港、澳门果菜进出境的重要集散地。牡丹江双合中俄蔬菜果品市场出口

俄罗斯比重为 52%，占黑龙江省对俄果菜出口总量的 70% 以上，是蔬菜果品对俄出口贸易的重要集散地。中国舟山国际水产城水产品总交易量约 36 万吨，交易额 40 亿元，其中约 30% 出口到东南亚和欧美等国家和地区。北京新发地市场每年出口量约 100 万吨，出口国家有蒙古、哈萨克斯坦、越南、泰国等多个国家。其中，蒙古国的 90% 的农产品都是从新发地进口。

4.5　北京农产品市场繁荣稳定的物流保障发展思路

进入 21 世纪以来，为了促进北京农产品市场繁荣稳定、健康发展，北京市政府相关部门做了大量工作，出台了许多北京农产品市场繁荣稳定、健康发展的政策、法规和规划。2002 年 4 月 16 日，北京市商委等部门制定了《2002—2008 年北京市农产品流通体系发展规划》；2003 年 8 月 15 日，出台了《北京市农产品批发市场建设规范（试行）》；2007 年 4 月 8 日，出台了《北京市农村集贸升级改造补助资金管理实施办法》；2010 年 11 月 30 日，通过了《统筹推进本市“菜篮子”系统工程建设，保障市场供应和价格基本稳定的意见》；2011 年 5 月 5 日，下发了《关于印发城市中心区鲜活农产品运输保障办法的通知》；2011 年 5 月 30 日，下发了《关于进一步规范本市农贸市场摊位费及超市进场费的通知》；等等。这些政策、法规和规划的制定出台有力地促进了北京农产品市场的快速发展，取得了可喜的成绩。具体表现如下：

第一，农产品市场流通体系基本满足流通需要和消费需求。

到“十一五”时期末，北京市建立了以销地农产品批发市场为核心的农产品流通体系，多种渠道、多种方式地满足了农产品流通需要和居民生活消费需求，有效地保障了首都城市平稳运行和经济社会发展，是我国北方地区农产品流通网络的重要枢纽。2009 年，全市主要农产品批发市场总交易量约 2 580 万吨、总交易额约 1 120 亿元；扣除 25% 过境集散量，供应本市的总交易量约 1 935 万吨。其中 9 个大型农产品批发市场合计交易量约 2 000 万吨、合计交易额约 890 亿元，分别占农产品批发市场总交易量和总交易额的 77.5%、79.5%。

第二，农产品批发市场体系多层次、多方位格局已经确立。

从层次上看，已形成大型农产品批发市场（经营收入 20 亿元以上）为主要集散中心、区域性批发市场为重要节点的批发市场格局。全市性综合型和区域性综合型农产品批发市场成为整个农产品批发市场格局的重要组成部分；从方位上看，北京东、南、西、北方向均有分布，初步形成京西南、京东、京北三个大型农产品批发市场聚集区。9 个大型农产品批发市场有 5 个在五环路内、4 个在五环外(见图 4-1)。各类农产品批发市场互为补充,总体格局稳定。

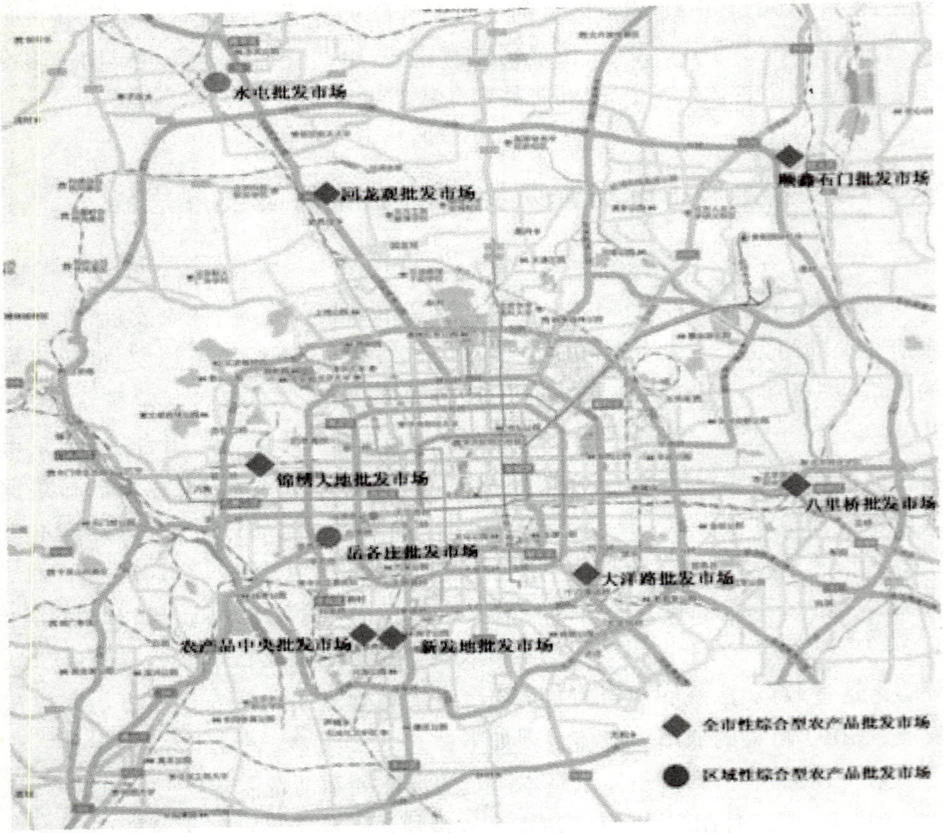

图 4-1　九大农产品批发市场布局

第三,农产品批发市场基础设施水平和功能明显提升。

9 个大型农产品批发市场合计建筑面积达到 220 万平方米,批发市场基础设施、交易设施、冷链仓储设施有了很大改善,全部建成检测检疫中心、信息中心和安全监控中心,实现了对农产品主要品种的快速检测、价格和交易信息的及时发布。在全国率先建立了蔬菜政府储备和轮换机制,保证了应急状态下的市场供应。

第四,多元化流通模式有效连接农产品生产和消费。

流通模式主要有三种:一是农超对接、农餐对接流通新模式,占市场交易总量的 20% 左右;二是运销专业户流通模式;三是公司加农户流通模式。后两种流通模式都经过批发市场环节,目前占市场交易总量的 80% 左右。

第五，多样化的零售网络满足了居民多层次的消费需求。

菜市场、生鲜连锁超市、网店等多样化的零售网络初步形成，既满足了普通居民的基本需求，也适应了居民消费结构升级后的差别化需求，为不同消费层次的居民提供了多元化的选择。

针对北京农产品市场发展中存在的问题，许多专家、学者都对北京农产品市场繁荣稳定、健康发展提出了各自的发展思路。本章从物流的视角对北京农产品市场繁荣稳定的物流保障发展思路归纳整理如下：

（一）尽快建立公益性批发市场

农产品批发市场的公益性内容主要包括保证农产品市场供应、稳定农产品市场价格、保障农产品质量安全等。农产品批发市场是具有公益功能的基础设施，从北京的实际出发，用四点来总结，即公益功能、政府支持、企业投资、市场运作。如何实现农产品批发市场的公益性，使其发展不受影响，同时又满足政府公益性的要求，政府应切实承担起对农产品批发市场食品安全检测、保证供应和稳定农产品价格等相关公益功能的支持责任。

第一，对农产品批发市场在土地、税收方面给予支持。

首先，确定政策支持的对象。农产品批发市场的创办需要取得土地。由于农产品批发市场大部分在紧靠城市的边缘，土地升值潜力巨大。有的企业以办市场名义，搞房地产之实。市场用地动辄几千亩，但一些地方政府为了拉动经济增长，对这种情况一般都给予支持。因此，我们政策支持的对象应是那些真正的“农产品批发市场”。

其次，给予农产品批发市场房产税和土地税减半征收政策。由于农产品批发市场一般只有一层建筑，很难像大型商城那样进行多层开发建设，土地利用率低，因此，批发市场用地按商业或工业用地标准去执行，再加上采用招标拍卖挂牌方式出让，以及城建对绿地比例的要求，大大增加了市场开办方的投资额度。

给予农产品批发市场房产税和土地税减半征收政策，将有利于市场加大对农产品质量安全可追溯系统和检测、冷链、信息、废弃物处理中心等公益性设施项目的投入，加快升级改造，更好地发挥其价格调控、食品安全检测、保障供应等公益性功能。

第二，循序渐进推行公益性农产品批发市场建设。

未来5—10年在北京城南区域五环至六环之间，应尽快建设1—2个现代化的农产品公益性批发市场，一要满足未来城市发展不断增长的对农产品总量的需求，二要满足首都市民对农产品“品质、安全”的高水平需求。这个选址应该处于大规模农产品进京的主要通道，为山东、江苏、浙江和河北等省份农产品供应北京市场提供便利。作为公益性基础设施，新市场必须是国有控股，且在管理方式、统一结算、价格形成、信息发布和物流仓储等方面具有国际一流水平，真正起到行业典范和联结整个批发市场体系核心枢纽的作用。

第三，对现有批发市场按照公益性的发展思路进行升级改造。

按照城市未来发展规划要求和公益性批发市场的经营思路，对现有批发市场进行合理的布局调整和升级改造。对不符合城市发展规划要求的予以拆迁；对符合城市规划发展要求的，进行公益性职能发挥的升级改造，最终达到提升北京市农产品批发市场体系现代化水平和整体竞争力的目的。

（二）加快公益性社区销售网点建设

明确社区农产品市场的公益性属性，按照“市管批发，区管零售”的责任分工，加快建立以规范社区农产品市场为主体，社区农产品店、生鲜超市为补充，网络直销为新生力量的农产品零售格局。创新社区农产品市场建设模式，采取公建配套、产权回购、投资入股等方式，尽快实现公益性社区农产品销售网点全覆盖。要逐步完善农产品连锁配送体系，不断丰富稳定货源供应，降低终端销售成本。

（三）建立农产品价格风险调节基金，稳定农产品价格

首先，由政府编制农产品生产的保本价格指数和农产品消费的低保价格指数。一方面，对农产品收购实施最低价保护，鼓励和保护农户的生产积极性；另一方面，维护农产品价格的稳定，使低收入消费者的利益不受侵害。

其次，由国家和地方政府出资，社会非营利性农产品流通权威机构管理运营的方式，建立“农产品价格风险调节基金”。政府利用这部分基金，当农产品市场价格低于保本价格指数时，政府以规定的保本价格收购，其差额由调节基金进行补贴；当市场价格高于低保价格时，政府仍以低保价格将农产品出售给低保户，其差额由调节基金进行补贴。

（四）加强农产品价格监管

加强价格监管，打击哄抬物价行为。充分发挥政府监管职能，建立公平有序的市场竞争秩序，严厉打击各种囤积居奇、哄抬物价的行为。要对农产品市场低价采取防范措施，一方面强化市场需求预估和生产预估，避免因价格上升造成的盲目扩大生产；另一方面推进农业保险，适当采取低价补贴措施，保护生产积极性。

（五）加强北京市与外埠蔬菜产销区域合作，提高蔬菜控制率

来源地集中为本市开展蔬菜产销区域合作提供了明确的方向和便捷的条

件。加强北京市与蔬菜主要来源地的产销区域合作，为外地蔬菜进京提供一定的便利和政策支持，降低外地菜进京流通成本，建立稳定的蔬菜产销对接合作机制，提高本市蔬菜的控制率。

（六）建立蔬菜产销信息分析预警体系，提高蔬菜产销信息分析预警水平

为保障全市“菜篮子”稳定供给和价格合理水平，我们需要加强对蔬菜信息的监测分析，运用科学、实用的方法研究蔬菜产销变动规律，及时发现蔬菜市场异常波动、提出预警对策，建立形成符合“菜篮子”工程要求的蔬菜产销信息分析预警体系。

（七）建立蔬菜应急保障机制，提高消费保障能力

把蔬菜保障供应纳入北京应急工作体系，进一步加大外埠蔬菜保障基地建设，全面提升北京蔬菜消费的流通控制率，强化政府应急储备能力，确保北京蔬菜消费稳定。

第一，逐步提高北京蔬菜消费的流通控制率。按照国际惯例，政府把控消费城市蔬菜流通能力达到18%以上，就可以基本保障蔬菜的应急安全。蔬菜消费的流通控制率不仅包括自产率指标的年内月度分解的稳定，也包含自产蔬菜和非自产蔬菜在供需关系中数量、品种、质量、价格等方面的调节、调度、平抑能力。目前，北京蔬菜自产率的季节性变化大、非自产蔬菜市场调节调度能力明显不足。

第二，扩大外埠蔬菜保障基地建设。以落实新一轮“菜篮子”工程建设任务为重点，实施基本菜田最低保有量制度，实行严格的“菜篮子”基地占补平衡制度。加强蔬菜生产基地建设，拓宽蔬菜生产区域合作，扶持本市龙头企业在河北、山东、海南等外埠优势产区重点建设一批符合本市标准、可控性强的蔬菜货源基地，力争做到“重点区域定向联合、重点季节定时联系、重点品种定点调配”，确保市场供需均衡、价格稳定，不断提高蔬菜的自给率和控制力，力争到“十二五”期末，蔬菜自给率提高到35%。

第三，继续强化政府蔬菜储备。创新发展多种行之有效的储备方式，储备于库和储备于田相结合，建立能够控制和掌握的政府储备机制，在提高政府储备数量的基础上，优化储备结构和储备质量，提高叶类蔬菜在储备中的比例，重点储备往年价格波动较大、市场供应紧缺的蔬菜。

（八）减少农产品流通环节，降低流通成本

大力发展“农超对接”、“农餐对接”、“场店对接”、无店铺流通等以物流配送为特征的现代流通模式，减少流通环节，降低流通成本，提高流通效率。为了

让市民吃上合理价位的农产品，最主要的措施是应该减少农产品运输的中间环节。比如超市应该加强“农超对接”和农产品产地签订协议，直接从田间地头把新鲜农产品运到超市。另外，多在小区增设便民菜店，直接从一级批发市场进货，也可省去中间环节以降低流通成本。

（九）降低农产品物流费用

贯彻落实“《国务院关于深化流通体制改革加快流通产业发展的意见》，降低流通费用，提高流通效率”所确定的相关政策措施。

第一，降低农产品生产流通用水用电价格。规模化生猪、蔬菜等生产的用水用电与农业同价。农产品批发市场、农贸市场的用电、用气、用热与工业同价，用水执行工商业用水价格的较低标准或非居民用水价格。农产品冷链物流的冷库用电与工业同价。尽快实现工商业电费同价。

第二，规范和降低农产品市场收费。政府投资建设或控股的市场按保本微利原则从低核定收费标准。全面实施收费公示制度。农产品批发市场、农贸市场要开设专门区域，供郊区农户免费进场销售自产鲜活农产品。

第三，严格执行鲜活农产品运输绿色通道政策。深入推进收费公路专项清理，降低偏高的车辆通行费收费标准。抓紧修订《收费公路管理条例》，完善通行费形成机制。制定收费公路信息公开办法。

第四，开展农产品增值税进项税额核定扣除试点，将免征蔬菜流通环节增值税政策扩大到部分鲜活肉蛋产品。2013 年起三年内免征农产品批发市场、农贸市场城镇土地使用税和房产税。

第五，保障必要的流通行业用地，优先保障农产品市场和便民生活服务网点用地。鼓励各区县开辟免费使用的早市、晚市、周末市场。

第六，规范交通运输领域执法行为。为物流配送车辆提供通行便利。

（十）增加农产品物流基础设施的投入

政府有关职能部门及相关科研单位，要加强对农产品物流设施的科技投入，重点倾斜支持一些涉及农产品物流设施的课题研究，重点扶植一些有较高实用价值的科研成果市场化、产业化，包括新型农用运输车的研发，新型冷藏车的研发，新型保鲜库、冷藏库的研究与建设等。对先进设施的推广应用，政府短期内给予一定的补贴，促进农民对新产品的接受和使用。

第 5 章

北京食品安全可追溯体系建设问题

5.1 食品安全及食品可追溯体系

自英国发现全球首例“疯牛病”以来，各国政府便积极出台了关于食品可追溯的相关法律与政策，以确保食品安全。追溯，即溯源，找到产生问题的源头，便能有效地解决问题。国际标准化组织（ISO standard 8402：1994）将食品可追溯体系（Food Traceability System）定义为“生产、加工及销售各个环节中对食品、饲料、食用性及有可能成为食品或饲料组成成分的所有物质追溯或追踪能力”。它通过输入产品的基本信息，如追溯码、生产批号等可以查询到产品的种植作业环节、原料运输环节、基地加工环节、成品运输环节的所有信息。通过这种追溯，能够实现由下至上的信息追踪，使食品生产与流通的每个环节的责任主体可以明确界定，进而提高食品质量安全，减少食物中毒的概率。

国外对食品可追溯的研究自英国的“疯牛病”事件出现之后。在现代物联网及科技发展的前提下，新的理念、新的追溯手段层出不穷。食品安全关乎食品产业的荣誉及效益，因此，食品可追溯体系的建立是一个很好的工具，利用产品的“身份识别”——追溯码，它能够实现供应链的最优化追溯（C. Dupuy，2002）。21 世纪，随着 RFID 技术在各个领域中的应用，它在食品行业也引起了相当大的关注。现如今，RFID 技术成为食品安全追溯的核心技术，它能够有效地利用嵌套的远程信令警报系统获取真实可靠的食品安全性数据，进而保障食品安全（P. Bernardino, 2007）。此外，在可追溯系统存在监管不到位的前提下，建立异常诊断法则、预警系统等，能够发现食品存在的潜在问题，进而做到防患于未然（Simon X. Yang, Gauri S. Mittal, 2009）。国内对食品安全可追溯体系研究虽然起步较晚，可是也出现了许多佳作。周莉、刘春明（2008）分析了发达国家对建立可追溯体系的强力管理及取得的成果，我国可追溯体系存在着追溯能力不强、信息采集范围和方法不统一的问题，并且提出了完善相关法律及食品包装、标签等建议。叶勇、张友华等（2011）指出我国可追溯体系存在的主要问题是追溯成本过高而且还要受供应链脆弱性的制约，并有针对性地提出了食品安全追溯的对策建议：改变食品流通方式，利用现代化交易手段；进行食品安全追溯的绿色供应链设计，主要包括绿色设计、绿色材料的选取、绿色生产、绿色包装和运输、绿色营销以及绿色回收七个环节。郑火国（2012）以食品链为切入点，依据信息论、系统论及控制论等原理，采用信息管理学、信息经济学、食品安全管理，以及可靠性分析等理论、方法和技术，对食品安全危害、食品安全要素进行分析，开展食品安全信息传递研究，构建食品安全信息追溯链，并对可追溯链进行可靠性分析，探讨了食品安全可追溯系统的功能及构建方法。侯熙格、姜启（2012）通过对我国食品安全现状以及对食品行业可追溯体系应用和发展情况的分析，阐述了建立我国食品可追溯体系面临的产业方面、信息获取传递方面和消费者方面的三个主要问题，提出了建立统一标准和相对独立的权威机构，加大官方监控和管理力度；通过财政补贴、税收优惠及提高企业荣誉度来推动企业积极建立食品可追溯体系；建立快捷透明的信息供给机制；提高消费者特别是农村消费者的维权意识和认知程度等。

5.2 北京市食品可追溯体系现状

进入 21 世纪，随着人们生活水平的提高，对食品质量安全也提出了更高的要求。早在 1982 年，我国便出台了有关食品安全的法律——《中华人民共和国食品卫生法（试行）》。然而，经过 30 多年的发展，我国食品安全问题依旧特别突出，尤其是近些年，孔雀胆、三聚氰胺、瘦肉精等事件曾一度引起人们对所食用食品的恐慌。而食品安全可追溯体系的建立能够有效地解决食品安全危机问题。北京食品行业门槛过低，食品生产经营者水平千差万别。因此，食品安全问题也层出不穷。我国自申奥成功后，便着手进行食品可追溯体系的全面建立。北京市食品可追溯体系主要集中在果蔬、水产品、畜禽类食品这三大类上。北京早在 2002 年便提出了食品安全可追溯制度，要求实现北京餐桌上的主要食品、风险比较大的食品，五年内逐步实现产地有准出、销地有准入、质量可追溯。北京作为中国率先建立食品安全可追溯体系的城市之一，其食品安全可追溯体系的现状与趋势具有借鉴意义。

据统计，2012 年年末北京市常住人口达 2 069.3 万人。北京是一个巨大的食品消费市场，在巨大的食品需求之下，潜藏着许多食品安全隐患。北京市近五年来，每年食物中毒人数都在 25 起以上，中毒人数大多在 400 以上（见表 5-1），由于涉及食品安全的环节众多，引起食物中毒的主要原因却不是十分明确。因此，建立食品可追溯体系能够有效地区分责任主体，进而追根溯源。

表 5-1　北京市近五年食物中毒情况统计

年份	中毒起数	中毒人数
2007	53	840
2008	29	406
2009	45	570
2010	25	396
2011	32	440

资料来源：北京公共卫生信息中心网（http://www.phic.org.cn/tonjixinxi/）。

2002 年北京市商委制定了食品信息可追溯制度，明确要求食品经营者购进和销售食品要有明细账，即对购进食品按产地、种类等建立档案。2004 年由北京市农业局和河北省农业厅共同承担农业部的肉类“进京蔬菜产品质量溯源制度试点项目”，由河北 6 县市蔬菜试点基地使用统一的包装和产品标签信息码，供货于北京市速冻食品新发地和大洋路两地批发市场。2005 年，北京顺义率先启动了蔬菜分级包装和质量溯源，建立了一批可追溯食品和可追溯企业。2006 年北京市政府将“初步建立北京市蔬菜质量安全追溯系统，在全市 20 家蔬菜加工配送企业推广应用质量安全追溯标识”列入为市民办的 59 件实事之一，通过一年的努力，北京市蔬菜质量安全追溯系统于 2007 年开发完成，并试验运行，开始支持蔬菜从生产基地、加工企业到零售市场的全过程质量追溯。进入追溯管理系统的试点单位由 2005 年的 15 家扩大到 40 家，增长率为 167%，涉及生产总面积达到 12 万亩，产品品种达 150 个。2007 年，通威股份有限公司在北京正式推出其带有电子标签的“通威鱼”。这也是水产品企业中首家向消费者推出的可查询全程的追溯系统。通过手机短信等方式，消费者可以了解每条通威鱼从池塘到餐桌的全过程。同时,随着北京奥运会的到来,政府对食品安全追溯管理愈加重视,把它列入《2008 年北京奥运食品行动纲要》实施意见中。2012 年,通过对近 10 万户食品经营者安装电子台账管理系统,北京实现食品流通渠道全程可追溯。北京市 2012 年水产品质量安全追溯工作正式启动,将对通州、房山、密云等 9 个区县 30 余家养殖及水产品加工流通企业发放 2 万个水产品追溯专用袋、500 卷碳带、40 万枚标签,并义务对 30 余家企业进行技术培训及追溯系统的维护,年内可实现 5 吨带有水产品质量安全追溯标识牌的优质水产品上市。2013 年,在 RFID 技术的支撑下,北京超六成猪肉实现可追溯。北京作为中国发达的城市之一,必将加快全面建立食品可追溯体系。

（一）有法可依,各项政策规章出台

《北京市食品安全监督管理规定》已经于 2002 年 12 月 31 日市人民政府第 57 次常务会议审议通过,现予公布。这是第一次以立法的形式对食品安全各环节作出明确规定,立法重点解决食品进入市场环节和市场交易环节;食用农产品生产环节;食品安全监督管理和退出市场环节。

2006 年 7 月,《加强北京市水产品市场准入管理的意见》,水产品批发市场销售水产品应向零售环节提供《北京市市场销售凭证》,详细填写市场名称、售货单位、售货日期等内容,并与检验证明和产地证明一同登记备案,零售环节索要相关证明的可以复印。零售环节向消费者提供销售信誉单或信誉卡,保证实现全程追溯。

2006 年 8 月,《关于进一步完善北京蔬菜市场准入制度的意见》,为进一步落实蔬菜市场准入制度,推动实施蔬菜市场索证索票制度和建立可追溯制度,保证蔬菜产品质量。强化市场索证索票制度,实现蔬菜产品全程追溯。批发市场要认真落实《北京市蔬菜批发市场管理规范》,建立市场索证索票制度,查验蔬菜产品经营者进入市场的营业执照、产地证明、产品质量证明、产品标签和标识,并对相关情况进行登记备案。零售市场要与批发市场实行挂钩制度,索要批发市场出具的《北京市市场销售专用凭证》,并建立销售台账,以便于全程追溯。

2007 年《北京市食品安全条例》在第三十七条中首次指出生猪及其他畜禽屠宰企业应当建立稳定的货源基地,在第五十三条指出本市实行食品安全和食用农产品质量安全追溯制度。在整合现有食品安全追溯信息平台基础上建立统一的食品安全追溯信息归集、共享、公布平台,开展食品安全全过程追溯的区域合作。

2008 年《关于加强流通环节奥运食品安全监管工作的通知》中指出,一是要加大食品安全日常监管执法力度。各地要加大奥运会期间食品市场巡查力度,强化对完善和规范索证索票、进货台账制度的监督检查和分类指导,加大食品质量监测力度,强化对问题食品和不合格食品退市工作,确保食品质量合格。奥运会各赛区所在地要对农副产品批发市场、农贸市场的食品质量严格监管,定点监测,发现含有违禁成分的农副产品,要立即退市并追溯源头。二是要集中开展流通环节食品市场专项执法检查。

《2008 年北京奥运食品行动纲要》的实施意见中,关于有效控制四个环节的规范食品生产加工环节上指出:整合生猪屠宰资源,规范生猪屠宰行业。关闭不达标的小型生猪屠宰企业,规范大型生猪屠宰企业,取缔非法生猪屠宰企业。严格执行生猪屠宰企业的许可条件,原则上本市不再增加生猪屠宰企业的数量,并逐步整合现有生猪屠宰企业。加强对生猪屠宰企业的监管,全面推行 HACCP 管理认证,对屠宰动物实施全程追溯。

在强化落实五项措施中,推行电子标签,实现食品全程追溯。以蔬菜、猪肉等重点食品为试点,加贴电子标签,实现从农田到餐桌全过程的跟踪和追溯。从食品生产加工环节开始,对食品加载施肥、用药、休药期等食品安全相关信息,并追加食品加工、运输、包装、分装、销售等相关信息。借助本市食品安全监控系统,实现对电子标签加载信息的储存、管理和分析。一旦发现问题,通过系统查清食品的来源和流向,及时采取控制措施,最大限度消除危害。

在保障奥运食品供应安全中,对奥运食品实施全程追溯。奥运食品要全部加贴电子标签,电子标签拟采用国际先进的非接触性无线射频识别技术(RFID),实现奥运食品的全程追溯。

《2008 年北京奥运食品行动纲要》的出台,保障了北京奥运食品安全,而奥运食品安全保障为北京奥运会的成功举办起到了最重要的"护航"作用。奥运会结束后,北京市继续保留奥运食品安全保障系统,奥运食品安全保障政策还将为造福普通民众发挥重要作用。

以上各项规章制度的出台,为北京食品安全可追溯体系的发展指明了方向,加快了其建设,明确了产业链环节上各个参与主体的责任。

(二) 技术先进,率先使用 RFID 技术

射频识别(Radio Frequency Identification, RFID)是一种非接触式的识别技术,近年来,已经逐步发展成为一个独立、跨学科的专业领域。

在蔬菜方面,北京市以追溯码为信息传递工具,以产品标签为载体,以查询系统为服务手段,形成了一套农产品质量可追溯信息系统,使可追溯制度落实到每个田块。通过标签信息化的管理方式,北京市的农产品质量安全管理效率

大幅提高,农产品市场信息透明度以及市民对农产品的信任度都得到较大的提升。追溯码就是用于产品质量追溯的 ID,可以是条形码或 RFID 码,唯一标识一个产品或一批产品。它是最合适的数据储存系统,具有数字化性能,保障数字的完整性和安全性。追溯码包括生产地点、化学药品使用的类型等。

在猪肉方面,占北京生鲜肉市场 40%—50% 的顺鑫农业鹏程食品分公司率先构建了食品安全可追溯体系,使猪肉做到了可追溯和召回。鹏程食品 2012 年率先利用 RFID 食品安全可追溯体系进行了猪肉制品供应的大练兵。在肉制品生产加工过程中,以条码标贴或者电子标签作为有效的管理载体,所有猪肉制品做到了源头可追溯、信息可储存、流向可追查、产品可召回。

在水产品方面,建立水产品质量安全追溯系统。它主要由生产履历中心、生产者信息、产品信息和养殖履历信息等共同组成。通过该系统,可以了解生产者信息、产品信息及养殖履历信息,还有水产品生产环境监测信息、水生动物疾病监测信息、水产投入品监测信息(药)以及水产投入品监测信息(饲料)。通过附着在鱼体上的标识牌上的 RFID 追溯码可以查询到水产品详细的生产履历。追溯码可以实现数字化加密,实现一个包装条码标签对应唯一的产品追溯码。

(三)查询方式多种多样,方便快捷

在查询方式上,北京市推出了互联网、触摸屏设备、手机短消息、电话等多种查询方式,方便消费者随时查询相对应产品的信息。

在蔬菜产品上,北京市农业局蔬菜质量安全追溯系统是以北京市农业局为生产与经销主体责任,保障消费者知情权而建立的管理系统,本系统的主要功能是实现农产品生产、包装、储运和销售全过程的信息跟踪。目前在蔬菜品种上选择部分先行试点。从 2006 年年初确立到目前已经基本完成,该系统已经在北京天安农业发展有限公司、东升方圆农业种植开发有限公司等 40 家蔬菜加工配送企业内进行了推广应用,其中有 5 个生产基地可登录北京市食品网实现生产、配送过程查询。与此同时,华堂商场亚运村店、美廉美超市、沃尔玛石景山店、北太平庄店、易初莲花通州店等多家超市内安放了触摸查询屏,消费者可凭购物小票或食品包装条码进行溯源。在针对水产品质量安全追溯上,本市 2006 年投放 10 台查询系统,2007 年陆续在全市推行。而针对以上两类产品,本市推出了北京市农业局食用农产品质量安全追溯系统网站(www. atrace. org)。而针对肉食品,消费者可登录北京屠宰监管网(www. bjfxr. com)进行查询。此外,消费者也可以拨打电话(010-95155555)或者发送手机短消息(追溯码前加字母 H 发送到 9500010)进行查询。

（四）设立安全监督员，保障食品可追溯体系的实施

为了加大对食品市场的监管力度，目前，全市90%的社区和行政村都设立了食品安全监督员，共计6 480名。此外，为了提高快速反应和市场控制能力，目前本市已经建成了首都食品安全监控系统，一旦发现食品安全问题，全市65 000余名食品生产经营者可在半小时内全部收到相关市场控制指令。

5.3 食品可追溯体系发展趋势

尽管北京在建设食品可追溯体系上处于国内领先地位，然而，与我国现阶段的体制与市场本身的特点相联系，未来的发展更要突出几个方面。

（一）进一步降低可追溯体系实施的费用

食品安全追溯，由于外部性和信息不对称，会产生大量的交易成本及监督成本，造成追溯体系的成本过高，具体表现在：(1) 信息搜寻代价比较高。食品标识和食品应急保障等方面虽然说明了其具体规定及应急措施，可是，由于北京市建立的追溯信息数据库的不完整，使相关企业在追溯期间查找相关信心时因没有追溯信息而花费大量的时间与精力，如一般在在流通领域中，企业不会记录交易，更不用说进行信息标识和保存了，这样便间接导致了若要追溯到有效信息，必须付出昂贵的代价。(2) 谈判涉及各个利益主体的多方博弈。通常而言，谈判成本是指企业为寻找外部交易对象和与交易对象的谈判过程中在有关交易契约订立方面所花费的费用。而食品安全问题出现后，各个利益主体倾向于维护自己的最优利益，这时候便产生了不完全信息下的动态博弈。不完全信息，是指在市场中，每个主体掌握的信息量是不同的，容易产生拥有信息多的一方损害掌握信息少的一方的行为。在食品可追溯体系中，消费者一般是处于信息劣势的地位，当遇到食品方面的问题时，企业一旦把责任推卸给上一环节的供应商，消费者或供应商因为信息不对称不得不选择第三方介入来寻求解决的办法，相关问题查找和确定安全责任等方面投入的人力、物力、财力和时间成本会增加追溯的谈判费用。当遇到这种情况，很多消费者会选择不了了之。(3) 食品制度不完善。食品安全中某些问题的出现是由于制度本身的漏洞所致，如染色馒头，为了使回收的馒头再次出售，违规使用有毒着色剂，而且用量上没有什么标准。假如企业不具有相应的添加剂评估和监管的强制规范制度，无资质的供应商和不法分子便会很容易做出投机取巧之事，从而加大追

溯的困难程度。(4)商家违约成本低。食品安全问题相关赔付的标准目前也不统一,甚至违约的赔付金额过低。消费者购买的某些零售食品,通常有两大特点:一是数量不会太大,二是总价也不会太高,一旦发现其“不符合食品安全标准”,商家一般只接受退货,而忽视对其他相同产品的检查与评估,致使一些对食品质量不敏感的消费者食用有质量问题的产品;当然,消费者若对结果不满,可以上诉法院,要求“10倍的赔偿金”,但得先有证据——去鉴定食品有问题,这就会产生前面所提到的谈判费用,需要支付律师费、预付诉讼费等,结果便是由于追溯和诉讼费用过高,难以促使其积极维权,给追溯造成困难。

(二)进一步克服食品供应链脆弱性对食品安全追溯体系的制约

总的来说,加快食品的流通速度和促进供应链优化可以大大降低食品可追溯成本,而可追溯的难易程度跟供应链上交易信息的对称性有关,交易信息越透明,市场信号越明显,交易双方所处的地位就越平等,追溯的难度越低,反之则越高。(然而,供应链内部风险和外部风险所带来的影响使得供应链暴露出严重的功能障碍和扰动。)食品供应链本身的复杂结构所带来的风险性和脆弱性,也影响到了食品安全追溯的有效性。

一方面,上游的企业在食品种植、牲畜养殖等过程中存在原料被污染的风险,如要素供应商的饲料和化肥等不合格、药品污染和缺乏监管等情况造成下游销售环节的食品安全问题。另一方面,食品供应链除了最初生产者及最终消费者,中间介入主体众多,包括农产品生产资料供应商、农产品加工企业、批发企业、零售企业及物流服务商等,这些独立的经济主体构成了复杂的网链结构。日趋复杂化的制度环境、生态环境和贸易环境,使得食品安全问题出现的频率比以前增加了许多。在笔者看来,各个主体的不合理行为是产生食品问题的主要原因。

(三)提高消费者对可追溯食品的认知度和民众的参与度

当前,消费者虽然普遍关注食品安全问题,但对食品安全常识和食品可追溯体系知之甚少,一旦发生食品安全问题,不知道该如何追溯,与欧美等发达国家相比,北京市消费者因风险意识不足,对可追溯性食品的认知程度、消费频率和比例都非常低。赵荣等(2010)在北京市所做的可追溯食品认知方面调查结果中表明:有效问卷588份,认知程度较高的北京市仅有3%的被调查消费者表示非常熟悉食品可追溯制度。而消费者普遍对食品可追溯制度缺乏了解,在可追溯食品价格高于普通食品价格的情况下,消费者表示不愿意购买。他们对可追溯体系的态度不是很积极，甚至认为“追溯信息不可靠”、“企业不可信”等，厂家为了赚取更多的利润才搞的这种形式。

近几年，北京食品产业发展迅速。食品追溯体系的主要建立主体是食品企业，然而，北京市目前大多数食品企业规模小，集中度低，产品附加值低，分布的范围广，规模化的企业几乎没有。所以要建立投资回报周期长的食品追溯体系会影响这些中小食品企业的发展，制约它们建立食品追溯的主要因素是成本，要建立完善的食品追溯系统，政府应加大宣传力度，同时加大补贴，提供更多设备、技术、资金和人员培训等支持，消费者应积极反映由于信息不对称带来的信息、设备方面的需求。企业建立了有效的食品追溯体系后，一旦发生食品安全事故，消费者应及时反馈相关信息，企业及时在互联网上等各种媒体上通报不安全食品信息，实施召回或者销毁。这样消费者能快速了解食品危机的相关信息，尽量减少相关的损失，企业也能降低食品安全事故带来的损失，信息不对称带来的问题才能得到有效解决。

(四) 增强信息透明度

信息的不对称性是造成可追溯体系建设缓慢的一个重要原因，而解决这个障碍的一个有效措施便是增加获取信息的容易程度。因而，要完善数据库建设，在可追溯体系建设中，每一个参与者要及时准确地记录所进行的活动。农户要及时反馈农产品的产地、使用的化肥、农药等信息；物流运输商要录入产品运输时的环境、时间等，批发商、零售商要录入产品储存条件、储存时间；加工企业要录入农产品加工所使用的添加剂等。这样，供应链的每一个过程都可以由终端向源头查询。

通过法律措施，强化各方责任。食品安全责任主体成员众多，若没有详细的规章制度来区分各个主体的责任，便会出现“踢皮球”现象。要在北京市建立食品质量安全追溯系统，就必须有法律做强大的后盾。法律可要求食品生产经营者建立食品生产、加工、包装、运输、储存、采购、销售等生产经营记录。对购进的食品应当按照规定索取食品质量检验证明、检疫证明、销售凭证等与食品安全工作有关的证明文件，并保存复印件等。一旦出现食品安全问题，可以按照食品安全问题的大小惩罚相对应的责任主体。此外，对于那些做的很好的参与主体，也要有相应的奖励措施，例如提供资金支持、给予一定的荣誉等。

逐步建立统一的食品追溯标准。我国食品监管一直采取多头分段式模式，当然，这与我国的体制是有联系的。这种模式不但给信息不对称提供了空间，而且各个部门、各个地方监管标准的不统一，给政府部门对食品的监管带来了很大困难。国外经验表明:改变多头监管,实行单部门监管体制或由一个部门统一协调的综合性监管体制,将有助于提高监管效率,减少交易费用,而且可以防止监管者的寻租行为,以严惩假冒伪劣食品厂商,从而解决政府与企业间的信息不对称,保证食品质量的安全。

第 6 章

北京国际商贸中心的物流体系建设

建设国际商贸中心是北京市商务委员会落实市委提出的“建设有中国特色世界城市”战略愿景和《北京城市总体规划(2004—2020 年)》战略目标的重要举措。物流业是国际商贸中心的支柱性产业,也是打造国际商贸中心的重要基础。

本章立足于北京国际商贸中心的物流特点,阐述应该配套的物流功能,探索物流体系的完善问题。

6.1 北京建设国际商贸中心的背景

建设国际商贸中心是北京市商务委员会落实市委提出的“建设有中国特色世界城市”战略愿景,推动商贸流通业发展的重要举措。2009 年年底,时任北京市市委书记刘淇在市委十届七次全会上提出,要从建设世界城市的高度,审视首都的发展建设,提高科学发展的水平、规划建设的档次和服务管理的水准。为配合北京市建设有中国特色世界城市的宏伟愿景,北京市商务委员会于 2010 年提出建设国际商贸中心的战略目标,并得到市政府的批准。

北京市商务委主任卢彦在《2010 年全市商务工作会议上的报告》中指出,“经过改革开放 30 年的发展历程,基于成功服务 2008 年奥运会和新中国成立 60 周年庆典中的提升和完善,以及应对国际金融危机冲击过程中呈现的逆势成长，北京商务工作取得了长足的进步”，“站在新的起点，面对新的考验，全力打造国际商贸中心，为北京实现世界城市战略目标而不懈努力，成为今后一个时期首都商务战线的历史使命”。

为加快推进国际商贸中心城市建设，2011年2月1日，北京市人民政府发布《北京市加快国际商贸中心建设的意见》，提出了促进国际商贸中心发展的“四大目标”、“五大工程”和具体的实施方案。2012年2月，北京市出台了《北京市“十二五”时期国际商贸中心建设发展规划》（京政发[2011]49号），明确了建设国际商贸中心的思路和方向。这为把握北京市建设国际商贸中心的物流完善问题指明了方向。

6.2 国际商贸中心物流业发展特点

完善国际商贸中心的物流体系需要借鉴全球其他国际商贸中心物流业发展的经验，明确世界城市物流业发展的特点，以便加快推动北京国际商贸中心的建设速度。

通常认为，纽约、伦敦和东京是当前最具代表性的世界城市（弗里德曼，1995），也是全球知名的国际商贸中心。在这些城市的发展过程中，物流业作为重要的支柱产业带动了商贸流通业、制造业的发展。当前，在国际商贸中心城市中，物流业仍占据国民经济的重要地位，是这些城市的基础性产业，也是集聚其他生产性服务的重要媒介。

6.2.1 国际商贸中心大都具有完善的国际物流设施

按照沙森（Sassen, 2001）的界定，全球只有纽约、伦敦和东京等城市达到了世界城市的标准。这些城市大都具有便捷的国际交通条件，是世界知名的商务中心和国际物流中心。

以伦敦为例。伦敦交通基础设施极为发达，不仅有不少于八座机场使用了“伦敦机场”的名称，而且伦敦希思罗机场也是欧洲乃至全世界最繁忙的国际机场之一。截止到2011年，希思罗机场为全球90家航空公司面向全球90个国家的176个机场提供服务，全年旅客吞吐量达6 943万人次，全球排名第三位，而且其旅客以国际旅客为主①。其次，伦敦盖特维克国际机场也是较为繁忙的国

① 2010年，伦敦希思罗机场旅客吞吐量为6 570万人次，其中，国际旅客6 090万人次，占92.7%。

际机场之一,2011 年旅客吞吐量达 3 366.8 万人次,世界排名第 36 位。另外,伦敦斯坦斯特德机场旅客吞吐量达到了 1 804.7 万人次,也是全球吞吐量前 100 位的机场之一。

伦敦港是英国最大的港口,2010 年完成货物吞吐量 4 810 万吨。伦敦港位于市中心以东 40 千米的提尔伯里和泰晤士河下游。码头岸线长约 8.2 公里,有 4 个主要港池,有 4 个集装箱泊位,3 个滚装泊位和其他杂货泊位。其中集装箱泊位是欧洲最现代化的集装箱码头。当然,更为重要的是,长期以来伦敦一直是世界上最大的航运市场,世界上主要的航运、造船和租船公司都在此设有代表机构。

同样,纽约、东京的国际空运、航运设施也很完善。纽约共有 4 座大型国际机场,2010 年起落飞机 134.7 万架次,运送旅客 10 967 万人次,吞吐货物 270.5 万吨。其中,肯尼迪国际机场的国际客运量达到全美国的 30% 以上,进出口货物吞吐量占全美的 50% 以上。纽约港是全美乃至全球最繁忙的港口之一,2008 年之前,纽约港集装箱吞吐量仍排全球前 20 位,集装箱吞吐量达 548 万 TEU。2010 年,纽约港共处理货物达 3 223.8 万吨,集装箱吞吐量达 529.2 万 TEU。

东京羽田机场和成田机场都是日本最为繁忙的两大机场,共有超过 180 条的国际航线。2011 年,羽田机场旅客吞吐量为 6 226.3 万人次,较 2010 年减少 3%,位列全球最繁忙的机场第 5;成田机场旅客吞吐量为 2 805.6 万人次,位列全球第 51,较 2010 年的 3 381.6 万人次减少 20.5%,是全球客流量下降最为明显的城市。2010 年,成田机场的货运量为 216.8 万吨,羽田机场的货运量为 81.9 万吨,分列全球机场货运排名的第 9 和第 19。①

东京港是日本重要的港口,也是东京湾的“特定重要港口”。有 24 个码头,115 个泊位,其中,集装箱码头 4 个,集装箱泊位 16 个。长期以来,东京港的货物吞吐量居于日本港口首位。东京港与周边的横滨港、千叶港、川崎港、木更津港以及横须贺港形成了良好的互补关系,东京港是重要的输入型港口,横滨港以工业品输入、集装箱货物集散为主,千叶港是能源输入港和工业港,川崎港以原料进口与成品输出为主,木更津港是地方商港和旅游港,横须贺港是军港,兼营贸易。这些相互补充、相互支撑的港口群形成合力,带动了地区发展。其中,东京既是交通中心,也是东京都市圈乃至全日本国的物流中心。

---

① 来自国际机场协会网站(http://www.aci.aero/Data-Centre/Annual-Traffic-Data/Cargo/2010-final)。

6.2.2 国际商贸中心大都具有完善的城市配送体系

国际商贸中心作为商贸业高度发达的城市，也是世界名品、会展产品的集散中心。伦敦、纽约、东京和香港等城市的发展体现了这一集散功能。当然，该集散功能的体现必然是以健全的配送体系为支撑的。

国际商贸中心是全球名品的集散中心。各城市知名的商业街区成为全球知名品牌的汇集中心，也是当地重要的旅游接待中心。伦敦的邦德街、牛津街、摄政街等每年吸引了全球3 000多万游客前来购物，其游客购物消费占整个商业街收入的20%以上。纽约的第五大道、东57街和麦迪逊大道也是全球最贵的商业街。据高纬环球(Cushman & Wakefield)调查，2010年，这三条商业街的零售物业租金分别为1 850美元/平方英尺、1 000美元/平方英尺和831美元/平方英尺。东京的银座、巴黎的香榭丽舍大道和纽约的第五大道并列为世界三大繁华中心，新宿、涩谷、池袋、原宿、新桥等山手线沿线主要车站周边地区都形成了知名的特色购物区，如以电器街著称的秋叶原、以旧书著称的神保町、以水产批发著称的筑地中央批发市场等。

国际商贸中心作为全球知名集散中心的地位也可以通过知名品牌的进驻体现。2012年，世邦魏理仕发布的《零售业全球化进程》报告指出，香港连续三年蝉联最吸引奢侈品零售商的第一名，有86%的奢侈品牌零售商因香港营商环境吸引而选择进驻(见表6-1)。在整体零售类别中，有40.5%的国际零售品牌选择进驻香港，位居全球第六。前五位分别是伦敦、迪拜、纽约、莫斯科和巴黎，其中，55.5%受访的国际零售商选择进驻伦敦。[①] 北京的奢侈品牌进驻率为68%，与东京并列全球第九。

表6-1 全球十大零售城市购物比较

	物价指数	购物推荐	时尚亮点	游玩指数	特色
香港	4	4	4	5	各大名品在香港甚至亚洲的旗舰店
迪拜	4	3	5	5	迪拜是个免税港，名副其实的购物天堂
伦敦	4	3	5	4	店铺的建筑特色也是一道风景
莫斯科	4	2	5	5	
纽约					
巴黎	4	2	5	4	世界时尚的荟萃之所

① 《香港大公报》2012年4月25日报道。世邦魏理仕的调查涉及全球73个国家和地区共372个世界顶级零售商，研究了它们在全球主要国家和城市的发展趋势。

（续表）

	物价指数	购物推荐	时尚亮点	游玩指数	特色
洛杉矶	4	2	5	5	280 多个不同的名牌服饰
新加坡	4	3	4	3	优美舒适的自然环境
北京	3	2	4	4	

资料来源：http://finance.stockstar.com/SS2012051600002029_2.shtml。

国际商贸中心大都建立了完善的配送体系。特别是服务于国际时尚品牌的配送体系。当然，时尚品牌的配送体系，如 ZARA 等主要是自营的快递体系。ZARA 面向欧洲的配送速度为 24 小时，面向中国和美国的配送速度为 48 小时，面向日本的配送速度为 72 小时。ZARA 除了在西班牙设立了两个物流中心之外，还在巴西、阿根廷和墨西哥设立了三个相对较小的配送中心，其面向亚洲和美洲的运输都选择飞机运输。

另外，东京物流园区的建设也具有一定的代表性。早在 1965 年，就在东京近郊地区分别建立了葛西、和平岛、板桥和足力四个现代化物流基地。近年来，知名的国际物流地产商——普洛斯也加快了大东京圈的物流园区开发进程，自 2011 年 8 月至今，普洛斯已在大东京圈开发了 4 个物流园区，总建筑面积达 34.7 万平方米，投资额达 4.4 亿美元。这些物流园区大都服务于面向大东京圈的物流配送。其中，美里物流园第三期预租赁项目中，就包括租赁给一家全球领先的户外服装公司 7 400 平方米的仓储项目。①

6.2.3　有条件的国际商贸中心也成为物流信息中心

由于世界城市的国际物流功能以及商品集散功能，国际商贸中心又成为国际性的物流信息中心。其中，伦敦的物流信息中心功能最具代表性。

尽管伦敦港货物吞吐量不高，2010 年，集装箱吞吐量萎缩到不足 200 万 TEU，但仍是全球公认的国际航运中心。原因在于它掌握了全球船舶融资市场的 18%、油轮租赁业务的 50%，以及世界最具影响力的航运市场信息。伦敦波罗的海航运交易所依然是世界上最主要的航运市场信息权威发布机构，其每天发布的干散货综合运费指数（BDI）是国际海运运费期货市场的基础，并被用于避免运费费率的波动。除此之外，英国 Clarkson 航运研究机构发布的 Clarkson 运价指数、英国 *Lloyd's Shipping Economist* 杂志发布的不定期船航次期租运价指

① 来自普洛斯（中国）网站（http://www.glprop.com/cn/pressReleases_detail.php?news_id=125）。

数、英国海运咨询机构 SSY 发布的 SSY 运价指数、德国航运经济与物流研究所 ISL 发布的 German Sea 运价指数及世界油轮运价指数 Worldscale 等也反映国际航运市场的运价变化，但其影响力相对较弱。

除了发布航运信息外，伦敦波罗的海航运交易所还依托伦敦国际金融交易中心的优势，主动搭建平台，便利企业从事船舶融资、航运保险、二手船舶交易等业务。伦敦也是全球最大的海事服务基地，其服务涵盖船舶代理、法律、融资、保险、船级认定、争端解决等。

总之，当今国际商贸中心的形成离不开物流业的发展，无论是其物流设施、物流体系还是物流信息。当然，历史地看，当前物流业在国民经济中的较高比重不是一蹴而就的，这些设施、体系和信息之所以形成集聚在很大程度上是物流业长期发展的结果。

6.3 国际商贸中心物流业地位和作用

尽管国际商贸中心的物流业大都占据了主导产业地位，但是，客观地讲，在国际商贸中心形成的过程中，物流业并非一开始就占据主导地位。因此，有必要明确物流业在各发展阶段上的地位和作用。

6.3.1 在国际商贸中心形成过程中，物流业发挥重要作用

从国际商贸中心的建设发展中，在某个特定阶段上，交通运输业、航运业都经历过快速发展时期，物流业在城市建设国际商贸中心过程中发挥了巨大作用。1820—1920 年的纽约市、1850—1870 年的巴黎市具有一定的代表性。

1820—1920 年，纽约交通基础设施、港口码头设施逐步完善，拉动了商贸、工业的快速发展。纽约是居于大西洋沿海中心地区的港口城市，其港阔水深、四季通航，海岸线长达 600 英里，是大西洋沿岸理想的航运中心城市。第二次英美战争之后，英国人试图把大批剩余的工业品倾销到美国市场上，以减少他们在战争中的损失，并冲击美国的新兴工业。在大西洋沿岸的城市中，纽约既是美国第一大城市，又是离欧洲最近的城市，因而成为英国工业品在美国的主要销售中心。

当然，之所以成为英国工业品的销售中心，是和纽约与美国内陆城市之间的便捷交通有关的。1825 年伊利运河通航，把纽约与五大湖区、俄亥俄水系和密西西比河流域连在一起。这不仅极大地降低了从内陆地区到纽约以及沿大

西洋地区的交通成本,同时,也极大地吸引了内陆商品向纽约的汇集。1800年时,大约9%的美国出口经由纽约港,这一数字在1860年达到了62%。纽约人口也从1820年的12.3万增加到1860年的81.4万。伴随着19世纪50年代伊利铁路的开通,纽约与广阔内陆地区的联系进一步增强。

到1870年,纽约已经成为国际性大都市。这表现在三个方面:第一,纽约是美国进出口贸易中心。1810年,纽约的进出口额与费城和波士顿的进出口额势均力敌,到1825年,纽约的进出口额已经成为费城和波士顿总和的3倍。到1860年,纽约进口贸易额占全美的三分之二,出口贸易额占三分之一。第二,纽约是美国重要的制造业中心。1840—1860年,纽约工业投资增长了550%。1850年,纽约是美国服装生产中心和各类纺织品的最大市场。1860年,纽约成为美国最大的食糖加工工业中心和机器工业中心。

巴黎的发展也经历过交通运输业的快速发展的阶段。在1850—1870年,交通运输业成为推动巴黎城市改造升级的重要动力。1851年,法国全国铁路总长仅约3 600公里,至1869年,全国铁路增至17 000公里。期间,形成了以巴黎为起始站点,六大主干线辐射全国的铁路运输体系,推动了运输业的发展。据不完全统计,1851—1869年,火车运输旅客由约2 000万人次增加到1.14亿人次,货物运输由460万吨增加到4 400万吨。同时,以巴黎为枢纽的公路、运河与海洋运输线路逐渐形成。

当然,国际商贸中心的发展虽然并不一定经历制造业中心的特定阶段,但电子商务时代、信息化时代必然会经历信息中心、物流中心的特定阶段。纽约基于便捷交通条件的快速发展也可能与其他地区的交通不便有关。

6.3.2 物流业仍是国际商贸中心城市的支柱产业

由于历史原因形成的国际物流设施条件以及商贸流通业的高度发达,国际商贸中心的物流业在国民经济中的比重一般都比较大。

以伦敦市为例,交通运输业是伦敦四大支柱产业之一,仅次于房地产、租赁和商务活动,金融中介以及批发和零售贸易业(见表6-2)。

表6-2 伦敦服务业GVA值(2008年) 单位:百万英镑

产业	增加值(GVA)	产业	增加值(GVA)
批发和零售贸易业	23 442	公共管理和防务	12 125
旅馆和饭店业	8 004	教育	11 527
交通、仓储和通信业	21 537	卫生和社会服务	14 229

（续表）

产业	增加值(GVA)	产业	增加值(GVA)
金融中介	52 500	其他服务	19 438
房地产、租赁和商务活动	80 081	服务业 GVA 合计	242 883

资料来源:英国国家统计局(Office for National Statistic),2009。

物流业发展最具代表性的应属香港。尽管香港达不到纽约、东京、伦敦等世界城市的水平,但近年来其国际商贸中心的地位却进一步巩固。世邦魏理仕的《零售业全球化进程》报告显示,连续三年蝉联最吸引奢侈品零售商第一名的香港,吸引了40.5%的国际零售品牌的选择。同时,其物流业也在国民经济中占有较大比重,特别是其国际物流业的发展。香港国际机场全球最为繁忙的机场之一,2010年,实现旅客吞吐量5 331万人次,航空货运量416.6万吨,较2009年增长23.2%。① 香港港口也是全球最繁忙的港口之一,每周约有440班货柜船班次,往返于全球约500个目的地。2011年,共处理2 440万个TEU,是全球最高效率的货柜港之一。

贸易和物流业成为香港的四大支柱产业之一。2010年,这四大支柱产业对香港本地生产总值的贡献高达58%(见表6-3),其增加值高达10 000亿港元,其员工数超过170万。②

表 6-3 香港四大支柱产业占比 单位:%

产业部门	2010年	产业部门	2010年
金融服务	15.4	贸易和物流	25.5
银行	9.6	贸易	20.7
保险	1.5	批发	0.9
其他金融服务	4.3	进出口贸易	19.8
旅游	4.4	物流	4.8
专业服务及其他支持服务	12.8	货运及仓库服务	4.5
专业服务	4.5	邮政及速递服务	0.3
其他工商业支持服务	8.3		

资料来源:香港特区政府统计处,转引自何明珂、刘文纲等,《北京国际商贸中心研究》,经济科学出版社,2012。

① http://www.aci.aero/Data-Centre/Annual-Traffic-Data/Cargo/2010-final。

② 数据来自香港特区政府的2012—2013年度财政预算案。

上文的分析表明，纽约、巴黎、香港等之所以成为国际商贸中心，离不开其物流业的发展。围绕建设国际商贸中心，有针对性地完善物流体系成为必然。

6.4 北京国际商贸中心新增物流需求

《北京市“十二五”时期国际商贸中心建设发展规划》（京政发［2011］49 号）指出，“与建设中国特色世界城市的要求相比，‘十二五’期间，首都商贸尤其要在提升专业交易市场的国际影响力、增强商贸企业的国际市场开拓能力、提高自主品牌的国际知名度、优化商贸发展软环境等方面取得新的突破”。这意味着，建设国际商贸中心，必将着力缩短上述差距，也会产生新的物流需求。

6.4.1 全球性大宗商品交易中心发展拉动的物流需求

与国际商贸中心相比，北京市缺乏全球性大宗商品交易中心，更难以形成全球价格中心和商品交割中心。

“十一五”时期，北京市的大宗商品交易市场发展实现了新突破。2012 年，“中国铁矿石现货交易平台”、“中国燃料油现货交易平台”成功开市交易并实现平稳运行；房山区的北京石油交易所（以下简称“北油所”）实现交易额 1 005.86 亿元，成为全市首家千亿元规模大宗商品电子交易市场。北油所作为石油石化商品现货交易平台，拥有各类会员三千余家，会员企业经营业务涵盖石油石化产品的进口、批发、贸易、生产、使用等产业链各环节。自 2007 年成立以来，北油所致力于打造满足石油石化行业全产业链需要的综合服务平台。

“十二五”时期，要“完善国际商贸中心建设的功能载体”，既要“提升专业批发市场的交易、集散能力，扩大辐射范围……率先形成若干具有较大影响的交易聚集区”，又要“规范、发展大宗商品电子交易市场……增强大宗商品定价权和交易规则制定话语权”。具体而言，要“拓宽要素交易领域。在做强钢铁、石油、棉花等大宗商品交易市场的同时，争取在稀土、能源、纤维、环境资源等要素资源交易领域取得新的突破并纳入国家战略，逐步成为重要商品价格形成中心，增强对国际交易、价格、标准、规则的话语权”。预计到 2015 年，形成 3 家以上的千亿元规模大宗商品电子交易市场。

服务于大宗商品电子交易市场发展，必然要配套相应的物流服务体系。当然，这些物流设施和运营管理并不一定设立在北京，但与商品交易伴生的物流信息、物流总部可以远程汇集。

6.4.2 各级商业中心、聚集区建设推动的物流需求

根据《北京市"十二五"时期国际商贸中心建设发展规划》,北京市要"优化商贸交易设施空间载体、推进专业化商品市场发展",要"构建城市标志性商业中心、功能性商业中心、宜居型社区商业三层级商业发展格局"。其中,王府井、西单、前门—大栅栏三大商业区集中展示北京商业现代繁荣形象,打造城市标志性商业中心;北苑、望京、青年路、朝外、崇文门、公主坟等商业集聚区及新城中心商业区作为区域性商业中心,则主要承担了城市消费功能。社区商业中心、社区便利终端以及乡镇商业中心等作为便利服务设施,承担便民消费功能。

各级商业中心的发展,一方面提高了社会消费品零售总额,另一方面也拉动了城市配送。2012 年,北京市实现社会消费品零售总额达 7 702.8 亿元,预计到 2015 年,全市社会消费品零售总额可超过 1 万亿元。这势必推动物流业的发展,特别是会拉动面向各级商业中心、聚集区的城市配送需求。这包括面向各批发市场、农贸市场的农产品配送,面向全市各零售网点的冷链物流、共同配送等。

其中,物流配送是农产品流通发展的关键推动力。《北京市"十二五"时期农产品流通体系发展规划》指出,要推动农产品流通模式的转变,既要大力发展以物流配送为特征的现代流通模式,又要通过强化物流配送功能,促进批发市场向生产前端和零售末端的双向延伸。

加快冷链物流发展、实施共同配送也是《北京市"十二五"时期物流业发展规划》所确立的重要工程。规划指出,要加强冷链基础设施建设,实施食品冷链技术应用示范工程,完善食品冷链物流体系,搭建北京鲜活农产品城市物流配送公共服务平台,搭建同城快递共同配送信息平台。

因此,各级商业中心、聚集区的加快发展必将在扩大配送规模的同时,提高物流专业化水平,特别是农产品专业物流、城市共同配送、冷链物流的专业化水平。

6.4.3 市场主体壮大和专业化发展带动的物流需求

市场主体壮大涉及:总部经济聚集度提升、大型商贸集团培育以及"老字号"企业改革和发展三个方面。

提高总部经济聚集度,一方面强调引进研发中心、营运中心、采购中心、结算中心,做实做强总部实体经济。其中,营运中心、采购中心的建设必然推动物流中心的建设和完善。另一方面突出设立和发展各类企业总部和地区总部,也

包括对物流企业总部的发展。截止到2012年年底,本市累计认定的跨国公司地区总部达到127家,较2010年的82家增加45家。大型商贸龙头企业培育,既包括对商贸企业上市融资的支持,又包括对“走出去”战略的支持。对“老字号”改革和发展的推动,重点在于创新体制、技术和经营管理。

显然,总部经济的发展以及本市大型商贸龙头企业的培育,尤其是批发市场主体的培育,有助于推动物流业的发展。特别是对物流业总部经济的吸引以及伴随着批发企业的规模扩大,其物流功能的分化,将推动物流业的壮大。

6.4.4 对标国际商贸中心建设衍生的其他物流需求

对标国际商贸中心城市发展,特别是顺应电子商务时代国际商贸中心建设要求,完善相关物流服务。

按照彼得·霍尔(1966)、沙森(2001)的研究,国际商贸中心往往是世界城市的重要特征,也是世界城市的构成要件。分析世界城市的特征,主要有三条:第一,世界城市是全球经济的管理控制中心,世界500强的公司总部有35%的分布在伦敦、纽约、东京、巴黎和北京这五个城市[①];第二,世界城市是国际金融中心,这不仅体现在世界十大国际性银行、十大保险公司在这些城市的广泛布局,更体现在其资本市场在全球的影响力上,纽约的华尔街、伦敦的金融城是全球最具影响力的金融中心;第三,世界城市是生产性服务中心,纽约的金融保险业、房地产及租赁业、科技服务业和信息业四大产业占GDP的50.9%[②],伦敦的房地产、租赁和商务活动,金融中介两大产业部门占GVA的比重高达49.36%[③],东京的四大支柱产业分别是金融服务、批发零售、软件与信息技术服务以及物流服务。伴随着总部经济、国际金融以及其他生产性服务业的加速发展,将进一步促进快递业的发展。

当然,电子商务的快速发展是推动快递业飞速发展的更为重要的因素。2013年5月,中国电子商务研究中心的研究数据表明,上海市约有10万多名快递员,1 000多家快递公司,每天的快件量超过230万件。而按照《北京市“十二五”时期国际商贸中心建设发展规划》,到2015年,北京市社会消费品零售总额将超过1万亿元,按照网络零售额占比8%、网购订单500元/单计算,将产生

① 按照《财富》杂志公布的2009年度全球500强公司名单统计。

② 2010年纽约地区GDP构成比例。资料来自何明珂、刘文纲等,《北京国际商贸中心研究》,经济科学出版社,2012。

③ 为2008年数据。资料来自英国国家统计局(Office for National Statistic,2009)。

1.6 亿个配送快件[1]。

总之，基于国际商贸中心的建设经验和电子商务的快速发展趋势，物流业将呈现两个趋势：其一，以专业化分工为基础的细分领域日益深化，电子商务快递、农产品配送、冷链物流、物流信息等加快发展；其二，物流业与总部经济、国际金融、信息业日益融合，以不同模式实现融合发展。

6.5 北京国际商贸中心物流体系完善

围绕物流业专业化和融合化发展趋势，北京市有必要健全服务于国际商贸中心的物流体系。这既包括服务于专业化趋势的设施、场所等硬件的完善，也包括服务于融合化趋势的环境、机制等软件的完善。

6.5.1 夯实物流集聚区，搭建国际化的持续发展平台

在建设国际商贸中心的道路上，北京与纽约、伦敦、东京等城市具有鲜明的差异。其中，与物流业发展相关的差异重点体现在，北京是一个内陆城市。这就意味着，与纽约、伦敦、东京等国际航运中心相比较，北京市有必要构建面向国际的，以海铁、海陆联运为基础的口岸、通道平台。推动物流园区/基地发展，加快实现口岸、海港、园区、基地的快速、有序、无缝对接，这是保持商流通畅、物流高效的必然要求，也是建设国际商贸中心的必然要求。

首先，立足天津港的航运中心地位和首都圈建设，打破行政限制，推进京津联动，统筹谋划京津物流园区、物流中心，着力搭建高效率、低成本、无缝连接的物流平台。特别是要实现通州马驹桥物流园区、平谷马坊国际陆港与天津港等沿海港口码头的有效对接，支持以天津港的内陆港形式与相关园区合作。

其次，要着力实施各园区/基地、保税物流中心、海关口岸与天津港及周边港口之间的“大通关”，推动信息共享、利益共享、流程简化，着力提高国际物流信息化水平。

再次，依托首都国际机场、规划中的第二机场，积极谋划空港物流服务基地，加快航空货运业发展。

最后，要有选择地吸引物流业主体进驻各园区，推动物流园区可持续发展。

① 实际上，2013 年 5 月 2 日，北京市商务委发布的消费统计信息显示，2013 年一季度，北京市网络零售额达 214.4 亿元，同比增长 57.1%，占社会消费品零售总额比重达 10.7%。有理由相信，网上零售占比还将进一步提高。数据来自 http://www.100ec.cn/detail—6098388.html。

要严格控制物流园区内非物流企业进驻，重点吸引和支持与园区物流定位直接相关的企业进驻。例如，马驹桥物流园区、平谷马坊国际陆港要重点吸引海路—公路联运物流企业进驻。

6.5.2　加快物流业创新，推动物流业与相关产业的融合化发展

国际商贸中心城市的发展表明，国际航运业和物流业曾经作为城市的主导产业，在特定时期引领了城市发展。正如1820—1920年，作为美国大西洋沿岸国际航运中心的纽约市，其物流业发展带动了商贸业和制造业的发展。

然而，从当今国际商贸中心的物流业发展来看，与金融业、信息业的融合发展既是趋势，也是伦敦、纽约、东京等城市的物流业影响国际市场的手段。伦敦市的物流业在全球航运市场上的领先位置源自物流业与金融业、信息业的融合发展。当然，与国际性大宗商品交易中心的融合发展也是物流业发展的重要趋势。纽约、伦敦、东京等国际商贸中心大都拥有世界级的商品交易中心（见表6-4），通过与商品交易等的融合推动了物流信息、物流金融等产业的发展。

表6-4　国际商贸中心拥有的商品交易市场

纽约	伦敦	东京
第一大黄金期货市场 轻质原油、棉花、原糖等商品期货市场	最大的黄金现货市场 最大的有色金属交易市场 世界石油交易中心之一 最大的葡萄酒交易中心	第二大黄金期货市场 橡胶期货市场

资料来源：何明珂、刘文纲等，《北京国际商贸中心研究》，经济科学出版社，2012。

北京要建设国际商贸中心城市，物流业作为重要的产业部门，其创新的关键方向在于物流业与金融业、信息业、咨询业等产业的融合。

6.5.3　面向细分市场，推动物流业专业化发展

特别是要推进冷链物流、电子商务快递、农产品配送、物流信息等细分领域的发展，提高物流业专业化水平。

近年来，德邦、顺丰等网络化物流企业得到迅猛发展，其关键在于面向细分市场搭建了物流网络和运营体系。这类细分市场大都具有交叉的网络外部性特点，率先搭建网络体系的企业具有先入为主的优势。把握电子商务发展趋势、利用网络信息技术，加快搭建各类物流网络体系具有重要意义。

当前，专业化发展的关键在于面向市场形成模式。冷链物流、农产品配送都面向各销售网点，电子商务快递主要面向最终消费者，其需求特点不同、模式

不同。总结各类模式、组织推广试点具有一定的可操作性。

6.5.4 吸引物流企业总部，提高北京市物流业的国际化程度

加快发展总部经济，既是北京市打造国际商贸中心的重要内容，更是壮大商贸交易主体的重要支撑。吸引物流企业总部，形成物流信息、管理中心，对于提高物流业的国际化程度具有重要意义。

数据显示，2012 年中国物流企业 100 强有 14 家总部设在北京。与 2010 年中国物流 50 强有 19 家的总部设在北京相比明显下降。针对北京市国际商贸中心的建设目标，要充分重视物流业的重要地位，特别是重视国际物流业的发展，提高资金结算、营运组织、管理控制等高端总部业务水平，创新物流金融、物流咨询等新型服务模式，有助于提高北京市物流业的国际化水平。

第7章

北京运输业现状及发展趋势

运输业按提供运输服务对象的不同,可分为自有运输和受雇运输(公共运输),根据发达国家的相关数据,即使在公共运输非常发达的情况下,自有运输的比重还是相当大的,这主要是出于货物的完整性、运输的及时性及服务的便利性等因素的考虑。企业保有自己的车队,可以更便利、更及时地为自己提供运输服务。这也同时为运输业的发展提出了一些挑战,即如何在服务方面做得更好,来扩大市场份额,进而可以更充分地扩大规模,享受规模经济带来的成本节约。从整个社会而言也是非常必要的,即通过提高分工和专业化程度,以提升运营效率。

7.1 北京交通运输业发展现状

北京全市总面积1.64万平方公里,常住人口2018.6万人(2011年),是我国政治、文化、教育和国际交流中心,同时也是中国经济金融的决策中心和管理中心。北京作为我国的交通枢纽,已初步形成空路、水路、陆路、铁路四通八达的交通网络。北京市城区的路网结构以矩形环状为主,道路多以此为依托,与经纬线平行网状分布。先后依托城市扩展,建设了二、三、四、五和六环路。总长度超过五百公里的北京新"七环路"已经形成半圆。截至2009年,全市公路里程 20 670 公里，城市道路里程 6 206 公里，轨道交通线路长度 228 公里。全市立交桥数共有 381 座，京哈、京沈、京津塘、京石、八达岭、京承、京开等多条高速公路流经北京。全市铁路总里程 962 公里，京秦铁路、京哈铁路、京沪铁路、京九铁路、京广铁路、京原铁路、京包铁路、京承铁路、京通铁路、京津城际高铁、京沪高铁等多条铁路干线汇集于此。2009 年年底北京机动车保有量突破 400 万辆，2010 年逼近 500 万辆，城市交通面临更大考验。北京首都国际机场是亚洲第一大国际机场，目前已开通 200 多条国际国内航线，通往世界主要国家及地区和国内大部分城市，2009 年吞吐旅客更超过 6 500 万人次。

7.1.1 北京交通运输业发展概况

（一）交通线路

北京市的公路和道路里程增长很快，公路里程从 1990 年的 9 648 公里增加到 2011 年的 21 347 公里，其中高速公路从 1990 年的 35 公里增加到 2011 年的 912 公里；城市道路里程从 1990 年的 3 276 公里增加到 2011 年的 6 258 公里。铁路里程增长比较缓慢，从 1990 年的 876 公里增加到 2011 年的 1 067 公里（见表 7-1）。

表 7-1 北京市铁路和公路里程变化（1990—2011 年）

年份	铁路里程（公里）	公路里程（公里）		城市道路里程（公里）		
		总里程	高速公路	总里程	快速路	主干路
1990	876	9 648	35	3 276		
1995	875	11 811	113	3 194		
2000	997	13 600	268	4 126		
2001	987	13 891	335	4 312		
2002	987	14 359	463	5 444		
2003	964	14 453	499	3 055		
2004	964	14 630	525	4 067	219	834
2005	966	14 696	548	4 073	239	922
2006	962	20 503	625	4 419	232	955
2007	962	20 754	628	4 460	236	960
2008	956	20 340	777	6 186	242	755
2009	956	20 755	884	6 247	242	805
2010	956	21 114	903	6 355	263	874
2011	1 067	21 347	912	6 258	263	861

资料来源：《北京统计年鉴 2012》。

（二）运输业运量

1990—2011年北京市总的货运量变化不大，从1990年的26 648万吨小幅上升至2006年的33 547万吨，2007年大幅回落至20 770万吨，之后处于缓慢上升趋势，到2011年达到26 849万吨，基本达到1990年的水平（见表7-2）。

表7-2　北京市货物运输量变化　单位：万吨

年份	铁路	公路	民航	管道	合计
1990	3 051	23 326	10	262	26 648
1995	2 974	29 087	17	106	32 184
2000	2 612	28 010	35	60	30 717
2005	1 976	30 050	77	406	32 509
2006	1 956	30 953	89	549	33 547
2007	1 925	17 872	98	875	20 770
2008	1 733	18 689	93	1 369	21 885
2009	1 635	18 753	98	1 531	22 017
2010	1 572	20 184	130	1 827	23 712
2011	1 380	23 276	132	2 061	26 849

资料来源：《北京统计年鉴2012》。

在货运量结构方面，各种运输方式所承担的比重变化较大，尤其是铁路运输和管道运输，如铁路运输承担的比重从1990年的11.4%下降到2011的5.1%，而管道运输所承担的比重则从1990年的1.0%上升到2011的7.7%，甚至超过了铁路的比重。公路运输的比重仍为最大，但变化不大，基本保持在86%左右，航空运输的比重仍处于非常低的水平（见表7-3）。

表7-3　北京市货物运输量各种运输方式所占比重变化　单位：%

年份	铁路	公路	民航	管道
1990	11.4	87.5	0.0	1.0
1995	9.2	90.4	0.1	0.3
2000	8.5	91.2	0.1	0.2
2005	6.1	92.4	0.2	1.2
2006	5.8	92.3	0.3	1.6
2007	9.3	86.0	0.5	4.2
2008	7.9	85.4	0.4	6.3

（续表）

年份	铁　路	公　路	民　航	管　道
2009	7.4	85.2	0.4	7.0
2010	6.6	85.1	0.5	7.7
2011	5.1	86.7	0.5	7.7

资料来源:《北京统计年鉴 2012》。

北京货物周转量增长很快,尤其自 2000 年以来,货物运输周转量增长速度加快。受全球金融危机的影响,北京市货运周转量 2009 年有所下滑,但随着经济形势的好转,2010 年和 2011 年仍保持了 16.4% 和 20.1% 的增长率,至 2011 年已经完成 616.9 亿吨公里(见表 7-4)。

表 7-4　北京市货物运输周转量总量变化　　单位:亿吨公里

	1990 年	1995 年	2000 年	2005 年	2008 年	2009 年	2010 年	2011 年
铁路	206.7	239.3	200.2	310.8	253.5	229.4	257.5	311.3
公路	57.5	76.2	82.6	85.5	84.1	87.9	101.6	132.3
民航	4.5	7.5	16.8	28.2	35.7	35.5	48.2	47.5
管道	0.15	0.07	0.04	33.3	80.9	88.4	106.4	125.8
合计	268.8	323.1	299.6	457.7	454.2	441.2	513.7	616.9

资料来源:《北京统计年鉴 2012》。

从表 7-5 可以看出,铁路运输完成的货物周转量比重最大,但呈逐年下降趋势,其次是公路运输完成的货物周转量逐年上升,但比重变化不明显,而管道运输完成的周转量则呈现快速增长势头,不管是总量方面还是比重方面。

表 7-5　北京市货物运输周转量比重变化　　单位:%

	1990 年	1995 年	2000 年	2005 年	2008 年	2009 年	2010 年	2011 年
铁路	76.9	74.1	66.8	67.9	55.8	52.0	50.1	50.5
公路	21.4	23.6	27.6	18.7	18.5	19.9	19.8	21.4
民航	1.7	2.3	5.6	6.2	7.9	8.0	9.4	7.7
管道	0.1	0.0	0.0	7.3	17.8	20.0	20.7	20.4

资料来源:《北京统计年鉴 2012》。

(三) 运输业产值

交通运输、仓储和邮政业的产值从 2000 年的 220.6 亿元增加到 2011 年的 809.0 亿元(见图 7-1),自 2009 年明显增速加快,但占北京地区的 GDP 比重却由 2000 年的 7% 下降到 5%。

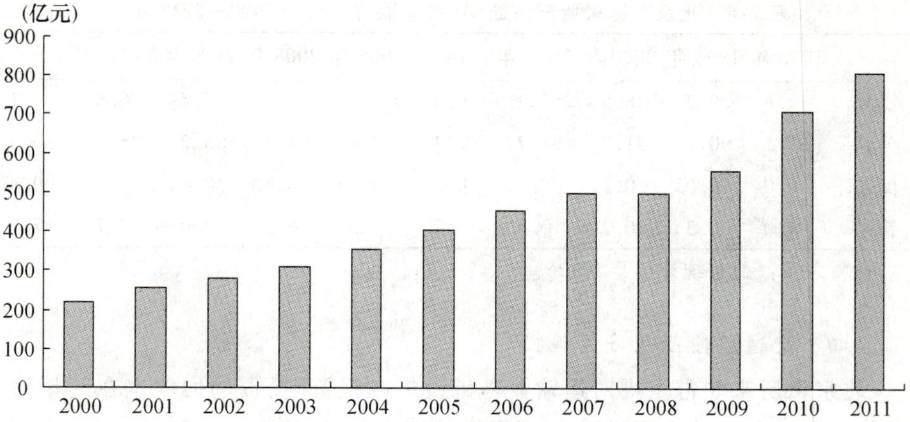

图 7-1　北京市交通运输、仓储和邮政业的产值（1990—2011 年）

资料来源：《北京统计年鉴 2012》。

从图 7-2 可以看出，北京市交通运输、仓储和邮政业的产值增速在大多数年份均低于北京地区的 GDP 增速，但差距从 2001 年的 7.8 个百分点下降到了 2011 年的 1.9 个百分点，差距在逐年减少，2010 年甚至超过了 GDP 的增速。

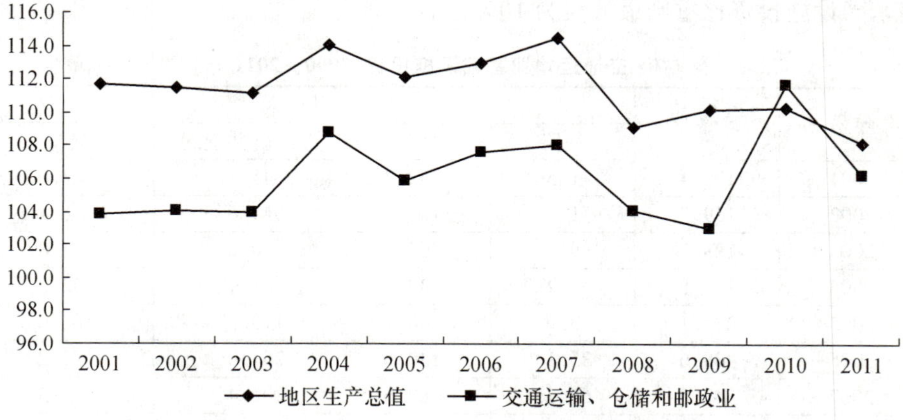

图 7-2　北京市 GDP 和交通运输、仓储和邮政业的产值指数
（上年 = 100）（1990—2011 年）

资料来源：据《北京统计年鉴 2012》资料制作。

在运输业内部，公路运输完成的产值比重最高，达到 90% 左右，铁路下降势头比较明显，与此相应，管道运输完成的产值比重呈现快速增长，甚至于 2011

年超过了铁路运输的产值比重(见表7-6)。

表7-6 北京市运输业产值结构(按运输方式分)(1990—2011年) 单位:%

	1990年	1995年	2000年	2003年	2004年	2005年	2008年	2009年	2010年	2011年
铁路	11.4	9.2	8.5	7.3	6.2	6.1	7.9	7.4	6.6	5.1
公路	87.5	90.4	91.2	91.7	92.3	92.4	85.4	85.2	85.1	86.7
民航	0.04	0.05	0.11	0.15	0.23	0.24	0.42	0.44	0.55	0.49
管道	1.0	0.3	0.2	0.8	1.3	1.2	6.3	7.0	7.7	7.7

资料来源:《北京统计年鉴2012》。

(四)交通运输业基础设施投资

北京市历来非常重视对运输业基础设施的投资,投资的力度也在逐年增加(见表7-7),从2001年的104.4万元增加至2011年的680.7万元,10年内年均投资额增加了将近6倍。北京市对运输业基础设施的投资在各种运输方式之间的比例变化也比较大,如前期非常重视对公路基础设施的投资,2001年对公路投资的比重超过了50%,达到50.6%,而到了2011年比重则下降到了15.8%;而到后期则更加重视对市内公共交通的投资,2011年对市内公共交通的投资比重超过了50%,达到51.6%,航空基础设施投资比重为20%左右,铁路基础设施投资比重则最低仅为10%左右。

表7-7 交通运输业基础设施投资(2000—2011年) 单位:万元

年份	运输业	其中			
		铁路	公路	市内公共交通	航空
2001	104.4	1.5	52.8	45.1	2.0
2002	159.7	1.4	107.0	44.6	1.4
2003	129.2	9.3	55.3	48.8	15.8
2004	148.8	7.2	38.2	51.1	52.3
2005	224.1	3.9	40.7	113.2	66.2
2006	439.6	25.1	140.6	201.0	72.2
2007	548.0	65.7	189.6	202.4	87.5
2008	604.2	75.9	170.5	215.8	141.8
2009	698.6	114.9	134.8	426.7	21.9
2010	720.5	77.1	97.3	410.8	134.3
2011	680.7	43.6	107.7	351.3	176.6
合计	4 457.8	425.6	1 134.5	2 110.8	772.0

资料来源:《北京统计年鉴2012》。

7.1.2　北京交通运输业特点

（一）综合交通运输网络日趋完善

北京基本形成了相对完善的综合交通运输网。2011年，公路线路达到10 065条，里程达到21 347.1公里；铁路线路为51条，里程为1 067公里；民航开通线路中，中国国际航空公司开通了282条线路，中国新华航空有限责任公司开通了294条线路；管道线路最少，仅为15条，但里程为3 496.5公里。

在公路方面，全市公路里程主要集中于郊区县，如房山区、顺义区、大兴区、通州区、密云县、昌平区和延庆县等。其中一级以上公路主要集中于通州区、顺义区、大兴区、昌平区等郊区县。自1993年京石高速公路开通以来，北京市高速公路建设取得了较大发展。截至2009年年底，北京市已建成并通车高速公路20条，总里程达884公里，其中国道高速公路612.9公里，市道高速公路271.1公里。北京市环形加放射状高速公路网系统已基本形成，主要对外出入口通道基本以高速公路为主，并辅以国市道干线公路相结合的布局结构。

（二）货物运输主要由公路和铁路两种运输方式承担

2011年北京市完成货物运量26 849万吨，其中公路运输占85%，其次为管道运输和铁路运输，民航运量不到1%（见图7-3）。

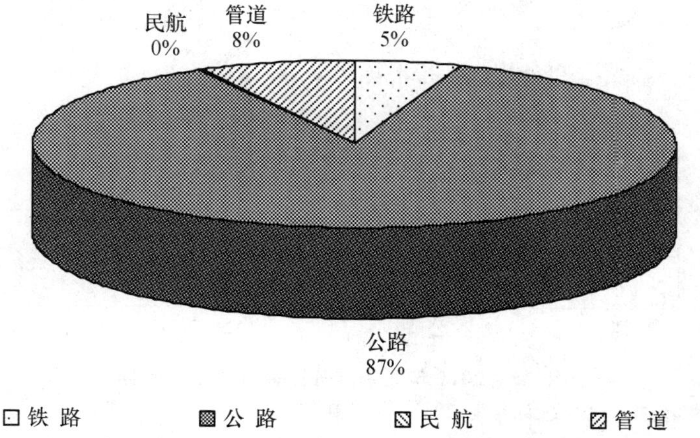

图7-3　2011年北京市货物运量（分运输方式）完成图

资料来源：据《北京统计年鉴2012》资料制作。

2011年北京市完成货物周转量616.9亿吨公里，其中铁路承担比例最大，为51%，其次为公路运输、管道运输、民航运输（见图7-4）。

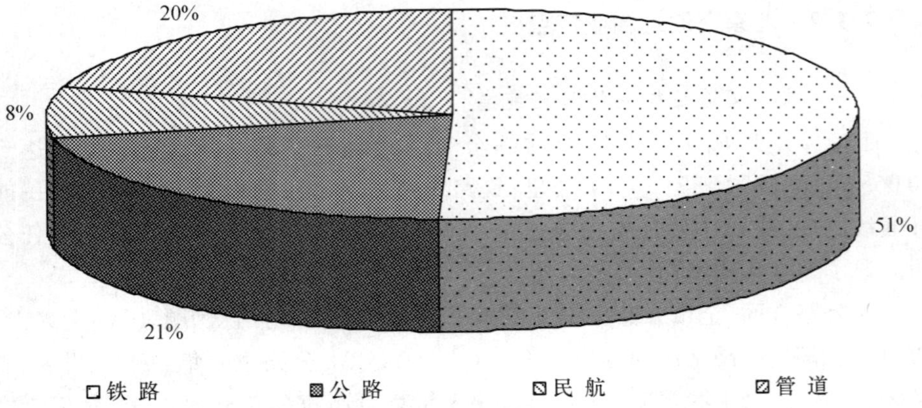

图 7-4 2011 年北京市货物周转量(分运输方式)完成图

资料来源:据《北京统计年鉴 2012》资料制作。

造成货物运量比重和货物周转量比重差异的原因主要在于各运输方式的平均运距的差异,如民航的平均运距最长,为 3 598 公里,其次为铁路运输 2 256 公里,管道运输 610 公里,公路运输的平均运距最短,仅为 57 公里(见图 7-5)。

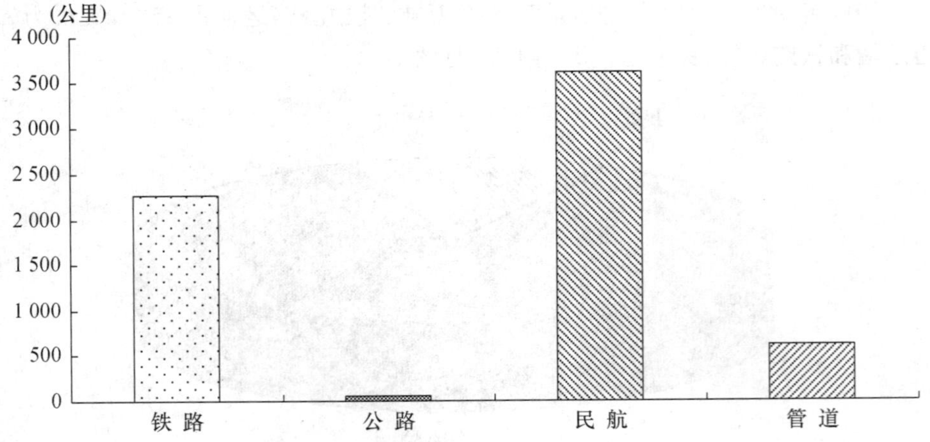

图 7-5 2011 年北京市各运输方式平均运距

资料来源:据《北京统计年鉴 2012》资料制作。

(三) 载货汽车中多为轻型汽车,且集中于郊区县

2009 年北京载货汽车保有量为 182 963 辆,其中重型载货汽车 32 234 辆、中型载货汽车 33 890 辆、轻型载货汽车 116 804 辆、微型载货汽车 35 辆。在载货汽车类型中,主要为轻型汽车,所占比重为 63.8%,其次为中型和重型汽车。在

区县分布中，载货汽车又主要集中于郊区县，通州、大兴、房山、顺义，其所占比重共计 48.6%，其次是昌平，所占比重为 9.2%，再次是怀柔 7.5%（见图 7-6）。

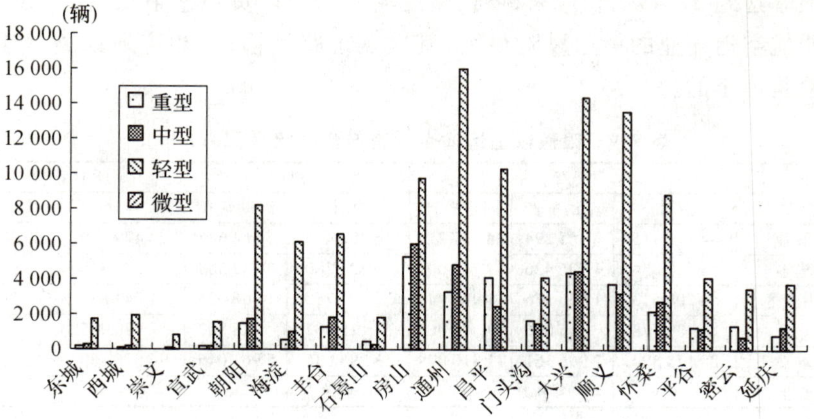

图 7-6　2009 年北京市载货汽车保有量情况（区县分布）

资料来源：《北京统计年鉴 2012》。

（四）运输业基础设施投资规模较大

2011 年北京市运输业基础设施投资总额为 680.7 万元，占全社会基础设施投资的 48.6%，为全部产业中的最高比例。在运输业内部城市公共交通业的投资比重最大，占到了一半以上，其次为航空、公路、铁路（见表 7-8）。

表 7-8　2011 年北京市运输业基础设施投资

项目	投资额（万元）	投资比重（%）
铁路	436 035	6.4
公路	1 076 813	15.8
管道运输	0	0
城市公共交通业	3 512 775	51.6
航空	1 765 806	25.9
其他	15 437	0.2
合计	6 806 866	

资料来源：《北京统计年鉴 2012》。

（五）运输企业固定资产比重高，盈利水平差距大

在各种运输方式中，铁路运输业的资产规模最大，2011 年的资产总计为 44 779 915 万元，超过了其他所有运输方式的资产总和（见表 7-9），其次为航空

运输业和道路运输业,这主要是由于这些运输方式的固定资产特征决定的。但航空运输业的负债比重最大,资产负债率达到了65.9%,其次是道路运输业,资产负债率达到57.4%,相应来讲,铁路运输业的资产负债率最低,仅为36.4%。这说明航空运输业的债务风险最大,其次是道路运输业,相应地铁路运输的债务风险是最小的。

表7-9 限额以上运输企业资产负债简表(2011年) 单位:万元

项 目	资产			负债		所有者权益	
	总计	流动资产	固定资产	合计	流动负债	合计	实收资本
铁路运输业	44 779 915	3 455 294	34 337 277	16 300 446	6 364 648	28 479 469	29 323 212
道路运输业	11 359 354	1 796 426	7 747 001	6 521 780	3 147 505	4 837 575	3 973 424
城市公共交通业	4 200 613	1 536 376	1 980 949	2 952 762	1 966 025	1 247 852	999 990
水上运输业	39 778	15 066	18 062	18 802	18 802	20 975	12 788
航空运输业	20 175 394	2 996 361	11 810 099	13 298 935	5 963 045	6 876 460	2 456 535
管道运输业	* * *	* * *	* * *	* * *	* * *	* * *	* * *

资料来源:《北京统计年鉴2012》。

从表7-10可以看出,航空运输业的利润和盈利能力最高,2011年航空运输业获得利润总额116.9亿元,净资产收益率达到了17%。其次是道路运输业利润总额为11.3亿元,而铁路运输业甚至还亏损了32.7亿元。究其原因,对于铁路运输业来说,相对于其庞大资产,营业收入甚至低于航空运输业,另外庞大的管理费用和财务费用也是导致其亏损的主要原则,这一方面归因于铁路运输票价率受政府管制长期偏低,另一方面也与庞大的管理机构分不开。从航空运输业的损益表数据还可以看出,航空的销售费用也远远高于其他运输方式,这也与其扩大市场份额时采取的营销策略分不开,如在大量的媒体上投放了大量广告的费用。而对于道路运输业来说,其销售费用、管理费用和财务费用也显得较为庞大。

表7-10 限额以上运输企业损益简表(2011年) 单位:万元

项 目	营业收入		营业成本		营业税金及附加	销售费用	管理费用	财务费用	利润总额
	总计	主营业务收入	总计	主营业务成本					
铁路运输业	8 775 320	8 472 721	7 624 482	7 338 578	275 759	3 215	607 962	585 775	-327 227
道路运输业	2 648 134	2 611 242	1 941 978	1 920 118	65 558	150 706	173 157	223 078	113 008
城市公共交通业	1 156 220	1 114 987	2 098 592	2 089 409	41 428	19 784	260 345	86 562	81 286
水上运输业	22 873	22 850	13 512	13 511	876	2 488	4 210	635	1 211
航空运输业	9 979 178	9 929 879	7 807 511	7 760 609	229 278	655 223	316 382	-58 428	1 169 095
管道运输业	* * *	* * *	* * *	* * *	* * *	* * *	* * *	* * *	* * *

资料来源:《北京统计年鉴2012》。

7.2　北京运输业发展面临的不利因素

运输是物流系统中的主要内容，运输费用在整个物流总成本中占有很大比重，但由于存在以下问题，北京市运输业的发展受到了一些影响。

（一）运输基础设施总量和投入不足，限制了运输业的快速发展

作为主要承担货物运量的公路运输业，尽管公路线路里程增长较快，但高速路和城市快速路所占比重偏低，由于近期对市内公共交通投资的重视，对道路和公路的建设投资不仅绝对投资额明显下降，而且缺乏增长后劲，再加上机动车增加过快导致出现的严重的交通拥堵问题，大大降低了道路和公路的通行速度，这些都不利于公路货运业的发展。

作为承担主要货物周转量的铁路运输业，铁路线路里程增长缓慢，甚至陷入停滞，从 2000 年到 2010 年不仅没有增加反而下降了 41 公里，仅于 2011 年增加了 111 公里，而且铁路基础设施的投资比重偏低，仅占总比重的 10% 左右，而且自 2009 年以来基础设施投资额下降比较明显，这些都不足以支持铁路运输业在物流业发展中的支柱作用。

再加上经济危机的影响，自 2007 年以来，北京市总的货物运输量增长缓慢，到 2011 年也才基本达到了 1990 年的运量水平。

（二）运输结构不合理，不利于运输业的可持续发展

作为环境友好型资源节约型的铁路运输业，本应在运输业的发展中发挥着基础和主导作用，但事实却是铁路运输业所承担的货物运量比重甚至货物周转量比重都在明显下降，比如铁路运输承担的货物运量比重从 1990 年的 11.4% 下降到 2011 的 5.1%，下降了 6 个百分点，铁路运输承担的货物周转量比重则从 1990 年的 76.9% 下降到 2011 的 50.5%，下降了 26 个百分点。公路运输承担的货运量和货物周转量比重则起起伏伏，基本变化不大，但其在货运量方面的市场份额处于一支独大，占据了 87% 左右，货物周转量方面则由于平均运距偏低的原因基本占到了 20% 左右。尽管公路运输业具有机动灵活、“门到门运输”等优点，但公路运输油耗高、污染大等缺点也是普遍公认的。这些都影响了运输业的可持续发展。

（三）管理成本高，管理效率低，直接影响了运输业的盈利水平

交通运输、仓储和邮政业的产值增速在大多数年份均低于北京地区的 GDP

增速,其产值占北京地区的 GDP 比重也在不断下降,盈利水平较低,2011 年整体交通运输、仓储和邮政业是亏损的,利润总额为负 10 亿元。

在运输业内部,铁路运输业的亏损最为严重,2011 年亏损 32.7 亿元,这与其高额的管理费用和财务费用是分不开的,铁路运输业由于人员多、机构设置复杂等情况导致管理成本增加,管理效率下降,管理费用为所有运输业之首,甚至大体相当于其他所有运输业管理费用之和。而对于盈利能力最高的航空运输业,其 2011 年盈利 117 亿元,但其销售费用则为各运输业之首,甚至远远超过了其他所有运输业销售费用之和,这与航空运输业激烈的市场竞争所导致的为争取市场份额所采取的各种营销投入是密切相关的。而对于资产规模较小的道路运输,尽管盈利率比较高,但其销售费用、管理费用和财务费用也仍然是偏高的。

(四) 道路运输企业规模偏小,不利于发挥规模经济和专业化优势

2011 年北京市限额以上运输企业总数为 594 个,从事道路运输业的企业为 427 个,个数最多,但道路运输业的总体资产规模远低于铁路和航空运输业,说明道路运输企业的规模偏小,这就非常不利于发挥专业化运输公司的规模经济和专业化优势。

(五) 业务单一,运输效率不高,导致运输业经济效益普遍较差

长期以来,各运输型运输企业仍单纯局限在原有的经营领域内进行改造,使得服务内容单一,运输效率不高,经济效益普遍较差,特别是占主导地位的国有运输企业中,还存在着维持落后的生产和经营方式的思想。因此,运输企业如何适应现代物流发展的要求,积极向现代物流企业转型,是一项亟待解决的问题。

7.3 北京运输业发展趋势与建议

7.3.1 北京运输业发展趋势

(一) 物流需求环境发生变化

随着北京市经济发展逐渐进入到后工业化时期,北京市产业结构的变化导致高附加值的产品、特种货物等的货运量在迅速上升,而这些货物对运输的时效性、安全性和个性化等提出了更高的要求。这导致了整个物流需求市场环境已发生了非常大的变化,其中最为重要的变化是客户的物流需求不断向高度化方向发展。这表现为物流内涵的拓展、过程的延伸、覆盖面的扩大以及物流管

理的日益专业化、标准化和信息化。

因此，原来依靠大量运输来支撑收益的运输业就不能仅仅停留在这一单纯以提供运输服务为主的服务模式上，运输业应当进一步面向市场，加强物流需求市场的调查研究，重视拓宽物流服务功能，提升物流服务水平，改善物流服务质量，才能适应物流需求环境的变化。

（二）物流供给环境发生变化

一方面，参与物流竞争的行业越来越多。随着现代物流理念的深入，不仅专门从事运输服务的运输公司，如各种运输方式之间如铁路运输、空运、水运等与公路运输之间在物流服务领域内将展开激烈的竞争，其他物流服务行业如仓储业、货代业、邮政业等也同样会将触角延伸至更广的范围，介入物流服务市场的竞争。

另一方面，企业内部自有运输的链条不断扩展。在工商企业内，原来那种商流和物流完全分离的做法逐渐被摒弃，取而代之的是供应商、制造商、批发商、零售商等不同阶段的企业，以及同一阶段不同类型的企业都在积极开拓物流业务，建立自身独特的物流系统，从而使得物流竞争的范围越来越广。

因此，物流行业之间的竞争将日益激化，且越来越体现为服务的差异化、纵深化和网络化方面的竞争。运输企业只有向现代物流企业转型，才能既有利于提升运输企业的市场竞争力，也有利于促进第三方物流的发展。

（三）运输企业向现代物流企业转型

现代物流服务的发展是一个从提供相对较少服务功能的短期合作的传统物流服务，向以提供综合服务及着眼长期伙伴型关系的现代第三方物流服务转变的渐进过程。运输企业向现代物流企业转型大体要经过三个阶段。

第一阶段：以运输组织专业化和规模化优势切入供应链，成为功能型物流服务企业，主要是运输功能的专业化；

第二阶段：向供应链的上下游延伸物流服务，成为多元化物流服务企业；

第三阶段：具备为客户提供综合性一体化物流服务的能力，成为综合性一体化物流服务企业，即真正意义上的现代物流企业。

7.3.1 北京运输业发展措施建议

（一）加强政府部门之间的沟通协作，开展联合运输，延伸服务触角

开展公、铁、航、水运、管道联合运输，弥补各种运输方式自身缺陷，发挥各种运输方式特长，是发展现代物流的重要手段。比如通过铁路、公路的衔接配

合，充分发挥公路运输机动灵活、铁路运输量大距远的优势，实现更大范围的物流服务综合化；或者通过公路、航空的衔接配合，充分发挥公路运输机动灵活、航空运输快速远程的优势，实现更大范围的物流服务综合化。

但由于各种运输方式分别隶属于不同的部门，如铁路运输业属铁道部北京铁路局主管，公路、航空和水运属交通运输部主管，城市道路运输属北京市交通委主管，管道运输属石油天燃气总公司主管，因此必须加强各部门的合作与沟通，才能广泛开展联营联运，实现运力资源、市场资源的优化配置，努力实现双赢、多赢的目标。随着2013年国家大部制改革的进行，铁道部的企业职责将通过组建中国铁路总公司的形式并入到交通运输部，各运输部门之间的协调与合作将会有一个比较理想的前景。

（二）建立物流企业联盟和战略伙伴关系，着眼于运输业长远发展

一方面，各运输企业之间可考虑建立虚拟物流企业联盟，通过合作化的运作方式，互补物流机能和资源，从而拥有一个实体的大型物流企业所具备的多元化或一体化物流服务能力和资源，以达到提供多元化和一体化物流服务的目的。

另一方面，运输企业要注重与供应链的上游和下游物流需求企业之间建立长期的战略伙伴关系，重视对供应链上下游企业的物流服务功能的开发，了解它们的深层需求，挖掘除了现有的服务外还能为其提供的其他服务，并与它们之间建立良好的信誉关系，这是与供应链上下游企业之间建立长期战略伙伴关系的重要前提。

（三）大力改善物流设施、设备，加强运输企业信息化建设

对于运输企业来说，大力改善物流设施设备以服务于现代物流也是非常必要的。一方面，改善仓储设施，加强立体仓库、自动化仓库以及冷冻、冷藏、保温等仓库的建设。另一方面，改善运输、搬运、分拣、包装、配送等设备，例如加强货运车型结构的调整，大力发展装载量大、运输效率高、能源消耗低并适合从事中长途干线货物运输的重型货运车辆；积极发展集装箱牵引车辆、冷藏货物运输车辆、散装货物运输车辆和专门运送液态、气态、颗粒状货物的特种专用车辆，加快公路货物运输和城市配送车辆厢式化进程。

现代物流要求有现代化的信息系统作为支持平台。加强运输企业信息化建设，包括基础技术建设和信息系统建设，基础技术建设包括BC、EDI、GPS、数据库技术和互联网技术等；信息系统建设的内容主要有信息收集功能、信息处理功能、信息传递和共享功能等。在改善物流设施、设备及加强企业信息化建

设的过程中,应注意结合标准化的建设。通过基础设施建设,提高运输企业的市场竞争力,为切入供应链打下坚实的基础。

（四）加强物流人才的培养和引进,为运输企业向现代物流企业转型提供有力保障

运输企业发展现代物流需要从观念、技术和管理上进行创新,而创新离不开大量的物流管理和技术人才。因此,运输企业应采取各种方式,积极培养和引进物流人才,特别是具有较强的业务素质,有较强的物流组织能力和市场分析能力,能够整合物流各环节,既懂管理又懂技术的物流管理人才,以及具有深厚的理论底蕴和丰富的科研实践能力的物流研究人员。

积极导入现代物流的理念以及加强物流人才的培养和引进是运输企业发展现代物流的前瞻性基础,只有在充分了解现代物流理念和具备物流人才的基础上,才能准确地分析市场,正确地确定企业的发展战略,为运输企业成功向现代物流企业转型提供有力保障。

第 8 章

北京仓储业现状及发展趋势

仓储是指利用仓库及相关设施设备进行物品的入库、存贮、出库的活动。[①]仓储活动是国际、国内商品及货物的流转中不可或缺的环节，是现代物流活动的两大支柱之一。以仓库为主体形成的仓储设施网络，构成了一个城市、地区乃至一个国家物流系统中的重要设施基础。我国的仓储体系一般分为四大类，即社会公共仓储体系、工商企业自备仓储体系、战略储备仓储体系、军队后勤仓储体系。

仓储业是指上述四大类中的社会公共仓储体系，是国民经济中专为他人储藏、保管货物的社会生产部门，主要由地产（设施）型仓储企业和服务（功能）型仓储企业组成。地产（设施）型仓储企业主要指以出租仓库为主的企业，而服务（功能）型仓储企业中，既有自建仓库经营的重资产型企业，也有租赁仓库经营的轻资产型企业。

在最近的十年间，全球范围内的商品生产和流通模式发生了巨大的变化，许多企业采取了多种措施来降低库存，包括在整个供应渠道中推行适时管理、时间压缩管理和快速反应管理等措施，但事实却是企业仓储管理的对象越来越复杂、范围越来越大，依托仓储管理而展开的延伸服务也越来越深入。尤其是伴随着电子商务的迅猛发展，更要求今天的仓储业务能够支持完成数量更多、金额更小的交易，处理和储存更多的商品，为更多的产品及服务提供差别化服务。

我国仓储业固定资产投资额自 2004 年以来，长期保持每年 30%—40% 的

---

① 国标 GB/T 18354-2006《物流术语》（修订版）。

增幅，在物流业总投资额的比重也一直呈上升趋势。2012 年，全国物流业增加值为 3.55 万亿元，按可比价格计算同比增长 9.1%，其中，仓储业增加值 2 694 亿元，同比增长 6.8%；物流相关行业（包括交通运输、仓储、邮政、贸易业）固定资产投资额 40 113 亿元，同比增长 23.9%，其中，仓储业（含邮政）投资额为 3 857 亿元，同比增长了 28.7%。有力证明了仓储业在国民经济中的地位与贡献。

8.1　北京仓储业发展现状

8.1.1　北京仓储业特征

（一）第三方仓储平稳发展，企业自备仓储网络化趋势增强

首都北京和全国各地一样，城市的各种生产、流通和消费仓储需求服务长期以来都是由社会公共仓储体系和工商企业自备仓储体系共同担当的。

社会公共仓储体系也称为第三方仓储体系，有调查显示大多数制造商愿意选择第三方仓储代替企业自备仓储，原因是生产的节奏性、稳定性和计划性有利于制造商与第三方仓储企业间的合作，使得协调管理成本低，也使得第三方仓储企业可以有较充分的时间来合理安排仓储空间资源，从而有效分摊多个客户之间的固定空间成本，实现制造商和第三方仓储企业的共赢。但大多数零售商和分销商则认为将其仓储外包给第三方仓储后，为了确保第三方仓储对市场变化的迅速反应、满足客户需求，他们在管理第三方仓储等物流供应商方面需要付出更多，因此，零售商与分销商更倾向于自建仓储体系，且扩张自身的仓储配送网络。

在那些传统加工企业搬离北京的同时，一些新型加工企业则不断出现、跨国公司大批进入，这些企业的物流外包需求使北京的第三方仓储得到平稳发展。与此同时，以首农集团、北京京客隆商业集团股份有限公司、国药集团、九州通医药集团等为代表的大型流通企业则开始着力规划、建设自身的仓储网络体系。

（二）消费物流需求比例大，行业物流服务需求差异明显

北京是一个有中国特色的国际化大都市，其仓储业的独特性不仅表现为服务区域最广，涉及人口最多，而且高、中、低，大、中、小，快、中、慢各层次物流服务需求应有尽有。

最近十年间，北京市产业结构进行了较大幅度的调整，消费品及生产物流需求结构随之发生了很大的变化。快消品物流、农产品物流、服装物流、图书物

流、医药物流、电商物流、会展物流、汽车零部件及整车物流等行业物流成为北京地区物流需求中最重要的组成部分。而行业物流最突出的特点就是无论在商品特性、流量、流向,还是在服务水平、时效性以及成本控制等方面都存在明显的差异。以快消品为例,快速消费品客户群的广度是其他行业难以比拟的,客户分布和消费习惯的差异使得分销渠道呈现多种组合模式,其供应链物流体系不仅要能够支持多种分销渠道,还要能够实现高效率、低费用的有效客户响应。

此外,北京地区以家庭和个人阶段性仓储为服务对象的私人自助仓储服务发展速度也大大领先于其他城市。2012 年,北京万福金安仓储有限公司开业,其仓储设施位于顺义天竺,按自助仓储国际标准建造,三层楼仓拥有 1 万多立方米仓储容积,包括迷你仓、中、大型仓共 950 个仓位,单仓容积从 0.5 立方米至 35 立方米,库内恒温恒湿、自动除尘、定期除虫,客户凭 IC 卡进入库区,实现完全自助仓储。

8.1.2 北京仓储设施现状

(一) 空间分布由内向外迁移,且集中度不断提高

过去的十年间,北京仓储设施的空间布局逐步由内向外迁移,且集中度不断提高。

1. 向外迁移逐步完成,空间布局更加合理

2002 年北京市统计局对北京市仓储设施进行了较为全面的调查,在被调查的 4 544 个企业中,共有仓库 13 418 个,面积 1 355.1 万平方米(其中包含货场面积)。其中,制造和流通等企业自有仓库 11 189 个,面积 1 094.7 万平方米,约占仓储总面积的 80%;专业物流企业拥有仓库 2 229 个,仓储面积 260.4 万平方米,约占仓储总面积的 20%。仓库聚集区主要有百子湾地区、青年路地区、姚家园北部地区、十八里店地区、广安门外地区、三间房地区、双桥地区、首都机场天竺工业园地区、丰台五里店地区和大兴黄村地区等。[1]

随着北京城市建设的快速发展,原来的百子湾、广安门、青年路、姚家园、三间房仓库聚集区已经发展成为商业、居住中心。根据《北京市"十五"时期商业物流发展规划》,北京市规划了空港、通州马驹桥和房山良乡三大物流基地,引导全市物流资源由城市中心区向城市外围集中发展。

---

① 2005 年《北京物流蓝皮书》调研资料。

2. 三大区域已经形成,集中度不断提高

目前,北京市仓库布局已经在西南、东南、东北三个方向形成了相对集中区域。西南方向自丰台五里店、沿五环至西红门、再沿京开高速至大兴,形成了块状分布。东南方向在马驹桥形成了一个非常密集的仓库集中区域,自十八里店向东到朝阳区黑庄户、再到双桥形成了一个比较密集的带状分布。在空港区域则以首都机场为依托,在机场北侧到西侧形成了集中的仓库分布,如图 8-1 所示。

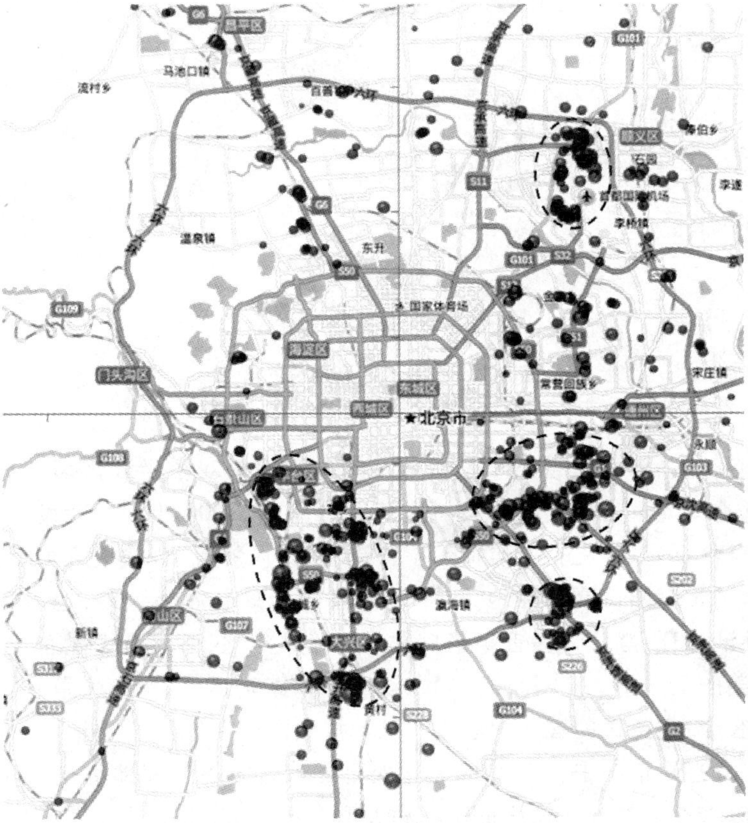

图 8-1　2012 年北京市仓库分布

资料来源:北京现代物流研究基地,北京地区仓库地理信息数据库。

(1) 首都机场为中心的空港区域。该地区是北京市规划的四大物流基地之一,区域物流主要依托首都机场。机场西侧的天竺工业园区、北侧的北京空港物流基地,仓库分布都比较集中。尤其在北侧的空港物流基地,集中了奥运物流中心、TNT、顺丰、宝供物流、国航货运等知名的大企业。该地区仓库分布详见图 8-2。

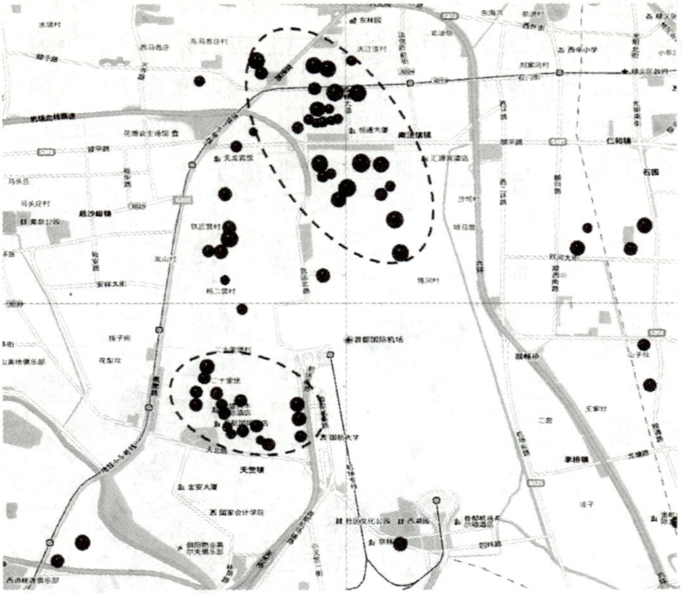

图 8-2　空港区域仓库分布详图

资料来源:北京现代物流研究基地,北京地区仓库地理信息数据库。

(2) 通州马驹桥—朝阳十八里店—黑庄户乡—双桥沿线区域。通州马驹桥物流基地为北京市规划的四大物流基地之一,自 2000 年开始建设,仓库密度高,设施条件良好,入驻企业包括苏宁物流、招商局物流、普洛斯等大型企业;十八里店地区是朝阳口岸所在地,也是北京市传统的仓库集中地,但最近几年仓库正在逐渐外迁;黑庄户为近年来自发的物流聚集地,已经有大量企业入驻,如京东、国美的配送中心;自黑庄户向北至双桥铁路货运场,也有大量仓储设施存在,如京客隆、宅急送的配送中心等。该区域仓库分布详见图 8-3。

(3) 大兴京南—丰台新发地—五里店区域。大兴区南部也是北京市传统的仓库基地,拥有完善的铁路货运站和大型仓储设施,最近几年发展良好,被列入北京四大物流基地——京南物流基地,该地区有包括百利威、普洛斯等在内的大型仓库;新发地区域依托新发地农产品交易中心、汉龙货运等企业形成的聚集效应,吸引了一大批物流企业在此集中;丰台五里店地区也是北京陆运口岸所在地,主要有北京外运等企业在此入驻。另外沿芦求路新建设了一批仓库,形成了比较明显的带状分布。该区域仓库分布详见图 8-4。

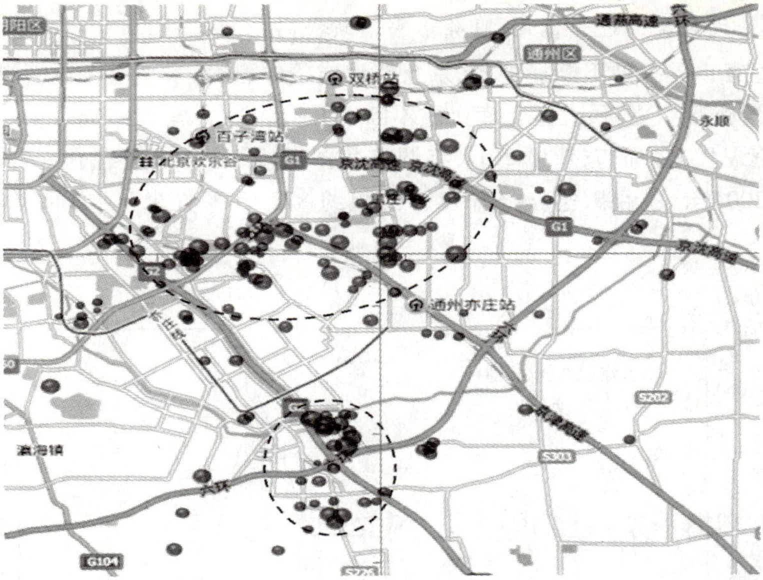

图 8-3　马驹桥—黑庄户—双桥沿线区域仓库分布详图

资料来源:北京现代物流研究基地,北京地区仓库地理信息数据库。

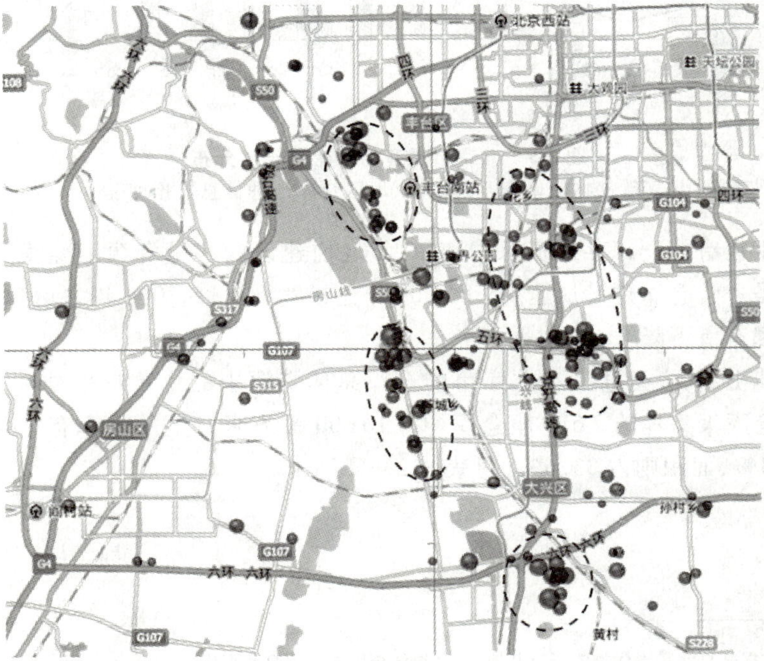

图 8-4　大兴京南—新发地—五里店区域仓库分布详图

资料来源:北京现代物流研究基地,北京地区仓库地理信息数据库。

（二）设施条件逐步优化，服务水平不断提高

随着客户需求的不断提高，北京仓储设施条件、技术水平也在不断提高。

1. 设施逐年更新，大型仓库比重不断上升

北京现代物流研究基地 2011 年调查数据显示，北京市现有仓库存量资源主要是 2004 年之后新建、改建的，总面积约 872 万平方米①。具体数据如图 8-5 所示。

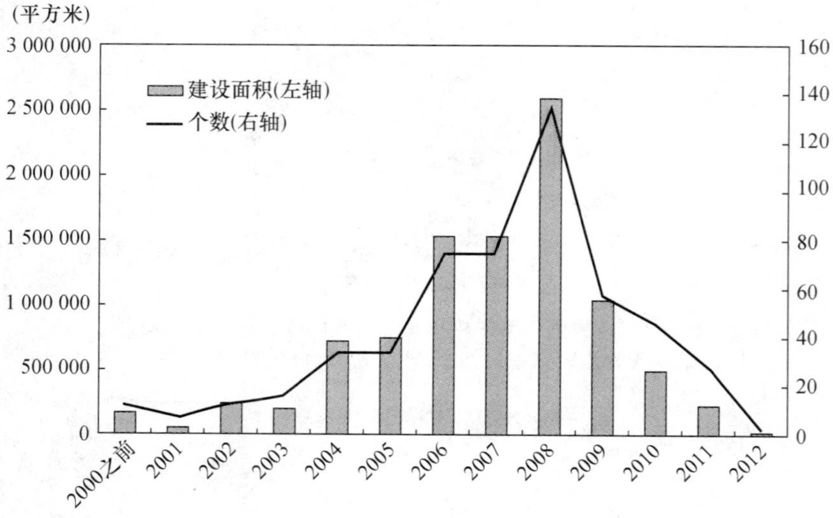

图 8-5 北京市现有仓库建设年代分布

资料来源：北京现代物流研究基地，北京地区仓库地理信息数据库。

北京现有的仓库存量资源中 2000 年之前建设的存量资源已经很少，2004 年之后是一个仓库建设加速期，于 2008 年建设达到顶峰，2008 年之后建设面积和数量都有所下降②。

总体上看，大型仓库在北京市的仓库总体资源中的比重越来越大，在 595 个企业仓库聚集地的 2 611 座仓库③中，10 000 平方米以上的仓库有 190 座，数量为 7.3%，面积则占 33.6%（见表 8-2）。

① 数据来自北京现代物流研究基地，北京地区仓库地理信息数据库。

② 编者注：由于 GIS 信息更新的滞后性，数据存在偏差。

③ 数据来自北京现代物流研究基地，北京地区仓库地理信息数据库。

表 8-2　北京市现有仓库面积分布

	仓库座数(座)	百分比(%)	面积(万 m^2)	百分比(%)
10 000 平方米以上	190	7.3	344	33.6
5 000—10 000 平方米	396	15.2	269	26.3
2 000—5 000 平方米	1 009	38.6	294	28.7
2 000 平方米以下	1 016	38.9	117	11.4

资料来源:北京现代物流研究基地,北京地区仓库地理信息数据库。

从区域上看,10 000 平方米以上仓库在靠近六环的三大物流基地密集分布,尤其是空港物流基地为多。另外在西红门,以及十八里店到黑庄户也有大量分布,具体如图 8-6 所示。

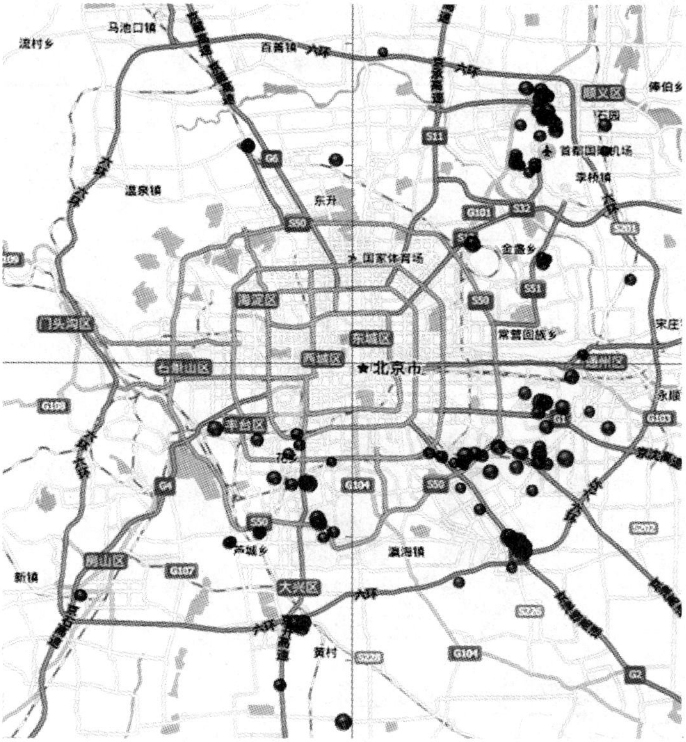

图 8-6　北京市大型仓库布局

资料来源:北京现代物流研究基地,北京地区仓库地理信息数据库。

2. 冷库建设形成规模,高端仓库不断出现

近年来北京的冷库需求也出现了爆炸式增长,冷库的建设规模及建设速度也在迅速扩大。至 2011 年年底,北京市范围内用于储藏低温食品冷藏库的总

库容量已近 70 万吨，在全国处于领先地位。冷库主要集中在丰台区、顺义区、大兴区、朝阳区，其冷库容量及所占比重分别为：丰台区 249 317 吨，比重 37.49%；顺义区 116 766 吨，比重 17.56%；大兴区 74 984 吨，比重 11.28%；朝阳区 65 260 吨，比重 9.81%。

从冷库规模来看，库容量大于 10 000 吨的大型冷库企业共 20 家，库容总量为 45.24 万吨左右，小于 2 000 吨的小型冷库企业共 83 家，库容总量为 4 万吨左右（见表 8-3、图 8-7），65.8% 的冷库资源集中掌握在 13% 大型企业手中，为加强冷链监管提供了有利条件。

此外，一批高端现代化配送型冷库建立起来，例如，北京一兆鑫滕商贸有限公司在顺义区南彩镇后俸伯村北兴建冷库储存能力达到 25 000 吨；北京三元双日食品物流股份有限公司在顺义区木林镇兴建冷库仓容能力为 15 万立方米。

表 8-3 北京市冷库规模结构

冷库规模	企业数量（个）	冷库容量（万吨）
大型冷库企业	20	45.24
中型冷库企业	52	19.54
小型冷库企业	83	4.02

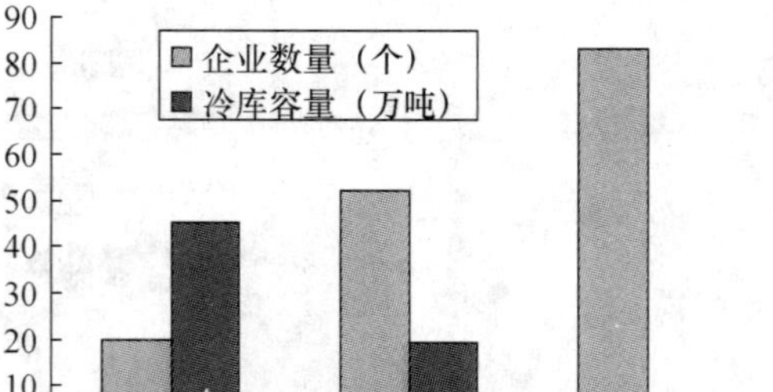

图 8-7 北京市冷库规模结构

2012 年，北京现代物流研究基地选取 30 家冷库进行重点调查，其空间分布如图 8-8 所示，主要集中在五环六环之间。调查结果还显示，以北苑、宋庄、张家湾为三角区域的新兴冷库集群正在悄然而生，这主要是由于该地区地处通燕高速与六环交汇之处，其东侧紧邻三河市，三河市虽隶属河北，却是京津唐三界相邻之地，又为环京津、环渤海经济圈的腹地，向西，有通燕高速贯穿北京，并将有地铁 6 号线连接于此。无论从交通条件还是资源配给，都能看出这将是北京与其东部资源互换、经济互通的必经之地，冷库集群的形成将为北京市提供更快捷的服务。

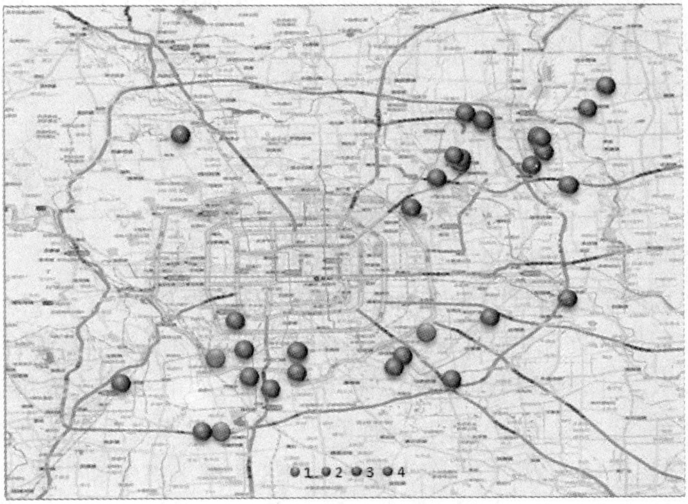

图 8-8　北京冷库空间分布

3．重点企业仓储网络建设逐步完成，设施及技术水平不断提高

如前所述，最近十年间随着北京市产业结构的调整，快消品物流、农产品物流、服装物流、图书物流、医药物流、电商物流、会展物流、汽车零部件及整车物流等行业物流成为北京地区物流需求中最重要的组成。行业物流最突出的特点就是不仅在商品特性、商品流量、流向上对仓库设施条件和设备技术水平的要求具有特殊性，而且在服务水平、时效性以及成本控制等方面对仓储等物流服务有着更高的一体化要求。

以下是北京几家行业物流重点企业，它们共同的特点是已经构建了覆盖北京乃至全国的仓储网络，有丰富的专业物流服务经验，具有运作全程供应链的能力。

（1）粮食及快消品物流仓储网络覆盖面广、吞吐能力不断增强。

北京环京物流有限责任公司物流中心网络。北京环京物流有限责任公司是由京粮集团等八家企业共同出资成立的有限责任公司，主营粮油专业仓储及配送。目前，该公司已在海淀田村、海淀杏石口、丰台张仪村、西直河、亦庄、顺义南法信、昌平沙河、怀柔庙城等地建成了 8 个物流中心，仓库面积达 100 000 平方米，运营车辆 300 多部，日运力超过 600 吨，配送网络不仅覆盖北京地区，还开展干线运输和异地快速配送业务。

京客隆配送中心。京客隆配送系统由一个普通商品配送中心和一个生鲜食品配送中心组成。普通商品配送中心位于朝阳区双桥,总占地 100 000 平方米,库房面积 30 000 平方米;生鲜食品配送中心 2005 年 3 月正式投入使用,位于朝阳区姚家园路,库房面积约 20 000 平方米,总投资 5 400 万元,目前是北京地区科技含量较高的低温物流中心。

北京朝批商贸物流配送中心。该中心位于朝阳区老君堂,现有仓库面积 180 000 平方米,14.4 万个货位,可储存商品 720 万件。采用日本电子标签模式的自动拆零设备和大型自动化分拣系统,可实现每小时 9 000—10 000 件商品的自动分拣,年吞吐量达 9 000 万件。

(2) 医药物流仓库设备先进,配送范围广、服务水平高。

国药集团医药物流有限公司北京物流中心。该中心地处亦庄开发区,占地 27 000 平方米,仓库面积 20 000 平方米,库区全部采用中央空调和温湿度自动实时监控系统,药品分别储存于冷藏库和冷冻库中。库区主要由自动立体库存储区、重型货架存储区、流利式拣选货架存储区和进出库装卸作业区构成,采用了先进的 ERP、WMS 软件,AS/RS、电子标签、RF、SPS、条型码等设备和技术,并配备近 60 辆包括冷藏车在内的各种运输车辆,较好地满足了北京市内收货、送货需求,配送已覆盖北京市 1 500 多家医疗机构和连锁药店等商业客户。2012 年,国药集团扬州、成都物流中心相继开工,山东、内蒙古、吉林、宁夏等省份配送中心纳入规划。

嘉和嘉事药业医药物流中心。该中心地处通州区光机电一体化产业基地,紧临五环路,东邻京沈高速路,仓库总面积 41 000 平方米,35 000 个储位,年配送能力 100 亿元,整体引进世界知名物流设备商日本大福医药物流设备及信息系统,是华北地区规模最大、运营水平最高的现代化、专业化医药物流中心。

(3) 图书物流仓库规模更大,服务功能更加丰富。

北京出版发行物流中心。该中心 2007 年年底在通州区台湖开业,由 80 000 平方米的北京国际图书城、45 000 万平方米的配套服务中心,以及 125 000 万平方米的物流配送仓库组成。目前是国内规模较大,服务功能最完善的出版物集散中心,这里不仅为业内提供各种服务,同时也为普通读者提供购书好场所。

北京西南物流中心。该中心始建于 2000 年 9 月,是北京市规划成立的专业特色物流园区之一,坐落在丰台区花乡榆树庄村,是专业图书仓储物流企业。现有仓库面积 170 000 平米,规划仓储面积 250 000 平米。该中心已与百家出版社与公司合作,负责其图书发送和运输,具有较强的整合公路、铁路、航空、邮政等各种运输方式及中转仓储功能为一体的一体化服务能力。

(4) 服装、汽车物流专业化仓库数量增多,增值服务更加深入。

北京得利德物流有限公司。2005年北京德利得物流有限公司位于北京通州区的40 000平方米的综合物流仓储配送中心正式启用,中心地理位置优越,拥有京沈高速、京津塘高速、京通快速、103国道、五环路立体交通路网,交通快捷方便,内有平面仓、立体月台仓、保温仓、快速分拨中心,设施完善,更配有现代化的仓储管理系统,可以为客户提供集仓储、配送于一体的一站式综合物流服务。目前,该公司除了为雀巢(中国)有限公司、松下电器(中国)有限公司、通用医疗电气有限公司等客户提供仓储配送服务外,更为多家运动品牌提供仓储及快速分拨补货服务,更为某高档服装品牌提供商品在库保养,及发货前整理的延伸服务。

全球国合国际货运(北京)公司。该公司由德国辛克和北京国际技术合作中心成立的合资公司投资兴建,辛克在其中占有70%的股权。该公司在北京首都机场附近建立的物流中心于2005年9月正式落成,仓库面积13 000平方米,托盘储位超过10 000个,有13个起卸区,曾是北京2008年奥运会的主要物流基地,目前该中心是德国宝马汽车在中国的最主要的零部件配送中心,不仅担负宝马零部件的仓储,更重要的是对其供应链进行一体化的管理。

8.1.3 北京仓储业租金水平

(一) 平均仓租大幅度上涨

2001年,北京市仓库供需矛盾总体并不突出,仓库租金一般分布在0.40—0.60元/日·平方米,其中百子湾、十八里店地区租金分布在0.30—1.00元/日·平方米,最低0.15元/日·平方米,最高3.00元/日·平方米。

尽管近年来北京地区仓库建设规模在不断增加,但相对于高速增长的物流服务需求来看,建设依然滞后于需求,仓库供应不足(见表8-4)。

表8-4 北京市2010、2011年度仓库供需指数

年度	仓库需求面积(万平方米)	实有仓库面积(万平方米)	其中公共仓库面积(万平方米)	供需指数
2010	1 655.90	1 462.5	585	0.883
2011	1 994.95	1 657.5	663	0.831

资料来源:根据中国仓储协会发布的2011年度、2012年度"全国仓储业发展指数"整理。

仓库供需指数为1时,表明社会仓库供求平衡;供需指数大于1时,表明供过于求,此时仓库出租率较低,租金下降,指数越大说明仓库建设发展的市场空间越小;供需指数小于1,表明供小于求,此时仓库出租率较高,仓库租金会上涨，指数越小说明仓库建设发展的市场空间越大。

近年来北京市对仓库建设规范用地等政策措施不断加强，使得仓库外迁所期望的土地成本相应降低的优势被相应削弱，同时交通拥堵等社会成本则不断增加，推动了北京地区仓库平均仓租的逐步上涨，尤其是通用仓库中普通仓库平房库2011年较2010年上涨了近20%（见表8-5）。

表8-5　2010—2011北京通用仓库仓租变动情况

年度	平房库租金（元/日·平方米）	立体库租金（元/日·平方米）
2010	0.553	0.910
2011	0.680	0.900

注：立体库因其对库存货物有着单元装载要标准、进出库频率要稳定等多种要求，因而在北京地区使用范围较窄，供求间依赖性强，从而导致租金变动不大。

资料来源：根据中国仓储协会发布的2011年度、2012年度“全国仓储业发展指数”整理。

（二）优质仓储资源供不应求

上述平均租金并不能准确地表现北京市仓库资源的匹配现状。事实上，所谓优质仓储资源即距离市区客户近、地处交通便捷地区的仓库，其仓租明显高于其他地区，也就是说靠近市区的仓库如新发地和十八里店的仓库，空港物流基地、马驹桥物流基地、京南物流基地仓库平均租金水平较高。

根据北京现代物流研究基地对北京市389家仓库进行的租金实地调查，租金在2元/天·平方米以上的有57家，以冷库为主，1—2元/天·平方米的有232家，1元/天·平方米以下的有99家，总体平均租金为1.21元/天·平方米。总体而言，五环沿线仓库租金一般为1.0—1.2元/天·平方米，向外租金水平逐渐降低，六环沿线仓库租金则大多在1元/天·平方米以下，部分仓库租金低到0.5元/天·平方米左右，如图8-9所示。

从技术条件看，冷库的租金最高，均在2元/天·平方米以上，其次是单体面积比较大、带有月台、地面承重高、仓库净空比较高、仓储条件比较好的高等级仓库，一般都在1元/天·平方米以上，其他的普通仓库则多数在1元/天·平方米以下。

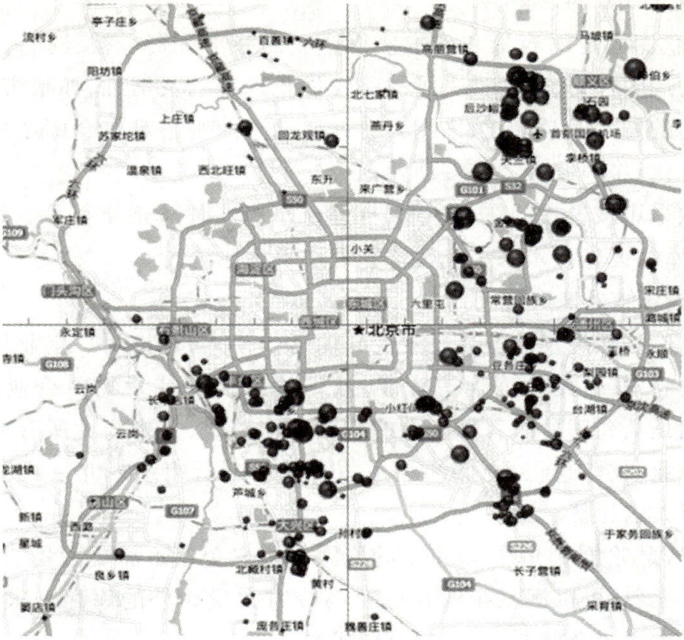

图8-9 北京市仓库租金水平区域分布

资料来源:北京现代物流研究基地,北京地区仓库地理信息数据库。

8.2 北京仓储业发展趋势探讨

8.2.1 北京仓储业发展趋势

(一)第三方仓储需求将进一步扩大

北京市目前各类用户企业的仓储运作模式根据仓储活动运作者的不同主要分为企业自有仓储、租赁仓储、第三方仓储三种。

1. 企业自有仓储

企业自有仓储是指用户企业自己修建仓库进行仓储管理的运作模式。北京市拥有自有仓储资源的企业很多,涉及医药、烟草、钢铁、建材、农产品、批发、零售等生产与流通的各个领域。

对于用户企业来说,自建仓库仓储具有以下优缺点:

优点:可以更大程度地控制仓储;管理更具灵活性;长期仓储时成本低;可

以为企业树立良好的形象。

缺点:仓库固定的容量和成本使得企业的一部分资金被长期占用;固定位置和结构的局限性,使企业失去了战略性优化选址的灵活性;如果市场的大小、位置和客户的偏好经常变化,采用自有仓储的企业则很难在仓库结构和服务上适应这种变化,将因此失去许多商业机会。

大多数采用该模式的在京企业,自建仓库选址时都充分考虑了仓库的用地性质,且仓库的设施技术水平和运作管理水平都比较高。

2. 租赁仓储或地产型仓储

租赁仓储是从用户企业角度看的仓储运作模式,是指用户企业从仓库所有者手中租赁仓库,付给仓库所有者租金,但库存商品或货物由企业自行管理。地产型仓储是从仓库所有者角度看的仓储运作模式,是指仓库所有者将仓库租赁给用户企业,收取仓租,仓储活动由用户企业自行组织。北京目前此类仓储模式占相当大的比例。

优点:从财务角度上看,最重要的原因是用户企业不需要大量的资本投资;从业务管理上看,可以满足企业在库存高峰时大量额外的库存需求,便于企业根据市场需求增减仓储空间,控制仓储成本。

缺点:租赁客户的不确定和不稳定,导致仓库所有者在仓库设计时缺乏针对性,对仓库空间利用率水平影响很大,导致仓储单位成本过高;此模式下,仓库租赁合约常常是不稳定的,续租谈判成为其中至关重要的活动。

采用该模式的在京企业,大多数为中小企业,其企业物流都具有物流总量小、需求不稳定和市场密度分散的特点。

3. 第三方仓储

第三方仓储一方面指用户企业将仓储等所有物流业务都外包给专业物流公司管理的仓储管理模式,同时也指仓储型物流企业依托自身仓库资源及其网络资源为用户企业提供一体化的综合物流服务的仓储管理模式。也就是说,提供合同仓储服务的仓储型物流企业不仅仅只是提供储存服务,还要为货主企业提供一整套专业化的高效、经济和准确的物流服务。从本质上看,合同仓储的供需双方是战略伙伴关系。

优点:长期稳定的战略合作关系,使合同仓储企业能依据货主企业的需求为其设计专业化的空间、人力、设备和服务流程,因此,具备合同仓储服务能力的仓储企业通常仓储设施的技术水平更高、服务能力更强,仓储企业的持续发展也更有保障。

缺点:长期稳定的合作既是优点也是缺点,如果只有较少的甚至单一的合作伙伴,那么风险将是巨大的。

采用该模式的在京企业,大多数为大型国有企业、跨国公司等面对全球市场实施供应链一体化运作的企业。

从北京仓储供需市场总体看,企业自有仓储所占比重一直较大,以冷库为例,北京市商委对北京市155家拥有冷库的企业调查显示,其中生产型企业70家,冷库容量约为16.9万吨,占全市总库容量的25.5%;批发型企业有32家,冷库容量约为22.9万吨,占全市总库容量的34.9%;零售型企业共10家,冷库容量约为2.4万吨,占总库容量的3.7%;专业物流类型企业共34家,冷库容量约为22.5万吨,占总库容量的34.3%;其余企业共9家,冷库容量约为1.8万吨,占总库容量的2.7%。

随着城市的扩张和土地价格的上升,将促进一部分企业将物流外包给第三方,而仓储运作外包比例的提高、电子商务的进一步发展、新快消品类别的出现,都将推进对公共仓储设施的租赁需求,因而需要加大对公共仓储设施的开发建设,以满足市场的需求。

（二）仓储基础设施将进一步向集约化方向发展

近年来,全国各地物流园区建设可谓势头强劲,但某些园区规划不当、选址不准、价格过高,或转变用途、或入驻企业少的现象,在北京也有所表现。

随着国家一系列土地政策的出台,土地取得、使用和保有成本,城镇土地使用税大幅提高,这不仅加大了仓储企业的运营成本,且新增建设用地将更加难以获得。但是,从市场供求看,北京的仓储服务需求及其不断增长的趋势是显而易见的,而规划区域内仓储供应不足,城区内仓储企业仓容基本饱和,新增需求不得不在非规划区域中寻找合作,导致一些仓储企业不断在城市管理空白区建设临时性仓库,或在北京周边地区建设配送中心。

此外,在仓储设施及装备水平方面,北京大多仓储企业的配置相对较低,在基本保证用户仓储服务需求的前提下,尽可能地降低成本,例如许多仓库都没有设计或预留能够帮助用户实现越库作业的站台,大多数仓库都按所谓的标准仓设计,而按用户需求定制的仓库极少,与发达国家相比,有较大的差距。从发达国家经验看,仓储企业即要根据当前客户的实际需要设计基础设施,更要有前瞻性,才能吸引用户将仓储的物流活动外包,专业化、一体化物流服务也才具有发展的基础。

所谓集约化,就是在有限的土地上建设功能更加齐全、运营更加有效、产出更高的仓库或物流中心。为此,库区的建筑密度要加大,道路的通行能力要提高,站台库数量要增加,起重搬运设备要更先进适用,运营调度要更加科学。先进仓储技术的推广、公共仓储信息平台的建立将是大势所趋。

（三）仓储服务向综合化、专业化和国际化方向发展

综合化是指仓储企业可以提供多功能的服务；专业化则指仓储企业能在特殊的服务领域，例如冷链、液体化工、汽车零配件等提供精细化服务；国际化是指仓储企业能面向跨国公司开展服务，业务流程和服务标准与国际接轨。

21世纪以来，基于对位置、资源、成本和客户需求的考虑，越来越多的企业都在思考在仓库中还能做什么。从综合化的角度看，现如今仓库中不再仅仅做仓储，收货、储存、出货这个仓库操作中看似简单的流程，而被许多企业作为提高流动速度、降低作业成本的突破点。比如，很多企业用越库操作来代替储存，加速流动速度，节约库存成本；有的企业把包装、整理、轻加工等工序转移到仓库中进行，更出现了“中心厨房”这样的连锁餐饮业加工型仓库。

但从北京地区仓储业人力资源相关信息分析上看，北京仓储业要满足这样的服务变革，在人才培养方面还需做大量的工作。近年来，北京物资学院相关研究小组通过对智联招聘、前程无忧、中华英才网等网站，对北京地区物流岗位招聘信息进行了连续跟踪，研究结果显示：专业物流企业的招聘信息通常不到招聘信息的1/3，其他有物流人才需求的企业分散在各个行业，包括医药、服装、纺织、食品、房地产、传媒、高新技术、装饰装修、物业、服务业（酒店）、制造业（工程）等，其中仅有不到10%的用人单位要求具有物流专业教育背景。专业物流企业对员工的经验要求不高，其中不限经验的占55%；对学历要求也不高，高中及以下水平的占57%，本科水平的仅占15%。而据美国奥尔良大学对全美物流职业情况的调查报告，在被调查的物流从业人员中，92%具有学士学位，41%具有硕士学位，22%具有从业资格证书。从业人员的专业技术水平和职业素养将在未来较长的一段时期影响北京仓储业服务水平的提升。

8.2.2 北京仓储业发展建议

（一）促进仓储业联盟的建立，提高行业整体服务水平

2012年12月18日，商务部发布了《关于促进仓储业转型升级的指导意见》，文件强调促进仓储业健康发展，加快推进传统仓储向现代物流转型升级，对于建立健全我国现代流通体系、降低流通成本、提高流通效率具有重要的战略意义和现实意义。

根据中国仓储协会的调查，截至2011年，全国有规模以上通用仓储企业[①]74家，总仓储面积1 739.685万平方米，其中北京市的企业6家，约占总数的8.1%，仓储面积209.76万平方米，约占总仓储面积的12%。尽管北京的企业数量及仓储面积占比都不低，但与第一名普洛斯投资管理（中国）有限公司的632万平方米相比较，则有着绝对巨大的差距。

普洛斯投资管理（中国）有限公司成立于2003年，总部设在上海，是全球领先的现代物流设施提供商，在中国与日本都是仓储等物流设施市场的领导者。目前，该公司在中国的29个城市拥有并管理着103个综合性园区，形成了一个覆盖主要物流枢纽、工业园区和城市配送中心等战略节点的高效物流网络，截至2012年6月30日可租赁面积已达1 150万平米，较2011年的632万平方米增加了将近一倍，较2010年的326万平方米增加了近四倍。该公司依托标准仓储设施开发、定制仓储设施开发、设施收购与回租等灵活的解决方案制定，为全球最具活力的制造商、零售商和第三方物流公司提供高效、优质的服务。[②]

而北京市规模以上通用仓储企业近年来仓库面积的增加值年均约为10%，且高端设施资源严重不足，这不仅直接影响了这些企业自身的竞争力，也在一定程度上阻碍了北京经济建设的发展。

因此，未来北京市仓储设施建设与发展过程中，相关行业管理部门应促进仓储业联盟的建立，并激励行业核心企业的成长，以核心带动行业，使仓储业成为首都经济发展的有力支持与保障。

（二）促进存量资源整合，以提高设施空间价值率

尽管北京地区仓库供需指数小于1，仓租也有较大幅度上涨，仓库利用率也逐步提高（见表8-6），但中国仓储协会2011年全国26个城市仓库利用率调查显示，北京市仓库利用率排名第8位，且与国内其他城市相同，也存在新建成仓库空置的现象。而北京现代物流研究基地所做的调查显示：2008年奥运使北京市仓储资源的基数达到了顶峰，后续建设的仓库都不再以面积为主要竞争能力，而是以冷库、高层库等新兴科技手段为支撑，以安全、准确、快速为目标，从量的提升转向质的跨越，在城市发展空间正逐步饱和的条件下，未来对北京市现有仓库资源的整合利用将是一项重大任务。

---

① 根据中国仓储协会《全国规模以上仓储企业排名办法》，规模以上指仓库面积达到5万平方米。

② 资料来源：普洛斯（中国）官网。

表 8-6 2010—2011 年北京仓库利用率情况

年度	平房库利用率		立体库利用率	
	(%)	同比(±百分点)	(%)	同比(±百分点)
2010	94.9	2.7	90	5.4
2011	96.4	1.3	96.8	1.2

资料来源:根据中国仓储协会发布的 2011 年度、2012 年度“全国仓储业发展指数”整理。

总体来看,北京市仓储设施建设未来的趋势是:依托机场、口岸等货运枢纽,继续以顺义、通州、大兴地区为主要发展方向,并向远郊扩散发展,同时以物流园区或工业园区为中心,形成规模化的集团效益,整合存量仓储资源,提高设施利用率。此外,更要大力发展完善物流信息化建设,引进先进设备,提升服务水平,以便更好地为首都经济建设服务。

(三) 立足长远规划,以构建适应首都发展需要的仓储体系

2011 年北京市又建成投产了一批重点项目,其中新一代移动通信、软件、集成电路、生物医药等产业集群效应初步显现,此类高新科技产业对物流服务的需求较之食品、服装、汽车等又有更高的标准,不仅仅体现在对仓储设施设备的要求更高,更重要的是物流服务的广度和深度的要求更高。这些变化将使北京市的仓储经营者与管理者面对更多的机会与挑战,未来仓储管理的重点也将从仓库空间利用率的提升向仓库空间价值率的提升转变。

但无论是高端商品物流需求,还是一般商品物流需求,物流总成本的控制都是其最终目的,因此,以服务创新满足客户服务差异化与低成本战略的需求将是未来北京仓储服务提供商们的竞争焦点。

仓储设施建设“一地难求”的问题在北京也越来越严重。长期以来,规划仓储用地都集中在“物流园区”,而园区的土地价格偏高,仓储业很难生存,导致各类物流园区被“市场化”、“商贸化”和“综合化”。仓储设施建设“一地难求”的后果主要有三个方面:一是仓库供不应求,仓库租金将大幅上涨,直接增加了商品流通成本;二是缺少合适的仓库,许多商品只能存放在不符合条件的建筑场所中,使得商品质量不能得到保障;三是许多企业被迫将仓库建到河北武清、廊坊等地,既拉长了配送距离,增加了物流成本,也使得北京市场的快速响应受到更多竞争者因素的不利影响。

因此,无论是地方政府、相关主管部门,还是物流用户,或是仓储物流服务供应商,都应重视这种趋势所带来的不利影响,抓住机遇,立足长远规划,构建适应首都发展需要的仓储体系。

第9章

北京物流金融现状及发展趋势

近年来,我国传统物流市场竞争日趋激烈,物流企业主要利润来源必须转向各种增值服务,而开展物流金融服务日益成为物流企业的一个重要利润来源。从国外来看,不管是世界最大的船运公司马士基,还是世界最大的快递物流公司 UPS,其第一位的利润来源都已经是物流金融服务。

根据中国物流与采购协会的定义,物流金融(Logistics Finance)是指在面向物流业的运营过程,通过应用和开发各种金融产品,有效地组织和调剂物流领域中货币资金的运动。这些资金运动包括发生在物流过程中的各种存款、贷款、投资、信托、租赁、抵押、贴现、保险、有价证券发行与交易,以及金融机构所办理的各类涉及物流业的中间业务等。在理论界,物流金融常被认为是供应链金融的一部分,或者它们被看成是同一种融资方式的两个称谓,在实务的操作过程中,常常将两者发生的业务不加以过多区别,认为供应链金融和物流金融通常具有不可分割性,而且在数据的统计方面往往也有学者认为在交叉,因此,从广义上来说,我们认为物流金融与供应链金融都是围绕物流企业及其客户和银行、担保等金融机构开展的服务。

从当前我国物流金融实务的角度来看,物流金融就是银行和第三方物流服务供应商在供应链运行中向客户提供的结算和融资服务。结算服务主要体现为物流企业充分利用自身货物流通两端之间的桥梁作用,为一方提供代收货款,为另一方提供代付货款的服务。融资服务主要为仓单质押模式、保兑仓模式、融通仓模式及信用证物流金融模式。

北京作为中国的首都，在经济总量、物流基础和金融环境上具有比其他城市更为突出的综合优势，这为北京市物流金融的发展提供了有利条件。

“十一五”以来，北京经济社会快速发展，社会物流总额逐年增加，物流服务需求保持增长。全市社会物流总额从2006年的25 406.5亿元，增长到2011年的59 624.5亿元，按现价计算（下同），年均增长18.6%。北京社会物流总额中，外省市流入物品总额从2006年的7 971.5亿元，增长到2011年的25 387亿元，年均增长26.1%；占全市社会物流总额的比重从2006年的31.4%，提高到2011年的42.6%，呈现逐步提高的趋势。

北京市物流企业众多，2008年经济普查数据显示，全市共有5 271家专业物流企业。2010中国物流企业50强有19家总部设在北京，2009—2012年中国物流企业十强中，有6—7家总部位于北京。2011年，在全市811家规模以上专业物流企业中，资产超过1亿元的企业有127家。

北京市金融工作局（下称“北京金融局”）近日发布数据显示，经初步核算，2012年，北京市金融业实现增加值2 592.5亿元，同比增长14.4%，占地区生产总值的比重为14.6%。北京金融局表示，金融业对北京市经济增长的贡献率达到24.7%，居各行业首位。金融行业依然是带动北京市经济增长和财政收入增长的第一支柱产业，战略产业地位进一步巩固。在社会融资总规模方面，去年北京市非金融企业融资总量11 888.7亿元，约占全国社会融资规模的7.5%，其中本外币贷款新增3 508亿元，同比多增138.9亿元。

北京市政府在2010年1月29日出台了《北京市物流业调整和振兴实施方案》，确立了物流业成为北京市的支柱产业，物流业产值保持快速增长。《北京市“十二五”时期金融业发展规划》提出“十二五”时期北京将基本形成具有国际影响力的金融中心城市框架，为北京市的金融业发展提供了契机。将北京市建设成为具有国际影响力的金融中心和物流中心的双重城市定位也对物流业和金融业提出了更高的要求。物流金融的发展对于促进北京建设金融中心与物流中心的双重城市定位有着极大的推动作用。

9.1 北京物流金融业务开展现状

2005年以来北京多家第三方物流公司和商业银行携手开展物流金融的新业务。总部位于北京的中国诚通集团与中国工商银行、中国银行、中国建设银行和中国农业银行四大国有商业银行以及中信实业银行、广发银行等十几家金融机构建立合作关系，为500多家客户累计提供质押监管融资，抵押产品涉及黑色金属材料、有色金属材料、建材、食品、家电、汽车、纸张、煤炭、化工等诸多种类。

中国远洋物流有限公司的业务模式在仓单质押、保兑仓基础上，中远物流还结合自身优势打造了海陆仓操作模式。

中国对外贸易运输（集团）总公司于2006年7月与中国工商银行签署了《物流金融战略框架协议》，在该协议中双方约定在物流监管与商品融资、物流结算、物流保理、物流担保和客户信用风险管理方面共同研发新产品。

中国物资储运总公司早在1999年就开展了仓单质押业务，主要利用其遍布全国的仓储网络，为客户提供融资服务。目前中储已与20家银行签署了总对总框架协议，合作开展金融物流业务，包括工商银行、中国银行、交通银行、深圳发展银行、民生银行、华夏银行、中信银行、光大银行、招商银行、渣打银行、法国巴黎银行、奥地利中央银行等。

当前北京地区物流金融业务呈现快速发展势头。从金融机构来看中国银行、中国农业银行、中国工商银行、中国建设银行、交通银行五家国有商业银行以及中信、华夏、招商、光大、民生、浦发、深发展、渤海、广发、兴业、浙商、恒丰银行等股份制商业银行，还有北京银行、宁波银行、南京银行等地方商业银行均已开展了物流金融业务。北京地区各家银行都推出多种物流金融产品，并且根据客户的需求还在不断开发物流金融业务新品种，拓展银行的业务范围，增强中间产品的盈利能力。外资银行在北京的分支机构，也开始发展物流金融业务。物流金融提升了商业银行的利润空间，拓展了银行的贷款业务，提高非利息收入，增强了银行的竞争力。

北京地区第三方物流企业在传统的物流仓储、运输等物流基础业务上，积极开展物流金融等增值业务。国内排名前列的大型综合型物流企业中国远洋物流有限公司、中国对外贸易运输公司、中铁现代物流科技股份有限公司、中国物资储运总公司等都与多家银行合作，共同开发适合企业需求的物流金融产品。物流金融产品从动产质押、国内保理、应收账款融资到订单融资。物流金融品种不断丰富，形成了物流金融产品系列。物流金融业务规模增长迅速，成为物流企业的新的重要利润源。

（一）股份制商业银行物流金融业务处于领先地位，国有商业银行发力物流金融

国内率先着力物流金融业务的深圳发展银行（平安银行）、中信银行、民生

银行等商业银行，把发展物流金融业务提升到战略性的高度，将其作为商业银行业务转型，提升商业银行核心竞争力，提高中间业务收入比例，获取新的利润源的重要手段。

深圳发展银行(平安银行)、中信银行在北京地区开展的物流金融业务品种不断创新，客户数量快速增加，物流金融业务规模不断扩大，同时保持了物流金融业务的质量。中信银行已连续三年获得中国物流与采购联合会颁发的供应链金融奖项，2011 年获得“影响中国 2010—2011 中国物流杰出贡献奖——最佳供应链金融银行”。根据中信银行披露的数据，中信银行 2011 年度供应链累计融资 6 814 亿元，其中物流金融融资 5 195 亿元，2012 年前六个月，累计供应链融资 3 621 亿元，其中物流金融融资为 2 933 亿元。中信银行在北京地区物流金融业务连续三年实现跨越式增长，累计融资额保持强劲增速，2012 年融资额约 800 亿元。其中中信银行独具特色的汽车金融网络业务和钢铁金融网络业务在市场上形成了很高的知名度，赢得了客户的高度认可。深发展供应链金融业务保持了较好的资产质量，以货押业务为例，这项业务自开办以来，不良率维持在 0.5% 以内，较低不良率为企业

其他股份制商业银行如招商银行、华夏银行、民生银行、浦发银行、光大银行等以及北京银行等地方银行也纷纷开始涉足这一领域(相关业务开展情况见表 9-1)，都将物流金融业务作为银行业务转型的重要抓手及新的重要利润源。物流金融产品不断创新，物流金融业务规模也不断扩大。从生产厂商到物流公司，都成为商业银行物流金融业务的合作伙伴。招商银行电子供应链金融业务量年均增长率在 40% 以上；兴业银行为北汽福田汽车股份有限公司提供一笔 5 亿元的供应链融资授信；华夏银行北京分行与五矿物流集团有限公司签署《物流金融合作协议》，华夏银行北京分行将为在五矿物流集团办理货物存储和监管的客户提供总额 20 亿元的物流金融额度。

中国工商银行、中国建行银行、中国银行、中国农业银行、交通银行等大型国有商业银行利用其资源优势，物流金融业务在 2012 年突飞猛进，融资额不断扩大，其中工商银行在北京地区的物流金融规模约为 500 亿元，虽然从业务规模上与平安银行、中信银行还有距离，但是发展势头强劲。各国有商业银行发展金融服务时，充分考虑了原有行业资源，如中国农业银行北京分行为农业类企业提供物流金融服务，2012 年为北京全国棉花交易市场有限责任公司理首笔商品棉仓单质押贷款业务，发放贷款人民币 4 300 万元。

另外一些股份制商业银行如中国邮政储蓄银行、宁波银行、南京银行等在北京地区物流金融业务的发展处于初始阶段，宣传和推广的力度都还需要进一

表 9-1　北京地区商业银行物流金融产品

银行	物流金融产品
中国农业银行	仓单质押、出口退税贷
中国工商银行	财智融通、供应商融资、钢/油贸通、棉贸通
中国银行	融付/融信/融易/融货/通易达、订单融资
中国建设银行	“融货通”国际物流金融(现货仓、保税仓)
交通银行	蕴通财富
中信银行	银贸通(保兑仓、银企商、存货质押融资)
光大银行	保理、保兑仓、应收/应付账款/阳光融资、1 + N 链式、钢铁金色链、商商银
华夏银行	现金新干线、共赢链
广发银行	保理、收款/动产/仓单质押、动产抵押、厂商/厂厂银、厂商银储
深圳发展银行(平安银行)	标准仓单/动产质押、保理、未来提货权/进口全程货权、池融资
招行银行	银关通、点金物流金融
民生银行	仓单/动产质押、保理
浦发银行	供应链融资
浙商银行	动产质押
中国邮政储蓄银行	动产质押

资料来源:根据以上银行公开资料整理。

步加强,物流金融产品的品种也较少单一,主要为动产质押。虽然这些银行在北京地区的物流金融融资额有较快的增长,但是绝对数额还不高,2012 年物流金融业务规模不过几亿元。

(二) 大型物流企业物流金融业务发展迅速

传统物流市场竞争日趋激烈,第三方物流行业利润空间大幅“缩水”,基础性的物流业务如仓储、运输等一般物流服务利润率下降(见表 9-2)。根据相关统计,物流业的平均毛利率由 2002 年的 30% 降低到目前的 10% 以下,仓储企业只有 3%—5%,运输企业只有 2%—3%。UPS 认为对于卡车运输、货代和一般物流服务而言,激烈竞争使利润率下降到平均 2% 左右。[①] 因此,对于物流企业来说,主要利润来源必须转向各种增值服务,而开展物流金融服务日益成为物流企业的一个重要利润来源。从国外来看,不管是世界最大的船运公司马士基,还是世界最大的快递物流公司 UPS,其第一位的利润来源都已经是物流金

① 深圳发展银行、中欧国际工商学院“供应链金融”课题组,《供应链金融——新经济下的新金融》,上海远东出版社,2009。

融服务。

表 9-2　2008—2011 年中国物流企业利润率　　单位：%

年份	利润率
2011	5.3
2010	11.4
2009	5.5
2008	11.1

资料来源：根据中国物流采购联合会数据整理。

目前北京地区的大型第三方物流企业都已开展物流金融业务（见表 9-3），物流企业与各家银行签订相关协议，双方成为长期战略合作伙伴，共同推动物流金融创新。由于多家大型物流企业的总部在北京，因此物流公司与商业开展物流金融业务往往呈现以集团公司名义与各家商业银行签订战略协议的特点。北京地区各家物流企业物流金融业务发展迅速，近两年普遍增长率在 40% 以上，有些企业甚至达到 100% 以上。物流金融业务的迅速发展，为物流企业利润增长作出了贡献。

表 9-3　大型物流企业物流金融业务（总部位于北京）

第三方物流公司名称	合作银行	物流金融产品
中国远洋物流有限公司	深圳发展银行、民生银行、建设银行、中国银行、光大银行等 13 家银行结成了战略联盟	在仓单质押、保兑仓基础上打造了“海陆舱”、货物质押、贷款监管、买方信贷、开证监管、融货达
中国对外贸易运输（集团）总公司	中国工商银行、中国银行、交通银行、深圳发展银行、渣打银行等 20 多家中外银行	物流监管、物流结算、物流保理、物流担保、“融货达”、“质押监管”
中国物资储运总公司	工商银行、中国银行、交通银行、民生银行、中信银行、光大银行、招商银行、渣打银行、法国巴黎银行、奥地利中央银行等 20 家银行签署了总对总框架协议	仓单质押、动产质押、动产监管、保兑仓模式
中铁现代物流科技股份有限公司	与中国工商银行、深圳发展银行、奥地利中央合作银行、中国民生银行等 9 家银行签署总对总框架协议	动产质押为主，中铁预付线上融资、存货线上融资、线上反向保理、电子仓单质押线上融资、核心企业协同、增值信息服务、公司金卫士

资料来源：根据以上公司公开资料整理。

各物流企业根据自身特点与经营优势，以及合作商业银行的特长，共同开发了多种物流金融产品，比如中国远洋物流公司的“海陆仓”模式等。但是当前第三方物流企业的物流金融业务主要活动是围绕着“货权”层面，一般是物流企业从服务客户的金融需求出发，通过融资解决方案的设计，以客户货物资产的占有为授信支持，向银行申请融资。

虽然各大物流公司都开展了多种金融业务，但是物流金融的主导者是银行，物流金融业务中的仓单质押、保兑仓、融通仓等，主要收益归银行所有。对于物流公司来说，主要的收费为监管费，物流监管费是当前物流公司开展物流金融业务的主要收入来源。并且在监管的模式上，物流企业自有仓库监管已经难以满足需求，输出监管的比例占据了监管业务的70%以上。

相比大型第三方物流企业，北京地区中小物流企业开展物流金融业务，还有很多的局限性。商业银行在选择合作对象时，更倾向于运行效率较高的大型物流企业，特别是当前我国物流金融业务中商业银行占据主导地位的格局下。基于风险防范的角度，商业银行对与其合作开展物流金融业务的物流企业，在资产规模和运作能力都有着较高的要求，因而中小型物流企业开展物流金融业务的机会相对较少。

（三）北京地区物流金融业务的竞争环境较为宽松，利润空间较大

当前北京地区物流金融业务的竞争环境较为宽松，各大物流公司大宗商品货物监管的费率标准一般为0.8%，实际操作中根据监管货物的不同，以及监管企业的不同，监管费率一般会向下浮动到0.6%。在竞争激烈的江浙等地区，货物监管费率会低到0.3%—0.4%。北京地区物流金融业务的竞争较为良性、理智，货物监管费率还在一个合理的空间。汽车金融类产品监管的收费模式与大宗商品等不同，一般是物流企业对每个4S店收监管费4 000—6 000元。由于每家企业的专业化程度不同，在汽车金融监管中的规模效应也有很大差异，中铁物流在北京汽车供应链金融的监管中快速发展，规模效应日渐显现，也有部分物流企业在汽车金融监管的水平不高，规模缺乏规模效应，从汽车金融监管中退出。

北京地区物流金融业务良性竞争的原因，一是由于物流金融业务开展的空间很大。北京地区4S店数目众多，各大豪华汽车品牌在北京都有自己的销售渠道，汽车金融类融资在北京地区物流金融业务中数额巨大，为物流金融监管提供了很多业务。北京的物流公司，多是跨区经营，监管货物，扩展物流金融业务。尤其是在北京周边的内蒙古地区，由于其资源丰富，大宗产品数量巨大，为北京的物流公司跨区开展物流监管业务提供了丰富的资源。

二是由于物流监管的选择权在商业银行,商业银行在物流金融业务中处于决定性地位。开展物流金融业务的商业银行地处北京,北京同时也是多家银行的总部,基于稳健经营、减少风险的考虑,在选择监管公司时,更多关注监管公司监管能力,价格并非是当前北京地区物流金融业务竞争的决定性因素。北京地区商业银行选择的货物监管合作物流企业多为大型国有物流企业,质押监管业务具有操作惯性,即银行、企业长期与一家监管公司合作,往往不愿轻易更换监管公司,除非价格、服务方面出现较大差别。物流公司的质押监管业务不需要进行营销、市场竞争不激烈,也就没有恶性竞争的土壤。并且,北京地区与商业银行进行物流监管合作的物流企业数目还会有减少的情况发生。比如某家物流公司的监管业务发生风险,相关合作银行会取消与该企业的合作关系。因此,北京地区物流监管企业监管业务的竞争环境相对宽松。

当前,物流金融业务开展的利润空间,一般为30%左右,中储、中铁物流等行业龙头,物流金融业务的利润率在30%以上,利润率可以达到30%—50%。这个利润率水平是在没有发生物流金融业务风险的情况下,如果发生物流金融业务的风险,则利润水平会收到很大影响。在传统物流业务利润率不断下降的情况下,物流金融业务为物流企业提供了重要利润来源。

（四）物流金融产品日渐专业化与特色化

随着物流金融业务的开展,物流金融产品品种逐渐增多,物流金融服务日渐完善,物流金融产品从早期的仓单质押、保理、保兑仓等形式,逐步发展形成覆盖企业产业链前端采购、中端生产以及后端销售全过程,形成了物流金融产品系列,满足了物流企业、核心企业、商业银行的发展要求。由于各家商业银行及第三方物流企业特色不同,如在不同的行业或者产品上具有竞争优势,而供应链中核心企业也有着个性化的需求,因此当前物流金融产品出现了专业化、特色化的趋势。商业银行会针对核心客户所处行业特点、物流企业特色,根据客户个性化要求,专业化设计相关物流金融产品,为企业服务。各家商业银行在市场竞争中形成了自己的物流金融特色产品。

比如中国工商银行推出了不同类型的“财智供应链融资”,根据行业特点,开发了“棉贸通”、“储商银”等行业解决方案。“棉贸通”业务是针对棉花专业市场特点,在2009年开发出专业化的物流金融产品模式——商品融资和未来货权项下商品融资的。从2009年12月业务开办至今,工商银行北京分行围绕全国棉花交易市场水平供应链,开发将近300家供应链客户,累计发放供应链融资近百亿元。“储商银”产品则是工商银行与签约六大物流公司和五矿物流合作开发的物流金融新产品,在商品采购阶段,通过引入第三方物流监管公司承担预付款还款责任、货物全程监管责任和底价回购商品责任。这些大型物流监管公司本身实力较强，多数公司自身也开展贸易业务，商业银行可以借助物流公司的物流控制力和长期积累下来的客户资源，有效拓展客户资源。同时由于物流公司需要承担低价回购责任，物流监管公司有实力也有资源处置质物，可以有效防范银行的融资风险。

建设银行为了有针对性地解决外贸企业在扩大内销、业务转型中所面临融资服务问题，推出面向外贸企业的“内贸通”业务。“内贸通”业务考虑到外贸企业的内销需求，为客户设计了内外贸一体化的国际贸易供应链授信整体解决方案，将各种贸易融资产品都纳入到国际贸易供应链授信服务体系，将外贸企业的境内外销售和采购连接起来。从供应商收到订单开始的订单融资到买入应收账款的国内保理业务；从基于物流的动产融资、仓单融资到与大企业合作的保兑仓；从国内信用证融资到基于保险公司信用的保单融资，这些创新产品及其组合、扩展，涵盖了企业整个供应链的各个环节和全部过程。至 2010 年年末，建设银行共为 2 166 家外贸企业在内销转型中提供“内贸通”系列产品等全方位的金融服务，信贷余额达 1 225 亿元。

中国银行专门设计了独具特色的货押融资“融货达”业务，通过“融货达”业务可以将贸易物流和资金流紧密结合，为客户和市场开辟了新的贸易授信融资渠道，这项业务与中国银行具有领先优势的国际结算及贸易融资业务品种结合后，可以进一步推动我国贸易金融和货押融资市场的良好发展，为企业提供更好的供应链融资创新方案。

这些物流金融新产品的开发需要商业银行、物流公司、核心企业三个方面的共同努力，共同设计才能完成。当前的形式下，商业银行在物流金融业务中居于主导地位，各商业银行根据各自银行的实际情况，从不同的侧面来推行供应链金融，在为企业提供专业化服务的同时，也形成了各自的品牌。

除了前面所介绍的几家银行开设的物流金融特色业务以外，也有物流企业在物流金融业务中形成了自己的专业化、特色经营。比如长久物流集团，专门进行汽车供应链金融业务的监管业务，由国有大型物流企业占据物流监管业务主导北京市场也得到了认同，占据了一定市场份额。

（五）物流金融线上业务开始启动

2012 年以来平安银行、招商银行、兴业银行、民生银行等股份制商业银行，在线上供应链金融系统方面发力，推出相应产品，物流金融线上业务发展迅速。当前商业银行物流金融线上业务有三种模式：

一是将商业银行的全部物流金融融资业务完整地向网络平台迁移。平安银行线上业务涵盖了预付线上融资、存货线上融资、线上反向保理、电子仓单质押线上融资、核心企业协同、增值信息服务、公司金卫士七大产品与服务，实现了该行全流程供应链融资业务完整向网络平台迁移。企业通过登录平安银行企业网银——“线上供应链金融”通道，即可在线完成合同签约、融资申请、质押物在线入库、存货管理、打款赎货等主要业务流程。截至 2012 年 11 月底，已有 150 多家大企业采用平安银行线上供应链金融服务，支持 3 400 家上下游配套企业获得融资。

二是将部分物流金融服务模块线上运行。招商银行致力于发展电子供应链金融业务，以网上票据、网上国内信用证、网上国内保理、应收应付账款管理系统等为核心的电子供应链结算及融资产品，在汽车、钢铁、医药、家电等多种行业得到了深度应用。招商银行电子供应链金融业务量年均增长率在 40% 以上，截至 2011 年 11 月，业务量达到 4 500 多亿元，批量开发中小企业客户 13 000 多户。兴业银行已经在对供应链金融业务进行电子化流程管理建设，并筹划供应链金融“上线”。第一期相关功能模块将于 2013 年实现上线运行。2012 年 3 月 10 日和 3 月 24 日，民生银行“保理及供应链融资系统”的两个产品相继上线；2012 年 12 月光大银行正式推出“汽车供应链金融线上融资系统”，为汽车行业客户提供在线融资交易、各类信息查询和物流管理服务。

三是商业银行的物流金融系统与第三方物流企业物流数据实时交互对接。深发展首家设计推出的线上供应链金融“商品统一编码”已完成与中铁现代物流管理系统直联对接，开创供应链金融与物流数据实时交互的全新时代，也为供应链金融从信贷表象向专业服务深化奠定了相应的技术基础。

9.2 北京物流金融发展存在的问题分析

（一）北京地区中小物流企业物流金融业务发展困难重重

北京中小物流企业物流金融业务发展困难重重。商业银行在选择合作对象时，更倾向于资产规模较大、运行效率较高、运营规范、风险防范能力较强的大型物流企业。特别是我国物流金融业务中商业银行占据主导地位的格局下，商业银行对合作物流企业的资产规模有着较高要求。在北京地区，由于存在数量众多的国有大型物流企业，商业银行具有很大的选择空间，选择规模大、行业声誉好、监管水平较高、运作规范的大型物流企业。因此北京地区的商业银行和中外运物流、中远物流、中铁物流、中储等大型国有物流企业合作意愿较强。

而与中小物流企业合作无异于增加了自身的风险，商业银行对于与中小物流企业开展物流金融业务采取谨慎态度，甚至很多商业银行干脆将中小物流企业拒之物流金融业务门外。众多中小物流企业难以跻身物流金融业务，其主要原因在于绝大部分中小物流企业注册资本及总资产达不到银行的标准。中信银行规定合作的监管企业必须具备如下条件：资信状况良好，综合实力当地排名前5位；注册资本1 000万元以上，仓储面积2万平方米以上。一家商业银行北京分行关于合作物流监管企业就规定："物流监管企业按照评级结果的不同可划分为A、B、C、C以下四级资质，C级以下的物流监管企业，分行不得与其开展业务合作。"另外一家物流金融业务的领先者深圳发展银行也对物流监管方的资质有着严格要求（见表9-4）。

表9-4 深圳发展银行仓储监管合作方评级分类标准

项目 综合级别	基本要求	评分卡得分	备注
A级	处于国内仓储物流行业领先地位，仓储规模庞大，信誉卓著；注册资本不少于0.6亿元，净资产2亿元以上，仓储经营年限8年以上	85分以上	总行审批，目前包括中储、中外运、中远物流及其指定分、子公司
B级	处于区域仓储物流行业领先地位，信誉良好；设施齐全，专业化突出；注册资本不少于0.1亿元，净资产0.5亿元以上，仓储经营年限4年以上	76—85分	海关保税监管仓、国家级大型港口、交易所指定交割仓库和地、市级以上国家物资储备仓库可适当放宽基本要求
C级	区域范围或当地主要仓储单位，规模较大，有较高知名度和行业信誉，仓储经营年限2年以上，管理良好、合作前景良好	66—75分	
D级	当地有一定知名度，管理规范，原则上应有三方监管合作经验	55—65分	包括专业保安公司

注：上表条件为最低要求，须同时满足，否则应下调等级直至完全满足各项要求。

以北京钢材市场为例（见表9-5），钢材市场物流金融业务都是由中远物流、中铁物流、中储等国有大型物流企业监管，与相关商业银行合作。并且，物流金融产品质押商户也为规模较大商贸公司。大量中小物流企业与商贸企业难以得到商业银行的认可，开展物流金融业务。

表 9-5 北京钢材市场物流金融业务现状

市场名称	企业性质	仓库面积（万平方米）	物流金融业务
北京兰格钢材市场	私营	21	无
北京国储金属材料交易市场	国有	13	无
北京市京通钢材市场	私营	12	无
北京物资储运总公司百子湾公司	国有	9	中远、中储监管入驻商户
北京市华丰盛达钢材市场	私营	6	中铁物流监管入驻商户
银盛唐钢材市场	私营	6	无
北京市单店钢材市场	私营	6	无
垡头钢材市场	私营	3.5	中铁物流监管入驻商户
盛大钢材市场	国有	2	中储监管入驻商户
北京市东坝马场钢材市场	私营	2	无
石景山钢材市场	私营	1	中铁物流监管入驻客户

资料来源：根据市场调查与公开资料整理。

（二）物流金融风险开始显现

2012 年物流金融业务的风险问题开始为人们所关注，物流公司与贸易公司违规运作，将商品交易重复质押、骗取银行资金而又不能偿还的案例集中爆发，物流金融的风险突出地显现出来。北京市金融监管部门，多次在月度监管会中对商业银行钢贸产品质押融资等业务风险预警。当前北京市物流金融风险主要表现为以下两种形式。

一是钢贸市场出现仓单重复质押。2012 年，上海、江苏的钢贸市场钢铁交易重复质押问题爆发，各大物流公司及相关银行受到冲击。根据报道，中国铁路物资股份有限公司、中储物流有限公司等旗下子公司在内的多家物流企业皆未能幸免。相关调查表明，上海钢贸商一般贷款规模 2 000 万元、3 000 万元或更多，且很多重复抵押多为贸易企业投机。北京钢贸商贷规模较上海钢贸市场要小的多，一般为 500 万—600 万元居多，但钢铁交易重复抵押问题也日渐显现。北京地区商业银行依托物流监管公司办理的相关业务，如一家银行的“储商银”业务以及其他商业银行的相关物流金融业务，都不同程度地出现了合作仓库管理混乱、货物重复质押等问题，物流金融的风险逐渐显现。

面对物流金融业务的风险，各家商业银行采取措施，防范风险。主要措施有：一是控制新增贷款，或是钢贸商贷款只收不放，或是要求压缩贷款，压缩指标落实到户；二是降低质押比例，质押比例下降到了平均 60%—70%，此前部分银行的抵押率可以高达 150%。开始压缩此类业务的规模，注意防范物流金融业务的风险,以保持供应链融资健康发展。

二是大宗商品价格波动、季节性因素对商业银行物流金融业务的风险也开始出现。2011、2012 年,国际市场大宗商品价格的波动对国内市场大宗商品价格产生影响,对商业银行供应链金融业务也造成了不利影响,相关商业银行开展的物流金融业务拓展面临压力。此外市场的季节性因素也对物流金融业务造成了风险,如在 2012 年下半年,棉花市场价与收储价发生倒挂,某银行北京分行的“棉贸通”业务额就受到很大影响,“棉贸通”业务规模大幅度缩减。

(三) 缺乏统一的物流金融标准与规范

北京地区物流金融业务有了很大的发展,但是一直以来缺乏统一的物流金融标准与规范。各商业银行、第三方物流公司,都开发了各具特色的物流金融业务,物流金融产品的名目繁多,但是对于物流金融产品的界定缺乏统一标准,很多物流金融产品并无多少实质差异。物流金融产品的具体名称缺乏统一,如资本流通模式中的仓单金融,称呼有“动产质押”、“现货质押”、“存货质押”等。

物流金融业务的流程也缺乏统一规范。各家银行,第三方物流公司,根据自身情况,制定相关物流金融业务规则,缺乏相对统一、规范的合同条款和标准化的业务流程。比如当前北京各商业银行仓单质押融资业务模式有 10 多种不同模式,不同的银行都有不同的操作模式及合同条款,操作程序繁简不一。由于没有制定相对统一的物流金融业务流程、合同条款规范和相应的操作标准,这使得银行和物流企业的操作程序也有待规范,风险控制水平还有待提高。

(四) 物流金融信息管理系统建设滞后

物流金融的发展需要建立现代的物流金融信息平台,完善的物流金融信息系统,可以使整个贷款过程所涉及的物流与资金流的周转透明化,商业银行随时通过物流公司的物流管理信息管理系统,检查抵质押物库存和位置等情况,了解商品流转与资金回收的现有状况,更好地把握风险。物流企业能据此了解企业的资金流情况,可为企业提供更好、更精准的物流监管服务。

现代物流金融业务的信息管理系统需要应用无线互联网技术、卫星定位技术(GPS)、地理信息系统(GIS)和射频标识技术(RF)、条形码技术、电子识别和电子跟踪等技术,物流企业与银行信息共享、充分合作,实现物流管理信息系统与金融机构信息管理系统的对接,交易信息、押品信息、监管信息、额度信息都能过通过信息系统反映出来,提高物流金融业务的效率,增强安全性,提升防范物流金融业务风险的能力。

当前北京地区只有少数大型物流企业建立现代物流管理信息系统,可以实现物流企业的物流管理信息系统与银行金融信息系统的对接,如中铁物流物流管理系统与深发展供应链金融系统实现对接。而大量物流企业信息管理系统建设有了进步,但是与保障物流金融业务安全、提升物流金融业务效率的要求还有距离。多是提供静态的物流信息管理,还难以将交易过程中产生的物流信息,通过企业物流管理系统,实时反馈到商业银行物流金融管理系统中,银行不能够即时掌握抵质押物的流通、仓储状况,实现通过物流管理系统对质押物的动态实时管理,以达到有效监控风险的目的。

9.3 北京物流金融发展前景

（一）互联网金融的发展促进物流金融业务进一步发展与创新

2013 年开始,一场前所未有的互联网金融热潮正在席卷中国,央行公开披露的资料显示,第三方支付、网络信贷、众筹融资以及其他网络金融服务平台等互联网金融业正在中国迅速崛起。以第三方支付为例,2012 年市场规模超过 10 万亿元。央行在《2013 年第二季度中国货币政策执行报告》中指出,互联网金融业“在金融产品和服务方面的创新弥补了传统金融业的不足”。

互联网金融的发展必然也会促进物流金融业务的创新与发展。2012 年,电商 9 巨头 5 家总部在北京,交易规模占全国 67.1%。电子商务的发展,进一步促进了物流业,尤其是快递业的发展,北京的快递行业收入规模居于全国第三位。快递企业“代收货款”业务作为快递业的一项增值服务,也被视为快递业金融增值服务中的重要模式之一。快递企业可以利用代收货款模式资金在交付前的一个相对稳定的沉淀期,在此期间快递公司将获得了一笔不用付息的资金,可以获得较为稳定的利息收入。物流业巨头顺丰速运 2011 年 12 月正式获得央行颁发的第三方支付牌照。其他第三方支付企业如汇付天下的“钱管家”产业链支付业务,服务物流、快速消费品、大宗贸易等,加快上下游资金周转,提高资金管理效率和收益率;快钱“快 E 融”供应链平台,以大型企业为依托,考察供应链的上下游,提供基于快钱电子平台的融资与支付解决方案。互联网金融的快速发展,将会极大促进物流金融产品的创新,为物流金融业务的发展创造更有利条件。

（二）物流公司收购银行,独立进行物流金融业务将成为可能

世界最大的快递物流公司 UPS 在美国收购一家银行,成立了 UPS 资本公

司。为客户提供代收货款、抵押贷款、设备租赁、国际贸易融资等金融服务。UPS在收货时直接预付款给出口商,并监管货物,通过UPS资本公司与进口商结算。小型出口商在货物发出后就可以得到货款,提高了资金使用效率。目前,UPS第一位的利润来源都已经是物流金融服务。

我国规定非金融机构不得从事金融业务,使得我国的第三方物流企业不可能像UPS那样收购或者投资一家银行来操作金融业务。所以第三方物流企业多是选择与银行建立战略合作关系,扮演“物流金融”中的媒介与监管的角色。中国邮政集团公司旗下拥有中国邮储银行与中国邮政速递物流公司,邮政系统同时拥有银行和物流公司两个企业,与美国UPS(联合包裹)公司的情况有些类似。当前北京地区中国邮政速度物流公司的所有物流金融业务都是与中国邮政储蓄银行合作。

随着我国金融改革的进一步深入,金融创新不断涌现,金融业发展的很多壁垒都被突破。2011年,国内排名仅次于EMS的快递巨头——顺丰通过CEO王卫控股公司——深圳泰海投资获得第三方支付牌照,成为除海航之外,获得第三方支付牌照的另一家物流企业。王卫表示在物流业做大之后,顺丰将在电子商务和金融业务上开疆辟壤;2013年6月,阿里巴巴旗下的支付宝推出余额宝业务,上线约两个月规模已超过200亿元,宣告电商进军银行业务;东方财富接连推出“活期宝”“定期宝”业务;2013年8月,苏宁云商发布公告说明向相关部门递交初步的设立民营银行的意向方案,尚待审批;光大银行相关人士在博鳌论坛对媒体表示光大银行不排除收购一家物流公司或电子商务公司,以拓展金融业务。

因此,未来物流公司获取银行牌照或者收购银行,独立运作物流金融业务不仅成为可能,而且是很快可以预期的事情。

（三）物流金融业务逐步规范,物流金融风险将得到控制

物流金融业务的开展一直缺乏相关法律的支持,到目前还没有专门的法律法规对物流公司、银行以及整个供应链的业务操作进行规范整合。2012年商务部委托中国物资储运协会等单位制定“动产质押监管服务规范”、“动产监管企业评估指标”两项标准,处于公示阶段,这也意味着物流金融业务的管理的法制化逐步推进,物流金融业务的开展将在法律的框架内进行。仅仅这两项标准,还不足以规范物流金融的全部活动。因此,未来随着物流金融业务的不断发展,物流金融相关的法律、法规体系会逐步建立,不断完善。与此同时,开展物流金融业务的商业银行、物流公司等单位,随着物流金融业务发展,也会不断完善公司内部的业务规范,加强对物流金融业务的标准化管理,降低物流金融业

务的风险,促进物流金融业务健康稳定发展。

2012 年北京地区的银行、大型物流企业都有牵涉到物流金融风险的案例,因此,提升物流金融风险的认识,防范物流金融业务的风险,将为银行及各大物流企业所重视。优质的、有经验的、具有较高市场美誉度的物流监管企业将受到开展物流金融业务银行的重点关注。由于银行对开展物流金融业务日益重视,而北京地区的优质物流监管企业数量有限,总的来说供给欠缺,会出现供需不平衡。

对于开展物流金融业务的物流企业来说,会总结以往物流金融风险案例的经验教训,加强物流金融业务的风险管理。一是进一步制定完善的质押监管规程,建立监管业务常规业务管理、异常状态管理、应急管理的业务体系,建设完善的物流信息监管系统,强化企业监管制度的执行,提升企业物流监管的水平;二是合作银行将会进一步加强对贷款质押物的全面风险评估,制定超前的风险防范方案,设定合作物流企业的准入条件以及派专业的业务人员定期抽查,加强贷后管理,采取积极的监管风险预防;三是会进一步提升商业银行与物流公司的物流金融管理信息系统运行水平,随时了解质押品的数量、所在地点等相关信息,实现银行对质押物的远程化监控,降低监管风险。

（四）物流金融信息化平台建设水平不断提升,大型物流公司物流金融系统与银行物流金融系统对接

现代物流金融业务需要现代化的物流金融管理信息平台为基础,开展物流金融业务的商业银行、第三方物流企业,需要在现有的物流金融信息化水平基础上不断提升企业自身的物流金融信息化水平,同时需要树立物流金融管理一体化的思想,通过物流金融管理信息化平台,将商业银行和第三方物流企业连接在一起。从而提升商业银行、物流企业在开展物流金融业务中的运作效率,降低物流金融风险与运作成本。

中铁物流等大型物流企业已经实现了现代物流管理系统与深发展(平安银行)供应链金融系统直联对接。未来各大物流企业都将与银行实现金融、物流功能无缝对接。银行能够即时掌握抵质押物的流通、仓储状况,对质押物的动态实时管理,有效监控,防范风险。银行供应链金融系统上的融资、回款等信息,也能实时反馈到物流企业的物流管理系统中;物流公司能据此了解企业的资金流情况,可为企业提供更好、更精准的物流监管服务。

第 10 章

北京商业连锁经营与商品配送的现状及趋势

当前,连锁经营发展已经成为物流发展的一个重要推动力量。为了使社会再生产顺利进行,解决生产与消费之间的对立统一矛盾,人们在生产领域流水线生产方式的启发下,在流通领域运用机械化大生产方式,提炼出类似流水线的操作流程和规范,例如管理流程、服务流程、商品配送流程等,连锁经营正是在这些基础之上应运而生的,也就是说,连锁经营在当前商业领域就是机械化大生产方式在流通领域的创新和创造性应用。

现代意义上的连锁经营是指经营同类产品和服务的若干企业在核心企业(总部)的领导下,遵循共同的经营方针,从事一致的营销活动,集中采购和分散销售相结合,从而通过企业形象的标准化、经营活动的专业化、管理方式的规范化、管理手段的现代化来提高经营效率,实现规模效益的一种商业经营制度和商业组织形式。现代连锁企业与传统商业形式相比,具有组织形式的联合化和标准化、经营方式的一体化和专业化和管理方式的规范化和现代化三方面特征,通过运用统一采购技术、物流配送技术以及商业信息自动化技术三大核心技术,使复杂的商业活动简单化、规模化,进而压低商品售价以吸引消费者,最终扩大市场份额,增强竞争力,实现规模效益。

连锁经营已经成为我国零售业发展的主要方向之一。近年来,大中型连锁企业销售规模逐年增加,销售增长明显高于社会商品零售总额的增长,在零售领域的地位不断提高。国家统计局调查表明,2011 年全年社会消费品零售总额 18.12 万亿元,同比名义增长 17%,同年连锁百强的销售规模达到了 1.65 万亿,按同口径相比,增幅则达到了 22%;北京连锁企业 2011 年销售收入达到了 2 574 亿元,同比增长 21%。连锁企业的发展速度依然保持领先于社会消费品零售总额增速的态势,其物流配送活动对中国的流通现代化产生巨大的推动作用。

连锁企业的统一物流配送能力已经成为企业核心竞争力的重要组成部分。所谓配送,即连锁经营的纽带,其功能是汇集连锁门店的订货信息进行采购,从供货商手中接受多品种的大量商品,并进行储存保管、配货、分拣、流通加工、信息处理;按众多门店的要求,配齐商品,进行补货,以令人满意的服务,迅速、及时、准确、安全、低成本进行配送。国外连锁业从经营方式到运作理念都已经相当成熟,它们在物流配送方式建设上的经验更是值得我国借鉴。沃尔玛、家乐福拥有的超乎寻常的竞争优势(体现在其商品价格低廉、种类齐全以及对顾客需求的快速反应)除了归功于其强大的经济实力和品牌效应之外,更是它们运用先进物流配送手段的结果。配送能力的强弱直接决定着连锁企业的经营成本高低,影响企业盈利的能力。

作为拥有 2011 年中国连锁百强企业最多的城市,北京的连锁企业发展及其物流配送能力状况无疑具有较强的代表性。本章从历史演变、现状概况、问题分析和趋势措施探讨等几方面对北京连锁经营及其物流配送问题进行分析研究。

10.1 北京连锁经营发展历程

连锁经营最早出现在美国。1859 年乔治·F. 吉尔曼和乔治·亨廷顿·哈特福特在纽约创办了第一家颇具规模的连锁商店式的大美国茶叶公司。20 世纪 50 年代,麦当劳、肯德基引入连锁经营体系,公司得到迅速发展的同时完善了连锁经营业态。20 世纪 60—70 年代,连锁经营冲破贸易保护主义的藩篱,从美国向世界各地蔓延。60 年代,日本也开始抛弃传统的直营式连锁经营业态,以零售业和饮食业为中心迅速发展起来,并形成了自己的连锁经营体系。20 世纪 70 年代后期,计算机互联网络技术开始在大型连锁经营企业中使用,连锁经营企业得以实现统一的电子系统管理,保证了经营管理的高速度和高效率,使连锁经营的规模化、专业化、规范化优势充分显现。

20 世纪 80 年代以后，连锁经营进入现代发展阶段。全球连锁经营飞速发展，美国几乎每 6.5 分钟就有一家连锁店开业；马来西亚、新加坡连锁经营已上升为这些国家的国策。在这一阶段，连锁经营在西方发达资本主义国家的发展已经达到相当成熟的阶段，此种经营模式已经为西方发达的资本主义国家所普遍采用，许多采用连锁经营形式的零售业企业在企业经营管理、物流等方面的技术已经标准化，这使零售业和服务业等传统的第三产业焕发出新的活力，形成一种新型的工商关系。连锁特许加盟体系成为现代商业活动中最流行的经营形态，已经在发达国家的零售经营中占据主导地位，其销售额一般都要占到零售额的三分之一以上。连锁经营的强大渗透能力和扩展能力还表现在其与新的营销方式的结合方面，连锁经营开始与购物中心、超级市场、折扣商店等多种形式形成了完美的结合，对经济生活的影响越来越大，尤其是连锁经营利用其独特的扩展能力与超级市场相结合，二者相得益彰，业绩非常可观。此外，这一时期连锁经营的发展还表现出国际化的特点。

从 1992 年开始，连锁经营开始在北京起步发展——希福连锁店诞生。从此北京连锁经营经历了“企业自发兴起——适时推动——企业自主发展”的过程，用近 20 年时间实现了从无到有、从小到大、从弱到强。截至 2011 年年底，北京市连锁总店已经达到 233 家，门店 9 845 个，从业人员达到了 28 万人，实现零售额 2 574 亿元，成为北京商业增长最快的经营业态之一。

从发展趋势上看，北京的连锁经营可以分为四个阶段：起步、成长、快速发展以及成熟稳定发展。近二十年来，连锁企业的发展对北京市商业、服务业以及改善行业面貌等方面发展都起到了根本性的改观作用。

北京连锁经营从起步到走向成熟已经和将要经历四个发展阶段：

（一）起步阶段（1994—1997 年）

北京连锁经营的起步较早。发展初期是以北京区县商业企业为先导，由城八区率先在粮副菜网点的基础上引入连锁组织形式。为促进发展，市区政府采取资金支持和银行贷款的方式，使店铺得以发展，初步建立了区域性为主体的连锁体系。在这个阶段，连锁经营的主要特征是，企业数量多、店铺规模小；传统企业多、新兴企业少；盲目上项目多，规范运作得少。

（二）成长阶段（1998—2001 年）

从 1998 年连锁经营进入了较为理智的发展时期。在这个时期，连锁企业的发展速度减慢，店铺的增速提高，企业间的并购开始展开，一批行业的龙头企业脱颖而出。到2001年年底，连锁店铺总数发展到3 200家，年零售额207亿元，占社会零售额的13%。期间连锁企业发展的主要特征是，连锁经营业种从无到有，已发展到55种；连锁经营的发展由量的增长变为质的提升，由形似连锁变为神似连锁，企业的规范化程度得到提高；由侧重店铺的开发到加强后台建设，核心竞争力的意识得到了增强；成熟企业开始由依靠自己开店到成批量的重组购并，企业规模逐步扩大。

（三）快速发展阶段（2002—2005年）

从2002年起，连锁经营业态、业种不断扩大，企业进入了优胜劣汰时期。在这个时期，成熟的连锁企业加快发展，世界顶级企业纷纷落户北京，连锁企业数量减少，而每家企业拥有的店铺数猛增，店铺的分布更加科学合理。到2005年，连锁经营企业的市场占有率达到30%左右，大型连锁企业的市场集中度达40%左右。

（四）成熟阶段（2006年至今）

自2006年至今，连锁经营已完全突破地域限制、行业壁垒，市场开始处于饱和时期。这个阶段的特征是，大企业在不断购并中得到发展，众多的中型企业努力维持生存。截止到2011年年底，北京连锁经营企业总店有233家，门店总数达到了9 845个，市场占有率超过了50%。2001—2011年北京连锁企业发展基本情况如表10-1所示。

表10-1 2001—2011年北京连锁企业基本情况

年份	连锁总店（个）	门店总数（个）	从业人员年末人数（人）	营业面积（平方米）	商品销售（万元）	
					总额（营业额）	零售额
2001	129	2 123	139 470	1 605 808	4 831 168	2 186 540
2002	146	3 523	109 089	2 356 266	6 621 975	6 487 185
2003	153	4 519	132 030	3 405 562	8 404 232	7 601 221
2004	196	5 432	153 942	3 783 507	8 603 560	8 337 829
2005	188	5 973	166 598	4 376 383	10 612 658	9 507 168
2006	205	6 730	170 007	5 546 003	11 229 026	9 514 297
2007	210	7 645	185 114	6 677 266	13 890 913	11 573 838
2008	240	8 611	223 954	6 745 802	15 720 473	12 954 839
2009	240	8 928	218 024	6 995 047	17 366 414	13 816 796
2010	234	9 299	228 292	7 268 786	21 329 783	16 255 496
2011	233	9 845	280 798	7 953 891	25 742 536	19 507 890

资料来源：《北京统计年鉴2012》。

10.2　北京连锁经营及物流配送现状

21 世纪初在沿海城市和主要城市中,连锁型的便利店、大型综合超市、仓储会员店之间的竞争日益激烈。连锁经营以其专业化发挥规模效应和分工优势的特点,正逐渐成为世界零售业发展的主流。随着国际大企业闯入中国市场,这种经营方式猛烈地冲击着我国传统的流通体系。连锁经营在中国火爆起来,连锁经营已遍布整个第三产业的几乎所有行业,特别是被广泛地应用于服务业领域。连锁经营正迅速成为中国最具获利能力的投资方式和创业途径。中国发展连锁经营的时机正在成熟,中国是世界上最大、最富有潜力的连锁经营市场。

中国连锁经营协会发布 2011 年连锁百强显示,百强连锁企业的榜首为百联集团,其 2011 年销售额为 1 182 亿元,苏宁电器与国美电器以 1 100 亿元的销售额并列亚军,物美超市以 410.7 亿销售额位列第十。根据中华全国商业信息中心的统计数据表明,2011 年全国百家重点大型连锁企业零售额名义同比增长 22.62% ,高于上年同期 0.51 个百分点,是 2005 年以来零售额次高增速。扣除价格因素,2011 年全国百家重点大型零售企业零售额实际同比增长 18.52% ,略低于上年同期(见图 10-1)。

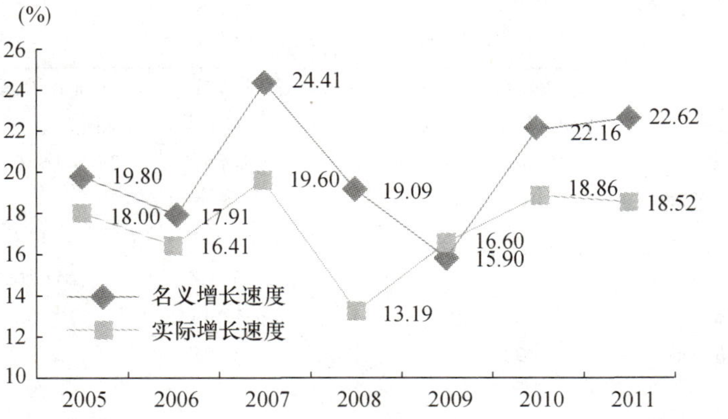

图 10-1　2005—2011 年百家重点大型零售企业零售额名义与实际增速

资料来源:根据中华全国商业信息中心网站(http/www.cncic.org.cn)数据整理制作。

10.2.1 北京连锁经营现状

（一）北京连锁经营在行业内的状况

中国连锁经营协会统计的2011中国连锁百强中，北京是拥有“百强”企业最多的城市。京客隆、全聚德、国美、物美和王府井集团等北京本土企业占“百强”的一成多，成为拥有“百强”企业最多的城市。2011年，北京市限额以上零售业态中，超市、便利店实现零售额619.5亿元，占18种零售业态总零售额的12.5%，同比增长13.3%。2011年北京商业信息咨询中心监测的60家超市实现零售额390.2亿元，增长15%。

（二）北京连锁经营呈现特点

首先，纵观多年演变轨迹，北京连锁企业呈现内资企业与外资企业共同快速发展的特点。由于北京是与国际接轨的大都市，开放性强，市场容量大，知名国外连锁巨头多年不断加大在北京的资本投入。市场竞争加剧，使得受到冲击的北京本土企业越来越“奋发图强”，北京本土连锁企业利用市场不断扩大的良机，通过借鉴外资企业其先进的经营理念和经营方式，在店铺形态、经营商品品种以及门店选址、目标顾客选择与确定、服务项目诸方面加以学习和改进，促进自身发展。2011年内资连锁企业销售规模达到了2 060亿元，外资连锁企业销售规模为403亿元。外资和本土连锁企业共同快速、健康、持续性的发展促进和提升了北京市连锁行业总体水平（见表10-2）。

表10-2 2011年连锁企业基本情况

指标	门店总数（个）	从业人员平均人数（人）	营业面积（平方米）	商品销售（万元）	
				总额（营业额）	零售额
全市合计	**9 845**	**280 798**	**7 953 891**	**25 742 536**	**19 507 890**
按登记注册类型分					
内资	7 153	161 589	5 762 215	20 607 118	14 645 003
国有	65	756	13 107	25 690	23 517
集体	305	1 464	91 345	110 152	108 864
股份合作	23	337	7 092	5 595	4 962
联营	5	41	928	796	796
有限责任公司	3 141	75 559	3 028 430	8 970 264	6 266 985
股份有限公司	1 414	55 755	7 077 888	10 687 924	7 504 245
私营	2 200	27 677	543 425	806 697	735 634
其他					

（续表）

指标	门店总数（个）	从业人员平均人数（人）	营业面积（平方米）	商品销售（万元）	
				总额（营业额）	零售额
港澳台商投资	1 002	28 657	473 719	1 101 994	942 801
外商投资	1 690	90 552	1 717 957	4 033 424	3 920 086
按经营业态分					
零售业态	**6 950**	**149 893**	**6 371 717**	**23 521 514**	**17 376 359**
食杂店					
便利店	613	2 786	54 827	129 123	129 081
折扣店	119	1 459	76 778	199 984	178 104
超市	1 858	45 004	1 783 379	3 920 574	2 919 522
大型超市	94	24 643	940 187	2 131 145	2 064 212
仓储会员店	7	2 744	130 869	373 718	373 718
百货店	57	15 139	1 208 626	3 040 848	3 040 848
专业店	1 914	31 116	1 352 270	4 737 384	4 352 029
加油站	682	9 334	320 644	7 744 831	3 397 467
专卖店	1 370	13 623	176 390	958 201	684 501
家居建材商店	26	3 203	309 043	236 877	236 877
其他	210	842	18 704	48 829	
餐饮业态	**2 776**	**127 311**	**1 573 950**	**2 131 567**	**2 128 366**
中式正餐	663	48 921	958 350	876 691	876 091
中式快餐	916	16 182	193 957	335 905	335 387
外国风味正餐	312	22 342	121 582	238 397	238 375
外国风味快餐	700	37 556	268 772	607 074	605 496
茶馆	6	40	910	561	561
咖啡店	119	1 487	22 638	58 430	58 430
其他	60	783	7 741	14 509	14 026
住宿业态	**119**	**3 594**	**8 224**	**89 455**	**3 164**
旅游饭店	54	1 873	3 386	40 900	1 043
一般旅馆	65	1 721	4 838	48 555	2 121

资料来源：《北京统计年鉴2012》。

其次，北京连锁企业表现出寻求成本领先、差异化战略发展的较强意愿。在2011年，由于成本上升和销售增幅减缓的压力明显提高，连锁各个业态，特别是连锁超市和百货，都在寻求差异化发展，高端超市、便利店、专卖店、网络零售、购物中心、三四线市场等成为发展热点。

再次，与国外的连锁超市公司相比，北京本土连锁超市规模明显偏小。我国连锁超市已成为商业领域最具活力的业态，虽然外国连锁商业的发展对国内连锁商业的发展起到了推动作用,但由于受传统体制与粗放型经济增长方式的制约与影响,近年来虽然北京连锁经营企业的数目较多,每个企业的企业规模却不大。近几年来,大中型连锁超市销售规模逐年递增,销售增长明显高于社会商品零售总额的增长和传统百货商店的增长。由于激烈竞争,连锁超市进入整合时期。目前有关超市公司扩大规模的主要方式是对国有网点进行连锁化改造和通过租赁、购买、新建网点等方式扩张。这些都属于单一资本的扩张,要想扩大企业规模,建造内资连锁超市的"航空母舰",只有进一步转变观念,通过联合、兼并、收购和加盟等多种形式,突破行业界限、地区界限,才能真正形成规模大、竞争实力强的大型连锁超市公司。

(三) 2012 年北京连锁经营增长趋缓

(1) 北京商业领域传统商超的增长势头在 2012 年首度出现疲软态势。根据北商商业研究院制作的《2012 北京商业发展蓝皮书》披露,传统商超增速放缓。报告指出,在电商等势力的冲击下,传统百货的成长步伐放慢,在已公布的 2012 年前三个季度业绩的百货店中,超过半数品牌的净利润增幅处于下行状态,部分高端商场甚至出现负增长。

报告还指出,北京地区外资超市的来客率 2012 年以来下降了 5%—10%,内资超市下降了 2%—3%,而客流量降低最重要的一个原因就是电商的冲击。

(2) 餐饮业发展形势严峻。以往在百姓心中视为高利润率的餐饮业,2012 年遭遇了严重的业绩下滑。《2012 北京商业发展蓝皮书》显示,从北京餐饮业各领军企业 2012 年的经营数据看,行业发展形势非常严峻。大型快餐连锁企业同比增幅维持在 10% 左右,新门店扩张完成计划比例仅为 30% 左右,本土快餐品牌利润不及 8%,很多品牌餐饮企业年内出现门店因难以为继而关闭的情况。在 2012 年所谓"黄金期"的 10 月,餐饮业增速更是跌到了全年的最低谷,仅同比增长了 2.9%。作为 2012 年餐饮业最为流行的词汇,"四高一低"即房租高、人工费用高、能源价格高、原材料成本高和利润低,成为削减企业利润的最大因素。

10.2.2 北京连锁经营的物流配送现状

随着我国零售业的发展以及行业对物流认识的提高,目前我国连锁零售业表现出多元化发展的趋势。

从主要形式看,由于历史和规模原因,北京大部分有实力的连锁零售企业选择了自建物流配送中心的方式,将物流建设作为今后企业发展的战略。例如,物美建设了华北地区规模最大、现代化程度和信息自动化水平最高,并首家与供应商实现VMSI(库存一体化)的物流配送中心——物美华北配送中心。物美华北配送中心拥有全球领先的ERP系统,该系统以WINBOX系统为大脑,以集成于WINBOX系统中的SAP WMS(仓库管理系统)和WCS(仓库控制系统)为小脑,以RF系统为仓库作业指挥棒,实现各种业务流程的无缝咬合、无缝衔接,控制所有机械设备和业务流程,实现软件驱动硬件的设计目标。物美商业集团股份有限公司的"基于信息化的连锁商业供应链系统集成"项目荣获中国物流与采购联合会颁发的科技进步一等奖。该奖项是经科技部批准的全国物流与采购行业的最高科学技术奖,进一步佐证了物美现代化的物流水平。

此外,还有大量的连锁零售企业由于门店数量以及企业规模、实力的原因,采用供应商直接供货,其中包括进入中国市场的国外知名大型超市。

当前,北京连锁经营物流配送的特点体现在五个方面。

(一)大型连锁企业加大了自建物流配送中心的覆盖面和区域物流中心的建设

北京部分大型连锁企业有自己的物流配送中心,原来配送中心主要从事区域内店铺的商品配送,随着大型连锁企业快速展店和兼并重组,覆盖和经营的区域越来越大,因此大型零售企业加快了对自己的物流中心的投入和区域配送中心的建设,并在规模和技术上都有较大提升。

(二)连锁零售商配送中心的技术水平不断提高

连锁零售企业的发展,要求其配送中心的规模和配送半径、运作效率达到更高的要求。目前,北京连锁企业的配送中心,逐步提高了它们的配送中心的技术含量:如增加了高层立体货架和拆零商品拣选货架相结合的仓储系统;部分使用电动高位叉车、低位拣货车和托盘,大大提高了装卸、搬运、拣货作业的机械化程度;配送中心的信息系统、货场电子化设备和电子标签的应用,使作业人员可以方便有效地按订单取出商品,进行理货和分拣,大幅度提高速度,降低差错率;托盘、物流笼车的使用,提高了门店的配送商品交接效率。

(三)第三方物流合作加深

经过第三方物流企业的逐步发展,越来越多的零售企业使用第三方物流,通过物流外包,将自己主要精力放到自己的核心业务上去。物美集团把第三方物流扩大到天津。华联超市与中远集装箱运输有限公司共同开发了华联超市的北京配送中心,承担为北京和天津地区门店的供货任务。

(四)生鲜、果菜配送中心的加强

随着零售市场的竞争加剧、居民生活水平的提高,人们对快速食品、生鲜半

成品和冷冻食品的需求增加,建设和加强生鲜食品加工中心和配送中心已成为北京连锁零售企业加强生鲜食品经营,提升竞争力的重要手段,一些大型连锁企业开始建立技术难度较高的生鲜食品、果菜等配送中心,如北京京客隆等都加大了它们生鲜食品加工配送中心的建设。

(五) 不同企业物流水平差异明显

北京连锁零售企业众多,包括有实力的大型集团企业、大型外资零售企业以及大量的中小型连锁零售企业。由于企业的情况不同,其物流水平参差不齐。据统计,北京超市通过自营配送体系运送商品的比例很低,没有一个企业的配送中心对各店经营的商品实行100%统一配送,少数企业的统一配送率在50%左右,最好的为80%—90%,多数为60%—70%,差距明显。配送系统落后导致物流不畅,配送效率低配送品种少、物流成本高等问题,严重阻碍了连锁企业的发展。随着北京地区经济的高速发展,物流配送水平在不同企业之间的差距将越来越大,马太效应越发明显。

10.3 北京连锁经营及其物流配送问题分析

目前,北京市连锁经营已呈现良好的发展态势,前景十分广阔,但也必须认识到,连锁经营作为一种现代流通组织方式和企业营销形式,在我国还处于发展阶段,受到多方面的因素制约。

10.3.1 北京连锁经营存在主要问题

(一) 商品经营结构有待调整

随着收入差距的拉大,消费品市场相对于居民不断增长的物质需求,已出现明显断层。如经营住房配套商品、家用汽车等的连锁商业数量还不能满足消费者的需求,超市在经营生鲜食品中存在存货、加工及配送规模小等问题。目前连锁商业经营业态竞争过度集中在日用百货类,导致与传统百货业经营商品雷同,市场供大于求的比率增长,不少中小型连锁企业销售呈下降趋势。

(二) 加盟连锁发展需要进一步提高

目前我国连锁经营的方式在近年来虽然有了一定的发展势头,但是由于我国的连锁经营还处于发展期,连锁企业在发展上的各项支持系统还不是很完善,缺乏对加盟企业的有效指导和控制,条块分割,大而全、小而全的小生产思想影响了专业化分工所应形成的连锁组织的扩展，加上特许连锁、自由合作连锁的法律制度还未完全建立以及特许连锁和自由加盟连锁的中介组织缺乏等原因，导致绝大多数连锁企业先发展直营店，再发展加盟店。北京地区的连锁经营也是如此。目前加盟连锁发展缓慢的主要原因，一是加盟店拥有独立的进货权，进货渠道混乱，与企业在价格、进货等方面难于统一，造成总部难于管理，因此，一些大企业为了形象和信誉，不愿发展加盟店；二是经营者没有充分地认识和了解特许加盟的优越性，忽略了这种先进的经营方式。

(三) 企业经营成本费用增加较快

一些企业盲目竞相开设分店，经营管理费用高，片面追求扩张，造成资金投入大，成本回收困难，而北京市商业的融资能力普遍偏低，资金运作水平有限，经营管理费用常年居高不下。同时，市场上存在一些不恰当竞争，尤其连锁电器业更为突出。因为要占据一定的市场份额，彼此竞相降价，甚至低于成本价销售利润仅靠年底厂家返点来获得，所以尽管销量很大，却没有什么效益。盈利能力上，企业做大做强的战略意图不突出，靠原体制作用，使得规模效益难以发挥。

同时，加盟店的运营成本较大，以连锁超市为例，北京目前绝大多数的连锁超市设在城市的商业区和人口稠密的居民区附近，经营用房的租金较高，以100平方米左右的超市来说，年租金约为60万—80万元，再加上维持超市正常运转的税金、财务费用、员工的工资、水电及其他管理费用，要保证不亏损，每天的零售额必须达到近5万元，经营业绩压力较大。

另外，北京连锁企业的融资能力较弱，为了追求市场占有率，不少企业不计成本盲目上硬件，过度性地贷款开店，使得资产负债率居高不下。由于发展店铺和管理硬件的投入难以消化，绝大多数企业的毛利水平较低，普遍存在着费用率相当于毛利率，甚至费用率高于毛利率的现象，企业经营处于微利甚至亏损状态。

(四) 地域发展存在明显差距

从各区县拥有连锁企业来看，北京连锁商业90.7%集中分布在东城、西城、崇文、宣武等八城区，其余9.3%分布在房山、昌平、通州郊区县，延庆、怀柔等四县的连锁商业仍属空白。在城区的128家连锁商业的2 063个门店中，二环路以外连锁企业发展较快，其中朝阳区有27家，门店741个，实现零售额86.6亿元，占全市连锁零售总额的26.5%，成为连锁经营发展最大的地区。其次三环以外的石景山有6家，门店153个，实现零售额62.4亿元，占全市消费品零售总额的 19.1%。

以丰台区为例,2011 年丰台区共有所属 9 家商业连锁总店的 339 个门面,商品零售额总计 98.7 亿元,占行业零售额的 13.5%,比上年下降 1.4%。从连锁门店分布区域看,丰台区商业连锁 9 家总店所属的 339 个门店,分布于北京市的四个功能区和其他省市,其中城市功能拓展区连锁门店 91 个,占全部门店的 26.8%;面积 26.2 万平方米,占全部面积的 50%;商品销售总额 67 亿元,占全部销售额的 64.4%。丰台区内属于城市功能拓展区,有连锁门店 29 个,占城市功能拓展区的 31.9%;面积 9 万平方米,占 34.4%;商品销售总额 20.8 亿元,占 31%,占全部销售额的 20%。此外,北京明珠连锁公司的 15 家门店都在朝阳区国有副食行业内。以经营粮食为主的"良士多"、"良士发"和"好邻居",前两者在东城区国有粮食行业内,后者在西城区国有粮食行业内。

10.3.2 北京连锁企业物流配送存在主要问题

近年来,物流配送逐步得到北京连锁零售企业的重视,但由于零售企业自己建设现代化的物流配送中心的时间不长,在投入、技术和运作上都有很大不足。社会物流企业的发展重点主要在工业物流方面,介入连锁商业物流相对不足。尽管存在物美等较为先进的配送中心,但是成熟的第三方物流企业还相对较少。因此,总体上看,北京连锁零售企业的物流配送的运作水平和发达国家相比,还存在提高的空间。目前,北京连锁企业物流配送存在以下的主要问题。

(一)先进配送技术、设备比例较小,物流配送效率存在提高空间

与国外自动化、无纸化的配送相比,我国连锁超市配送的各种软硬件设备、技术落后,操作机械化水平低,信息技术现代化建设滞后。这主要是由于北京乃至我国普遍缺乏现代物流配送的观念,只考虑到机械化的设施和设备以及现代化的技术需要大量的投资,且回收期长。劳动力价格比较便宜,这就更使得许多企业不愿意高资金投入现代化技术、机械化设备。实行手上分拣、人力搬运,人工配货与包装,就会出现作业速度慢、效率低、破损率高、出错率提高的现象。由于不能充分利用信息技术,物流信息系统薄弱,使高效率的信息收集、传递和信息处理成为空谈,也降低了通过信息技术增强企业决策的能力。配送的机械化、自动化程度越低,配送的效率就越低,供货的及时性、准确性和经济性也都受到影响。

(二)小规模企业比例较高限制了经营杠杆的发挥

尽管目前我国的零售企业都在积极发展连锁经营,但规模普遍偏小,组织

化程度低，许多企业的店铺规模没有达到国际公认的连锁企业的盈利点（14 家以上）。没有达到盈利点也就意味着没有有效降低单位固定成本，即连锁企业分店规模扩大使配送中心正常运转所取得的数量折扣和加速资金周转效益，不能抵偿配送中心建设和设备所花费成本的盈亏平衡点，没有发挥经营杠杆的作用。

据统计，北京现有的连锁商业企业平均每家拥有的店铺数虽达到 17 家，但不少企业有 3—4 家。由于国内零售企业的连锁经营尚未形成规模效应，致使连锁经营的优势无法体现，而实现这一优势的物流配送体系也就难以发挥出应有的效能，两者之间还没有形成相辅相成的良性互动关系。如何做大做强连锁经营，形成与外资商业企业竞争的实力，已成为国内零售企业迫在眉睫的重要问题。

（三）物流管理观念需要将经营战略和战术相融合，提高综合能力

许多企业对物流环节的认识程度不够，对现代物流管理的理念仅限于概念层次的了解，普遍缺乏对物流在经营战略与战术层次的综合运作能力。

目前，在这方面出现了两种不同的倾向，其一是重前轻后，其二是盲目跟进。所谓重前轻后，是指许多连锁零售企业在不断追求规模扩张的时候，只重视前台门店的扩张，而忽视了物流配送体系的建设，从而导致了后台物流系统的构筑及管理出现越来越多的问题，出现了在前台店铺数量不断增长的同时，企业总利润却在不断下降的趋势。所谓盲目跟进，是指目前一些大型连锁零售企业纷纷热衷于建立自己的物流配送体系。在“肥水不流外人田”思想的支配下，一些在物流方面毫无擅长的连锁零售企业开始自办物流，还有一些企业仍依靠自己原有的储运力量。连锁零售企业自办物流，在仓储、运输、劳动力、设备等方面的直接投入巨大，场地、设备的运营、保养费以及商品周转占用资金等直接增加了企业的经营成本。

（四）合作机制需要进一步完善

在与供应商的关系上，相当部分连锁零售企业认为利益对立是两者关系的主要方面，没有保持利益与共、共同协作的发展心态。目前，北京连锁零售企业的盈利模式大多处于第二阶段——向供应商要利润。为了获利，拼命挤压上游供应商的利润空间，比如收取进场费、促销费、管理费等通道费用，与供应商之间形成异常紧张的竞争关系。

在利益方面，连锁零售企业往往无休止地追求自己单方面利益的最大化，忽视了与供应商风险共担，利益均沾，争取“双赢”的战略协作关系。一方面尽

力压低进价，另一方面除了向供应商索取名目繁多的，包括进场费、促销费、广告费等在内的通道费用，还采取拖延货款，压占供应商流通资金等违规做法，特别是一些超级终端航母，更是在和供应商的讨价还价上处于优势。连锁零售企业和供应商的关系如此紧张，必定不可能心平气和地坐下来，本着互信互惠的原则，建立长期的战略合作关系，也导致了企业物流管理的低效，从而影响企业的更多盈利。

（五）统一配送率有待提高

连锁企业配送尚未形成规模优势，统一配送率需要进一步提高。目前，连锁企业配送规模均较小，国外一般为80% 以上，而我国只有60%左右，对于鲜活易腐商品、冷冻商品，分店不愿统一配送，多数采用肢解送货上门的办法。绝大多数配送中心没有达到经济配送的规模，部分人员、设施处于闲置状态，配送成本偏高。根据中国连锁协会对内地16家比较成功的连锁企业的调查表明，没有一个企业的配送中心对各店经营的所有商品实行100%的统一配送，少数企业的统一配送率在50%左右，最好的为80%—90%，多数为60%—70%。不统一配送说明没有统一进货，而不统一进货也就丧失了连锁经营的根基。

（六）信息共享机制有待提高

零售企业与供应商以及零售企业内各部门的信息共享非常重要，但我国现存的状况却令人担忧。许多零售企业把已经掌握的信息作为私有财产，不与供应商共享，使得供应商无法获得零售企业的库存和销售信息，结果商品成本提高，零售企业的商品竞争力也就降低了。在企业内部，单就运营和采购来看，两者的必要信息不能充分共享，沟通不畅同样导致了缺货的严重。在商品管理方面，总店采购部门没有很好地把握不同门店的需求差异，使得有些销路不佳的商品长期滞留在货架上，同时也阻碍了更多的畅销产品上架销售；在数据管理方面，如果缺乏沟通，会使得总部和门店数据库的数据不符，进而造成门店经理对于总部和配送系统给出的补货提示没有信心。

（七）第三方物流运作关系需要进一步完善

社会物流企业的发展主要是工业物流，介入连锁商业物流的还不多，因此成熟的第三方物流企业还比较少，商业连锁配送的复杂性和规模的快速增长要求双方要形成紧密的合作。商业连锁业的配送特点决定了它与第三方物流公司需要实时的，多点、多面的衔接和沟通，可以说需要的是一种贴身的服务，这个服务做得好，双方就会发展成一种共生的战略联盟关系。这就需要第三方物流公司在业务上领先一步，能够经常创造给客户带来实惠的增值服务，这是需要第三方物流在今后下大功夫的方面。

（1）第三方物流配送企业服务项目单一缺少特色化服务。物流行业是服务性行业，其中配送更是为满足顾客需要的一种服务。配送活动的出发点就是满足顾客的需要，然而绥化市的大多数物流配送企业都是以简单的配送活动作为自己的主要业务，其提供的主要配送模式是直接配送模式、储存配送模式。随着经济的发展，企业的需求也在日益变得多元化，企业对于增值性物流配送服务的需求也越来越大。通过增值性物流服务可以寻找到物流企业新的利润源，同时增值性物流服务具有业务延伸的功能，向上可以延伸到市场调查与预测，向下可以延伸到物流咨询、物流方案的规划等方面，这对于客户而言提供了极大的便利性。中小型物流企业大都还是采用单一的配送模式，企业的服务项目仅仅局限在装车、配货上，对于客户的其他要求很难满足，这种单一的服务模式使得绥化市很多中小型物流企业失去了很大一部分客户。

（2）第三方物流配送企业管理模式需要加强进一步精细化提高操作效率。北京现有的中小型物流配送企业还有相当部分缺乏科学的管理模式。很多的物流企业都是家族式经营，缺乏制度建设，也缺少物流配送专业人员，许多管理人员对物流业的理解仍然停留在运输、仓储的概念上，还没有意识到物流不仅是运输还是一种服务。同时，在这些中小型企业配送操作过程中计算机的应用程度较低，大都仅限于日常事务管理，而对于物流中的许多重要决策问题，如货物组配方案、运输的最佳路径、最优库存控制等方面，仍处于人工化决策状态。不合理的运输配送方案往往会造成配送企业资源的浪费，降低企业的作业效率。

（3）冷链物流急需集约化和规模化。北京连锁超市与第三方冷链物流零供关系的不和谐不仅仅反映在双方合作的贸易条款、进场进店费和运营的费用上，还有很多体现在超市收货的排队、刁难、无故扣重、扣货和由于收货时间窗小导致冷链食品安全的责任归属上。节假日期间超市门口排队卸货的车辆排成长龙影响了超市周围的交通，排队几个小时才能收货的现象经常发生，而超市收货部工作40%—50%的精力浪费在来来往往的车辆离开和停靠卸货码头协调的时间上。

总结起来，北京连锁超市与第三方冷链物流集中表现为“散”、“小”、“弱”、“乱”、“差”五个方面。在物流业务“散”：目前北京冷链城市配送业务“集约化”程度低、车辆装载率及使用效率低下、运营成本高、其冷链物流公司的运营效率低下直接影响到食品药品的安全，因为冷链物流的关键要素在于温度和时间。公司规模“小”：从事冷链物流的配送的公司大多为民营企业，加上物流属于低利润、高风险（车辆）、进入门槛低的行业，收入低，不容易形成规模，供应链中两头受气等，国企不愿进入。抗风险力“弱”：很多凑几辆车就成立一家物流公司的民营企业经常会因为一个事故或者一个运营赔偿就会倒闭跑路，给物流客户带来很大的风险，同时小企业纷纷以价格竞争，缺乏真正的企业核心竞争力，既搅乱了物流市场又压低了行业的价格，使得想通过正规的管理做大做强的企业备受冲击。政策管理“乱”：出台的管理政策只堵不疏（车证与夜配、共配），超市收货无标准，“吃拿卡要”情况严重，货车的送货停车费越收越多、申报鲜活农产品城市绿色货运车辆标识的车辆只是花钱买车贴，没有出台任何支持政策，大多数政策都是在“干预”而不是在“预防”。经营环境“差”：社会总成本的上涨使得客户不断地压缩自己的成本，而物流供应商则成为被压缩的方面之一；物流的两大成本（燃油、人力）的猛增，使得物流公司进退两难。

（八）连锁企业共同配送尚存在深层次问题

（1）共同配送必须有配送中心来支撑它的高效运作。由于认识局限和体制改革等方面原因，我国配送中心多是由连锁企业自办且主要是为自己服务的，这不仅造成了配送能力的浪费，而且阻碍了竞争机制的引入和配送服务水平的提高，并进而抑制了共同配送的快速发展。

（2）更严峻的挑战来自建立共同配送的联盟内部的诚信危机。由于每个成员都想从中得到更多、付出更少，并出于自身利益封锁信息，因此联盟并不能完全实现统一采购和统一配送。联盟各方都要考虑自己的利益，在信息共享方面难以协调，因为信息共享意味着自己的很多商业秘密数据或者是采购条款要暴露出来。这种信任机制需要时间和完善的制度来建立。

（3）在我国共同配送的难以实现更深层次的原因还在于法律制度建设的滞后。中小零售企业最需要法律政策支持的在于设施建设和培训投入两方面，比如中小企业共用的物流配送系统，单靠融资中小零售企业自身很难建立起来。零售业以门槛低、个体多且分散为特点，对其人力资源进行培训更是需要相当大的政府投入。

上述问题的存在，不仅使连锁零售企业物流成本居高不下，使连锁企业未能取得应有的规模效益和竞争中的价格优势，而且还使我国连锁零售企业的发展有悖于连锁经营的本质。打造连锁零售企业的物流核心竞争力已迫在眉睫，能否成功，直接关系到我国连锁企业的生存和发展。

10.4 北京连锁经营及物流配送发展趋势与对策建议探讨

按照《北京市“十二五”时期物流业发展规划》预期，北京市社会物流总额的年均增长率将达到 20%。到 2015 年，北京市社会物流总额将超 12 万亿元，是 2010 年的两倍多。在物流业“十二五”规划中，北京市将把保障物流、专业物流、区域物流和国际物流建设作为发展主线。此外，北京还将重点支持连锁经营的商业、餐饮企业，调整优化配送中心布局，完善提升配送中心功能。

10.4.1 北京连锁经营发展趋势

从发展趋势来看，店态的增加和业态的细分成为连锁超市经营商的必然选择，以消费者不同需求为基础的差异化经营将成为未来中国超市连锁在竞争中制胜的关键所在。传统超市业态竞争加剧，细分需求旺盛，再加上国内消费市场的不断升级以及生活水平的提高，连锁超市推出高端品牌似乎是水到渠成的选择。作为传统超市的补充，高端品牌并不会和自身的大卖场形成直接竞争。对各家超市运营商而言，尽管走高端路线的终极目标是提高盈利水平，但在培养市场和客户的过程中也能率先抢占这一利基市场，并通过自身的错位经营有效提升超市品牌整体的市场占有率。

2010 年开始，百强企业面临的最大困难是经营成本的提高，包括租金成本和人工成本。统计显示，2010 年，连锁企业续约房租成本平均上涨约 30%。人工成本上升的直接体现是员工工资和福利的增长。对百强企业的抽样统计显示，2010 年，人工成本平均上涨 15%。2011 年，这一上涨趋势仍在继续。受此影响，零售企业的客单价有下降趋势。据中国连锁协会统计，2011 年百货店的客单价为 385 元，大卖场 78 元，超市 62 元，便利店为 16.4 元。

网购对实体零售的争夺也进一步加大。2011 年连锁百强的销售规模为 1.65 万亿元，而中国网民上年在线购物交易额达到 7 849 亿元，已经接近前者的 48%，2012 年如果连锁百强继续按每年 20% 的增幅，而网购保持每年 60% 的平均增幅，那么网上购物在 2013 年底几乎可追平实体百强的规模。

针对经营环境变迁，连锁企业纷纷采取相应的措施改变自身方针。在这些方面，北京的连锁企业走在了前列。据胡笑红(2012)分析，北京连锁企业采取的措施主要有五项。

（一）大卖场郊区化趋势增强

根据中国连锁经营协会统计，以往大卖场的经营面积基本为1.5万—2万平方米。2012年大型超市平均营业面积约为1万平方米，相对于百货、超市、便利店来说，毛利率最低，为12.9%，意味着成本重压下，大卖场纷纷采用减少经营场地的措施自救，而低于其他业态的毛利则说明，今后北京大卖场郊区化的趋势越来越明显。

（二）百货业经营面积不断扩大

与大卖场减少经营面积大相径庭的是，百货业却不断增大体量。根据中国连锁经营协会的统计，2011年百货业的营业面积平均达到了39 058平方米，而百货商店选址以往面积基本在3万平方米左右。根据2011年主要连锁百货企业排名，百货业可比门店的增幅与客流量均出现下滑。各家百货公司上年物业坪效为3.13万元/平方米/年，甚至低于便利店的4.27万元/平方米/年。由于网上购物和消费者消费习惯的改变，单纯的百货遭遇生存危机，为吸引客流，百货公司现在普遍增加了餐饮和休闲的业态，开始向购物中心化转型。为了满足更多的功能配套，这也促使百货店的面积越扩越大。

（三）中型超市和便利店则是盈利结构发生变化

不同于大卖场和百货店的业态调整，中型超市和便利店则是盈利结构发生变化。根据中国连锁经营协会的统计，2011年中型超市的平均营业面积在2 447平方米左右，而便利店约为108平方米。不过便利店的毛利优势相当明显，超过其他业态19.1%，同时本土便利店占据领先优势。在2011年主要连锁便利店排名中，前11位都是本土便利店。

相对来说，同样走城市中心路线的中型超市客单价虽然在62元，接近大卖场的78元，但毛利仅比大卖场的12.9%高0.1%。目前国内的中型超市和大卖场盈利结构的差异不明显，如果要承受高成本在社区中心生存，还要不断调整盈利结构。

（四）行业转型期到

百强数据显示，2011年连锁企业销售规模稳步增长，按同口径相比，增幅超过20%。各个业态尤其是超市和百货都在寻求差异化发展，高端超市、便利店、专卖店、网络零售、购物中心、三四线市场等成为发展热点。2011年以来的行业转变，更多的是由于消费者的变化带来的。城镇化步伐加快、80后和90后逐渐成为消费重要力量、中产阶层数量的扩大，都要求企业有应对的策略。

（五）连锁经营进入结构升级时期，核心竞争力不断提高

工业时代是连锁产生的时代，信息时代是连锁腾飞的时代，而腾飞的翅膀是现代管理技术、方法和手段。连锁经营的发展战略将由前期的低成本快速发展向高技术投入标准化发展转变。连锁经营的后台将比前台重要。连锁企业信息系统的投入和由此带来的采购技术、配送技术和信息技术的升级，将成为连锁企业持续发展的重中之重。具备一定规模的连锁企业将逐步实施订单生产、买断经营、发展自有品牌等方式，与国际接轨。正规的连锁企业将通过企业自建、厂家和社会第三方配送相结合的方式，实现全部商品的统一配送。企业将用电子技术装备进货、补货、财务、收款和市场分析全过程。此外，推进管理规范化、制度手册化，以适应发展的需要。

10.4.2 北京连锁经营物流配送发展趋势

（一）连锁零售业对物流的需求越来越高

连锁零售业由于经营规模不断扩大，需要城市向周边区域拓展门店；特许经营需要为加盟店及时提供畅销的商品，这些都是导致提高物流需求的因素。连锁超市的发展不断增加了门店对物流的需求与依赖。

（二）优势连锁超市企业物流配送稳步发展

目前北京大型连锁超市企业大部分已经建立了自有物流配送中心，经过不断的设施设备改造以及新物流配送中心的建设，物流配送体系已不断完善，运营管理正稳步发展。

（三）百货业态大规模进入物流配送

由于业态的特点，零售百货的商品主要是由供应商进行物流配送。目前的大型百货企业主要还是国有企业占多数，由于计划经济的历史，都有原来配套的仓库，现在主要用于大宗经、代销（或分销）商品的存储和配送。大型百货企业由于有许多可利用的资源，加之为了进行地域扩张和多业态经营并发挥流通物流的作用，纷纷计划发展物流。

（四）便利店物流配送各显优势

尽管销售额前30位的连锁零售企业没有单独的便利店公司，但在许多连锁公司中包含了便利店的业态和销售额。便利店对物流配送的要求最高，对物流配送的依赖性也最强。大多便利店的物流配送是由自有的物流配送中心完成的，如北京京客隆超市连锁集团有限公司的京客隆便利店。柒拾壹（北京）有

限公司也是沿用国外7—11公司的做法,将常温、冷藏、冷冻商品分别外包给两家专业的物流公司。

(五) 扩大配送服务对象,开展商品配销业务

一些连锁超市企业开始利用自身较强的物流配送能力,进行社会化配送。这种配送方式与社会化的专业物流服务最大差别是,它不仅提供物流服务,还伴随着商品的销售甚至管理的输出。其开展配送服务的目的,除了由此产生的服务收益外,更主要的是带动企业的销售,扩大企业的销售规模,赚取进销差价。

10.4.3 加快北京市连锁经营发展的对策

(一) 发掘市场空间,扩大经营行业和业态

北京市连锁商业应在适度的规模增长下,拓宽连锁经营覆盖面上下功夫,应在借鉴国外经验的基础上向服务业、医药行业、建材、家用电器、旅游业拓展。业态应以专业店、大型综合超市、家居广场为主。

(二) 充分利用物流资源,增强企业竞争能力

综观发达国家连锁企业物配中心,与总店、分店三者之间的相互联系非常密切。在先进的计算机网络系统维护下,无论是订货系统(EOS)、出入管理库系统、信息反馈系统,还是销售时点管理系统(POS)、电子资料交换系统(EDI)和电子自动拣选系统均很发达。快捷的信息反馈和高效的物流管理使商品库存量大大降低,资金周转加快,企业成本降低。全球最大的零售商业企业——沃尔玛公司拥有自己的信息网络系统,在客户资料、商品配送、财务管理、员工调动等经营管理方面应变能力极强,其管理主要依靠先进的物流配送系统。所以建立现代化的物流体系是企业降低商品库存量、加快资金周转、降低成本的重要途径。

(三) 随城区扩大增加社区便利店

随着传统的消费习惯的转变,连锁超市、便利店已成为消费者日常购物的主要场所。随着城市轨道、五环和六环的交通建设,北京城市生活空间迅速延伸,新兴居民社区不断涌现,非常适合发展专业店、便利店、早餐点、生活服务业。根据有关部门测算,北京市场可容纳的便利店数量将超过4 000家,表明北京的发展空间还很大。发展的同时应注意学习国外便利店的成功经验:(1) 商品结构应为日常生活所需,如食品饮料、香烟、书刊等;(2) 增加多功能服务项目,如公共收费、金融保险、网上购物与支持网上购物(24小时支付);(3) 选址

时应分析顾客结构与地理特点,确定目标顾客群;(4) 营业时间应以方便居民生活的方针来制定,与大型超市错位经营。

(四) 加强宣传培训,发展特许经营

特许经营作为连锁经营的一种形式,在发达国家已有上百年的历史。可口可乐、肯德基等著名零售企业都是通过特许经营得以迅速发展,在世界各地拥有成千上万个加盟店。美国每人每天的消费支出每3美元中有1美元花在特许连锁店;德国的特许(连锁)经营正以每年25%的速度迅速发展。相比之下北京市特许连锁经营体系发展非常缓慢。北京市商业企业应利用有利时机,积极宣传,利用特许经营方式积极向城乡和外埠以及境外市场开拓,加盟形态一定要多样化,加盟者可以有产权或无产权,也可以由总部提供营业场所。多角度发展特许经营,拓宽连锁经营领域,提升企业规范化、组织化和现代化水平,发展商业新的经济增长点。

(五) 转变经营管理观念,加快推进步伐

首先,要转变经营理念,学习借鉴外资连锁业的经验,营销方法、流通模式在合作对象、方式上扬长避短、有序发展。其次,根据合作各方的资源优势、目标条件和客观环境不断创新合作方式,特别应把连锁经营与资产重组和企业改制相结合,利用一切现有资源获得经济效益和社会效益,使企业稳步发展。再次,走科技发展的道路,利用先进的网络和电子商务等信息技术走科技兴商之路,开拓经营新领域,抓住时机加快推进发展步伐。

10.4.4 提高北京连锁零售业物流配送能力的对策

(一) 物流配送模式的确定

连锁经营的本质表现在统一的企业形象和标识、统一的货品采购、统一的物流配送和统一的管理等几个方面,其中统一的物流配送已经成为连锁企业核心竞争力的重要部分。配送能力的强弱直接决定着连锁企业经营成本的高低,影响企业盈利的能力。物流配送是连锁企业发展的重要基础,物流配送的统一与效率在相当程度上决定着流通的效率,因此物流配送也就自然成为连锁经营企业核心竞争力的一个重要组成部分。

当前,连锁企业经营对物流配送提出了较高的要求,主要体现在以下三个方面:

(1) 配送功能更复杂,逆向物流要求更高。连锁零售企业为了扩大销售,往往对顾客的售后服务承诺较高,一旦出现商品质量问题,就得负责换货、退货等,因此连锁企业的逆向物流要求配送系统具备高效地处理退、换货的能力。这就对逆向物流提出了更高的要求。一方面要做好送货,一方面还得做好退货。同时,零售连锁企业的商品更新换代的频率较高,如时尚商品或季节性强的商品。不同门店之间由于销售情况不同,经常要进行调货。连锁企业追求的高周转率,要求配送中心能非常灵活地处理这些商品的调拨和周转。配送中心还得处理诸如赠品、残次品等问题,功能更复杂。

(2) 流通加工更加频繁,应变性更强。连锁零售企业配送作业除了基本的配货、运送服务外。为了支持门店的销售工作,还不得不进行一些流通加工作业环节。这是因为,连锁企业门店的集中采购,通常使供应商进行大包装供货,但各门店的订货数量较少,种类多,配送中心还得按门店的订单信息进行的拆零、分拣等。同时为了配合门店的销售工作,还有大量商品需要更新组合包装和贴标签等程序。生鲜产品也需要进行简单的清洗、切割、分装,这些工作都是在配送中心完成的,因此造成配送中心的流通加工工作非常频繁,需要更高的应变能力。

(3) 商品保质期管理要求更高。连锁零售企业商品品种繁多,为了保证门店销售商品的质量,对各种不同商品保质期的控制管理是非常复杂的,比如一般干货和冷冻食品的保质期在半年到一年之间,冷藏食品在1天到14天不等。像有的连锁企业配送中心规定保质期的有效期超过了20%就拒绝向供应商收货。而保质期对配送频率的影响是非常大的。由于部分商品像冷藏品的保质期特别短,在运输和储存的各个环节稍有不慎,就会造成商品"提前到期"的风险。保质期管理必定要求配送频率高,也要求配送有更快的反应、更复杂的技术和信息支持。

与经营需求相适应,目前连锁零售企业的配送模式主要有四种:

(1) 建立自己的物流配送中心。配送中心与店铺面积有一个相适应的比例关系,从世界连锁业发展的实践来看,一个便利连锁公司,在拥有20个店,总面积达到4 000平方米时,就可考虑建配送中心;一个超市连锁公司,在拥有10个店,总面积达到5 000平方米时,就有建立配送中心的必要。考虑到配送收入与配送成本因素,配送中心也应具有相应的配送经济规模。一般来讲,判断标准应是:分店规模扩大使配送中心正常运转所取得的数量折扣和加速资金周转的效益,足以抵偿配送中心建设和配送设施所花费的成本。

连锁企业自己建配送中心,普遍存在信息化、机械化程度低和高投入问题。如建立5 000平方米的标准化配送中心投入将在4 000万元左右,这对企业的流通资金带来巨大的压力。再加上目前国内连锁企业发展很快,配送能力扩展的速度往往跟不上企业规模扩大的速度,容易造成管理脱节。

(2) 直接请供应商进行配送。这种配送模式比较少,主要适用于店铺数量少,但规模很大。供应商直接配送的前提是该企业销售量大。这种方式连锁企业将成本转嫁给供应商,容易造成二者矛盾,特别是供应商的利润不足以弥补自己的物流成本时,此种供应有可能发生破裂。另外如要分别建立一套完善的与供应商及时沟通和传递的信息系统,需要一笔不少的投入。

(3) 与供应商建立共同配送中心,向供应链整合方向发展。共同配送中心是指零售商委托某一特定供应商统一在某一地区建立配送中心,收集各个供应商生产的同类产品,并向自己所辖区域的客户进行集中配送。共同配送中心实际上适应了供应商与零售连锁间联系加强的趋势,实现了供应链的整合。但要求零售商有很强的信息处理能力,以及对供应商的驾驭能力。

(4) 委托第三方物流进行配送。这种方式制造商应用较多,产品通过第三方物流公司送到零售连锁商的配送中心或区域中心。第三方物流可以实现对物流配送环节的专业化管理,可以节约连锁企业的经营成本。针对连锁企业经营水平和几千种品种的管理与配送,第三方物流有加强的优势,利用第三方物流企业或是社会化的物流配送中心,将同一区域有相同需求的各连锁分店大量分散的共同货物或商品集中运送,可以最大限度地提高人员、物资、金钱、时间的运行效率,目前我国零售行业采用第三方物流已有明显上升趋势。

上述四种配送模式各有特色,连锁零售企业对于采用哪种配送模式,应结合企业的优势。但随着企业向专业分工方向的发展,连锁零售企业外包物流配送服务是连锁零售业发展的必然选择。连锁经营要求的高效率、低成本的配送服务,适合第三方物流服务的性质,连锁企业引入第三方物流将会是较理想的选择。

从发展的战略考虑,连锁零售业在使用第三方物流服务时,除了能获得专业服务能力、技术和成本优势外,还可以获得战略层面的好处。首先,能集中能力发展核心业务。零售企业的核心是如何选点开设门店、拓展销售网络、促销、商品布置和采购,在后勤服务的物流配送方面没有优势。因此,随着社会专业化分工越来越细,实行物流外包将是今后连锁经营发展的趋势。通过这样的物流外包,连锁零售企业才能将自己有限的资源配置到自己的核心业务上去。其次,连锁零售业使用第三方物流服务能减少投资,降低风险。现代物流领域的设施、设备、信息系统等的投入是相当大的,而且由于物流需求的不确定性和复杂性,导致投资存在巨大的风险,而采用第三方物流,却能避免这些风险。

(二) 加强与供应商的战略合作

为得到更高的物流效率,连锁企业物流管理已不再局限于企业内部,而是延伸至整个供应链,通过和链上伙伴的战略合作,提高自己的物流管理水平。

国外在建立新型的物流供应链战略合作方面采用的典型方法有两种:ECR(效率型消费者对应)和 QR(快速反应)。它们的共同特征表现为超越企业之间的界限,通过合作,追求物流效率化。ECR 和 QR 两种方法,对我国的零售企业和供应商都是挑战。北京连锁零售企业要成功实施 ECR 和 QR,提高物流效率和管理水平,除了要改变观念和供应商建立战略合作伙伴关系外,还要重点解决以下问题:

(1) 信息共享。为改变我国零售业信息共享度低的问题,零售企业要更新旧观念,开放必要的信息与供应商高度共享,防止"牛鞭效应",完善物流管理。

(2) 成本分担。零售企业实施物流管理所需的条件之一就是建立合理的成本分担方案。目前,我国零售企业与供应商之间的紧张关系主要就是由此引发的,长此以往,稳定有效的物流系统就成了空中楼阁,难以实现。所以,零售企业要本着合作双赢的思想,和供应商协商成本分担方案。只有保障了供应商的利益,合理解决成本分担,ECR 和 QR 的成功实施才有可能。

(三) 提升企业物流信息化水平

信息共享是实现供应链管理的基础,因此,有效的供应链管理离不开信息技术的可靠支持。零售企业与供应商要共享需求情息、存货状况、生产能力计划、生产进度、促销计划、需求预测和装运进度等信息并且在各企业间实现信息的快速传递。生产商可以实现"即时生产",完全根据市场需求来准确地安排生产,零售企业则可以在最短的时间内得到市场所需的商品。

(四) 推广共同配送

"共同配送"是指多家物流客户共同委托一家或多家第三方物流公司完成物流配送任务的模式,这种模式最大限度地整合了货物、人力和运力的资源,通过提高"集约化"程度降低参与者的成本,最大限度地降低商业和物流的发展给城市交通和城市环境带来的负面影响。

从国内看,物美集团堪称榜样。它在全国已拥有 700 多家门店,其中北京地区 380 家,由 100 家大卖场、150 家标准超市及 130 家便利店组成,营业额占到了北京商超连锁市场的三分之一。物美在整合大卖场、综合超市和便利店三大采购系统之后,开始严格的内部成本控制和物流整合。从 2010 年开始,物美把北京周边的四大配送中心集中到华北新物流中心,采取共同配送的物流模式，不但使供应链管理变得集中，而且保持了“天天低价，永远物美”的核心竞争力。从成本控制的角度考虑，目前物美主要采用第三方物流公司的车辆来完成门店配送任务，以合同的契约方式确保送货的准时性和安全性，与其合作的运输企业包括北京永盛昌盛、北京华通、北京交运、中冷物流、金成亚信等日供运输车辆100多台。目前正在调试当中的运输管理系统（TMS）将主要用于车辆排队、车队监控、财务结算等。

实施共同配送好处是全方位的。从社会方面说，实施共同配送可大大减少配送车辆，节约燃油，减轻交通负担，保护了环境，推动绿色物流向前发展，产生良好的社会效益。从店铺方面来说，实施共同配送可保证商品的新鲜度，减少来店车次，增加服务时间，减少库存储量，增加商品品种，减少商品因过期而产生浪费的现象，降低了物流成本。对供应商来说，共同配送系统的使用，可使其及时根据店铺订货情况来组织生产，使原材料库存降至最低；同时，随着配送店铺的不断增加，其物流成本越来越低。

以北京家乐福为例，目前家乐福在北京一共24家门店，假设有60个生鲜供应商（冷藏、冷冻、果蔬、冰鲜等），由于生鲜需要每天送货，每天的配送线路就是24门店乘以60供应商，共计1 440条线路。如果委托一家第三方物流（比如快行线物流）提供生鲜物流服务，60家供应商把商品送到快行线，快行线按照家乐福的收货标准、抽检比例进行验收并承担质量及数量的责任，经过分拣后送到家乐福在北京的24家门店，配送线路就变成了24门店 +60供应商 =84条。上述可以看出，同样的货物量、同样的门店数，仅仅由于物流模式的改变就可以使原来的1 440条配送线路变成现在的84条配送线路，减少了94.16%[(1 440 - 84)/1 440]。如果“共同配送”的模式推广起来，“集约化”程度的提高北京的社会物流总成本会更低，配送线路的减少商超门口排队占路的现象会更少，规范了收货的流程及标准零供关系会更加和谐，解决目前存在的“吃拿卡要”的问题，车辆减少会使得北京的交通会更加顺畅，也有助于减轻汽车尾气排放，改善大气质量。

第11章

北京电子商务物流发展现状及趋势

近年来，电子商务快速发展，对经济社会生活的影响不断增大，正成为我国经济发展的新引擎。利用好这个新引擎，对于启动消费、扩大内需、转变经济发展方式具有重要意义。迅猛崛起的电子商务产业离不开快递物流业的支持，同时，快递物流业在促进物流产业发展和满足人民生活需求方面所发挥的作用也日益显著。

11.1 北京电子商务及其物流模式发展现状

北京电子商务起步早、发展快、成效好，在"政府推动、企业主导"的双重作用下，一直保持着良好的增长态势，其电子商务的发展聚集了信息技术、商贸物流、资金人才、国际化资源对接等方面的优势，初步形成了电子商务产业集群。北京市处于国内电子商务发展的前沿地位，其行业发展特征也越来越明显。

11.1.1 北京市电子商务总体发展现状

近10年来，我国电子商务市场高速增长，电子商务交易额在消费总额中的占比从几乎为零稳步增长到突破6%，成为我国扩大消费的一个重要渠道。目前，我国网络购物快速从分散化购买阶段进入规模化购买阶段。即使面对国际金融危机的冲击,我国电子商务2007—2011年的增长速度均超过30%,2012年更是达到了64.7%的增速,占到社会消费品零售总额的6.3%。

中国电子商务研究中心监测数据显示,截止到2012年年底,中国电子商务市场交易规模达7.85万亿,同比增长30.83%。其中,B2B电子商务交易额达6.25万亿,同比增长27%。网络零售市场交易规模达13 205亿元,同比增长64.7%。目前国内电子商务服务企业主要分布在长三角、珠三角一带以及北京、上海等经济较为发达的省份。在企业区域的分布上,排在前十的省份分别为浙江省、广东省、上海市、北京市、江苏省、山东省、四川省、河北省、河南省、福建省。电子商务作为新经济,企业的发展跟地方经济密切相关,这在区域分布上体现明显,上海、浙江、广东等沿海地区由于经济发达,人们接受新事物的能力较强,为电子商务的发展奠定良好基础。

北京市作为首都,有强大的资源汇聚力和向外辐射力,电子商务发展优势非常明显,而且发展潜力巨大。北京电子商务具有创新驱动与总部带动相结合、行业整合与产业融合相并重、电信运营商积极拓展电商服务新领域、电子商务应用与社区服务范围结合、技术创新和技术应用相促进的特点。北京综合实力位居全国前列,成为全国电子商务基础雄厚、交易活跃的地区之一。

(一) 北京市电子商务政策环境

北京政府部门高度重视电子商务发展,出台了多项推进北京市电子商务发展的相关政策。1998年北京市成立了首都电子商务工程领导小组,启动了首都电子商务工程,并将电子商务作为城市信息化发展的重要内容,明确列入城市发展规划。2000年以来,市人大、市工商局、市商务委等部门相继制定出台了《北京市信息化促进条例》、《北京市电子商务监督管理暂行办法》、《关于网上经营行为备案的通告》等一列有关电子商务的政策。2009年北京市商务委在全国率先印发了《关于促进网上零售业发展的意见》,明确了加快网上零售业发展的指导思想、基本原则和发展方向。这些政策法规在促进电子商务应用,加强电子商务市场监管,维护网络消费者合法权益等方面发挥了积极作用,为全国电子商务政策法规体系建设进行了有益探索。

同时,政府在信用体系建设、统计体系和法律规范等方面积极工作,为网络购物市场的健康发展营造良好环境,积极创办国家级电子商务示范城市。另外,北京市政府部门开展对电子商务发展推广的系列活动,连续三年开展"点击消费"的网络促销活动。50多家网上零售商参与,促销活动既满足了网购用户的消费需求,也增强了网络销售企业诚信经营自律意识,提升了品牌影响力,促进了网络零售业的健康发展。北京市政府部门还加强电子商务现代服务业试点建设，积极参与制订中关村现代服务业试点方案。在中关村国家自主创新示范区开展现代服务业试点，探索加快服务业发展的新模式。

（二）北京市电子商务发展现状

北京良好的政策环境、经济和技术环境为电子商务的发展提供了坚实的基础。电子商务交易规模持续高速增长，龙头企业集聚发展。据北京市统计局数据显示，2010 年北京市电子商务交易总额从 2005 年的 887 亿元增加到 3 995 亿元，“十一五”期间年均增长 45%，其中 B2B 交易额为 3 587 亿元，占总交易额的 90%，B2C 及其他交易模式的交易额为 408 亿元，占总交易额的 10%。第三方电子商务平台交易规模达 2 680 亿元，“十一五”期间翻了三番。2010 年，全市传统企业电子商务总投入占企业主营业务收入的 0.1%。全市开展电子商务的企业约占企业总数的 35%。2011 年，全市网上商店零售额达到 256.4 亿元，同比增长 100% 左右。2012 年北京电子商务交易额约 5 500 亿元，同比增长 15%。2012 年北京团购网站在售团单数约 14.4 万个，北京市民团购消费共计 3 094.4 万人次，累计成交额 18.6 亿元。全市网民已达到 1 458 万人，新增光纤到户覆盖家庭 114.1 万户。

在 B2B 领域，北京拥有敦煌网等外向型电子商务服务平台、慧聪网等面向中小企业的电子商务信息服务平台以及金银岛、中国棉花信息网等面向细分行业的大宗商品交易平台。敦煌网外贸交易平台服务国内外买家达 500 多万户。慧聪网垂直交易平台覆盖工程机械、汽车配件、家居用品等 70 多个行业。根据电子商务研究中心统计数据，2012 年 B2B 服务商市场份额如图 11-1 所示。

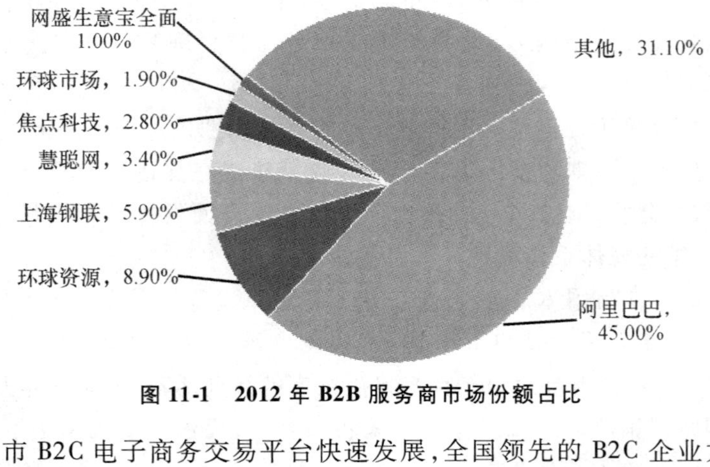

图 11-1　2012 年 B2B 服务商市场份额占比

北京市 B2C 电子商务交易平台快速发展，全国领先的 B2C 企业大批涌现，成为网络购物发展的一大亮点。京东商城、当当网、凡客诚品和红孩子等一批全国排名前十位的企业在京设立总部,年均增长高达 200%—300%,经营服务范围广泛。京东商城、凡客诚品、当当网、亚马逊、乐友网等企业在北京、上海、成都、武汉、沈阳、广州等重点城市建立了分公司、地面零售店或大型物流中心,货到付款服务可覆盖全国 32 个地区(含港澳台)1 000 多个城市。在网络购物上,已不局限于 3C 产品、图书等标准化品类,而扩展到服装鞋帽、化妆品、食品、家用电器、家居百货、文体用品、珠宝配饰、母婴产品等,线上零售与线下零售的差异正在缩小,甚至许多家庭生活服务、政务服务等都能在线上购买。传统零售企业纷纷建立网络平台,争取网络购物客源。特别是 2008 年以来,随着网络购物的发展,消费人群日益增多,许多零售企业加大了对网上销售的投入。根据电子商务研究中心统计数据,2012 年 B2C 网络购物交易市场份额如图 11-2 所示。

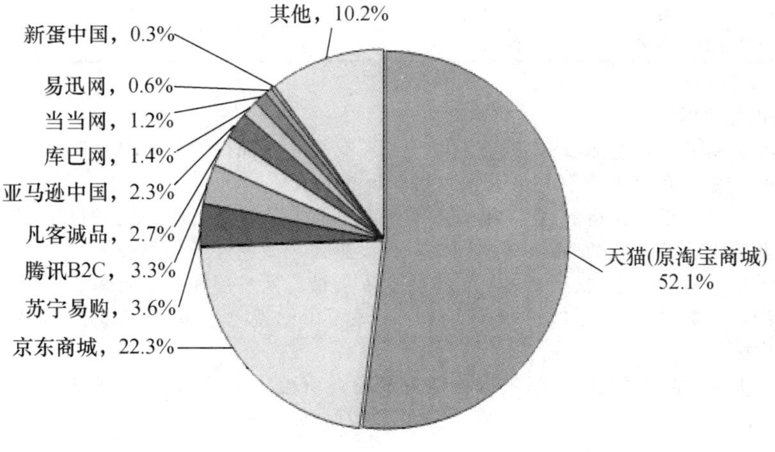

图 11-2　2012 年 B2C 网络购物交易市场份额占比

电子商务支撑体系不断完善,服务水平全国领先。在安全认证方面,北京拥有中国金融认证中心等 6 家获得电子认证服务许可的机构,数量位居全国第一。在物流服务方面,中邮物流、联邦快递等物流领军企业落户北京。在电子支付方面,北京已初步建立起跨行、跨区域的电子支付体系,电子支付应用的普及率位居全国前列。在信用服务方面,北京培育创建了“信用中关村”等信用公共服务平台和机构;北京市工商局建立了企业信用系统,开通了面向社会提供信用信息查询服务的北京市企业信用网。

在 2012 年中国电子商务城市评选中,综合电子商务交易量指数、网上市场吸引力指数、基础设施建设指数、零售业发展指数、创新指数、行业活力与垄断指数六项指标，北京以总分最高位居第一，接下来分别为上海、杭州、广州、深圳、南京、重庆、成都、厦门、宁波，如表 11-1 所示。

表 11-1 2012 年中国电子商务城市十强榜单

排名	城市	所属省	电子商务交易量指数	网上市场吸引力指数	基础设施建设指数	零售业发展指数	创新指数	行业活力与垄断指数	总分
1	北京	北京市	19.3	18.7	19.2	19.4	18.2	19.8	114.6
2	上海	上海市	19.4	18.8	19.4	19.3	18.4	19.2	114.5
3	杭州	浙江省	18.6	19.4	19.2	18.9	19.7	18.3	114.1
4	广州	广东省	19.5	19.0	19.1	19.1	18.2	19.0	113.9
5	深圳	广东省	18.2	17.6	19.5	19.1	18.1	18.5	111.0
6	南京	江苏省	16.4	17.8	16.7	18.6	15.9	16.7	102.1
7	重庆	重庆市	16.7	16.2	16.4	17.5	17.2	16.2	100.2
8	成都	四川省	15.9	16.6	16.8	17.9	15.3	15.7	98.2
9	厦门	福建省	14.4	15.3	14.6	16.8	14.5	15.3	90.9
10	宁波	浙江省	14.8	15.9	14.4	15.6	14.9	14.7	90.3

◎图标编制：中国电子商务研究中心。

资料来源：www.100ec.cn。

附：指标说明

- 电子商务交易量指数：根据各地电子商务交易总额加权计算所得。资料来源：各地主管部门公开数据、CNNIC 各区域互联网发展状况报告。
- 网上市场吸引力指数：指各地政府对于电子商务的扶持力度、出台的具体措施、意见。
- 基础设施建设指数：指各地的网络基础设施建设效果以及信息技术的应用程度。
- 零售业发展指数：指根据各地的零售业发展情况及发展速度进行综合。
- 创新指数：指所利用电子商务手段与当地城市的特色经济结合起来，发挥强大辐射作用的能力。
- 行业活力与垄断指数：指依据各地电商行业所处的竞争格局、行业集群分布情况综合评定。

当前，北京市电子商务正处于转型提升的关键时期，处于应用服务领域不断拓展的新阶段，技术和服务创新不断加速的新阶段，产业业态和商业模式快速涌现的新阶段，但与世界先进水平相比还存在一定差距。一是适应电子商务发展趋势的法规、政策和标准规范体系尚待健全；二是电子认证安全性、信用服务可信度、物流配送便捷化等电子商务服务支撑功能仍需提升；三是电子商务创新体系尚需完善，技术、服务和商业模式创新能力有待提高；四是电子商务企业规模偏小、行业组织和行业自律欠缺、无序竞争现象仍然存在；五是拓展国际市场、提升国际合作与竞争能力有待进一步提升。

11.1.2 北京电子商务企业物流模式

电子商务的推广，加快了世界经济一体化，使物流越来越在整个商务活动中占有举足轻重的地位。电子商务带来对物流的巨大需求,推动了物流的进一步发展,在北京,专业化物流企业超过千家,一大批物流龙头企业在京设立总部,物流配送网络建设步伐加快,物流公共信息服务平台应用成效明显,第三方物流迅速崛起。

但目前的物流业服务水平低,成本高,种种问题制约着电子商务的高速发展,尤其是季节性的快递企业"爆仓"问题以及频繁涨价等问题,使得大多数具有先行优势的电子商务企业在物流相关领域进行了巨大的投入。电子商务的快速发展很大程度上使得企业获取信息的成本较低,作为发展瓶颈的物流便成为企业亟待解决的关键问题,B2C 行业中一部分优秀企业开始自建物流。

同时越来越多的传统物流企业也开始涉足电子商务领域,如北京宅急送快递股份有限公司已经上线了商品代销平台"E 购宅急送",而顺风速运有限公司退出了"顺风 E 商圈",申通快递创办了"久久票务网",圆通推出了农产品销售网站"新农网",中国邮政和 TOM 集团推出了"邮乐网",中铁快运推出公共网络交易平台——"快运商城"等。

北京市电子商务物流市场存在多种运作模式。一般而言,B2B 市场的企业用户大多利用企业原有物流方式进行配送;B2C 市场自营与外包模式并存,大型企业倾向于自营物流,多数中小企业则积极扩展与物流配送企业的外包合作;C2C 市场因消费者间的交易模式不具备自营物流的条件,几乎全部采用第三方物流。具体物流模式包括以下几种:

(1) 自营物流模式。电子商务企业通过自己的力量组建物流配送系统,经营管理企业的整个物流运作过程。优点是能够保证配送的及时性和可靠性,从而保证配送质量,更好地为顾客服务。同时货到付款的服务能够大大缩短回款周期,提高现金流动性。这种物流模式的缺点是往往配送规模小而使得物流成本较高。典型企业如京东商城、凡客诚品、一号店等。

(2) 第三方物流企业合作的物流模式。电子商务企业将自己的物流业务通过企业方式委托给专业的第三方物流企业来运作。优点是第三方物流企业拥有发达的物流网络,其专业化运作可以为电子商务企业提供准确、及时、低成本的物流服务。缺点是商品出库后物流环节掌握在物流公司手中,电子商务企业自身无法监管,而且与物流公司在信息沟通、账务交易、经营管理上存在一定的障碍,会出现配送不及时、忘记送货或是无法送货等问题,这将会严重影响电子商务企业的服务水平。典型企业如淘宝、易趣等 C2C 市场电商。

(3) 物流联盟是一种介于自营物流和外包之间的物流运营模式。通常可分为狭义和广义两种,狭义的物流联盟是指企业自身拥有一定的物流资源但并不具有比较优势，不适合建立完全自营物流，因此企业运用自身有限物流资源和物流外包相结合的方式；或者企业规模有限，仅有能力在业务比较集中的重点区域建立完全自营物流，在业务量较少和交易相对偏远的区域没有能力组建完全自营物流，而不得不采用外包代理的物流运营模式，它是一种企业与物流代理企业之间形成的物流联盟。广义的物流联盟还包括合作的非专业物流代理企业，各自共享企业自身的物流资源组成一个长期合作的物流联合体，为实现电子商务企业物流配送合理化，降低物流成本，以互惠互利为原则，彼此提供各自有优势的物流配送服务而形成一种协作型配送模式，它包括配送的共同化、物流资源利用共同化、物流设施设备和技术利用共同化以及物流管理共同化。典型企业如当当网等。

(4) 电商物流与传统商业物流相结合的运营模式。该模式的优点是传统商业特别是连锁经营商业具有得天独厚的资源优势，拥有丰富的商品和高效的配送体系，能够提供高效率的服务，二者结合能够充分发挥二者优势，实现资源共享，优势互补。缺点是传统商业企业没有丰富的电子商务运营经验，很难平衡线上和线下产品的价格。典型企业如国美电器、苏宁电器等。

11.1.3 北京典型电子商务企业物流状况分析

(一) 京东商城物流分析

京东商城是中国 B2C 市场最大的 3C 网购专业平台，是中国电子商务领域最受消费者欢迎和最具影响力的电子商务网站之一。京东商城目前拥有遍及全国各地 1 500 万注册用户，1 200 家供应商，在线销售家电、数码通信、电脑、家居百货、服装服饰、母婴、图书、食品等 11 大类数万个品牌 30 余万种优质商品，日订单处理量超过 12 万单，网站日均 PV 超过 3 500 万。现在，京东商城已占据中国网络零售市场份额 35.6%，连续 10 个季度蝉联行业头名。

京东商城在线销售商品近 10 万种。目前京东商城拥有超过 1 000 万的注册用户，日订单处理量突破 7 万单。现在，京东商城已经成为中国消费者选购 3C 产品的重要途径。

物流方面，京东商城提供了灵活多样的商品展示空间，消费者查询、购物都将不受时间和地域的限制。依托多年打造的庞大物流体系，消费者充分享受了“足不出户，坐享其成”的便捷。目前，分布在华北、华东、华南、西南的四大物流中心覆盖了全国各大城市。2009 年 3 月，京东商城成立了自有快递公司，物流配送速度、服务质量得以全面提升。

京东商城的物流模式主要有两种：自建物流体系和自建体系与第三方物流

相结合。

（1）自建物流体系。2009 年，京东网上商城陆续在天津、苏州、杭州、南京、深圳、宁波、无锡、济南等 23 座重点城市建立了城市配送站，最终，配送站将覆盖全国 200 座城市，均由自建快递公司提供物流配送、货到付款、移动 POS 刷卡、上门取换件等服务。此外，京、沪、粤三地仓储中心也已扩容至 8 万平方米，仓储吞吐量全面提升。

目前，分布在华北、华东、华南的三大物流中心覆盖了全国各大城市。2009 年 3 月，京东网上商城斥资 2 000 万元成立了上海圆迈快递公司，上海及华东地区乃至全国的物流配送速度、服务质量得以全面提升。

2010 年 4 月初，京东商城在北京等城市率先推出“211 限时达”配送服务。2010 年 5 月 15 日在上海嘉定占地 200 亩的京东商城“华东物流仓储中心”内，投资上千万的自动传送带已投入使用，这是京东迄今为止最大的仓储中心，承担了一半销售额的物流配送，也是公司将融到的 2 100 万美元的 70% 投放到物流建设的结果。

（2）自建体系与第三方物流相结合。虽说京东商城 2010 年获得了 100 亿元的销售额，可其主要业务阵营仍局限于北京、上海、广州等经济发达城市。随着互联网应用的深入，京东业务阵营已经扩展到二级城市或三级城市。可是，如果在全国每个二级城市都建立自己的物流或运输公司，成本至少要在数百亿元。更何况，现在二级城市的利润不足以维持物流中心的运营。正因如此，大多数 B2C 网站都与第三方物流合作完成配送。

在北京、上海、广州之外的其他城市，京东商城和当地的快递公司合作，完成产品的配送。而在配送大件商品时，京东选择与厂商合作。因为厂商在各个城市均建有自己的售后服务网点，并且有自己的物流配送合作伙伴。比如海尔在太原就有自己的仓库和合作的物流公司。京东与海尔合作，不仅能利用海尔在本地的知名度替自己扩大宣传，也较好地解决了资金流和信息流的问题。其主要的第三方物流公司有宅急送、中国邮政等。

（3）京东物流服务新探索。除了与第三方的物流公司合作，京东商城还在各地招一些高校代理。

高校的学生是一个比较大的消费群体，但他们的不确定因素也是最多的。产品配送的时间大都是在白天，可白天是高校学生的上课时间，他们希望快递公司在晚上把货送来，但快递公司却不提供这样的服务。于是经常发生这样的情况：配送人员到学校门口告诉学生货到了，学生却不能取货。此外，绝大多数高校的保安都不允许快递人员进入校园，快递人员只能和高校学生用电话联络。但部分高校学生使用手机的频率不高,或者关机,或者是忘记携带。快递人员经常打电话找不到人。结果双方都有意见,学生抱怨快递公司送货不及时,快递公司抱怨联系不上学生。为了解决这个问题,京东招了一些人做高校代理。

(二)苏宁易购物流分析

苏宁早在20世纪90年代就建立了自己完整的配送系统。当时,苏宁电器投入3000多万元建立进、销、存、送、装一体化管理的ERP系统,通过管理流程的电子化、信息化,实现了物流管理体系的高效运转,在国内商业零售领域首屈一指。目前苏宁物流体系里包含一个面向全国的物流中心、20多个区域物流配送中心以及各城市零售配送中心,覆盖近30个省200个城市,日最高零售配送能力超过20万台。

苏宁易购,是苏宁电器集团的新一代B2C网上商城,于2010年2月1日正式开始运营。以此为标志,苏宁电器正式进入电子商务B2C领域。作为实体零售的辅助,苏宁易购旨在通过利用苏宁既有优势,将虚拟经济和实体销售模式相结合,配合苏宁电器集团打造虚实结合的新型家电连锁模式。

(1)采用自营物流配送模式(自营为主)。苏宁易购实际是一种"实体+网销"的模式,网上的营销必须依附其线下的连锁经营来实现,通过配送中心,根据用户的订单和销售预测,进行规模化采购、进货、保管,然后按客户订单所需商品及其数量,在规定的时间准时送达客户(这里的"客户"既指下一级的配送中心,也可以指苏宁的连锁门店,最终用户等)。

苏宁易购的物流配送体系分为两部分:小件商品采用易购自己的仓库,大件商品则利用苏宁线下的配送体系。易购网站接到订单后,系统立刻进行分析,如果是小件商品,系统就会将其转入苏宁易购自己的配送系统处理;如果是大件商品,系统将其分配到相应的地区,再反映到该地区的库存系统,如果有货,系统就会为其指定物流中心发货。

针对网购商品的特点和细分化的需要,苏宁在原定物流基地发展的基础上,决定建设能够满足苏宁易购需要的第四代物流基地和第五代自动化仓库,以及城市自营快递体系,实现小件商品的远距离快速配送响应。

(2)第三方物流配送模式。苏宁易购的第三方物流配送模式是指企业在配送方面没有能力提供快速的、便捷的物流服务,将部分物流配送业务或全部配送业务外包给专业的物流公司。

11.2 北京快递业发展现状

我国快递市场已成长为增长速度最快、发展潜力最大的新兴市场。随着我国快递业务的高速发展,快递市场规模急剧扩大。2011 年,我国快递日均处理量超过 1 000 万件,快递最高日处理量突破 1 800 万件,市场规模居世界第 3 位。2012 年,全国规模以上快递服务企业业务量完成 56.9 亿件,同比增长 54.8%;业务收入完成 1 055.3 亿元,同比增长 39.2%。2012 年,东、中、西部地区快递业务收入的比重分别为 82.3%、9.3% 和 8.4%,业务量比重分别为 81.9%、10.5% 和 7.6%。

截至 2011 年年底,依法取得快递业务经营许可证的企业 7 500 家,占市场份额 95% 以上的快递企业纳入了许可范围。在 2011 年世界 500 强企业中,进入中国快递市场的企业已达 5 家。2011 年,中国邮政集团公司首次登上《财富》世界 500 强排行榜,位列第 342 位。快递企业的运营管理能力和技术装备水平明显提高,快递网络正由东部向西部、由城市向郊区迅速扩展,全国各快递公司营业网点累计达到 7.5 万处,快递从业人员已经超过 70 万。

在基础建设方面,各快递公司加大分拨中心、转运中心建设力度,不断提升处理能力。购买租用运输飞机,与众多机场和航空公司签署战略合作协议,提高航空运输能力;加强配套服务设施建设,包括信息中心、业务受理中心、客服中心建设,提高综合配套服务能力。

我国已经形成了以北京、天津、沈阳、大连和青岛为中心的环渤海快运速递圈,速递圈以滚动式、递进式的扇面辐射,带动地区的发展,这种辐射功能包含着巨大的快运速递辐射和集散功能,以激活和融通全国范围的快运速递的人流和信息流。快运速递圈的形成使中国快运速递业的发展呈现出"区域引力场"的现象,周围地区包括中西部地区都处于快运速递圈的引力场的吸引范围内。

近年来,北京市电子商务进入了高速发展的阶段,"十一五"期间电子商务交易总额年均增长 45%。在商流、资金流、信息流都能通过电子商务实现之后,快递物流业便成为电子商务发展的关键,同时电子商务的高速发展也为快递物流业提供了新的契机。据统计,网上购物中,75% 的交易需要传递实物,网络零售带动的业务量占快递总量的一半以上。电子商务企业与快递企业是上下游的合作关系,在供应链体系的不同环节发挥着不同的作用,前者在上游提供的订单转化成包裹,快递公司则用服务把这个包裹送到消费者手里。在享受网络购物带来业务增长的同时，快递业也出现了一系列问题，如市场混乱、同质化竞争、“最后一百米”等。因此，北京快递业的发展面临重大机遇和挑战。

11.2.1 北京市快递业总体发展现状

从北京市快递业发展的区位优势来看，京津冀都市圈的建设成为区域经济与社会发展的良好契机，随着都市圈的建设，圈内各种业务往来增加，人们对便捷服务的需求也将增加，网络购物、电视购物等新型消费方式也将不断发展，这些都将不断增加对快递的需求，并对快递服务质量提出更高的要求。

（一）北京市快递业行业政策环境

为了促进快递业的健康快速发展，近年来国家及北京市政府各级部门就电子商务物流服务业的发展出台了一系列相关法律法规和政策。

《国务院关于加快发展服务业的若干意见》于2007年出台，确定了我国加快转变经济发展方式，大力发展包括邮政、快递在内的现代服务业的战略。国务院《物流业调整和振兴规划》进一步明确了国家发展快递物流业的政策导向。《京津冀地区快递服务发展规划（2010—2014年）》提出充分依托大交通平台，发挥地区航空、公路和铁路交通密集的优势，强化北京快递中枢作用，优化京津冀地区快递综合运输网络，编织一个高效的运输网络体系。《邮政法》、《快递服务标准》、《快递业务经营许可管理办法》等相关法规、标准颁布实施，奠定了快递发展的法制基础，市场秩序逐步规范，发展战略逐渐清晰，快递发展活力得到释放。2011年5月国家邮政局公布《关于快递企业兼并重组的指导意见》，鼓励快递业行业内以及跨行业、跨地区、跨所有制的企业兼并重组，旨在五年内培育出一批年收入超百亿元的快递企业。

北京市于2011年将支持全市快递服务发展纳入了《北京市“十二五”时期物流业发展规划》。根据其内容，北京市政府将主要从三方面支持加快快递服务发展。一是实施城市快递物流共同配送工程，搭建同城快递配送信息平台，进小区、进校园，实现信息标准化、配送区域化、服务集中化，优化“最后一公里”快递配送服务网络，提高居民生活便利度；二是依托机场、铁路和高速公路等交通基础设施，打造快递物流集散系统，包括建设快递等专业物流集散区，即快递物流园区；三是在政策上支持加快快递服务发展，如实施制造业与物流业联动试点工程，吸引国内外知名快递物流企业落户北京，以及在城市配送、快递物流领域，试点组建零排放绿色新能源车队。

这些法律法规、标准以及相关的产业发展整体规划对北京市电子商务物流业有效地起到支持、引导和监管作用，对于建立自由畅通、规范有序的电子商务物流市场，推动快递行业的持续健康、快速发展具有十分重要的意义。

（二）北京市快递业发展现状

全市专业化物流企业超过千家，一大批物流龙头企业在京设立总部，物流配送网络建设步伐加快，物流公共信息服务平台应用成效明显。北京市电子商务综合环境不断优化，与电子商务相关物流企业也在不断发展，这些企业包括第三方物流企业、做物流的电子商务企业以及做电子商务的物流企业。

2010 年，北京市规模以上的专业物流企业有 817 家，本市物流业务总收入达 1 686.1 亿元，比上年同期增长 29.7%，817 家规模以上专业物流企业实现物流业务收入 1 260.2 亿元，占总量的 75%。其中，大中型企业数量占比为 13.1%，而其物流业务收入占比达 74.4%，大中型物流企业市场占有率不断扩大，市场集中度进一步提高。

在 817 家规模以上专业物流企业中，专业的电子商务物流企业有 200 多家，随着电子商务的发展，越来越多的传统物流企业也开始涉足电子商务领域。据不完全统计，与电子商务企业合作的知名第三方物流企业有 14 家，电子商务企业自营物流的有 3 家，分别是京东商城、当当网、聚美优品。北京市韵达速递有限公司已经和 16 家电子商务公司合作，截至 2012 年 1 月，其业务量比 2011 年增长了 98%，全年中转量 270 万票。北京顺丰速运有限公司在京已建分拨中心，营运面积近 3 万平方米，公司自有运输车辆超 400 辆。2011 年，北京顺丰速运有限公司网点布局已达 46 个分部 154 个点部，覆盖了北京市所有区县，基本达到全市收派。全年收派件量累计达 7 762 万件，营业收入超 11 亿元，实现税收 7 852 万元，亩均创税已达到 143 万元。

在快递业竞争过程中，目前的快递格局已形成国企、民企、外企三分的格局。第一类是国有性质的快递企业，以中国速递服务公司（EMS）及其下属北京邮政速递局为代表，EMS 特快专递业务是目前中国速递行业的最大运营商和领导者，业务通达全球 200 多个国家和地区以及国内近 2 000 个城市；第二类是民营快递企业，以顺丰速递、宅急送、“四通一达”（申通、圆通、中通、汇通、韵达）为代表，这类企业在某个区域范围内拥有相当强的优势；第三类是以联邦快递为首的国际速递巨头，其丰富的经验、雄厚的资金以及完善的全球网络大大提高了竞争实力。这三类快递企业形成了北京市快递市场多元化的竞争格局。

2012 年北京市规模以上快递服务企业，在快递业务量方面累计完成 48 073.7 万件，同比增长 42.8%；在快递业务收入方面，累计完成 76.27 亿元，同比增长 21.9%。北京市快递业务量及收入所占全国比重不断提升，快递业务量与收入占全国比重分别为 8.46% 和 7.23%。2010—2012 年北京市快递业务量与收入增长情况如图 11-3、图 11-4 所示。

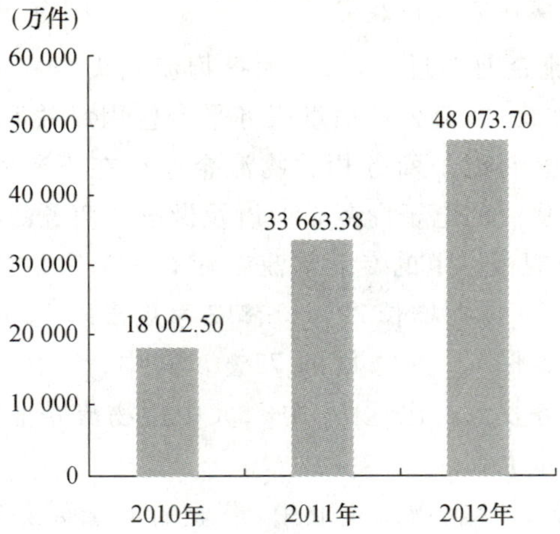

图 11-3 北京市快递业务量

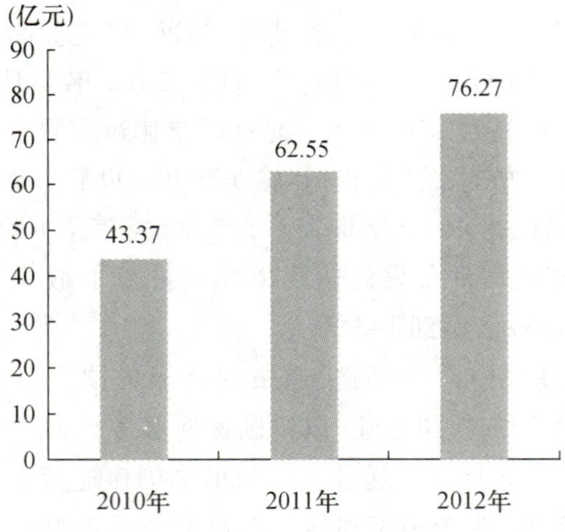

图 11-4 北京市快递收入

从以上数据来看,北京市快递业务量与收入创新高,市场结构日趋合理稳定,各项业务发展态势强劲有力,业务规模日益扩大,占全国比重不断提升,为快递业的繁荣振兴奠定了坚实基础。

快递物流业随着电子商务的高速发展需求急速增长,但快递业得到快速发展的同时,也凸显出一些问题:

(1) 从业人员的素质亟须提高。虽然北京市快递业务量增长快,业务需求巨大,但是由于快递业进入门槛较低,很多中小企业是从简单的搬运、同城配送做起，从业人员素质低，同时行业规模较小，快递企业数量急剧扩张，使得快递市场十分混乱。据调查，民营物流快递企业如申通，许多从业人员都是初中毕业学历。加上劳动力市场用工荒渐显及快递行业从业人员流动率极高，快递企业招聘时几乎不设门槛，不培训直接上岗，造成员工业务能力低下，素质参差不齐，由此带来的是企业服务质量的低下和服务意识的薄弱。如近年网上频频曝光的“暴力分拣”等现象，严重影响了快递企业的品牌形象。对此，必须要从上到下提高员工的素质，包括上门服务的收派员的素质，加强从业人员培训学习，提高诚信服务水准，更好地维护广大消费者合法权益。此外，还有加强沟通技巧的改进和培养。

（2）物流快递业和电子商务的关系需进一步加强。网络购物异军突起，在给快递行业带来发展机遇的同时，也对其服务能力提出了挑战。物流快递的体系问题已经成为限制电子商务发展的瓶颈。随着电子商务在近几年爆发式的发展，更使得两者之间的差距扩大。据相关数据统计，国内电子商务的发展速度是200%—300%，而物流增速只有40%，物流发展水平远远不能满足电子商务发展的需求，尤其在节假日，快递物流公司频频出现“爆仓”现象。再加上物流服务水平不高，出现到货慢、货物丢失、商品损毁、送货不到位等服务问题，成为消费者主要的投诉对象之一。事实上，不少电子商务企业开始考虑自建物流体系，像京东商城、凡客诚品等企业已经自建物流公司，保证物流快递质量。进一步加强物流快递业和电子商务的关系，是未来一段时间内物流快递业发展的重要一步。

（3）快递行业同质化竞争严重。快递企业在价格、时效、服务质量等方面同质化程度极高，消费者面临的转换成本几乎为零。绝大多数快递公司除价格战之外并无其他竞争手段。随着近年来劳动力成本、油价等因素上涨，快递公司业务量虽然保持增长但利润呈现下降趋势，且在国内通胀压力下，与快递业相关的各项成本并无下降预期，行业利润呈现进一步下滑的趋势。加之国家邮政局对外资快递企业进一步开放，2012年，联邦快递和联合包裹两大国际快递巨头拿到经营中国国内快递业务的牌照。这是2009年《中国邮政法》实施以来，外资快递企业首获国内快递牌照，外资快递正式进入中国市场。国内快递市场中，以价格战为竞争手段的多数民营快递企业将面临更大的竞争压力。

（4）城市建设与发展物流之间的矛盾日益突出。由于城市规模的扩大，人口膨胀，市区交通拥堵，对货车进城实施严格的交通管制，然而这却造成城市配送“最后一公里”的运输瓶颈。物流配送车辆城区通行难，造成物流公司运输中的困难，并增加运输成本。尤其是由于“限货”，使现有物流配送能力无法真正满足不断增长的货运需求，一些货运企业索性采用客车运货的方式，不仅导致运输效率低，也加剧了道路拥堵和城市污染。因此，北京在推进城市物流配送体系建设的过程中，城区货车通行能否畅通，不仅需要考虑在城市整体交通状况的前提下，完善车辆技术标准，完善管理政策，还应更多考虑市场和企业的实际情况，来制定快递业发展政策。

（5）城市的末端配送问题需要进一步解决与完善。城市的末端配送，即"最后一百米"问题，是快递行业近年热点关注的问题，作为电子商务物流的一个重要环节，其实施效果直接影响着顾客对电子商务企业和快递企业的满意度。作为经济和政治中心，北京是一个人口高度密集、商业活动高度频繁的城市。"最后一百米"问题目前在北京等大型城市凸显得尤为严重。总结来说，现行末端配送的问题有：路线过于随机，无法精细安排大批量货运，造成时间和运输成本大量浪费；运送终端以人为个体，承受货物量暴增的能力很弱，很容易造成货物积压；快递员工作环境无法改善，存在严重的道德风险。

北京市许多电商和快递企业对末端配送问题进行了有益的尝试。比如建设自提式快递点以及共同配送模式等。其中北京市商务委指导、北京市快递协会协调推动成立的"城市100共同配送"较具代表性。截至2011年年底，城市100拥有旗下营业网点及门店150家，机动车辆200余台，员工2000余人，业务区域实现北京全覆盖。"城市100共同配送"的定位就是"配送最后100米"，希望通过对物流快递行业人员、网点等末端资源的高效整合，为快递企业解决高校、社区送件难顽疾，改善投诉率居高不下的问题。这些模式和方案对解决末端配送问题进行了有益的探索。但北京市末端配送问题还需要在相关部门的支持以及快递企业的努力下寻找更为有效而系统的解决方案。

11.2.2 北京市典型快递企业运营状况分析

（一）宅急送运营状况分析

北京宅急送公司成立于1994年，公司以跨越式发展速度，在全国建立了庞大的"快递网络"，以优质服务赢得了国内上千家著名企业以及广大民众的信赖；以"诚信，和谐，高效，卓越"的企业精神，矢志成为民族快递行业的一面旗帜。

1. 宅急送竞争优势

一是完善的物流体系。宅急送拥有32家直营分公司，覆盖了31个省/自治区/直辖市，在全国有3000多个经营网点，网络覆盖全国2000多个城市和地区；宅急送与国航等11家航空公司进行合作，780条航线，近5000个航班；全国班车运行线路900多条。借助华北、华东、华南、华中、东北、西北、西南13个运转中心,使全国货物既经济又快速进行分拨;全国拥有25万平方米的仓储配送中心,配备先进的装卸设备、安防设备、操作系统,提供"总仓+分仓"的一体化仓储解决方案;三位一体的集散平台,配置装卸机、笼车笼筐、分拣线,提升了货物分拣效率。

二是高效的信息系统。宅急送拥有强大的ERP系统,实现了物流、资金流、信息流、人力资源的信息化管理;PDA、POS的投入使得货物跟踪更顺畅、资金管理更安全。信息系统对接,实现宅急送和客户之间数据实时交换,管理效率更高。

三是专业的保障团队。宅急送拥有近2万名员工,根据客户的发货规模设立专职项目组,全力保障客户的货物操作。

2. 业务范围及内容

(1) 主营业务。

一是速递服务。服务范围有个人、企事业单位的文件资料、包裹,产品分类包括:

当日递:指当日12:00前取件,当日18:00前送达的速递服务;

次日递:指当日17:00前取件,后一个工作日18:00前送达的速递服务;

隔日递:指当日17:00前取件,后两个工作日18:00前送达的速递服务;

港澳台速递:指内地发往香港、澳门、台湾地区并可次日或隔日送达的速递服务。

二是快运服务。服务范围有个人、企事业单位的产品、物料。公司凭借15年的普货快运经验,不仅积累了雄厚的运营实力,同时还可以根据客户多样化的需求,量身定制个性化物流解决方案。公司拥有从市场到运营、客服、财务等各环节的优秀人才,共同保障货物的安全准时到达。宅急送目前在各地拥有约20万平方米的库房,其中北京、上海、广州、天津、深圳、沈阳、杭州等地共有17 500平方米的立体库、4 000平方米的恒温仓库及75 000平方米的配送中心。所有库房均具备物流功能,各项指标符合国家标准。为保障库房安全,公司不仅配备红外监控系统和采用闭路电视监控系统,保安人员24小时库区巡逻,而且还提供全额货物保险,确保客户不受任何损失。

三是代收货款。服务范围有B2C、C2C类电子商务企业及个人。为电子商务交易提供安全、准确、快速的货款代收服务,帮助客户迅速拓展销售网络和渠道,最大范围满足B2C、C2C类商业模式需求。

周期返款模式又称N模式,N为固定返款周期,目前公司提供3天、7天、

10天返款模式。

滚动返款模式又称T模式,即签收之后几天开始滚动返款。这种模式是目前最快的返款模式。如T=3,即表示签收后三天内给客户返款,也就是从签收后第三天开始每日给客户返陆续签收的金额。

(2)增值服务。

分拣包装:提供针对不同货物不同目的地分拣包装服务;

仓储:提供短时间的货物仓储服务;

保险:提供针对文件、包裹货物、私人物品、高值物品在内的各种专项保险服务;

保价服务:费率为5‰,无免赔额,工作单声明价值在2000元以下/票,保价服务不做旧品,如返修机、件等;

异地调货:提供当地委托,从第二地提货准时派送到第三地的服务;

珍品操作:提供包括古董在内的珍品门到门服务;

网上查询:方便快捷的网上查询,能够让客户随时随地了解到货物信息;

签单查看:宅急送对签单进行集中数字化管理,用户只需登陆宅急送网站,输入单号即可查看签收单影像;

签收手机短信反馈:当收货方签收后,公司将利用短信将已签收信息发送至委托方确定;

到付货款:公司对客户提供收货方支付运费的到付结算业务。

(3)专业产品。

保单快递:为保险行业专门设计的快递产品,服务于各种电销业务;

淘宝大C:为大型淘宝个人客户提供仓储、快递、分拣、包装等"一条龙"服务;

家购快递:为电视购物类企业专门设计的快递产品,有效提高妥投率,为客户提供高质量的服务;

直销快递:为直销类客户专门设计的快递产品,有效提高妥投率,降低客户物流成本,为客户提供高质量的服务。

3. 运营模式

一是全国"门到门"快递服务。宅急送选择的市场定位是快递物流服务,即门到门快递服务,宅急送的定位是在公司成立之时确定的,当时中国的国内快递业还是空白,中国邮政EMS业务只限于信;选择这一定位是日本"宅急便"的实验证明,这一运作模式为客户提供了与众不同的物流服务。速度是快运之魂,宅急送利用晚上装车运货,节省了送货时间,提高了货物的转移速度。

二是服务由零散客户向大型企业转型,宅急送抓住了业务发展的增长点。目前宅急送已经和诺基亚、佳能、LG、当当网等著名的企业或者商务网站建立合作关系,这样一来,宅急送的业务量迅速增长,同时其自身的竞争力不断提升。

三是坚持自主经营,挺起民族快运旗帜。2000 年后国外大型快运公司找上门来,欲以亿元重金收购宅急送,陈平果断地回绝了,从日本搬来宅急送就是为了振兴中国民族快运事业,民族快运这面旗帜不能倒。多家快运公司加盟宅急送,如石家庄飞宇快运有限公司、呼和浩特富捷物流有限公司等。2002 年 11 月,经宅急送第二届五次董事会讨论通过北京物美商业有限公司参股,宅急送实力更加雄厚。

四是物流信息系统——快速物流的大脑和神经。“宅急送”的物流信息化建设主要包括两个方面:① 设施自动化。“宅急送”应用的设施化自动技术非常多,如条码技术、射频技术、全球卫星定位技术、地理信息系统技术等,通过这些自动化的技术设施,可以实现货物的自动识别、自动分拣、自动装卸、自动存取,从而使提高物流作业效率。② 经营网络化。体现在已率先投资数百万元建立了物流信息 MIS 系统平台,客户可以通过互联网登录“宅急送”网站,利用互联网查询货物运行和签收相关信息,并在网上通过实时的 GPS,查询车辆在全国的具体位置,实现了无论货物在何处,客户都能了如指掌。

(二) 城市 100 运营状况分析

“城市 100 共同配送”是北京市政府“15 分钟社区服务商圈”的有机组成部分,“共同配送”模式实现了物流快递行业人员、网点等末端资源的高效整合,以 C2C 快递和 B2C 配送为基础,以营业门店为载体,整合上下游供应商、服务商,打造面向公众的末端物流配送及社会服务平台。城市末端物流共同配送是在一个社区或学校、以一公里为半径,设立共同配送站点,相当于在社区或学校建立一个公共“传达室”。末端物流共同配送站点可承接电子商务企业、快递企业以及物流配送公司等各类企业的终端配送业务,通过共同的终端配送平台,统一配送货物,提高配送效率。

1. 城市 100 竞争优势

截至 2011 年年底,城市 100 拥有旗下营业网点及门店 150 家,机动车辆 200 余台,员工 2 000 余人,业务区域实现北京全覆盖。接入了中通、申通等骨干快递企业、京东商城等电子商务企业以及快行线食品物流等专业物流配送企业的末端配送业务,日业务量已达上万件,通过信息系统实现了实物流、信息流和现金流的全过程管控。到 2012 年 2 月底,将新增 15 个共同配送站点,站点总数达到 30 个。目前,城市 100 已经合作的电子商务企业有 12 家,包括京东商城、当当网、卓越网等。

公司拥有仓储库房3000平方米,消防、水电设施齐全,6S标准化规范管理。除了为寄递方提供配送服务,同时可为寄递方提供物品的存储,还会根据(寄递方)存货人的要求,为存储的物品提供包装、分拣、配送等全面的仓储解决方案。

2. 业务范围及内容

(1) 国内、国际快递业务。城市国内、国际快递业务100北京市同城24小时送达,国内跨省快件确保72小时内送达。

(2) 代收货款。按照寄件方(卖方)与收件方(买方)达成交易协议的要求,为寄件方提供快捷的物品寄递,并代寄件方向收件方收取货款,同时按照约定时间将货款返还给寄件方的服务。返款实效:收件签收时间起计算,加3个工作日,将货款返还给寄件方(协议客户按照协议约定时效返货款)。

(3) 保价服务。在快递服务过程中,寄件人可对托寄物内容向公司声明价值,并缴纳相应的费用,当货物在寄递过程中发生损坏时,公司将按照寄递人的声明价值赔偿一定损失。

(4) 限时派送,指近距离(北京市同城)之间上午11时前取件,下午5时之前送达(远郊除外);下午6时之前取件,次日上午12:00前送达的服务。

(5) 委托收件。按照寄件方的指令到指定地点收取快件,并送达指定目的地的服务。完全按照寄件方的指令(取件时间、地点、物品清单等)去收取快件的全面解决方案,为客户提供更灵活的快递服务。

(6) 代签回单。按照寄件方的要求,将收件方签收确认后的送货单或者签收回单,在规定时间内返还给寄件方的服务。将收件方签收确认后的送货单或者签收回单返还给寄件方,为双方提供更全面的快递服务。

(7) 礼仪委托。客户在交往过程中,可委托公司为其采购礼品、进行特殊包装,送达方式、送达时间的一种特定约定要求,给收受方一个意外惊喜。并由公司送达给收受人的个性化服务。完全按照客户要求,为客户提供采购、包装、送达等全面解决方案。

(8) 分发包装、仓储物流。按照寄递方(存货人)的要求,为寄递方提供物品的存储、包装、分拣、寄递、配送等服务,为寄递方(存货人)个性化的服务,为寄递方(存货人)降低成本和后顾之忧。

3. 运营模式

为了突破城市物流"最后100米"存在的难题,2011年12月20日,北京市启动了城市物流"共同配送"试点工程。资料显示,首批15个物流"共同配送"站点覆盖100个社区,服务13.2万余户居民,其中共同配送的首个业务就是快递服务。“城市100”在这个大背景下应运而生。“城市100”运营模式是其和各家快递公司合作，快递公司把包裹送到“城市100”的网点，由这里的员工“二次投递”。“城市100共同配送”在国内属于创新之举，推出之初得到不少业内人士的认可。

共同配送是经长期的发展和探索优化出的一种追求合理化配送的配送形式，在欧美一些国家已成为采用较广泛、影响面较大的一种先进的物流方式。此物流模式可以有效帮助缓解城市空气污染和交通拥堵等问题，提升城市形象，提高物流服务水平，减少缺货可能性，从而避免不必要的销售损失，降低“最后一公里”的配送成本，并提高物流提供商的专业化程度，从而促进城市物流产业升级。目前，中国各城市也都在大力倡导共同配送，但推行过程中有一些问题不容忽视。

“城市100”实行政府引导，协会协调，企业经营，市场化运作的运营机制；在定位方面，是以营业门店为载体，整合上下游供应商、服务商，打造面向公众的末端物流配送及社会服务平台。截至2012年年底，“城市100”已经完成了100余个网点的建设，业务区域实现北京全覆盖，2013年计划再增加100个终端配送网点，也就是到2013年年底实现200个配送网点的布局。各配送网点的标准是，社区门店拥有固定的使用面积不低于50平方米的营业场所，不低于10名工作人员储备及派送交通工具，要有一定的投资预算和抗经营风险的能力。同时，门店的布局选址也很重要，因为这对末端共同配送的开展效果和投递效率等有着重要影响。

11.3　北京电子商务物流发展趋势展望

大力发展电子商务物流，不仅是首都突破地理空间和自然资源约束、转换发展动力、促进产业转型升级、拉动消费的战略举措，也是增强城市服务功能、缓解交通、提升市民生活品质、创造新的创业与就业形态的重要支撑。

（一）北京市主要电商企业将继续加大物流投入

越来越多的电商意识到物流的重要性，并开始了大胆尝试。例如苏宁已建成8个大型物流基地和193个物流配送中心；京东商城拟打造亚洲最大的单体库房仓储中心；凡客诚品旗下有“如风达”等。除此之外，有的电商还通过与第三方物流公司合作的方式来提高商品配送服务质量，如天猫与9家快递公司签订“次日达”与“1—3日限时达”服务协议。苏宁易购于2012年年底拿下了快递业务经营许可证，成为继京东商城、凡客诚品、亚马逊中国后又一家拿到快递牌照的电商企业。

北京市电商龙头企业京东商城近日也悄然完成物流配送系统大升级，代号为“青龙”的京东全新物流配送系统全面完成。京东商城升级后的物流配送系统通过构建高效的信息管理系统、提升海量信息处理能力，有效地提升了配送人员的工作效率，不仅支持京东自营配送站和自提点的配送业务，还支持对外承接物流配送业务，扩大了京东现有物流平台的服务类型和范围。

目前，在发展电子商务物流上，北京市主要电商企业如京东商城、苏宁易购、当当网等都自建了物流配送体系。

（二）北京市电子商务物流配送服务支撑体系更加完备

按照北京市物流发展规划，北京市将大力发展电子商务快递配送服务。结合现代城市物流规划，鼓励建设现代化、集约型的公共物流园区和配送基地，率先发展基于移动定位、物联网等技术的现代化物流配送服务；扶持专业化第三方物流企业和以供应链整合为方向的第四方物流企业，率先培育一批服务全国的网络购物专业配送品牌；支持电子商务企业、物流配送企业、连锁超市和社区服务组织合作建立分区分工的社区终端服务网络；结合新能源汽车规划，推进电动汽车在物流配送系统中的示范应用。

邮政管理部门加强与政府相关部门协调，推动将快递车辆列为特殊车辆或城市生活保障车辆进行管理，逐步解决快递车辆进入市区的通行和停靠问题，积极推动建设社会化、集约化的城市绿色快递运输体系。协调民航部门加强快递航空运能保障，提升快件运递速度。推动建立集安全检查、海关监管、商检卫检、地面服务等于一体的快递物品进出境“绿色通道”，提升通关效率。

快递企业与电子商务总部的全方位合作将得到进一步加强，通过建立电子商务快递公司、电子商务快递联盟等各种形式，构建电子商务与快递的合作发展平台。积极提供代收货款、验货签收、信用认证、快递保价、签收信息电子返单、目录推广和各种网络在线工具等适合电子商务特点的综合服务。支持企业建立“仓储管理＋配送服务”的电子商务快件处理中心。鼓励企业与电子商务企业整合供应链，提供一体化解决方案，重点建立一批具有知名度和影响力的电子商务快递服务合作联盟。

（三）北京市快递末端配送问题有望逐步得到解决

针对快递末端配送紊乱，效率低等问题，北京市许多电商和快递企业都进行了有益的尝试。比如，借助大型第三方物流企业和社区便利店、连锁店、报刊亭，通过设置电子商务自提点等方式，按照客户的时间和意愿进行商品“自取配送”；在人口集中地区，考虑推行“二次投递”。在城区主要的高校园区、写字楼群、住宅小区等快件到达集中区域，统一规划建设配送场地，由配送中心进行“二次投递”，满足小批量、多频次、快周期的物流服务需求。北京市逐步加大对自提点、共同配送等的建设与支持，并探索新的解决该问题的思路。

(四) 北京市电子商务物流的增值性服务进一步增强

北京市作为国际大都市，伴随着社会生产方式和人民生活、消费方式的变化，物流对象呈现“一多、两高、三小”(多批次、高时效、高附加值、小批量、小体积、小重量)特征，“门到门”、“一站式”和“可跟踪”的快递物流需求日益增多。基于电子商务物流的特点，快递企业除满足传统物流的基本功能外，更重要的是提供诸多的增值服务。

快递服务已开始向服务链的上下游渗透延伸，电子商务和生产性快递服务将持续增长。快递企业服务延伸转型发展趋势明显，主要表现在提高物流的反应能力、提高客户服务水平和满意度等，如开箱验货、晚间配送、带货换货、半收半退、试穿体验等电子商务增值服务。随着网民人数的增加和网络购物市场的高速发展，尤其是垂直型电子商务企业向网上综合购物中心转型的重要趋势，必将推动电子商务物流增值性服务的发展。快递企业通过资源整合与服务延伸，向现代综合快递物流企业转型，已成为大型快递企业发展的共同战略选择和行业变革的重要方向。

(五) 北京市电子商务物流国际化发展步伐加快

北京市将积极探索电子商务“走出去”和“引进来”的发展模式，鼓励电子商务企业开拓国际市场；扶持面向国际、国内两个市场的电子商务服务平台发展，大力引进国际电子商务品牌企业，提升适应国际市场需求特点、符合国际通行规则的电子商务服务水平；鼓励国内电子商务企业通过收购兼并、战略合作等方式进军海外市场；支持电子商务企业赴境外资本市场融资等。

快递物流企业通过与电子商务企业深化合作，借助电子商务平台拓展国际业务，不仅要发展国内市场，而且还需要把眼光放到全球，将快递服务业的服务向国际供应链方面延伸。快递服务业需要利用这种北京的区位优势，通过政策扶持鼓励和吸引在京设立国际快递转运中心，建立现代化的快递网络，建立环渤海地区的陆路和航空快递枢纽，把快递服务业的供应链向国际市场延伸，嵌入到现有的跨国公司的物流运输环节，提供物品和文件的国内以及国际快递服务。

（六）北京市电子商务物流企业兼并重组提速

2011年以来，国家陆续出台有关快递业发展的鼓励支持政策。2011年上半年，国家发改委将快递业列入鼓励发展的产业目录。2011年6月份，以提高快递行业集中度、鼓励兼并重组为核心内容的《关于快递企业兼并重组的指导意见》由国家邮政局发布实施。

第 12 章

北京冷链物流发展现状及趋势

北京作为一个正在朝着国际化都市和世界城市目标迈进的特大型城市，改革开放 30 年来，经济社会一直保持高速发展，2011 年人均 GDP 达到 12 447 美元，达到中上等发达国家水平。按照国际发展经验，当人均 GDP 达到 4 000 美元以上时，对冷链食品的需求便会大幅度提高，冷链物流进入快速发展期。对于北京这样率先达到小康水平的城市来说，对冷链食品和冷链物流服务的需求，在数量持续扩展的同时，已进入到追求质量的时期。事实证明，伴随着北京经济的快速发展和居民生活质量的提高，居民对鲜活农产品和加工食品的“鲜度”和“安全度”也越来越关注。从需求与市场的关系看，当人们的消费需求从温饱型过渡到营养型，再进入到健康型后，对营养结构和鲜度的追求以及对安全的重视，会转化为一种高层次的市场需求，推动现代农产品和加工食品流通方式的变革以及冷链物流服务体系的发展。冷链物流上水平、上档次已成为今后发展的一个重要目标。

12.1 北京冷链物流发展现状

12.1.1 冷链物流需求特点和发展现状

（一）冷链物流需求多样化

随着生活水平的提高，居民食品消费理念和行为在发生显著变化，居民食品消费更加注重新鲜度、安全性、便利性、营养性,由此产生了对冷链物流的多样化需求。

第一,更加重视食品的新鲜度。为了满足消费者对鲜度的要求,保持产品的鲜度、提高产品的附加价值,对鲜度更加重视的冷链物流快速发展。冷链的作用由延长产品的保质期为主,转变成以保持产品的鲜度、提高产品的品质为主。在高收入人群比重较大的一线城市,冷链运输和冷柜销售的高档果蔬数量不断增加,据统计资料显示,2009 年北京市中等收入阶层比重达到了 46%[①],对于高档蔬菜果品的需求已形成了巨大的市场,对冷链物流也提出更高要求。

第二,更加重视食品的安全性。北京市食品放心工程的推进以及全程温控和可追溯系统的运行,实现了肉类食品从生产到销售的全程冷链,提高了冷链的安全性,使全程监控冷链物流服务需求进一步增加。为全面推进北京市食品放心工程,市工商局于 2005 年制定《北京市鲜肉批发市场管理规范》,对鲜肉的生产、批发、零售等环节的冷链提出明确要求,形成了肉类食品全程冷链物流体系。同时借助于龙头企业的市场交易信息平台建立便捷、高效的食品冷链物流追溯系统,如已运行的肉牛全程质量安全追溯管理系统和北京市农业局蔬菜质量安全追溯系统。

第三,速食品和快餐业拉动冷链物流。随着家庭规模的进一步缩小、生活节奏的加快,居民逐渐倾向于省时和便利的速食品和在外就餐,特别青睐于吉野家、肯德基等快餐。速食品和快餐均是工厂化生产的食品,其原材料在生产加工过程中以及产成品的保管、从工厂到销售店铺的运输配送过程等都需在低温环境下进行。速食品和快餐等产品的流通、生产、保管等对冷链物流提出新的要求,支撑速食品和快餐业的冷链物流快速发展。

(二) 冷链物流需求量持续增加

居民收入水平的提高,直接推动了食品消费升级,对生鲜食品人均消费需求增加,与不断扩大的城市人口总规模共同作用,使得冷链物流需求总量持续增加。从 2000—2011 年 12 年间的统计数据来看,城市居民生鲜食品人均消费量基本稳定,农村居民生鲜食品人均年消费量呈稳步增长趋势(见表 12-1)。

---

① 资料来自《2011 中国城市发展报告》。

表 12-1　2000—2011 年北京市居民家庭人均年食品消费量①　单位:千克

年份	粮食		肉禽类		水产类		蔬菜类		瓜果类		乳制品	
	城市	农村	城市	农村	城市	农村	城市	农村	城市	农村	城市	农村
2000	97.89	141.31	34.32	17.27	9.08	3.83	140.63	106.09	83.41	37.94	25.93	6.02
2001	93.36	133.50	33.46	16.50	9.81	4.80	141.06	108.90	90.01	37.88	29.57	9.06
2002	92.28	143.20	40.44	18.60	10.52	4.20	135.71	104.20	105.56	37.74	37.96	13.90
2003	91.79	134.10	40.03	16.80	10.51	4.20	133.45	92.80	101.25	32.80	44.57	14.45
2004	83.48	114.60	36.43	16.70	9.70	3.90	136.93	86.40	98.19	30.50	42.88	13.18
2005	81.27	128.60	37.76	20.30	9.75	4.90	126.91	92.40	104.53	31.90	42.28	14.50
2006	79.92	109.40	37.17	21.80	9.83	5.40	123.78	91.50	112.00	32.90	41.93	14.60
2007	87.78	110.00	37.04	19.60	8.77	5.10	123.58	94.90	107.09	34.00	38.56	14.60
2008	86.75	100.60	24.56	19.30	8.22	4.90	129.06	92.90	91.97	33.70	33.77	11.50
2009	87.87	99.40	36.05	21.50	8.63	5.70	119.09	96.30	95.61	38.80	33.59	12.69
2010	86.50	111.60	34.54	21.00	7.84	4.80	122.89	94.20	92.54	35.40	33.84	11.30
2011	81.42	105.10	33.23	23.40	7.20	5.40	116.63	109.00	81.76	39.70	29.41	11.90

资料来源:《北京统计年鉴 2012》。

2011 年,北京市总人口规模达到 2018.16 万(其中城镇人口 1740.7 万,乡村人口 277.9 万),比 2000 年增加 636.7 万人,增幅是前十年的两倍多。根据北京市常住人口数和表 12-1 北京市居民家庭人均年食品消费量测算,北京居民生鲜食品年消费量从 2001 年的 362.61 万吨增加到 2011 年的 519.53 万吨(增加 43.3%),其中蔬菜 233.31 万吨、瓜果类 153.35 万吨、乳制品 54.5 万吨、水产品 14.03 万吨、肉禽类 64.34 万吨(见表 12-2)。

表 12-2　2000—2011 年北京市居民年生鲜食品消费量　单位:万吨

年份	肉禽及制品	水产品类	蔬菜类	瓜果类	乳制品	合计
2000	41.58	10.77	181.18	99.82	29.26	362.61
2001	41.19	12.07	185.6	108.83	34.72	382.41
2002	50.89	13.04	183.52	129.54	46.68	423.67
2003	51.22	13.38	181.95	126.58	55.72	428.85
2004	48.35	12.71	188.96	125.89	54.94	430.85
2005	53.67	13.77	186.5	142.48	58.03	454.45
2006	54.96	14.45	187.7	157.48	59.53	474.12
2007	56.07	13.39	194.55	156.38	56.91	477.3
2008	40.28	13.08	209.5	140.97	51.54	455.37
2009	59.44	14.37	203.01	152.84	53.45	483.11
2010	64.04	14.54	233.19	165.81	60.18	537.76
2011	64.34	14.03	233.31	153.35	54.5	519.53

资料来源:课题组对居民人均食品消费量以及人口数计算所得。

① 《北京统计年鉴》只统计城镇居民消费支出等指标,没有城镇居民人均消费量的统计数据。本课题依据中国统计年鉴城镇居民人均年食品消费支出以及人均年食品消费量计算出城镇居民消费的各类食品的全国平均价格,然后依据全国平均价格和北京市城镇居民人均年食品消费支出计算得出城镇居民人均年食品消费量。

（三）冷链物流服务稳步发展

冷链物流企业呈现出网络化、标准化、规模化、集团化发展态势。中外运、安得等企业通过战略合作与资源整合，积极拓展冷链物流业务；光明乳业、双汇等食品生产企业，均加快物流业务与资产重组，组建独立核算的冷链物流公司，积极完善冷链网络，逐步向成熟的第三方冷链物流企业转变；大型连锁商业企业完善终端销售环节的冷链管理，在做好企业内部配送的基础上逐步发展为社会提供公共服务的第三方冷链物流中心。根据冷链食品生产、流通、消费格局，为了提高冷链效率和满足不同用户的需求，冷链物流企业由传统的仓储型企业向流通型企业转变。冷链物流企业为保持其竞争优势，通过不断创新物流服务模式、整合资源等全面提升自身服务质量和水平，冷链服务由单一的仓储、运输等向跨行业、跨区域的一体化服务转变，专业化的冷链服务稳步发展。

（四）冷链城市共同配送取得进展

北京市作为特大型城市，其高水平的商贸流通产业体系以及居民多元化消费方式，为城市冷链物流配送带来巨大潜力。完善的冷链物流配送节点设施和配送网络，使城市冷链物流配送快速发展，冷链配送能力得以提升。目前，政府积极推进城市冷链配送，鼓励企业以多种形式搭建共同配送平台，整合商贸企业物流需求和社会物流资源，优化共同配送管理运行模式，提高冷链食品流通配送的社会化、集约化水平。物流行业是一个存在显著规模经济效应的行业，只有通过不断地整合各种资源，实现高度集约化才能降低企业和社会的成本。共同配送是实现高度集约化的首选，也是城市冷链物流配送发展的最高阶段。

（五）冷链物流运营网络化

2011 年，北京市蔬菜产量 296.0 万吨、瓜果类 87.8 万吨、牛奶 64.00 万吨、肉禽类 59.50 万吨、水产品 6.10 万吨。通过与北京市居民食品消费总量比较分析，北京本地生产的瓜果类、水产类、肉禽类等生鲜食品的产量远不能满足居民的消费需求。尽管蔬菜总产量大于需求量，但在结构上和季节上，需要外埠蔬菜补充。生鲜食品供应的地域性、远距离运销、反季节性的特点，对冷链物流服务规模和效率提出更高的要求，特别是生鲜食品跨地区冷链干线运输和网络化的城市冷链配送服务。冷链物流区域性网络化运作体系已逐渐成熟，一是实现全程冷链的高价值特色果蔬跨区域、跨国家长途调运的一体化冷链物流体系；二是实现苹果、香梨、热带水果等特色水果产区冷藏，有计划地冷藏运输至销地的区域性冷链物流体系；三是实现蒜苔、芦笋等反季节蔬菜和特色蔬菜的南菜北运、东菜西输的网络化冷链物流体系。

(六)冷链设备转向高效节能

目前,适应北京市市情的低能耗、低成本的冷链处理技术被广泛推广,生鲜食品加工配送企业、龙头生产企业、专业冷链物流企业以及批发市场和连锁超市等,在技术改造和充分利用现有低温储藏设施的基础上,加大了先进、节能环保、高效适用的冷藏设施设备的投资力度。另外国内外各种新型传导材料和冷链物流技术的研发成果得到有效转化,促使经济适用的预冷设施、移动式冷却装置、节能环保的冷链运输工具、先进的陈列销售货柜等冷链设施设备不断推陈出新。

(七)冷链物流规模持续扩大

第一,采用冷链的食品增加扩大了冷链流通规模。2010 年我国果蔬、肉类、水产品冷链流通率分别达到 5%、15%、23%,冷藏运输率分别达到 15%、30%、40%。根据国家发改委编制的《农产品冷链物流发展规划》,到 2015 年我国果蔬、肉类、水产品冷链流通率分别达到 20%、30%、36%以上,冷藏运输率分别提高到 30%、50%、65%左右。北京市商务委和发改委编制的《北京市"十二五"时期物流业发展规划》指出,冷链物流发展的预期目标是到 2015 年果蔬、肉类、水产品冷链流通率分别提高 15%左右。

第二,食品流通渠道多样性扩大了冷链市场容量。食品由生产企业产出后,经批发企业和零售企业最终到达消费者,各环节均可能有冷链物流企业或生鲜加工配送企业参与。食品的不同流通模式决定冷链环节数量,而不同运作主体主导的流通模式其冷链发展水平存在很大差异,需要视产品的品质定位决定是否采取冷链措施。

12.1.2 冷链物流服务能力现状

(一)北京市食品冷链物流基本服务能力现状

1. 冷库资源分析

近年来北京市冷库容积增长速度较快。据北京食品科学研究所不完全统计,北京市 2008 年冷库总容量为 130 万立方米,折合容积为 39 万吨(假设全是冻结库)。《中国冷链物流发展报告 2011》统计数据显示,2010 年北京市冷库资源总量约为 60 万吨。其中商业型冷库容量为 42.6 万吨,企业自用冷库容量为 10 万—16 万吨,另外还有大量农民自建的小型冷库。

北京市大部分冷库是在原有的储备型冷库的基础上改造而来的,20 世纪七八十年代建造的比例高。为了满足低温配送需要,冷库需要温度控制的分拣区和封闭月台。近几年新建的冷库多采用氟制冷系统，但是传统大型冷库制冷系统大多采用氨制冷系统。氨制冷剂是绿色制冷剂，也是国际发展趋势。

2. 冷藏车资源分析

近年来北京市冷藏车增长速度较快且制冷机质量较好，但人均占有量低。截止到2009年9月底，北京市拥有冷藏车2 405辆，约为2007年的1.8倍，2006年的2.3倍。冷藏车运输业务以市内配送为主。2吨(含)以下的冷藏车1 882辆，占比高达78.25%。由于只有拥有通行证的货车才能方便进入市区进行配送，而在进入北京的冷藏车中超过40%没有市内通行证，因此冷链车运载能力尚未充分发挥。

市内配送业务中每辆冷藏车平均每日配送点较多。食品冷链物流企业每辆冷藏车平均每日配送26个网点，网点以大型零售连锁企业和餐饮企业为主。物流企业冷藏车每次配送网点多、每个网点配送食品数量少、停车开门次数多、冷量损耗大，配送效率较低。

3. 信息技术资源分析

在信息化建设方面，据调研，北京市冷链相关企业冷库管理中有40%拥有仓库管理系统(WMS)，49%的企业拥有仓库温度自动记录监控设备，56%的企业能进行摄像监控，9%的企业应用了射频技术。在冷藏车的管理中，26%的企业拥有运输管理系统(TMS)，37%的企业能做到运输途中的温度监控，30%的企业能做到GPS车辆监控。

目前企业所使用的信息系统基本独立，相互分割，企业间信息共享程度低，缺少一个供应链上的物流信息平台实现信息共享，信息不畅造成企业间协作困难、效率低。目前，国家出台相关政策加大食品冷链物流信息化建设扶持力度，同时大力推进食品冷链物流技术应用。

4. 冷链政策环境

发展冷链物流有利于减少食品等在流通过程中的损失，也有利于提高食品等的安全性，对提升企业竞争力、改善民众生活都有积极的作用。基于此，国务院、国家发改委、商务部等部门近年来均出台了相关的产业政策，以促进冷链物流行业的发展。主要包括：积极发展以鲜活农产品冷藏和低温仓储、运输为主的冷链物流系统；加强生鲜食品冷链物流的整体规划，制定有利于冷链物流发展的相关法规、标准和制度，强化冷链物流相关标准的推广应用和衔接工作；加强鲜活农产品产地预冷、预选分级、加工配送、冷藏冷冻、冷链运输、包装仓储、电子结算、检验检测和安全监控等设施建设；鼓励和支持多家企业联合建立生鲜配送中心，推动产地配送中心的建设；鼓励第三方物流企业强化低温冷链系统建设，实现冷链物流配送的专业化、规模化、组织化。

除了在大行业政策方面的规划外，政府主管部门和相关行业协会、学术委员会也积极在行政、财政、法律、行业标准方面对冷链物流行业给予支持。其中，《北京市食品安全监督管理规定》、《北京市鲜肉市场管理规范》、《北京市食品安全条例》等，为北京市食品安全的源头管理和全过程控制提供了法律保障，严格市场准入，加强食品安全风险管理，强化食品安全责任，构建了安全食品供应体系和食品安全保障体系。迄今为止，还没有北京市冷链物流标准，从这个角度看北京市没有走到前面。

5. 冷链管理体制

北京市食品冷链物流管理主要是按照物流的各个环节和流程进行管理，如国家食品药品监督管理局的食品安全监管司、国家质量监督检验检疫总局的食品生产监督司、国家工商行政管理总局的食品流通监督管理司、国家发改委经济运行调节局、商务部的流通发展司和市价秩序司及市场建设司等国家机构，以及北京市发改委、商务委员会、市规划委等市属机构都对冷链负有职责。虽然有相应的工作协调机制，在一定程度上能够弥补管理分割的缺陷，但仍然难以做到日常管理高度协调一致和有效避免由此导致的冷链物流发展资金、项目和资源分散等问题。在制定食品冷链物流发展相关政策时，很难做到系统性、集成性和创新性。

（二）北京市食品冷链物流高端服务能力现状

高端服务主要包括技术服务、供应链战略服务、市场预测和响应服务、项目管理服务、供应链设计服务、管理创新服务、流程再造服务、信息化平台服务等。就北京市整体冷链物流服务体系而言，能提供综合性、全过程、集成化、一体化的现代冷链物流服务的专业企业不多，目前服务主要以货物代理、仓储、库存管理、搬运和定向性运输为主。为了提高冷链效率和满足不同用户的需求，冷链服务由单一的仓储、运输等服务向跨行业、跨区域的一体化服务等高端服务转变。

第三方冷链物流发展方面，以食品生产企业为母体的第三方物流企业和独立第三方物流企业共存并进。目前主要的冷链物流企业有北京华日飞天、北京市快行线食品物流有限公司、东方友谊食品配送公司以及与麦当劳长期合作的冷链物流体系相对完善的夏晖物流。专业冷链物流企业多以区域性服务为主，企业规模以中小型居多。特别是在奶业，专业冷链物流服务的发展比较缓慢，利用专业冷链物流的乳品企业为数不多。目前专业冷链物流企业建立“服务至上”的准则，将企业之间的竞争转化为服务上的竞争。专业冷链物流企业根据客户的产品特征、业务流程、顾客特征、竞争需求等方面的不同要求提供针对性强的个性化服务，帮助客户将产品按时、保质送达，帮助客户的同时也有利于物流企业自身的发展。

12.1.3 冷链物流服务体系现状

食品冷链物流服务体系是一个涉及食品生产、批发、零售和物流服务等多个主体和环节的复杂系统，北京市食品冷链物流服务体系包括干线冷藏运输、城市冷链配送和冷藏存储、流通加工和销售等环节，目前已形成生产加工企业冷链服务体系、批发市场冷链服务体系、面向商超的冷链配送服务体系、面向餐饮企业的冷链配送服务体系、冷链宅配服务体系、冷链干线运输服务体系以及商品储备冷链服务体系（见图 12-1）。

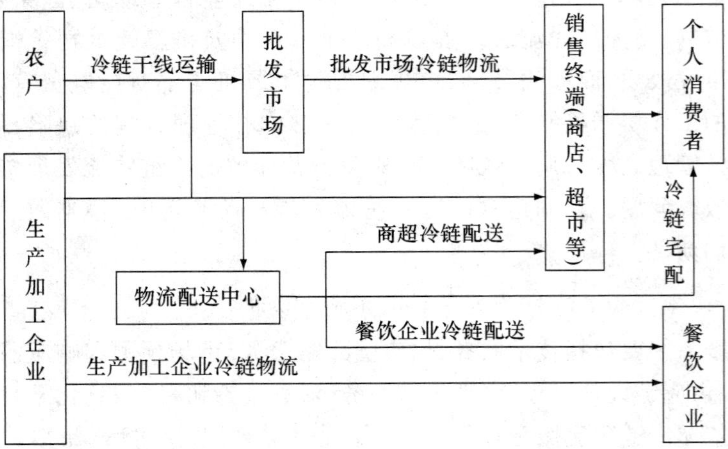

图 12-1 北京市食品冷链物流服务体系

（一）批发市场冷链服务体系

批发市场冷链服务体系是指生鲜食品批发市场同生鲜食品的生产基地、经销商、专业合作社、零售商建立供应链，自建冷库和购置冷藏运输工具或整合上下游企业拥有的冷库和冷藏运输工具，负责生鲜食品在储存、运输配送、批发等环节处于低温状态的一体化的冷链服务体系。

目前，冷链在批发市场内主要通过建设冷库发挥作用，服务进驻商家的临时产品存储。冷库对生鲜食品的保鲜具有重要作用，尤其是产地农产品批发市场的冷库是农产品冷链流通的源头。目前受北京地价高、冷库运营成本高等因素影响，生鲜食品批发商倾向于在产地建冷库，然后根据市场销售情况，有计划地小批量调运商品，因此对北京市农产品批发市场内的冷库依赖较小。北京市农产品批发市场内的冷库主要用于储存少量的周转货物或者销售不完的货物。

由于缺乏先进的冷库管理理念，导致冷库的利用率并没有随着库容总量增加而增加。当生产淡季或者原料资源不足时，冷库往往处于闲置耗能状态，造成了极大的资源浪费。目前北京市农产品批发市场内各类型冷库的使用情况如下：第一，蔬菜保鲜库利用率与销售季节直接相关，蔬菜冷库使用率最大是在5—10月，最高利用率可达到90%以上。第二，水果气调库利用率与产品品类直接相关，香蕉、荔枝等热带特果和进口水果的经营商户用冷库进行保存水果。第三，肉禽类冷库利用率较高，大部分冷鲜肉、冻肉以及肉制品的经营商户都会租用市场内的冷库或自建冷库，冷库利用率可以达到80%—90%。第四，水产品冷库利用率较高，大型商户由于存货量大，通常会租用市场内的冷库进行储存待销产品，冷库利用率可以达到80%—90%。

（二）生产加工企业冷链服务体系

生鲜食品加工企业利用企业资源，首先自建或联合建设社区专卖店，控制销售终端，进而建设生鲜食品物流中心或配送中心，再进一步向原料供应商延伸，这种“产供销一体化”的自营冷链物流是为了将企业做大做强，并逐渐形成以加工为核心节点，从原材料生产供应、产品加工、物流、销售到最终消费者的供应链。农业龙头生产企业和大型食品生产加工企业，在冷链物流发展中起带头作用，发展了以龙头企业为主，辐射供应链上下游，逐步形成覆盖各类食品产业的冷链保障体系。目前提供“产供销一体化”的自营冷链物流服务的典型生鲜食品加工企业是北京顺鑫农业集团等肉类联合企业、乳制品生产加工企业等。

由于乳制品行业产业集中度高，大企业收益稳定，且皆为上市公司，融资能力、抗风险能力也很强。因而，企业本身完全有能力投资最现代化冷链设备与系统。在我国第三方物流整体水平落后情况下，以巴氏奶与酸奶为主营产品的乳业集团，为了保证冷链配送品质，都组建自己的运输车队，建立自己的配送网络系统。由于北京生猪屠宰定点规制，目前北京市定点屠宰已集中在14家企业手中，这14家屠宰企业基本控制北京市2 000多家年产1 500头的规模养猪场，以及年出栏100头的养猪大户，形成生猪养殖—屠宰企业—超市（专卖店）的供应链。虽然产业集中度远低于乳品加工业，但作为供应链核心的屠宰企业，也有一定能力投资专用冷链设施。

(三) 面向商超的城市冷链配送服务体系

随着连锁超市的快速发展,人们生活习惯的改变,各类连锁超市成为市民选购鲜活农产品的重要场所。连锁超市企业纷纷开始改革经营模式,对鲜活农产品实行直采直营,采用自营冷链配送模式,减少中间供应环节。近几年异军突起的永辉超市成为全市大型超市生鲜直采直营的典范,其卖场生鲜经营面积一般占整个超市的50%以上,经营鲜活农产品从生产基地采收的比重达60%以上,带动了市内大型超市企业纷纷仿效。但是,由于冷链物流不是连锁经营企业的主营业务,生鲜食品仅是连锁经营企业众多经营品类中的一部分,而且物流、销售、采购易形成各自为政的局面,供应链节点企业之间经常竞争而不是合作,造成冷链物流交易费用上升,冷链环节"断链"等问题。根据有关统计数据,北京市12.50%[①]的超市由自己的配送中心送货,在连锁企业配送中心到店面的配送过程中的控制力较强,对于供应商到配送中心上游冷链过程控制力较弱,常出现"断链"现象。

另外,农业产业化龙头加工企业、专业合作经济组织、种养大户也纷纷改变以往主要依托产地、销地农产品批发市场分销交易鲜活农产品的传统做法,逐渐直接将产品配送到超市等连锁零售企业终端。目前面对商超的冷链配送逐渐由自营配送向第三方物流服务过渡,综合考虑连锁超市的单店规模普遍较小、连锁店数不多、管理能力有限、经营的商品品种较少和范围较窄、融资难度较大等发展环境与现状,连锁超市冷链配送比较适合走共同配送的道路。

(四) 面向餐饮企业的冷链配送服务体系

为了使餐饮企业产品的品质得到保证、服务质量得到保证以及减少损耗等,面向餐饮企业的冷链配送服务体系应运而生,冷链在连锁餐饮企业以中央厨房的模式发挥作用。餐饮业冷链配送中心最早起源于"洋快餐","洋快餐"的冷链物流服务体系相对较完善,从生产基地冷链物流中心、生鲜加工中心至城市配送的冷链物流中心已形成一个完整的冷链物流体系。

众所周知,快餐连锁企业一般都有专门的食材产地和固定的加工场所,大部分门店的食材都是由总部统一配送的,如百胜餐饮集团自营冷链物流配送为肯德基、必胜客服务,此外还有海底捞和久久丫等餐饮企业也采用自营模式。但是目前一些餐饮企业不具备专业的冷链物流运作体系,也没有专门的冷链物流配送中心,而冷链物流配送中心的建设是一项投资巨大、回收期长的服务性

① 资料来自《中国冷链物流发展报告 2010》。

工程，所以这些企业与社会性专业物流企业结合，采用第三方冷链配送，进一步实现冷链物流业务的发展。麦当劳一直是采取第三方物流的合作方式，夏晖是麦当劳的全球物流服务提供商，在北京、上海、广州都建立了分发中心，有力地保障了麦当劳在中国的迅速扩张。

（五）冷链宅配服务体系

凭借现代 IT 系统的有力支持，配送体系的逐步健全，以及人们对于高水平生活质量的追求，消费者已由网购传统的日用品过渡到蔬菜、水果等生鲜食品以及速冻食品、冰淇淋等。电子商务是社会发展的趋势，但其配送过程是否能保证食品的温度及品质，需要特别的关注，由此与之相匹配的冷链宅配应运而生，冷链宅配服务的发展由市场经济的发展决定。冷链宅配这种从源头与消费者直接对接的冷链配送方式，既满足了电商配送的需求，保证食品的品质和质量，又使全程冷链得以实现，让人们的生活水平、生活质量得到更大的提升。冷冻、生鲜等食品的在线销售市场一经打开，冷链宅配的服务需求将急剧上升。

冷链宅配是一种个人消费者通过电子商务，订购一定数量和一定品种的冷冻冷藏食品，由服务提供方采用相应的物流技术，把指定的物品在指定的时间送到指定地点的 B2C 业务。冷链宅配服务在日本、中国台湾地区已经发展得十分成熟，北京、上海作为国内两大电商发展的领先城市，对于这一服务领域已经抢先做了尝试，并效果可鉴。目前冷链宅配主要有三种服务模式，一是由冷链物流企业借助于电子商务平台，开展的 B2C 冷链配送业务，如北京快行线食品有限公司开展的宅配业务。二是垂直电商采用自建冷链物流方式开展的宅配业务，如电果网（北京）农产品有限公司运营的“宅鲜配”等。三是绿色有机食品生产基地通过自建物流或者凭借第三方物流开展的冷链宅配业务，如上海多利农庄通过雅玛多黑猫宅急便开展冷链宅配，北京顺义沱沱公社通过自建冷链物流进行冷链宅配。

（六）冷链干线运输服务体系

北京市主要食品需求量日益剧增，而这些食品大多为高附加值的生鲜食品，而北京本地生鲜食品的产量远不能满足居民的消费需求，这样就需要大量的外埠生鲜食品运进北京。干线运输处于商品流通中间环节，把商品从生产引入流通，从产地运往销地，从农村运往城市，是生产与销售、农村与城市以及地区之间商品流通的枢纽，干线运输一直是冷链市场最主要的运输方式，冷链在中转环节主要通过干线运输企业冷藏运输发挥作用。

目前北京市食品干线运输以汽车公路运输为主，依据食品的来源地和产品特性不同,其冷链干线运输率有所不同。调研数据显示,随着运输距离的增加,冷藏运输率不断上升。批发商户从北京郊区及周边采购的冷藏运输占比达13.68%,其中肉禽类占75%;从北京本地批发市场采购的冷链运输比重小,集中在水果和菌类;外埠省市采购的冷藏运输率达26.1%,蔬菜占52%;而国外进口水果、水产品等冷藏运输比例最大,部分批发商在短途接驳时,将打冷的生鲜食品用厢式货车运输,在短途运输过程中也可保证产品鲜度和质量。

目前"一刀切"的交通管制不符合食品运输卫生和保质时效性的严格要求。由于对于载货能力一样的车辆而言,冷藏车的运输成本比普通车高出很多,而冷藏车却很少有特权,不能享受绿色通道,也比普通运输车辆承受更大的成本压力,极不利于冷链物流的发展。

(七)商品储备冷链服务体系

商品储备冷链服务主要分为以下两种:一是国家战略储备,为了应对紧急情况,避免生鲜食品价格大幅波动,北京市政府在市内建设储备库储存蔬菜和猪肉等产品,并及时更新循环调配,确保储备库内生鲜食品的品质;为补充北京市场供应量,在北京周边地区储备产地蔬菜等。二是商业储备,为了规避市场风险、调解流通、平抑物价,在果蔬类产品大量上市时通过冷库储存,然后合理安排上市时间,实现延迟上市或者跨季销售。

为了应对紧急情况,避免生鲜食品价格大幅波动,北京市政府建设储备库储存蔬菜和猪肉等产品,并及时更新循环调配,确保储备库内生鲜食品的品质,其中新发地批发市场承担蔬菜储备任务、二商集团承担猪肉储备任务。同时产地储备冷链系统建立步伐加快,使蔬菜采摘后直接进入可以延长保鲜期的冷链体系,可以实现蔬菜错季销售,避免因蔬菜过于集中上市而导致价跌滞销的状况,保证农民利益,实现增收的目的。

12.2 北京冷链物流发展趋势及展望

目前冷链物流已成为热点话题,冷链物流将会是物流市场中极具发展潜力与发展空间的一个亮点,未来它将会朝着绿色、环保、优质、安全、快速、低成本的方向发展。为了达到适应北京国际大都市发展的冷链物流发展目标,更好地促进北京市食品冷链物流发展,应从以下几个途径出发。

(一)从宏观的政策扶持到微观的设计与选用,注重冷链设施设备的适用性

首先,要重视现有冷链物流基础设施的利用和改造,通过对其规模、布局、

功能进行科学的整合，提高其使用效率，发挥其综合效能。在终端零售环节，冷藏货柜和冰柜等简易的冷藏设施设备即可满足要求；在流通环节，需要封闭式月台和低温分拣理货区的流通型冷库；在产地储存环节，传统仓储型冷库即可满足要求。

其次，加大冷链物流基础设施投资，优化基础设施布局。通过合理的规划和适当的投入，达到冷链物流上下游设施设备资源的合理配置、城乡冷链物流资源的平衡发展、区域冷链物流设施设备的合理配置，形成完善的冷链物流网络。冷链硬件设施投入侧重于冷库设施建设、冷库技术水平提高和多元化发展冷藏车辆等方面。在冷库方面，逐步建立符合北京市经济发展需要的现代化冷藏库和冷链物流配送中心，快速发展适合农户建造使用的微型冷库。进一步整合冷藏车市场，开发不同用途的车辆，如适用于配送中心短途和小批量运输所使用的小吨位车型和适用于长途运输需要的大容量、大吨位的车型。

冷链物流设施设备要具有良好的适用性，只有适应市场的设施设备，才能给冷链行业起到推动的作用。在冷链物流设施设备建设的前期可通过政府财政支持、贴息贷款、给予税收优惠等产业引导和激励政策引导企业投资冷链物流，发挥税收政策的调节作用，对易腐食品采取全程冷链的供应链节点企业给予税收减免等优惠政策等。并指定专门的部门管理冷链事务，引导企业走向良性的发展，最终过渡到以企业为主，政府为辅的模式。

（二）提高冷链物流服务质量，积极推进城市冷链物流共同配送

共同配送之所以能够降低物流的成本，是因为集约化程度的提高，使得人工、设备和设施费用分摊到了很多共享的客户身上。这些零散客户共享所带来的生意就像大客户所带来的生意量一样大，从而发挥物流的规模效益，进而节约成本，这些成本的节约反过来又可以使销售企业实施更加优惠的低价优惠。

发展共同配送模式从以下几方面入手：第一，完善和提高终端零售企业的收货标准，由需求方按照收货标准监督供应方，商业流通管理部门应该要求零售终端建立科学的、切实可行的冷链商品收货标准，通过规范化的测温、控制收货时间、控制损耗率等手段，提高冷链的品质；第二，实行城市冷链夜间配送，有效解决城市交通拥堵问题，给企业和社会带来很大效益；第三，政策性扶持参与共同配送模式的相关企业，对参与共同配送模式的企业给予一定的税收或资金支持；第四，实现冷链物流的多温共配，减少运输车辆的使用，提升冷链商业物流环境进而改善整个社会生活品质。

（三）鼓励冷链物流技术创新，积极推广各环节冷链技术的运用

冷链物流技术创新是促使冷链物流发展的技术保障，在技术创新的同时，

积极推进先进技术的在冷链物流各环节的运用,来提升冷链物流产业的整体水平。与此同时,加快标准化技术认证体系的建设,还要大力培养冷链物流技术的中高端人才,以支撑先进冷链物流技术的研发、应用和推广。特别是在信息技术方面,依托各类生鲜农产品优势产区、重要集散地区和大中城市等集中消费地区,建立区域性各类生鲜农产品冷链物流公共信息平台,实现数据交换和信息共享,优化配置冷链物流资源,为建立冷链物流产品监控和追溯系统奠定基础。

(四) 提高冷链物流市场化程度、加强冷链物流市场管理

冷链物流在物流业务中,其基础设施、技术含量和操作要求都很高,是一种高端物流,往往是企业的薄弱环节。从冷链物流行业的发展趋势、市场的需求导向以及企业长期发展来看,专业的第三方冷链物流企业是未来参与冷链物流市场竞争的主体。政府主管部门制定与冷链物流发展相适应的政策和激励措施,逐步加强冷链物流及相关行业的综合管理,完善市场机制,建立市场准入机制,规范和整顿市场秩序,打破行业和地区的分割和垄断,为第三方冷链物流企业创造良好的市场公平竞争环境。

要建立完整独立的冷链物流体系,首先建设的初始就要有一个规范的市场,要用道德和法律的手段保证冷链物流市场在良性竞争中发展。在对冷链行业发展现状进行深入调研分析和对未来发展进行科学预测的基础上,科学地制定冷链发展规划,引导企业在冷链行业进行良性发展,从而避免大打价格战导致冷链市场混乱以及各地引发新的“冷链热”而盲目投资重复建设局面的出现。同时要加强供应链上下游之间的整体规划与协调。

(五) 完善冷链政策和监管机制,提高冷链行业管理的规范性

冷链物流关系食品的质量安全,需要对整个冷链过程实现无缝化监管,以避免少数企业不端行为损害企业和广大消费者的利益。完善的监管体系需要政府、行业组织、企业多方参与,形成长久有效的互动机制,借助现代的信息技术手段,实现冷链物流的全程监管。政府应当完善冷链发展的政策和鼓励措施,加强行业规划的方向性引导;行业组织应发挥沟通协调作用,制定并落实行业整体规划和行业规范;相关企业应根据市场规则具体运作,形成多方互动的监管机制,合力推动冷链物流的发展。

国家有关部门要制定有利于冷链物流产业发展的相关法规和制度。从冷链物流全程的角度进行制约,应尽快建立食品冷链标准,将其纳入食品市场准入制度中。针对我国当前冷链物流标准化存在的问题和国际冷链物流标准化

的发展方向，结合我国冷链物流相关企业的实际需求，政府和企业应加强对物流标准化工作的重视，制定数量合理、易于推广实施的冷链物流标准，并加强对冷链操作标准执行的监督力度。冷链物流标准化建设和标准的推广任重而道远，是一个长期、逐步、不断调整完善的过程。

第 13 章

北京物流公共信息平台建设现状与趋势

经济增长与物流发展有着内在的密切关系，物流对经济增长起着支撑作用。完善的物流基础设施、高效的物流信息平台和发达的第三方物流企业是发展现代物流的"三驾马车"。

物流公共信息平台是指基于计算机通信网络技术，提供物流信息、技术、设备等资源共享服务的信息平台。具有整合供应链各环节物流信息、物流监管、物流技术和设备等资源，面向社会用户提供信息服务、管理服务、技术服务和交易服务的基本特征。

现代物流公共信息平台是为物流企业、物流需求企业和政府及其他相关部门提供物流信息服务的公共的平台，代表了现代电子商务物流发展方向，具有很大发展潜力。

我国《国民经济和社会发展第十一个五年规划纲要》中，第一次明确提出要"大力发展现代物流业"，并特别提出物流信息化是建设重点。2009 年 3 月 10 日，国务院正式出台了《物流业调整和振兴规划》，物流业被国家列为十大振兴产业之一。其中明确提出了"十大任务"和"九大工程"，其中：提高物流信息化水平是"十大任务"之一，要求加快行业物流公共信息平台建设，鼓励城市间物流平台的信息共享；并把物流公共信息平台工程列为"九大工程"之一，要求"加快建设有利于信息资源共享的行业和区域物流公共信息平台项目，重点建设电子口岸、综合运输信息平台、物流资源交易平台和大宗商品交易平台”。2009 年 4 月，国家发改委发布的《国家发展和改革委员会关于印发落实物流业调整和振兴规划工作部门分工方案的通知》（发改经贸［2009］1018），明确提出“加快行业物流公共信息平台建设，建立全国性公路、航空及其他运输与服务方式的信息网络。实施物流公共信息平台工程。推动区域物流信息平台建设，加快各政府部门的物流管理与服务公共信息平台，扶持一批物流信息服务企业”。《国民经济和社会发展第十二个五年规划纲要》中，再次提出加快建立社会化、专业化、信息化的现代物流服务体系，大力发展第三方物流，优先整合和利用现有物流资源，加强物流基础设施的建设和衔接，提高物流效率，降低物流成本。可见，建设物流公共信息平台是推动我国传统物流业向现代物流业转变的重要手段之一，已经成为党和政府部门都非常重视的一件大事。

13.1　物流公共信息平台相关理论

物流公共信息平台（Logistics Information System，LIS）是指物流企业按照现代管理思想、理念，以信息技术为支撑所开发的信息系统。LIS 充分利用数据、信息、知识等资源，实施物流业务、控制物流业务、支持物流决策、实现物流信息共享，以提高物流企业业务的效率、决策的科学性，其最终目的是提高企业的核心竞争力。可以这样理解物流信息系统，它是通过收集、处理和分析物流信息并将信息在相关企业间或企业内部之间进行有效地共享和应用，最大限度地支持企业提高物流系统的效率和降低物流成本的现代化管理系统。

物流公共信息平台首先是一个规划上的概念，即在区域物流系统分析的基础上，逐步扩展并明确系统中各组成部分之间的相互衔接关系，确定接口和功能需求；同时物流公共信息平台是一个管理控制系统，根据区域物流系统的运作需要，对其中的运作加以管理和控制，并提供信息支持。最后物流公共信息平台是区域物流系统中资源整合、实现区域物流一体化运作的重要的技术支持平台。物流公共信息平台是满足现代物流信息化趋向的关键设施。一方面，信息平台为本地区的物流需求提供必要的支持，如支持本地区物流企业的运作；另一方面，物流信息平台也可以和本地区的智能运输系统发展相配合，为本地区的运输现代化奠定基础，同时为多样化的信息需求服务，如网上信息查询、购物等。

13.1.1 物流公共信息平台的特点

各种类型的物流公共信息平台,由于投资主体不同、建设目的不同,因此其特点也各不相同,但作为一个公共信息平台有其共同的特点。在一般情况下,物流公共信息平台应具备以下基本特征。

(一) 单一的访问方式

业务单元的用户可以通过单一业务单元访问入口,即物流信息平台的对外主页访问他们需要的物流信息。对于平台来说,这是一种客户端的应用模式,系统维护只需在后台服务器上进行,无须维护前端应用,可以快速升级,降低维护费用,方便用户使用。

(二) 与集成供应链联盟中的业务单元的集成

平台将各个业务单元的企业信息门户集成在一起,体现的是集成供应链系统这个整体,而不仅仅是单个的企业,这不但为众多企业节约了成本,更重要的是消除了信息的滞后与“牛鞭”效应。

(三) 与其他系统的集成

通过对已有应用系统的无缝集成,如 ERP、CRM 等,可以使用户通过单一的渠道访问所有信息。这种集成不是简单地在页面上增加数据链接,而是通过集成化的方法把原有应用通过一个核心组件服务器集成在一起,来获取其他应用系统中的相关数据和消息,所有独立、分散的应用系统通过事件、消息和数据的相关性集成为一个有机整体。

(四) 安全可靠的保障

通过安全机制保证数据的机密性及完整性,保障集成供应链的业务正常运转可以提供的安全机制包括认证、角色分配、用户和组的特权、用户操作监督、与专门的 B2B 安全服务器建立安全通道等,并在活动过程中进行身份和权限的验证,对系统所有定义的对象进行安全验证和用户证书识别。

(五) 协作与共享

集成供应链上的所有员工可以通过平台分享信息,比如平台提供的库存服务,各个业务单元的用户通过访问这个服务,就可以实时得知业务单元相关信息,由于具备了授权功能,可以授权一个其他业务单元的用户访问该业务单元的信息,并可设定或者规定开放使用时段或权限,运用网络资源取得正确、有用的资料,节省时间成本。对于用户、供应商及合作伙伴,也可以通过平台达到信息共享的目的。

（六）个性化的服务

平台的数据和应用可以根据不同业务单元的要求来设置和提供，定制出个性化的业务单元系统，每个用户根据自身角色不同和安全级别的不同，都可以看到不同的信息，同时增强了企业对用户的亲和力和吸引力。这一点在 21 世纪的市场竞争中尤为突出，因为 21 世纪的市场竞争是供应链与供应链之间的竞争，而物流信息平台直接面对的就是用户，因此具有个性化服务的集成物流信息平台非常重要。未来在浩如烟海的企业数据中寻找自己需要的信息并不是一件容易的事，要实现个性化就必须提供能够涵盖所有功能和可能的选项，而且还要具有自由定制的功能。

13.1.2　物流公共信息平台的形式

物流公共信息平台表现形式多样，各种形式的物流网站从一定程度上起着物流公共信息平台的作用。物流公共信息平台的主要形态有两种，即封闭式平台系统与门户类物流公共信息门户。

（一）封闭式平台系统

封闭式平台系统依附于线下实体，为组织内或合作组织间提供封闭的信息服务。这种模式的主要代表有电子口岸系统、物流园区监管系统、贸易集散地的交易系统。封闭式平台系统拥有特定的公共用户群体，为专一目标服务，不同的平台系统之间不存在市场化竞争的情况。封闭式平台系统模式稳定，并有特定的目标服务群体。

（二）门户类物流公共信息平台

物流公共信息门户以平台模式出现，属于门户类物流公共信息平台，具有较高的开放性。这类物流信息平台通过对公用物流数据（如交通流背景数据、物流枢纽货物跟踪信息、政府部门公用信息等）的采集、分析及处理，为物流服务供需双方的企业信息系统提供基础支撑信息，满足企业信息系统中部分功能（如车辆调度、货物跟踪、运输计划制订、交通状况信息查询）对公共物流信息的需求，确保企业信息系统功能的实现。

公共物流信息门户有两种不同的价值趋向：一种是政府主导投资的公益性信息门户，不以盈利为目标；另一种是企业主导投资的盈利性信息门户，存在明显的市场化竞争。其商业模式将持续变化，并向多样化方向发展。由于两种形态之间并不冲突，因此大多数企业用户可以同时使用两种形态提供的服务。封闭式平台系统产生于不同组织内部,其投资取决于所依附的线下实体,因此具有很强的个性化特征,并拥有稳定的收入来源。而公共物流信息门户则具有更高的开放性,为多组织服务,收入来源具有多样化特征。

12.1.3 物流公共信息平台的层次

目前存在的物流公共信息平台,按照服务范围的大小划分,可以分为国家级、区域级、省区级、城市级和园区企业级五类。国家级物流公共信息平台是一个由信息网络、信息系统、信息资源库和运行管理规范组成的跨部门、跨行业、跨地区、跨企业的物流信息化综合服务体系。区域级物流公共信息平台是由各地政府牵头规划建设的基于互联网的物流公共信息平台,通过对公用数据的采集,为物流企业的信息系统提供信息支撑,满足企业信息系统对公用信息的需求,支持企业信息系统各种功能的实现。区域级物流公共信息平台是全国性平台的有机组成部分。区域级物流公共信息平台是国家对区域内地方平台的协调和地方性信息的处理平台,从应用角度来讲,与国家级物流信息平台的角色类似,只是范围要小些。城市级物流公共信息平台相对而言范围更小。园区企业级物流公共信息平台中,企业级物流公共信息平台是物流主体,即最终客户(货主),代理、分拨和仓储物流企业,是现代物流公共信息管理系统的终端。各个物流园区信息平台、加工区物流平台汇集园区内企业集团的物流信息,同省级物流信息公共平台相连,交换信息,提供本园区内企业的仓储、装卸、价格、包装、客户等物流信息。

13.2 北京物流公共信息平台建设现状

13.2.1 北京物流公共信息平台建设目标

北京物流公共信息平台(亦称"北京物流门户")是在北京市商务委、北京市发改委等政府相关部门的大力支持下,由北京物流协会组织建设北京首发物流枢纽有限公司主导运营的北京第一官方综合物流门户,是北京市政府"十一五"重点规划的三大平台之一。

通过北京物流公共信息平台的建设,支撑政府与物流企业、工商企业所需的各种应用规范化、高效率的运行,推动应用之间的紧密集成,实现政府、物流企业、工商企业之间实时、可靠的信息交互与共享,降低社会物流总成本,提高客户服务满意度,降低能耗,减少城市环境污染,缓解交通压力,加快物流产业结构调整,推动物流产业升级;通过北京物流公共信息平台的建设,把分散在不同区域、实力较弱的单一运输与物流企业紧密联系在一起,通过提高物流服务能力,推动物流服务企业从粗放经营向集约经营的转变,增强企业核心竞争力,最终实现信息共享,供应链中上下游企业协同联动,最大限度发挥网络的优势,实现社会资源的最优配置;通过北京物流公共信息平台的建设,为政府更好地制定相关政策提供数据支持,推动整个物流行业的市场协调、有序、健康地发展。

第一期建设初步完成北京市物流公共信息平台核心系统建设(包括物流交易信息服务平台、电子采购平台、中小物流企业应用平台、货运及场站联盟平台、政府监管平台等),同时各大物流场站设置 20 个信息网点,作为北京物流公共信息平台信息采集点;形成基础性、战略性物流数据库;各相关信息系统实现有效的互联互通,信息资源共享程度明显提高;初步形成物流信息化信息安全保障体系。通过物流公共信息平台的使用运行,提升物流企业的竞争能力,促进政府在物流行业管理和公共信息服务方面的能力。

13.2.2　北京物流公共信息平台一期建设具体工作内容

北京物流公共信息平台一期建设具体工作内容包括十个方面。

(1) 充分利用现有网络条件及现有场地条件,进行北京市物流公共信息平台的机房建设。

(2) 在北京市内的各大物流场站设立 20 个信息网点,每个信息网点设信息大厅,直接面向物流企业提供信息服务。信息网点可以作为平台的信息采集点并直接面向物流企业提供信息服务。

(3) 通过搭建数据共享交换平台、内容发布与管理平台,进一步提高交通物流的信息采集与资源整合能力。

(4) 在数据共享交换平台基础上建设 11 大应用平台(系统):

信息交易平台:生产企业、物流企业可以发布货源或车源的需求和供给信息,系统对货源信息和车辆信息进行自动匹配,车货信息包含城市配送和长途运输两部分;仓库、物流设备、人才、劳务等供给和需求信息发布、查询;法律法规、政策信息、行业新闻、出行信息等信息发布展示。

电子采购平台:主要提供在线招投标服务,可以发布招标信息,标书下载、网上资格预审、在线投标、竞标,同时平台组织专家进行在线评标,中标公告公示。

物流业务管理应用托管平台:面向广大中小物流企业,提供紧凑、高效、低成本的物流管理专业工具,包括提供给仓储类物流企业使用的仓储管理管理系统,提供给专线运输企业使用运输管理系统,提供给货物代理企业使用的货代管理系统,提供给城市配送企业使用的配送管理系统,提供给物流园区经营企业使用的物流园区管理系统,提供给物流各类企业使用的办公自动化软件、客户管理软件等。

货运联盟及场站联盟平台:货源企业和运输企业之间进行订单传输、账务信息交换的平台;货运企业管理、货主企业管理、货运订单分配、账务管理、场站间信息共享等功能联盟管理平台。

第三方支付平台:解决物流领域在线支付问题,提供电子回执以及类似支付宝的第三方支付服务。

车辆定位及货物追踪系统:实时对车辆进行速度、轨迹回放等日常安全管理,还可以用于应急时的报警和远程控制。

GIS 应用平台:为 GPS 应用平台和车辆救援与维修服务系统提供基础支撑。

短信平台:短信平台为车辆定位及货物追踪系统、车辆救援与维修服务系统、电子采购平台、货运联盟及场站联盟提供支撑服务。

政府监管平台:行业运营报表,行业信息收集,报表生成;基于历史数据分析、挖掘,为政府的行业监管和辅助决策提供信息服务。

营运车辆及从业人员资质认证系统:包括 IC 卡证件的发放管理、身份认证管理、身份验证与稽查管理等。

车辆救援与维修服务系统:依托公共信息平台吸纳维修企业、检测站、汽车配件生产厂家通过紧急救援热线为社会公众提供救援维修服务。

(5) 搭建北京物流公共信息平台基础网络平台,包括网络硬件、网络管理软件及线路租用。

(6) 搭建物流公共信息平台的系统软硬件环境,包括主机及存储设备和系统支撑软件。

(7) 搭建本次工程项目系统安全环境,主要包括网络安全、数据安全、应用安全等。

(8) 搭建本次工程数据容灾中心,包括机房建设、线路租用、主机及存储系统、数据库及备份软件。

(9) 搭建面向工商企业、物流企业的信息交易服务、车辆救援与维修等服务的热线呼叫中心。

（10）形成和完善北京物流公共信息平台的建设与运营模式上的保障体系，确保工程顺利建设、长效运行、可持续深化提高。

13.2.3 平台总体架构

北京市物流公共信息平台总体架构如图13-1所示，具体可分为网络平台层、软硬件支撑层、资源整合与交换层等七部分。

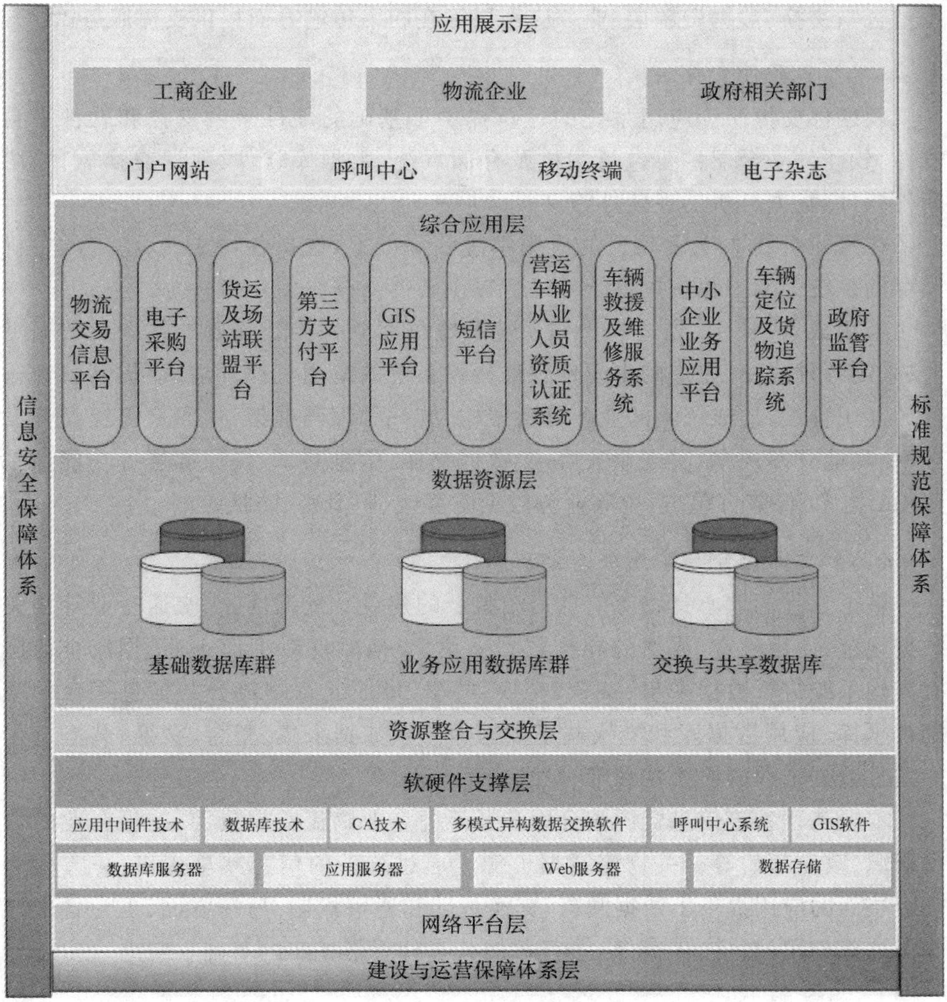

图13-1 平台总体架构

（一）网络平台层

网络平台层是承载数据传输、交换的基础条件，网络平台层包括基础通信网络、网络设备、网络安全设备等。通信网络包括交通行业信息专网、无线通信网络、VPN 和因特网。网络设备包括路由器、交换机等。网络安全设备包括防火墙、入侵检测等设备。

本次工程主要依托因特网，实现信息的采集、交换、处理、分析和展现，为资源整合与交换、数据资源层、业务应用层等在网络传输方面提供支撑服务。

（二）软硬件支撑层

软硬件支撑层为应用系统的运行提供了基础的硬件平台支撑和软件平台支撑，软硬件平台层主要包括主机及存储系统、数据库软件、数据交换软件、中间件软件、数据分析展现软件等。

在深入分析本工程项目的应用系统的基础上，选择各种成熟、稳定的主机及存储系统为本工程应用系统的运行提供硬件支撑。

采用成熟、稳定、先进的操作系统及数据库软件构建基础的系统及数据平台；采用各种成熟、先进的中间件软件构建系统的应用支撑环境，以提高软件构件的复用程度，形成统一的业务分析架构、统一的编码框架，从而最终提高开发效率、降低开发成本，实现业务协同、数据交换、信息共享、快速部署等功能。采用 CA 技术，保障订单、运单等业务数据防篡改、防泄密、防抵赖。

（三）资源整合与交换层

整个工程的核心是物流信息资源整合的建设。依据国家、交通行业等相关数据规范，使用稳定、成熟的异构数据采集、交换软件对工商企业、物流企业已有异构系统进行数据采集、整合、交换、共享，形成北京物流公共信息平台的基础数据库、应用数据库和交换共享数据库。在数据采集、整合、交换、共享过程中注重数据来源的原始性和唯一性。

本次工程物流信息资源整合库涉及工商企业物流数据资源、物流企业的数据资源、政府部门等相关物流数据资源。通过统一的信息共享接口，一方面为部级层面的应用提供了数据共享、交换基础和通信机制；另一方面，也为将来与各类外部应用（公安、工商等）进行数据共享打下了扎实的基础。

（四）数据资源层

数据资源层是通过数据整合与交换层对现有业务系统中的数据进行整合的基础上产生的。

通过对物流信息资源进行科学的分类组织，采用统一的建设规范和数据交换标准，确保信息资源在采集、处理、传输以及分析、管理和共享的整个流程中在各系统间顺利地交换，以实现知识管理和决策支持的目标。

在对各类数据进行深入分析的基础上，建成分类明确、标准统一、来源唯一、准确一致的基础数据库、应用数据库和交换与共享数据库。

数据资源层包括基础数据库、应用数据库和交换与共享数据库。

基础数据库包括公路空间地理数据库、公路基础数据库、车辆基础信息数据库、从业人员信息数据库、经营业户数据库，它的基础是业务数据库，同时与应用数据库之间有数据交换的需要。

应用数据库包括信息交易数据库、电子采购数据库、中小物流企业业务应用数据库等各类应用数据库，它的基础是供应链中上下游企业、政府相关数据资源。通过对供应链中上下游企业、政府相关数据资源及基础数据库的整合产生，同时与供应链中上下游企业、政府有数据交换的需要。

数据资源层为各类应用系统的应用开发提供了数据支撑。

（五）综合应用层

在应用支撑层及整合资源库的基础之上，通过对北京物流公共信息平台的需求进行深入分析，整合、设计开发业务应用系统，从而降低社会物流总成本，提高客户服务满意度，降低能耗，减少城市环境污染，缓解交通压力，加快物流产业结构调整，推动物流产业升级，为政府更好地制定相关政策提供数据支持。

（六）应用展示层

应用展示层是面向用户的统一服务窗口，将直接反映本次工程的建设成果和应用效果。前端展示层应为用户提供风格统一、界面友好的虚拟服务平台，实现各类应用系统界面及功能的全面整合和集中展示，在整合的统一平台上为用户提供综合性的信息服务应用，并以多种视图进行直观展示，以便于各类用户使用。

前端展示层包括门户网站、呼叫中心、移动终端、电子杂志。

（七）建设与运营保障体系层

保障体系包括信息安全保障体系、建设与运营保障体系。

信息安全保障体系采用相应技术、权限管理手段和管理体制等，充分保证系统信息等数据的安全；建设与运营保障体系包括基于建设模式及运营模式上的保障体系。落实机构、人员和资金，制定一整套科学合理的建设管理体系以及长效运营机制，规范系统的建设管理。

北京物流公共信息平台网络采用星型拓扑结构，传输协议采用 TCP/IP 协议。该系统的拓扑结构如图 13-2 所示。

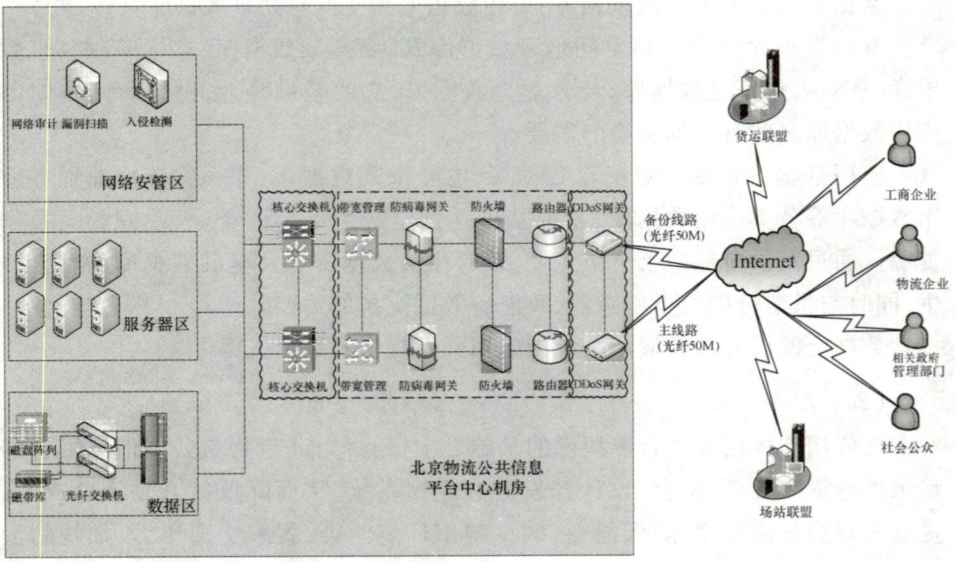

注：圈定的设备为网络设计方案涉及的硬件；圈定的设备为系统安全涉及的硬件；黑色实框圈定的设备为主机及存储系统涉及的硬件。

图 13-2 物流公共信息平台网络拓扑图

13.2.4 平台建设成果

北京物流公共信息平台第一期投资四千余万元，于2009年组织建设，2011年3月正式上线运营，二期项目正在研发中。该平台一直秉承“沟通、协作、共赢”的理念，以立足北京覆盖环渤海服务全国为发展目标，致力于打造成中国首家物流产业链功能性的综合服务平台。

平台自创建以来，曾多次获得交委、发改委、商委及协会等部门的肯定，在业界享有较高的知名度；还曾获得中物采颁发的2010年科技进步二等奖。

平台的核心价值在于可以实现企业间的信息与业务流程的对接，从而有力地促进制造业、商贸流通业（物流需方）与物流业（物流供方）的行业融合，加强企业间的纵向（跨行业的）与横向（物流行业内的）协作，促进物流行业整合与产业升级，达到降低成本、提高效率的目的。

平台目前主要产品体系由7个应用服务中心和1个公共服务中心组成（简称“7+1”）。

七个应用服务中心为：提供“在线发货”及“车货信息交换”服务的网上业务中心；提供库房、设备、人才、劳务信息服务的物流资源中心；提供在线招投标服务的物流行业电子采购中心；提供车辆货物监控的车辆监控与管理中心；提供物流企业找车找货询价的网上业务中心；提供物流企业车辆管理系统的网上停车场；提供物流企业表单数据交互的数据交换系统。

一个公共服务中心主要为社会用户提供物流企业官方认证、物流保险、融资贷款、行业新闻、政策法规、行业培训考试、企业征信查询、交通路况等公共服务。

截至2012年6月，平台已汇集北京市物流相关企业2 600余家，其中认证企业近1 000家；汇集北京市库房资源1 000余处；组织在线招投标50余次，直接参与在线招投标的用户达60家；持续组织行业内具规模的物流相关会议10余次。平台网站首页如图13-3所示。

图 13-3　北京物流公共信息平台(www.56beijing.org)

北京物流公共信息平台目前已经上线的主要信息服务可归纳如表 13-1 所示。

表 13-1 北京物流公共信息平台主要信息服务功能

一级栏目	二级栏目主要功能
首页	注册、发布物流信息、开通企业黄页、线上企业推广、认证企业、推荐企业
资讯	最新资讯、本地看点、行业聚焦、观点争鸣、企业动态、政府信息、人物专访、会议会展、交通路况、热点专题
企业库	
招投标	
库房	
设备	
市场信息	
服务	保险服务、融资服务、物流软件、长城润滑油、网上业务室
法规	法规解读、合同范本、风险防范、案例分析、法规问答
会员中心	平台公告、站内短信、收藏、我的客户、我的评价、我的业务系统、应用帮助等
学院信息	物流实务、考试培训、考试题库、考试用书、论文荟萃、物流英语、基础知识
会员专享资料推送	
物流实用工具	里程查询、国内天气查询、邮编区号、全球 IP 查询、车牌查询、手机号码查询、在线实时路况、集装箱参数表、货物运输查询、车辆违章查询、在线翻译、船舶定位、航班查询、高速公路大全、商品编码查询、运输三证查询

13.2.5 存在问题分析

经过多年的努力,北京初步建立了一个高效、安全的物流公共信息平台,不仅促进了工业、商业、企业和客户之间的信息交流,而且使得政府职能部门能够更好地服务和监管物流市场,对各类物流资源进行有效的整合,提高了物流资源使用率,初步达到优化供应链的目标,从而提高了物流整体服务水平。物流公共信息平台已经成为物流信息化建设的核心,推动整个社会的物流信息化建设向规范化、个性化、集成化、专业化进一步发展。据统计,2012 年第一季度社会物流总费用 1.9 万亿元,同比增长 12.2%,增幅亦同比回落 5.7 个百分点,第一季度物流业增加值和物流固定资产增速亦呈现下降态势,物流业增加值 0.8 万亿元,按可比价格计算同比增长 10.8%,增幅同比回落 2.7 个百分点。物流固定资产投资第一季度完成额 0.5 万亿元,同比增长 7.7%,比 2011 年同期回落 20.9 个百分点。

物流进入“微利时代”,公共信息平台成为提高运营效率、降低成本的重要支撑。在物流行业微利运行的背景下,无论是企业物流还是物流企业,如何优化资源配置、提高运营效率,用最小的成本换来最大的利益,是目前面临的最重要问题之一。

据统计,国内有 200 多万家小型物流公司,800 万台货运车辆,货运车辆的空驶率平均为 49%,其中有 17.2% 的物流企业空驶率达 50%,货物运输成本比西方高出 3 倍,物流费用占货品总成本多达 30%。北京物流公共信息平台也只是在一定程度上解决物流信息化中存在的问题,但同时该平台还存在以下几个方面的不足:

第一,物流公共信息平台的功能较为简单,并且较为分散,如:咨询的查询与发布包括本地看点、行业聚焦、观点争鸣、企业动态,以及招投标、库房管理,设备管理,市场信息的发布与查询等,但缺少关于货物跟踪、报关、与其他政府职能部门的接口的信息,不能给客户提供系统的端到端、全方位服务。

第二,缺乏对供应链的支持,现有的物流公共信息平台仅仅实现的是简单的供需交易,而不能实现从原材料供应商到制造商、分销商、零售商的集成。不能实现整个供应链条的信息实时共享。

第三,企业尤其是中小企业的内部管理支持有限。一般的大型物流企业都有完善的信息系统,但对中小企业而言,由于规模和资金等原因,企业信息化的典型功能网上办公、内部作业信息化、车辆监控等功能都还没有,综观国内的其他物流信息平台,具备这样功能的也没有。

第四,物流公共信息平台运行的两大瓶颈是“交互难,交易更难”,由于物流公共信息平台是连接企业信息系统和政府职能部门信息系统的数据枢纽,这些系统通常都是在不同的时间建立的,异构数据之间的互联是迫切需要解决的问题,另外从企业自身的角度考虑,这些数据之间的交互是否会造成企业内部数据的泄露,进而影响其对销售策略、销售渠道、产品信息等的保密。这些信息如果被竞争对手获得,将会对企业造成很大的损失。另外一方面,由于缺乏诚信机制的建立,对企业在网上发布信息的准确性和企业交易的诚实性也缺乏必要的监管。

第五,现代 IT 信息技术的普及与发展,不仅深刻改变了我们的生活方式,也在某种程度上影响着信息化系统的建设,目前比较突出的两类技术就是云计算和物联网技术。而已建成的物流公共信息平台对这类新技术的应用考虑不是很周全，造成该平台的扩展性和兼容性尚有很大的提升空间。

13.3 信息技术创新趋势及北京物流公共信息平台发展建议

13.3.1 信息技术创新趋势

（一）物联网技术的应用趋势

在国务院推出十大产业振兴规划的同时，物联网正成为全社会的信息技术热点，被公认为是继计算机、互联网与移动通信网之后的第三次信息产业浪潮。物联网在我国经历了从前些年的宣传炒作发展到现在产业链各环节的实际部署，对物流行业的影响也是全方位的，产生了很多具备物联网技术特征的物流行业局部应用。

物联网的本质是通过信息技术赋予网络全新的含义，从而实现万物之间的互联互通，使其具有全面感知、可靠传送和智能处理的三大本质特征，实现人与物之间、物与物之间的智能化感知、定位、追踪、管理、控制。

物联网的理念最初是基于 MIT Auto-ID EPC 系统技术而提出的，并最先在物流行业得到了应用。自 2008 年经济危机以来，为了控制国际新一轮信息技术竞争的关键点，占领未来产业链制高点，各发达国家纷纷建立了与物联网相关的信息化战略，在技术研究和商业部署上获得了相当大的进展，物联网的理念也随着各种感知技术和网络技术的突破而得到提升和完善，越来越多的物联网业务应用得到推广，商业模式也日臻成熟。

我国在推进信息化和工业化深度融合的背景下充分认识到物联网应用的重要性，已经拥有了从材料、技术、器件、系统到网络的完整产业链，是世界上为数极少能实现物联网产业化和制定国际标准的国家之一。

在国家政策方面，国务院、发改委、工信部、科技部等部门相继出台了相关产业扶持政策，加速促进我国物联网产业发展，其中工信部在物联网“十二五”规划中提出了智能电网、智能交通、智能物流等十大重点应用领域，其中智能交通和智能物流主要应用在车辆信息通信、车队管理、商品货物监测、互动式汽车导航、车辆追踪与定位等，为物联网技术在物流行业中的应用指明了方向。

经过多年发展，我国目前具备物联网本质特征的独立网络系统为数很多，创新也不少，应用范围逐步扩大，以北京、上海、无锡、广州、深圳为代表的很多城市也进行了物联网的应用试点，涉及从身份识别、电子票证，到资产管理、食品与药物的安全监控、仓储物流等各个领域,但总体而言,目前国内物联网应用还大都集中在电力和交通运输行业,这两大行业占 M2M 终端总数的 86.5%。

综观国内物联网应用,主要可分为两大类,其一是已经被接受并商用的产品,这些产品比较成熟,贴近用户的真实需求,商用的前景、路径、模式比较清晰;其二是还受某些因素限制,尚未上市的应用,制约这些产品的不是技术层次,而是涉及多部门和组织的利益协调。

随着物联网技术的日益成熟,相信越来越多的物联网的应用会渗透到物流行业的方方面面。物流公共信息平台应该充分考虑这些成熟的物联网实际应用,并将其技术融合进来,从而实现中国的"智慧物流"。

(二) 云计算技术的应用趋势

近几年来,随着并行计算(Parallel Computing)、分布式计算(Distributed Computing)和网格计算(Grid Computing)的发展,一种新兴的商业计算模式即云计算(Cloud Computing)受到广泛的关注,得到了产业界和学术界的普遍认可,被评为 2009 年 IT 业五大科技发展趋势之首。显而易见,这种新的计算模式将给传统的 IT 产业带来一场革命性的变革,并成为一种发展趋势。

由于云计算具有超强的计算能力和低成本、高安全性、以用户为中心等特性,在网络资源共享等方面具有明显的优势,因此在各个领域有着广泛的应用前景。

虽然产业界和学术界由于各自的理解能力不同,基于不同的利益出发点考虑,演变了众多的云计算定义和分类,如私有云和公有云等,但云计算最关键的的特点即计算资源能够被动态地有效分配,消费者能够最大限度地使用计算资源而无需管理底层复杂技术是各方普遍认同的。总体而言,云计算具有以下鲜明的特点:

(1) 灵活的自治性,云计算系统提供的是服务,服务的实现机制对于用户来说是透明的,不需要了解云计算的具体机制和技术,系统软硬件能够自动进行配置,提供需要的服务。

(2) 可靠的数据存储中心,云计算系统由大量的计算机构成集群向用户提供数据管理服务,由数据中心的管理者对数据进行统一的管理、分配资源、负载均衡、安全管理等,利用数据冗余和分布式存储保障数据的可靠性。

(3) 高可靠性、可用性和可扩展性,云计算系统可以自动检测失效节点,并将后续服务请求分配给负载轻的节点,从而提供可靠的服务,保证服务的可用性,当用户的系统规模发生变化时候,云计算系统可根据用户需求自由伸缩。

(4) 极高的经济性和服务多样性,通常组建超大规模的服务器集群相比同样性能的超级计算机成本低很多,并且各业务系统可以根据自己的需要灵活地租借适合自己的云计算能力。此外在云计算平台上,用户可以支付不同的费用,获得不同等级、不同功能的服务。

(5) 通过虚拟化提高系统利用率,云计算系统可以看成是一个虚拟资源池,各种服务和资源都保存在云端,通过在服务器上部署虚拟机,最大限度地利用系统的运算能力,负载可以在各种虚拟资源上平滑地进行迁移。

目前,国内外对于物流公共信息平台的研究主要集中在业务层,更关注平台承载哪些服务和功能、覆盖了哪些行业领域,而鲜有借助云计算平台从架构、技术、资源整合、标准化接口、互联互通、外延扩展等方面进行深入研究。

而实际上,通过分析物流公共信息平台的应用场景以及实际需求,可以发现平台显示出以下几点云计算特征:

(1) 对信息资源有大规模海量的需求,区域内的物流公共信息平台整合了现有各大物流企业、政府部门众多的信息系统,同时需要实时跟踪商品物流信息状态,对这些海量的信息进行汇总、拆分、统计、备份,这需要弹性增长的存储资源和大规模并行计算能力。

(2) 资源负载变化大,物流公共信息平台有些应用在峰值负载、闲时负载和正常负载之间差距明显,如网上报关、结算等应用,会在某些特定的时间资源负载呈现爆发式增长,而平常时候可能很稳定,呈现低负载状态。

(3) 以服务方式提供计算能力,目前国内大中型物流企业虽然都已经建立起自己的物流信息系统,但这些系统只是些信息孤岛,在数据一致性和信息共享方面有先天性的缺陷。而在物流行业中占 95% 以上的中小企业更谈不上有自己的信息系统,也不可能花费巨大采购大而全的物流软件。虽然各个物流企业在业务流程方面存在较大差异,但从行业运营角度来看,其计算控制需求是相同的,因此可以将这部分功能剥离出来,封装成面对不同行业不同企业的服务,以平台服务的方式提供给客户,客户只要满足服务接口要求,就能享受到这些服务能力。

13.3.2　措施建议

(一) 基础技术架构方面措施建议

针对上述的云计算特征,考虑引入云计算技术构建和改造物流公共信息平台。基于云计算架构的物流公共信息平台最主要是实现了资源共享、动态分配,从而达到帮助企业降低 IT 方面的投入和支出的目的。此外,在构建云计算架构的物流公共信息平台的同时,还需要充分考虑物联网各类应用的接入,在平台层要支持物联网系统信息数据的采集、传输、转换、存储、共享、交换,在应用层融合各类信息传感设备、全球定位等系统,向用户提供各种智慧物流的信息服务。

1. 总体系统架构建议

物流公共信息平台的设计可采用典型的云计算体系架构,主要包括五个组成部分,分别为基础设施层、平台层、软件应用层、接入层和管理层,如图 13-4 所示。

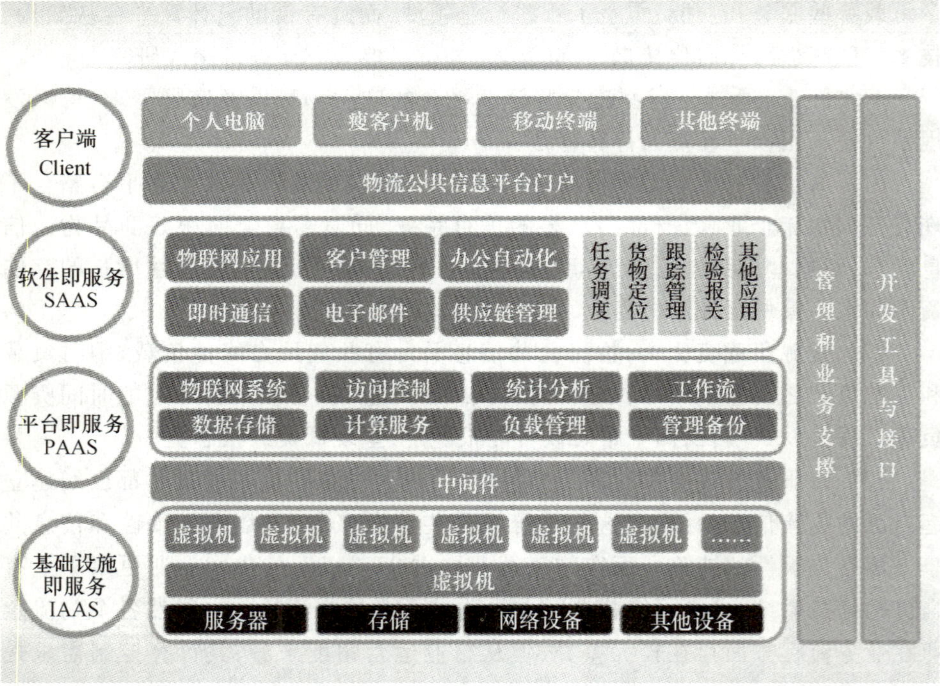

图 13-4 基于云计算架构的物流公共信息平台总体体系架构

(1) 基础设施层是指在基础架构层面提供的云服务,主要是向用户提供虚拟化的各类基础架构资源(服务器、网络、存储等支撑能力),从而屏蔽真实各类物理资源的复杂性。

(2) 平台层将各种业务能力进行整合,主要向用户提供对基础设施层服务以及开发环境服务的封装,主要包含定制化的数据库处理、可扩展的消息中间件、事务处理中间件等服务。

(3) 软件应用层向各类用户提供更贴近终端用户实际需求的各类企业应用、个人应用服务,这些应用基于互联网技术进行封装,并按照使用者的需求进行应用服务的交付。

(4) 接入层是为了方便不同用户访问平台所需要的各种支撑服务,包括服务目录列表、订阅管理、访问服务接口等。

(5) 管理层是对所有层面的云计算服务进行管理的功能,包括安全管理、服务组合管理、服务目录管理、服务计量、服务质量、部署、监控、测试等功能。

2. 主要服务功能实现建议

在进行物流公共信息平台各层的具体设计实现时,最底层即基础设施层可以采用目前成熟的IaaS产品来实现,例如Windows Azure等,平台层可以采用目前第三方中间件产品,例如VMforce等,或者基于开源的Hadoop进行设计实现,而物流公共信息平台主要开发工作集中在各种共享基础服务组件和开放给用户的各种标准化服务上。在具体实现方面主要分为两种方式,一种是依托PaaS平台的开发工具,另外一种是采用多租户架构和元数据模式,运用Web 2.0、Struts、Hibernate等技术来实现,目前大部分SaaS系统均采用后者方式开发。云计算架构的一个典型的特点就是将各种服务和应用进行标准化封装,以供系统内部和外部进行调用,这些封装的功能应用主要包括以下两类。

(1) 部署在SaaS层的应用信息服务。

物流公共信息平台的SaaS层封装了物流行业各类应用的业务流程,同时也可以集成第三方物流(Three Party Logistics,3PL)企业应用服务,从而演变为第四方物流(Fourth Party Logistics,4PL)信息平台。在SaaS层可以充分调动各个参与方的积极性,开发出丰富的贴近现实市场需求、贯穿整个供应链各个环节的各项增值服务,从而吸引社会各方更有效地使用这个信息平台。在整合各方服务的同时,通过应用虚拟化技术,实现多租户共享存储、计算能力等资源,提高资源利用率,降低运营成本,而多租户之间在共享资源的同时互相隔离,保证了客户数据的安全性。提供的各项增值服务在初期可以包括以下几类。

标准门户服务:各类信息介绍、人才招聘、市场动态、行业新闻、法律法规、企业名录等。

信息资源查询服务:路况、环境、气象信息的发布查询,港口、航运、公路货运、航空、铁路等货运实时信息,企业货物和物流企业运力、仓储状态的实时动态展示等。

会员管理服务:会员登录注册、单证管理、权限管理、ISP服务、CA证书认证申请和管理、会员货物状态和位置跟踪、交易跟踪管理、会员资信评估、交易统计等。

交易管理服务:物流服务信息和商品信息查询、网上下单、在线交易、合同签写、订单查询和统计、客户管理、商机管理、货物和流程实时跟踪定位、电子支付、资金结算等。

远程物流信息系统外包服务：建立应用服务提供商(Application Service Provider,ASP)子平台，帮助广大的中小企业实现物流节点企业的信息化。

电子政务服务：为物流服务外包企业提供一站式、一体化服务，包括与政府部门相关的网上报税、缴税、海关保税区监管、海关网上报关、网上通关及通关数据支持、网上出入境检验、灾害救急、与服务机构关联的电子结算、信用融资、物流保险等。

决策分析服务：为用户提供数据统计和报表服务，通过建立物流业务的数学模型，对已有数据进行分析、鉴别、评估，对比物流战略和策略上的可选方案，例如车辆日程安排、设施选址、顾客服务分析等。

货物跟踪服务：集成先进的 GPS、GIS、GMS、物联网等一系列跟踪定位技术实现货物及运输车辆的实时跟踪定位，将货物与车辆跟踪、物流资源信息查询、运输信息平台、网上物流管理等有机结合，实现物流管理的全过程控制，提高物流作业的准确性和安全性，加强物流运作对客户的透明性，减少货物损失和延时。

(2) 部署在 PaaS 层的支撑组件服务

基础数据交换处理服务：该服务负责平台上各种物流信息的采集、分类、加工、标准化、储存、分析、评价、中转、发送、反馈、管理和控制，实现平台与接入各信息系统之间的数据规范、格式转换。不仅要实现平台上交易双方的无缝对接，还要和其他区域或上一级物流公共信息平台的连接与数据交换。在具体实现方面可以采用成熟的企业服务数据总线(ESB)产品，辅以强大的接口适配器，采用消息触发传递机制对现有的信息系统进行数据集成。

(二) 平台运营模式方面措施建议

目前物流公共信息平台的主要运营模式有两种，从前面建设经验的分析中可知，政府主导模式存在与市场结合不够紧密，需要政府长期投入的问题；企业主导模式存在企业投资资金压力大、整体性不强等弊端。

可以采用政府推动、行业约束、企业经营、市场化运作的建设运营模式。此种模式，充分利用了政府部门的组织协调能力、企业的高效率市场化运作方式，同时充分地考虑了各种用户的实际需求。

在平台具体运营过程中，通过政府相关政策和行业协会制度的制约，应用行业准入机制和会员制管理方式，对加入平台的用户和会员通过收取服务费、广告费、租赁费、会费、中介费等方式进行市场化运营，提供有偿服务，即采用

“谁应用、谁付费”方式进行市场运作的自主运营,实现平台的良性发展。同时,政府应该行使宏观调控职能,积极负责指导物流公共信息平台共享信息服务价格的制定和市场引导政策的出台。

物流公共信息平台的建设运营是一个庞大的系统工程,既需要企业、单位、社会相关服务机构等的积极参与,也需要各级政府的有效支持和监督,还需要国家给予的政策支持和制度约束等。政府在物流公共信息平台的建设运营过程中有着不可替代的地位和作用。

北京市运管局作为地方交通运输主管部门,具有交通运输管理职能、交通基础设施建设职能,在物流公共信息平台建设中应发挥先导作用。基于对北京物流公共信息平台的需求分析和功能定位,分析政府在物流平台建设运营中的作用和地位,研究政府在相关工作中的切入点,有以下两点建议:

(1) 为了改变物流管理体制条块分割、部门分割的局面,政府必须加强各行业或各部门之间的组织协调。政府部门应该转变职能,强化服务意识,积极帮助解决企业的实际问题,建立与国家接轨的、面向企业的服务体系。同时,需要各级政府部门从职能划分入手,进一步明确各级政府部门的权力和职责,理顺管理关系。建议成立一个由政府和各监管部门共同参加的专门的管理机构,在满足各监管部门要求的条件下,共同协商和处理北京市物流公共信息平台建设和运营中所存在的问题,保障平台的建设和运营进展顺利。

(2) 为了改变政出多门、相互交叉又存在盲区的现状,建议在省政府层面建立协调机制进行统筹管理。由综合管理部门牵头,有关政府部门和行业协会参与,负责制定与协调对平台建设的各项支持政策。对分散在各部门的支持政策进行梳理,统筹规划、整合资源,形成合力,逐步建立各地区、部门相统一、协调、规范的政策法规体系。

(三) 平台建设管理方面措施建议

1. 建设管理

北京物流公共信息平台属于物流基础设施建设的范畴,它投资大、回收期长,是一项复杂的建设工程,这必将牵涉众多物流相关信息资源的资产重组和数据接口的开放等问题。另一方面,物流信息平台的建设需要吸收大量资金,需要众多企业的参与。平台建设的开拓性及其本身的复杂性,决定了它需要在政府的宏观指导和统一协调下,充分调动各方面的积极性,集中社会有效资源来共同完成。因此,平台建设的参与者应包括政府、企业、物流相关政府职能部门、相关行业协会、高等院校和科研院所。同时,必须要有一个权威的领导小组来协调和沟通建设中遇到的困难。另外,信息平台应紧紧围绕对平台的需求进行建设，避免投资浪费。

物流公共信息平台是一个复杂的大系统，其建设涉及多种高技术的集成、物流企业的内部和外部、物流服务全生命周期以及大量的高层次人才、大量的硬件和软件、技术与管理的集成。传统的物流信息化系统的实施对物流企业，尤其是中小物流企业来说涉及大量设备的采购，企业需要保持一定数量的IT技术人员以进行系统的开发、维护升级和管理，项目的建设实施周期长而且实施难度较大，实施的成功率也不是很高。云计算技术的出现及其发展，为物流公共信息平台在物流企业的建设实施和应用提供了一种新的模式和思路。基于云计算的物流公共信息平台的建设实施管理已经成为物流企业实施信息化管理和优化物流系统的重要途径。

基于云计算的物流公共信息平台建设管理如图13-5所示。

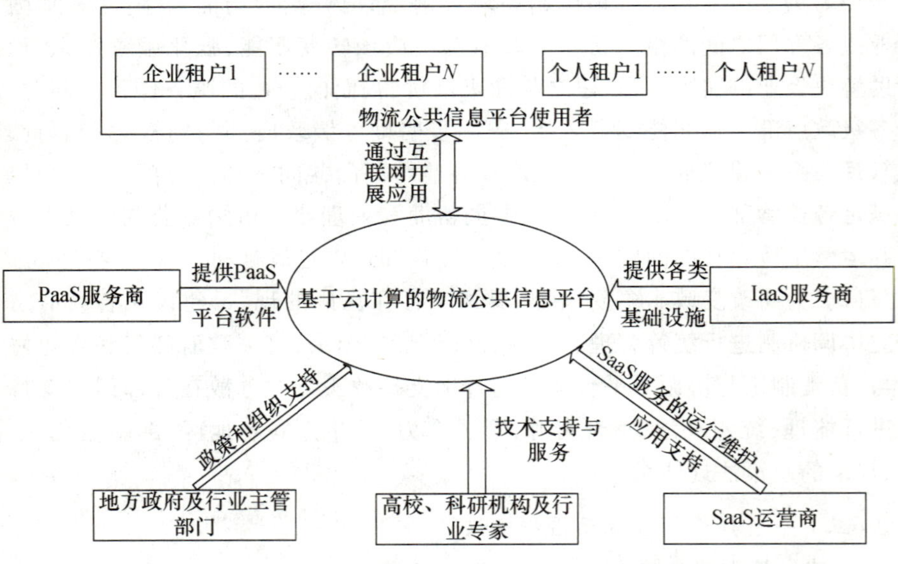

图13-5 基于云计算的物流公共信息平台建设管理

如图13-5所示，基于云计算技术的物流公共信息平台的建设实施包含以下几个参与方：

（1）地方政府及行业主管部门：地方政府及行业主管部门给予物流公共信息平台的运作提供有关的政策和组织支持。

（2）高校、科研机构及行业专家：高校、科研机构及行业专家是物流公共信息平台运行的中介服务体系，负责物流公共信息平台的技术支持和服务，具体包括技术咨询、人才培养以及物流系统运作和优化的相关技术支持与服务。

(3) SaaS运营商:SaaS运营商负责物流公共信息平台的运行和维护,为物流企业和各类客户提供SaaS平台各项服务和应用的支持。

(4) PaaS服务商:负责平台上各种物流信息的采集、分类、加工、标准化、储存、分析、评价、中转、发送、反馈、管理和控制,实现平台与接入各信息系统之间的数据规范、格式转换。此外,不仅要实现平台上交易双方的无缝对接,还要采用成熟的企业服务数据总线(ESB)产品,辅以强大的接口适配器,采用消息触发传递机制对现有的信息系统进行数据集成,和其他区域或上一级物流公共信息平台建立连接与数据交换。

(5) IaaS服务商:为物流公共信息平台提供平台所需的各类物理以及逻辑的硬件资源(如网络设备、服务器、存储设备等)和软件资源(如操作系统、数据库管理系统、系统管理软件、应用软件等)。

(6) 物理公共信息平台的使用者:信息平台的使用者包括各类物流企业和个人客户,物流企业通过物流公共信息平台发布其物流服务能力,并通过平台为客户服务;而客户则可以在物流公共信息平台查找和发布物流服务需求,并对物流服务的执行过程进行查询以及对物流服务的结果通过平台进行绩效评价。

基于云计算技术的物流公共信息平台建设实施具有以下优点:

(1) 从技术方面来看,物流企业无需再配备IT方面的专业技术人员,同时又能得到最新的技术应用,满足企业对物流信息管理的需求。

(2) 从投资方面看,物流企业只以相对低廉的"月费"方式投资,不用一次性投资到位,不占用过多的营运资金,从而缓解企业资金不足的压力;不用考虑成本折旧问题,并能及时获得最新硬件平台及最佳解决方案。

(3) 从维护和管理方面来看:由于物流企业采取租用的方式来进行物流业务管理,不需要专门的维护和管理人员,也不需要为维护和管理人员支付额外费用。很大程度上缓解了企业在人力、财力上的压力,使其能够集中资金对核心业务进行有效的运营。

在平台建设运营资金问题上,需要政府投入部分启动资金,并采用加强综合财税金融支持力度如税收优惠、财政补贴、贷款援助、风险投资和直接融资等来解决。

第一,通过财政补贴、贷款援助、风险投资和直接融资的方式,解决行业物流公共信息平台的建设资金投入问题。政府应该制定物流公共信息平台建设中财政补贴和贷款援助的基本原则和方针,各级财政根据实际情况进行因地制宜的实施;同时,政府还应该积极引入风险投资基金,解决平台建设的资金问题。在平台建设过程中，政府财政应该重点支持物流公共信息平台的基础设施建设（网络基础设施、通信设施等）、电子数据转化和传输协议的规范等。

第二，通过税收优惠的方式，为物流公共信息平台运营提供良好的财税环境。为了引入众多企业参与，扩大平台影响力，政府可以制定税收减免等优惠措施。比如：在平台建设运营过程中，根据平台的建设时期的不同制定不同的税收优惠幅度，鼓励企业参与物流公共信息平台的建设与运营工作。

2. 运营管理

信息平台原则上应坚持谁建设谁运营的策略，采取政府引导、行业约束、企业自主的市场化运营模式，并建立相应的运营机制和信息共享机制。信息平台在建设招标或组建企业法人集团时就应该考虑到运营的问题。它的运营机制可采用与高速公路类似的模式——收取高速公路通行费。如果信息平台具有合理的盈利空间，企业就有积极性参与平台的建设，正如现在有私营企业投资公路建设一样，由于交通物流信息平台具有垄断运营的特点，需要考虑信息的共享机制和定价问题。

北京市物流公共信息平台应面向企业，通过政府相关政策和行业协会制度的制约，引入行业准入机制和会员制管理方式。政府主要行使宏观调控职能，负责指导物流公共信息平台共享信息服务价格的制定和市场引导政策的出台等。

第 14 章

北京应急物资保障体系构建问题

应急物资保障体系是一项复杂的系统工程,不仅需要以一个科学合理、协调有力的运行体系为准则,还要以保证应急物资的高效有序的送达为目的。有效运行的一系列制度安排和条件保障是应急物资保障的基础和核心。一个完整的应急物资保障体系应由组织体制、运作机制、法制基础和应急保障系统四部分构成。组织体制包括管理机构、功能部门、应急指挥和救援队伍等方面的安排;运作机制是明确指挥、协调、职责方面关系的机制;法制基础由一系列与应急管理相关的法律法规组成;保障系统则包括信息通信、物资装备、人力资源、资金财务等方面的保障。应急物资保障体系是现代物流管理体系的基本组成部分,是反映应急能力和水平的核心要素。

本章立足北京市应急物资保障体系的演变,从近五年来北京市应急物资保障体系在储备、运输领域的技术与信息应用、基础设施、组织模式、法律法规及应急预案现状入手,提出满足北京市面向发展、满足需求的应急物资储备及物流保障体系。

14.1 北京市应急物资保障体系历史演变

自 2003 年"非典"爆发后,在全国历次突发事件的应对过程中,针对应急物资的储备、调配和保障方面的研究逐步得到学术界和政府的关注。近年来政府和社会开始重视应急保障体系的发展，但北京市的应急物资保障体系建设起步较晚，现通过主要事件，对北京市应急物资储备及保障体系的建设情况进行梳理。

14.1.1 北京市应急物资及保障体系建设发展回顾

（一）应急物资的物流保障体系应运而生

2003年，爆发了"非典"事件，北京市作为国家的中心面临了巨大的挑战。事件之后，解放军后勤指挥学院王宗喜教授及其带领的科研团队敏锐洞察到物流在应对突发公共卫生事件中的巨大作用，在国内率先提出"应急物资配送保障体系"概念（即应急物资保障）并进行了系统研究，首先对应急物资进行分类，其次从物流角度对应急物资的储备、配送等环节进行分析，试图提出一种具备实施基础的应急物资保障体系。

（二）应急物资储备及物流保障受到政府和社会的广泛关注和支持

近年来，北京各级政府、研究机构及相关企业日益重视应急物资储备及物流保障的发展，并在理论研究方面取得了一定的进展，研究方式步入团队协作、系统研究的良性轨道。具体事件如表14-1所示。

表14-1 北京各级政府、研究机构及相关企业发展应急物资保障的发展事件

年份	事件	说明
2006年年底	中国物流与采购联合会应急物流专业委员会成立	经国资委、民政部批准，全国第一个从事应急物流研究的专业组织——中国物流与采购联合会应急物流专业委员会在京成立
2007年年初	制定、发布了《应急物流科研指南》	该著作由中国物流与采购联合会紧急物流专业委员会牵头
2007年年初	首次将《中国应急物流现状研究》等5个与应急物流相关的课题纳入年度的研究规划	
2008年年初	国家发改委提出并下达"应急物流体系研究"的课题	

（续表）

年份	事件	说明
2009 年年初	国务院通过的《物流业调整和振兴规划》,明确将应急物流工程作为 2009—2011 年的 9 个重点规划和建设的工程之一	
2010 年 7 月	化学工业出版社发行了韩松、谢慧编著的《应急物流理论与实务》	全面论述应急物流的理论体系和操作方法,归纳和总结近年来国内外应对应急物流的战略规划和体系构建等内容,对应急物流建设具有积极的推动作用
2011 年年初	中国物流与采购联合会应急物流专业委员会决定举办“2011 年(首届)应急物流优秀论文”征集评比活动,进一步推动了应急物流的学术研究	
2012 年 7 月	中国物流与采购联合会应急物流专业委员会组织的应急物流国家标准研讨会在北京召开	会议主要针对《企业应急物流能力评估规范》、《应急物资投送包装及标识》和《应急物流仓储设施设备配置》三个标准进行了讨论

全面论述应急物资保障的理论体系和操作方法,归纳和总结近年来国内外应对应急物资储备及物流保障的战略规划和体系构建等内容,对应急物资储备及物流保障建设具有积极的推动作用。

14.1.2　应急物资保障体系认识发展演变

随着对应急物资保障的研究不断深入,对应急物资储备与保障体系的认知,也在不断完善地向前发展。

(一) 对应急物资的分类演变

当前对应急物资公认的观点:应急物资是指为应对严重自然灾害、突发性公共卫生事件、公共安全事件及军事冲突等突发公共事件应急处置过程中所必需的保障性物质。从广义上概括,凡是在突发公共事件应对的过程中所用的物资都可以称为应急物资。

(1) 在“非典”前划分方式。在“非典”之前对于应急物资具体划分为几类:一是保障人民生活的物资,主要指粮食、食油和水、手电等;二是工作物资,主要指处理危机过程中专业人员所使用的专业性物资，工作物资一般对某一专业队伍具有通用性；三是特殊物资，主要指针对少数特殊事故处置所需特定的物资，这类物资储备储量少，针对性强，如一些特殊药品。

（2）在“非典”后划分方式。在“非典”之后，北京市出台《北京市突发事件总体应急预案》中将应急物资使用的紧急情况分为一般级、严重级、紧急级3类。一般级指有利于灾害救急、减轻灾害的损失且必要的物资，如环保处理、工程建材、工程设备类物资；严重级指对减轻灾害损失、缩小灾情范围并对应急救灾工作能够发挥重要作用、非常必要且重要的物资，如救援运载、防护类物资；紧急级指对应急救灾工作的开展、挽救人民生命财产损失、稳定局势起关键性的作用、必需且极重要的物资，如生命救助、生命支持、临时食宿类物资。

（3）“7·21”事件后。2012年“7·21”特大雨灾后，应急物资的分类体系研究方面更为具体，北京市根据国家发改委制定了《应急保障物资分类及产品目录》，把应急保障物资分成了防护用品、生命救助、生命支持、救援运载、临时住宿、污染清理、动力燃料、工程设备、工程材料、器材工具、照明设备、通信广播、交通工具13类。

（二）应急物资法律保障体系发展

我国已颁布《防震减灾法》、《破坏性地震应急条例》、《防洪法》等法律法规主要应用于防洪救灾、地震等重大事件中。国家还编制了《国家粮食应急预案》、《国家医药储备应急预案》、《国家物资储备应急预案》、《国家自然灾害救助应急预案》、《煤电油运综合协调应急预案》、《国家综合减灾“十一五”规划》、《国家突发公共事件总体应急预案》等应用在突发事件后的灾后物资调配当中。

同时北京市政府也出台相应的法律方面的保障法规，如《北京市突发事件总体应急预案》等。

14.2 北京市应急物资保障体系建设现状

通过实地调研了解到，北京市当前应急物资共分为五种储备类型，分别为能源物资储备、粮油储备、医药储备、危险化学品事故应急救援物资储备、民防物资储备，并建立了一系列相应的保障措施，本节将分别从基础设施建设、应急物资信息保障建设、应急法律法规建设以及应急物资指挥调度建设这几个方面进行论述。

14.2.1　应急物资储备体系现状

目前我国已经形成了中央、省（自治区、直辖市）、市（县级市）三级政府应急物资储备体系。国家职能部门针对特定突发事件也建设有专门的物资储备库，结合国家应急物资保障体系建设，北京市统筹规划全市应急物资的储备种类和数量，对能源物资（煤炭、天然气、成品油）、粮油、医药等主要应急物资建立了市、区县两级应急物资保障体系。

（一）能源物资储备

北京市能源物资储备由北京市发改委根据北京市经济形势发展和保障城市正常运行需要，牵头组织全市能源储备总体方案，并负责做好燃煤电厂煤炭储备，北京市市政市容委、市商委等行业管理部门负责做好供暖用煤、天然气、成品油等能源物资储备。

（二）粮油储备

北京市粮油储备主要由北京市粮食局负责垂直储备管理，由北京市粮油企业承储或代储。北京市粮食局以 20 余家北京市属粮油企业和各区县粮油企业为主要储备力量（如大兴区粮油总公司重点承担着国家、北京市、大兴区三级粮食储备任务），以异地企业代储储备为补充（如存放于河北古船、山西古船、青岛古船的异地的北京市储备成品），构建了国家、北京市、区县三级应急粮食储备体系。

（三）医药储备

北京市医药物资储备由市卫生局根据本市公共卫生事件类别和特点，制定本市医药物资储备目录和计划。北京市药监局负责落实各项医药物资储备任务，并组织储备物资应急供应，保障公共卫生事件处置需要。

北京市医药物资储备主要依托北京市区域内信誉好、实力强的 11 家医药生产和流通企业，进行医药物资实物储备和能力储备，截至 2012 年，北京市对医药 500 多个品种的储备达到 3 亿元规模。

（四）事故应急救援物资储备

2006 年，北京市安全生产监管局下发了《关于设立危险化学品事故应急救援物资储备库的通知》，推动各区县建立了 42 个危险化学品事故应急救援物资储备库，储备了危险化学品事故应急救援的物资。2009 年，北京市分别在危险化学品从业单位较为集中的房山、大兴、通州 3 个远郊区和西城、朝阳 2 个城市核心区建立了 5 座市级危险化学品应急救援物资库，配备了涵盖危险化学品气体和液体泄漏、蒸汽爆炸、燃烧等事故类型及个体防护类应急救援器材和物资共计24类,救援区域分别覆盖北京市东、西、南、北、中5个方位。这些物资在北京市生产安全监管部门有效应对和处置近几年突发的各类危险化学品事故特别是道路运输事故中发挥了较大作用。

(五)民防物资储备

按照北京市民防局规划,截至2010年,北京市东、南、西、北四面建立了4个大规模储备库,全市各区县已建成规模不同的物资库近80个,储备物资包括食物、药品、衣物棉被、救生工具等17类应急物资。在未来3—5年的时间里,将在两万人以上的大型社区配建民防应急物资库,物资库至少保障灾民最基本的存活条件。(备注:调研北京市民防局核实数据)

此外,北京市加强了各专业应急物资储备库和救灾物资储备库的建设,充分利用市场资源和商业储备,建立了专业储备与社会储备相结合、实物储备与能力储备相结合、集中储备与分散储备相结合的多层次储备体系。逐步完善了应急物资生产、储备、调拨、紧急配送和监管机制,强化了应急物资综合、动态的管理。

14.2.2 应急物资运输体系现状

北京市的应急物资运输以公路运输为主。其他主要应急运输通道还包括快速路系统、主干道、次干道、支路(支路以下为居住区道路)和城市微循环道路系统等。"十一五"期间,轨道交通得到进一步发展,在北京市2011年制定的《北京市人民政府办公厅关于印发北京市"十二五"时期应急体系发展规划的通知》中指出,在发生大规模突发事件后,快速路、主干道设置应急通道,应急物资车辆优先通过。因此,北京市的应急运输体系的基础建设保障应以快速、主干道与集中地区的道路微循环为主。

到2010年中心城快速道路总里程已经达到280公里以上。"十一五"期间,北京新增8条快速路,京包路与圆清路位于北京市西北方向;西外大街和阜石路位于北京正西方向;丰北路、国黄检路位于北京正南方;广渠路等两条位于北京市正东方向。

(一)应急运输通道——主干路系统

"十一五"期间主干道建设主要工作是优化路网的空间布局,增加南北贯通干道,加强东部发展带以及边缘集团与中心城的交通联系。同时,要着重解决中关村科技园区、中央商务区以及奥林匹克公园等重点建设地区的道路运输,如图 14-1 所示。

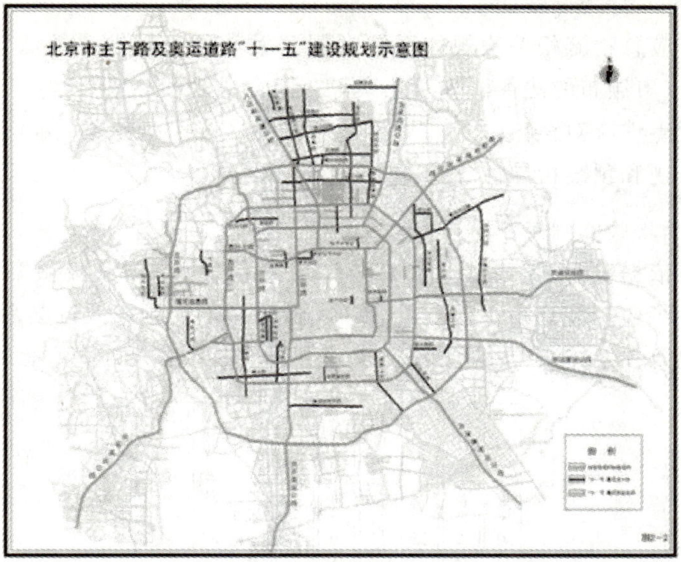

图 14-1　北京市主干路及奥运道路"十一五"建设示意图

资料来源:《北京市"十一五"时期交通发展规划》。

图 14-1 中由绿色线条表示的是奥运场馆周边道路。所有 59 条奥运场馆周边道路,总长 350 公里。奥运场馆周边道路集中分布在奥林匹克森林公园和国家体育馆附近。在 2008 年奥运会期间,该区域人口集中度极高,奥运通道的建立为突发事件时的应急疏散提供保障。

(二) 应急运输通道——城市微循环道路系统

城市微循环道路系统加快微循环系统的建设,能够有效提高中心城路网的集散能力和可达性。城市微循环道路系统的规划建设在图 14-1 中用蓝色线条表示,主要分布在奥林匹克森林公园、国家体育馆、北京西站等人口集中度较高的区域,在大规模突发事件后,可为为大量人口流动及应急物资输送提供保障。

"十一五"期间,建设次干路、支路约 300 公里(不含奥运场馆周边道路)。截至 2011 年年底,北京市境内道路总里程达到 2.8 万千米,年内净增 539 千米。公路里程达到 2.1 万千米,年内净增 234 千米,公路路网密度已达到 130.1 千米/百平方千米;年末高速公路达到 912 千米,年内净增 9 千米。铁路运营里程达到 1 067 千米。年内净增 110.7 千米。

14.2.3 应急法律法规及应急预案现状

北京市应急物流相关法规体系包括国家颁布的指导性法律法规和应急总体预案、北京市颁布的法律法规及预案等。国家法规和总体预案(如《中华人民共和国突发事件应对法》、《国家突发公共事件总体应急预案》等)是北京市制定相应的法规和预案指导性总纲。

(一) 应急物流预案体系

北京市依据《国家突发公共事件总体应急预案》等国家级预案体系(见图14-2),建立了包括北京市总体预案,专项、保障和部门预案及区县总体预案,单位预案等应急预案体系(见图14-3),全市共制订各级各类应急预案48.1万个。

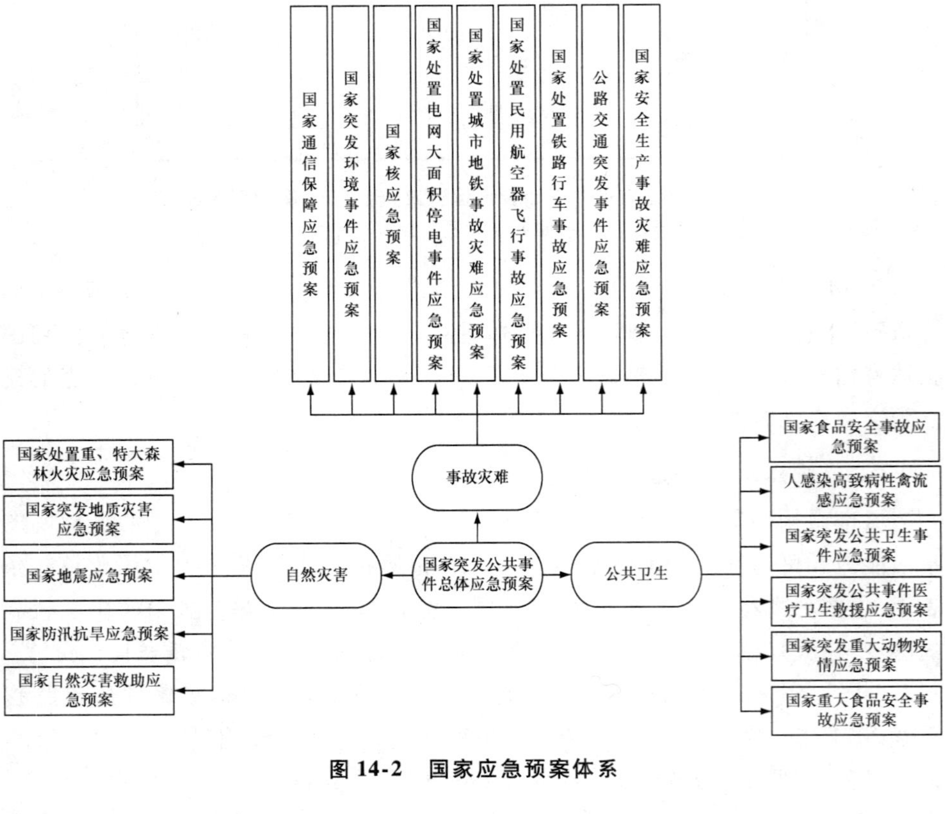

图14-2 国家应急预案体系

(二) 应急物流法规、政策体系

北京市依据《中华人民共和国突发事件应对法》颁布了北京市实施《中华人民共和国突发事件应对法》办法,完善了《北京市实施〈中华人民共和国防震减

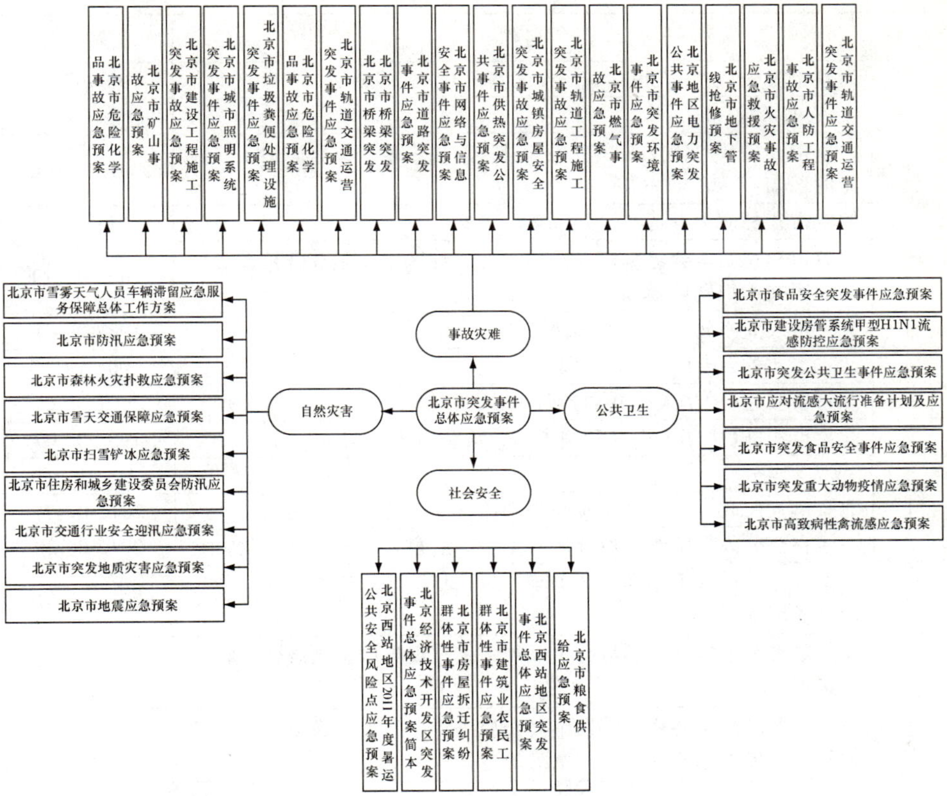

图 14-3　北京应急预案明细

灾法〉办法》、《北京市实施〈自然灾害救助条例〉办法》、《北京市安全生产条例》、《北京市消防条例》等法规规章，形成了应急物流相关法律体系（见表 14-2）。

近年来国家和地方已经开始推进应急物资储备的法律法规进程，北京市先后出台了《北京市储备粮管理办法》、《北京市医药物资储备管理办法》、《北京市安全生产监督管理局关于加强重点生产经营单位应急物资储备的指导意见》、《北京市市级危险化学品事故应急救援物资储备和使用管理办法》等，为应急物资储备规范化管理提供法律保障。

表 14-2 北京市应急物流相关法律文件

序号	名称	实施时间
	北京市实施《中华人民共和国突发事件应对法》办法	2008-07-01
一、自然灾害		
1	北京市人民政府印发北京市关于进一步加强地质灾害防治工作意见的通知	2012-06-26
2	北京市森林防火办法	2011-11-01
3	北京市教育委员会等部门关于印发北京地区中小学校舍抗震鉴定与加固技术细则的通知	2009-09-29
4	北京市农业植物检疫实施办法	1987-09-01
5	北京市实施《中华人民共和国水法》办法	2004-10-01
6	北京市实施《中华人民共和国防洪法》办法	2001-06-01
7	北京市实施《中华人民共和国大气污染防治法》办法	1988-07-07
二、事故灾难		
1	北京市人民政府关于进一步加强和改进消防工作的意见	2012-07-27
2	关于在部分人员密集场所开展安全生产应急自救知识宣传的方案	2012-05-30
3	北京市市政市容管理委员会关于印发《北京市燃气供应与安全生产约谈制度(试行)》的通知	2012-03-31
4	北京市市政市容管理委员会关于加强燃气设施应急抢修作业管理的意见	2011-12-29
5	北京市人民政府办公厅转发市公安局关于做好火灾隐患情报信息工作切实加强消防安全管理意见的通知	2011-09-27
6	北京市人民政府关于废止《北京市体育馆(场)防火安全管理规定》的决定	2011-08-01
7	北京市人民政府关于修改《北京市人民防空工程和普通地下室安全使用管理办法》的决定	2011-07-11
8	北京市市政市容管理委员会关于印发《燃气行业安全生产监督管理办法(试行)》的通知	2011-08-10
9	北京市市政市容管理委员会关于实施《挖掘工程地下管线安全防护机制工作意见(试行)》的通告	2011-09-01
10	北京市市政市容管理委员会 北京市重大项目建设指挥部办公室关于印发《北京市轨道交通建设地下管线安全防护机制监督检查工作方案(试行)》的通知	2011-03-10
11	北京市安全生产监督管理局关于印发《北京市非煤矿矿山企业安全生产许可证实施办法》的通知	2010-12-21
12	北京市安全生产监督管理局关于印发《北京市危险化学品重大危险源安全管理办法(试行)》的通知	2010-12-22

（续表）

序号	名称	实施时间
13	北京市人民政府办公厅关于加强施工安全管理防止发生破坏地下管线事故的通知	2010-12-12
14	北京市安全生产监督管理局关于印发《北京市社会影响较大的一般生产安全事故调查处理暂行规定》的通知	2010-11-29
15	关于建立本市安全生产综合监管工作制度的指导意见	2009-08-03
16	北京市安全生产监督管理局办公室关于印发《北京市安全生产新闻通讯员管理办法（试行）》的通知	2011-04-01
17	北京市安全生产监督局、市建委、市公安局消防局关于发布《北京市楼宇内生产经营单位安全生产规范（试行）》的通知	2009-04-01
18	北京市安全生产监督管理局关于印发《北京市生产安全事故技术鉴定和技术分析管理办法（试行）》的通知	2009-03-11
19	北京市安全生产监督管理局关于发布《北京市有限空间作业安全生产规范（试行）》的通知	2009-02-01
20	北京市安全生产监督管理局关于印发《生产安全事故调查处理有关问题指导意见（二）》的通知	2008-12-09
21	北京市安全生产监督管理局关于规范安全生产违法行为罚款处罚程序的通知	2008-01-01
22	关于印发《北京市煤矿、金属和非金属矿山等重点行业（领域）生产经营单位安全生产事故隐患统计报告暂行办法》的通知	2009-01-01
23	关于发布《北京市非煤矿山、危险物品生产经营单位主要负责人和安全生产管理人员安全生产知识和管理能力考核管理办法》的通知	2009-01-01
24	北京市危险化学品重大危险源安全管理办法（试行）	2011-01-01
25	北京市生产经营单位生产安全事故应急预案演练管理办法（试行）	2010-09-30
26	北京市矿山救护队资质认定管理办法	2010-06-01
27	北京市矿山、危险化学品企业安全生产应急救援队伍建设管理规定（试行）	2010-08-27
28	北京市烟花爆竹安全管理规定	2005-12-01
29	北京市安全生产监督管理局关于印发《北京市涉及使用危险化学品生产经营单位安全生产监督管理办法（试行）》的通知	2009-07-20
30	北京市安全生产监督管理局关于在污水井等有限空间作业现场设置警示标志的通知	2009-09-16
31	北京市安全生产监督管理局关于本市危险化学品、烟花爆竹和矿山有关安全生产管理措施的通告	2008-05-29

（续表）

序号	名称	实施时间
32	北京市安全生产监督管理局等部门关于印发《北京市高处悬吊作业安全生产规定》的通知	2009-05-01
33	北京市安全生产监督管理局关于印发《安全生产事故隐患和违法行为举报投诉管理暂行办法(试行)》的通知	2009-03-27
34	北京市人民政府办公厅转发市安委会办公室关于2009年本市安全生产宣传教育工作要点的通知	2009-05-08
35	北京市安全生产监督管理局 北京市公安局关于加强部分化学品管理的通告	2009-07-23
36	北京市住房和城乡建设委员会关于印发《北京市建筑施工高处作业吊篮安全监督管理规定》的通知	2009-10-01
37	北京市人民政府关于天安门广场和其他指定烟花燃放区域及周边火灾预防特殊管控措施的通告	2009-08-28
38	北京市住房和城乡建设委员会关于印发《北京市建设工程有限空间作业安全生产管理规定》的通知	2009-07-13
39	北京市人民政府办公厅转发市安全监管局关于进一步加强乡镇街道安全生产监管工作意见的通知	2009-06-30
40	北京市农业机械安全监督管理办法	1996-09-01
41	北京市工程建设监理管理办法	1995-03-10
42	北京市燃气管理条例	2007-05-01
三、公共卫生		
1	北京市药品监督管理局、北京市邮政管理局关于进一步规范药品寄递行为严厉打击利用寄递渠道销售假劣药品违法行为的通告	2012-08-31
2	北京市卫生局关于应对紧急突发事件保障孕产妇安全的通知	2012-07-27
3	北京市人民政府办公厅转发市食品办关于进一步明确部分领域食品安全监管职责补充意见的通知	2012-04-06
4	北京市人民政府办公厅关于印发《北京市食品安全行动计划(2011—2015年)及重点工作任务分解方案》的通知	2011-08-03
5	北京市人民政府办公厅关于严厉打击食品非法添加行为切实加强食品添加剂监管的通知	2011-05-10
6	北京市人民政府办公厅关于切实做好本市当前甲型H1N1流感防控工作的通知	2009-11-16
7	北京市突发公共卫生事件应急指挥部办公室、北京市卫生局关于落实社会单位防控甲型H1N1流感管理责任的通告	2009-06-26
8	北京市人民政府办公厅转发市政府食品安全监督协调办公室关于进一步明确部分领域食品安全监管职责意见的通知	2009-09-16

（续表）

序号	名称	实施时间
9	北京市人民政府关于进一步明确责任突出重点加强甲型 H1N1 流感预防控制工作的通知	2009-06-19
10	北京市卫生局关于印发《北京市生活饮用水事件应急处置采样和监测规范(试行)》的通知	2008-11-20
11	北京市食品安全条例	2008-01-01
12	北京市实施《中华人民共和国水污染防治法》办法	2002-09-01
13	北京市实施《中华人民共和国动物防疫法》办法	2004-10-22
四、社会安全		
1	北京市人民政府办公厅印发关于集中开展“消防平安行动”实施方案的通知	2011-01-30
2	北京市人民政府办公厅转发市公安局关于全面加强本市春节庙会活动组织管理工作意见的通知	2011-01-20
3	北京市公安局关于印发《北京市大型群众性活动安全风险评估工作规范(试行)》的通知	2010-12-01
4	北京市社会治安综合治理条例	2010-12-23
5	北京市旅游局关于印发《北京市旅游突发事件报告制度规定》的通知	2009-01-05
6	北京市大型社会活动安全检查办法	2008-03-01
7	北京市大型群众性活动安全管理条例	2010-11-10
五、其他		
1	北京市卫生局关于应对紧急突发事件保障孕产妇安全的通知	2012-07-27
2	关于切实做好高温天气防暑降温工作的通知	2007-07-17
3	北京市教育委员会北京市红十字会关于在全市中小学开展应急疏散演练活动的通知	2012-04-19
4	北京市教育委员会办公室关于做好教育系统“7·21”特大自然灾害救灾善后工作确保按时开学的通知	2012-08-06
5	北京市突发事件应急委员会关于做好 2012 年防灾减灾日有关工作的通知	2012-04-20
6	北京市突发事件应急委员会关于全面加强应急管理宣教培训工作的意见	2012-04-20
7	北京市人民政府办公厅关于印发《北京市“十二五”时期应急体系发展规划》的通知	2011-06-14
8	北京市突发事件应急委员会办公室关于印发北京市突发事件应急演练实施指南的通知	2011-06-16
9	北京市突发事件应急委员会办公室转发市地震局《关于北京市地震应急避难场所疏散安置预案编制指南(试行)》的通知	2011-09-21

（续表）

序号	名称	实施时间
10	北京市人民政府办公厅关于加强全市应急队伍建设的意见	2011-05-27
11	北京市人民政府办公厅关于印发《北京市城市安全运行和应急管理领域物联网应用建设总体方案》的通知	2011-03-24
12	北京市突发事件应急预案管理办法	2012-07-09
13	北京市突发事件应急委员会关于印发《北京市突发事件应急演练管理办法》的通知	2010-03-30
14	北京市突发事件应急委员会关于公共安全风险管理重点工作安排(2010—2011 年)的通知	2011-05-13
15	北京市人民政府关于加强公共安全风险管理工作的意见	2010-04-09
16	北京市安全生产监督管理局关于开展安全文化建设示范企业创建活动的指导意见	2011-04-07
17	北京市安全生产委员会办公室关于印发《贯彻落实〈北京市人民政府关于进一步加强企业安全生产工作的通知〉宣传工作方案》的通知	2011-03-29
18	北京市安全生产委员会办公室关于印发《2011 年北京市安全生产宣传教育工作指导意见》的通知	2011-03-28
19	北京市人民政府办公厅转发市应急委关于进一步加强基层应急管理工作意见的通知	2010-06-18
20	北京市人民政府关于实施北京市突发事件总体应急预案的决定	2010-04-26
21	北京市人民政府办公厅关于调整北京市电力事故应急指挥部组成人员有关事项的通知	2008-05-12

资料来源：根据北京应急网整理。

14.2.4 应急物资信息体系现状

为了有效控制、管理北京市突发事件，北京市突发事件应急委员会已设立北京市通信保障和信息安全应急指挥办公室，北京市应急物资储运已经实现信息化网络，正向一体化调度平台过渡。同时，北京市部分储备库与应急通道等已经开始物联网技术的应用（RFID 标签与 ETC）为北京市网络与信息安全事件应对工作和应急通信保障工作的规划、组织、协调、指导、检查等提供信息保障。

（一）信息保障组织的建设

北京市通信保障和信息安全应急指挥办公室负责本市网络与信息安全事件和应急通信保障风险评估控制、隐患排查整改工作；负责发布蓝色、黄色预警信息，向市应急办提出发布橙色、红色预警信息的建议；配合有关部门承担市通信保障和信息安全应急指挥部新闻发布工作等。

为加强对突发事件的处理力度，北京市将于 2013 年 4 月将 110 报警平台变成综合应急快速响应平台，将原有分散的各专业领域平台整合为统一响应应急管理系统，使对突发事件的处理更加快捷、便利、系统化。对于应急保障体系而言，在信息领域是信息共享、信息传递以及信息发布，最为核心的就是实效性，因此，对于 110 报警平台转变为综合应急快速响应平台，是对实效性和快捷性最有力的保障。

（二）信息保障设施的建设

北京市应急物资储备的信息化基础设施较为完善。动态监测显示，2010 年第四季度，100% 的储备库和企业拥有计算机，100% 的储备库和企业拥有内部宽带网，其中，31.03% 的储备库和企业人均计算机拥有量达到 50% 以上，44.83% 的储备库和企业内部带宽达到 50 M 以上。

2010 年，储备库和企业与外部主体业务信息交换中，专业化信息交换方式包括 EDI（电子数据交换）、电话、传真、互联网，使用比率如图 14-4 所示。

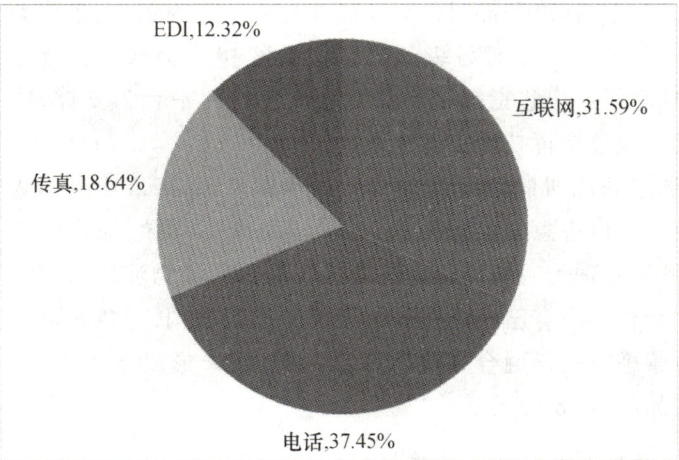

图 14-4　储备库与外部主体的业务信息交换方式情况

储备库的应急物资快速响应时间得以缩短。动态监测显示，2010 年，有 62.5% 的储备库的应急物资达到快速响应的程度，其中，29.17% 的储备库的应急物资快速响应时间缩短达到 10% 以上，20.83% 的储备库物流成本降低，储备库的应急物资快速响应时间缩短 5%—10%，应急物资储备信息化建设的降级效益初步显现。

14.2.5 应急物资指挥组织模式现状

应急物资保障体系与整体的应急管理体制及其演变有着密切关系。北京市应急物资保障体系是北京应急体系的重要组成部分,其主要包括应急保障体系相关应急法律法规和应急预案组成的北京市交通局、民政局、卫生局、粮食局、民防局等市属单位参与构建的应急物资储备体系和物流调度体系。

(一)北京市应急物资指挥组织体系

到2011年,北京市完成14个专项应急指挥部及办公室整合组建,北京市紧急报警服务中心和非紧急救助服务中心投入运行,街道(乡镇)、社区(村)应急责任体系和工作机制初步建立,形成了以"北京市突发公共事件应急委员会"、"北京市专项应急指挥部"和"区县应急委(应急指挥中心)"三级应急管理机构,"北京市紧急报警服务中心(号码120)"和"北京市非紧急救助服务中心(号码12345)"两个服务中心,以及一个"基层应急体系"为基本框架的市政府综合应急管理"3+2+1"模式的应急管理组织体系框架。建立了以北京市总体预案为核心,专项、保障和部门预案及区县总体预案为依托,单位预案为基础的应急预案体系,全市共制订各级各类应急预案48.1万个。构建起以市应急指挥平台为龙头、区县应急指挥平台和专项应急指挥平台为支撑、移动应急指挥平台为辅助的应急指挥技术支撑体系(见图14-5)。

此外,通过联动机制建设,国家、周边外省市、北京市辖区军队应急物流体系也为北京市提供应急物流保障,形成了国家统一领导、综合协调、分类管理、分级负责、属地管理为主的应急物流管理体制。应急物流体系中应急物资储备体系建设作为核心内容已经建立较为清晰的体系架构,应急物流预案和法规建设以及应急管理机构仍融合在应急体系之中,尚未形成专业体系,北京应急物流体系框架如图14-6所示。

(二)应急物资指挥组织的建设

北京市应急物资指挥组织系统根据规模的大小、功能的要求,采取了各种不同的组织形式。

北京市政府横向传达北京市突发事件指挥中心;由指挥中心传达到各个区以及县政府,区县政府再传达给各街道、乡、镇政府,这样,一个纵向传达组织形式结束。以上三方面的纵向组织流程最终传达到社区,在这里,将疫情的情况,发生时间,组织精神,国家指示,具体应对措施等一系列应对应急情况的办法分别传达到具体个人,包括学校、社区以及企事业单位等。以"非典"为例,应急物

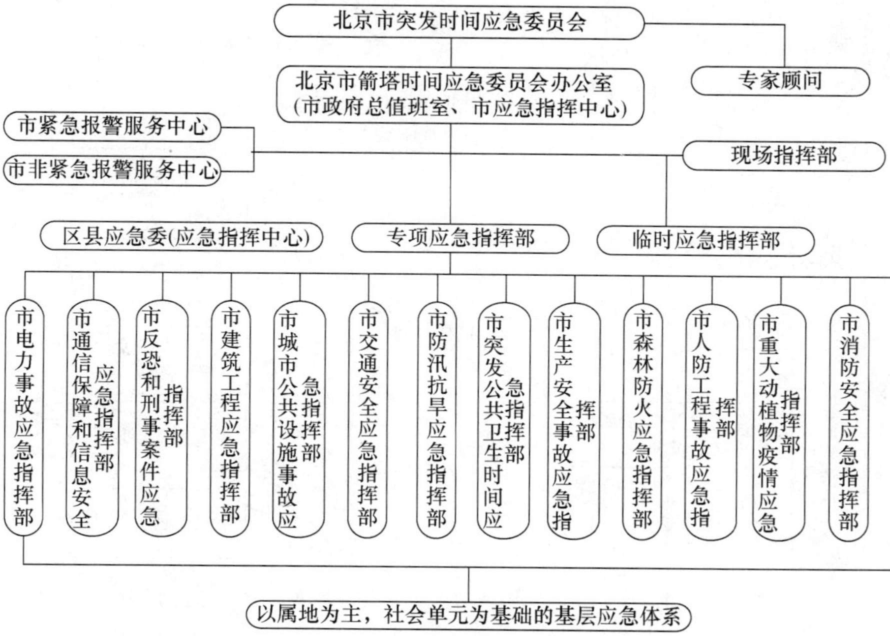

图 14-5　北京市当前应急物资指挥组织框架

资输送组织流程如图 14-7 所示。

由此可以看出，一个大型的应急组织往往包含了多种组织体系类型，上述流程图就是一个矩阵结构。

2012 年"7 · 21"特大雨灾，北京市应急组织体系是由领导机构向办事机构下达指令，再由办事机构向工作机构下达工作指令后执行。

由以上两个事例，可以看出，应急事件发生后，各区采取的应急方式各不相同，并且缺乏统一的指挥中心。尤其当灾害性应急事件发生时，更是无法有效应对，北京市突发应急物资保障的组织系统模式如图 14-8 所示。

由图 14-8 可以看出，从各种渠道组织得来的物资和资金，通过各种不同的渠道分配到受灾点上。现有的应急物流组织模式主要由四大部门组成，分别为市财政拨款、国际援助、红十字会以及民间组织。另外，救灾指挥部也逐渐成为中流砥柱，将救灾物资发往民政部及受灾地区。市财政厅、国际组织以及红十字会将筹集到的救灾物资和救灾款分别发往民政部和慈善机构，其中，财政厅发往民政部，红十字会发往慈善机构，而国际组织可同时发往这两个部门，随后，再由这两个部门进行实地发放。对于民间自发组织，可将救灾物资直接发往受灾点，或由志愿者直接送达。对于信息流方面，只有受灾点同救灾指挥部、

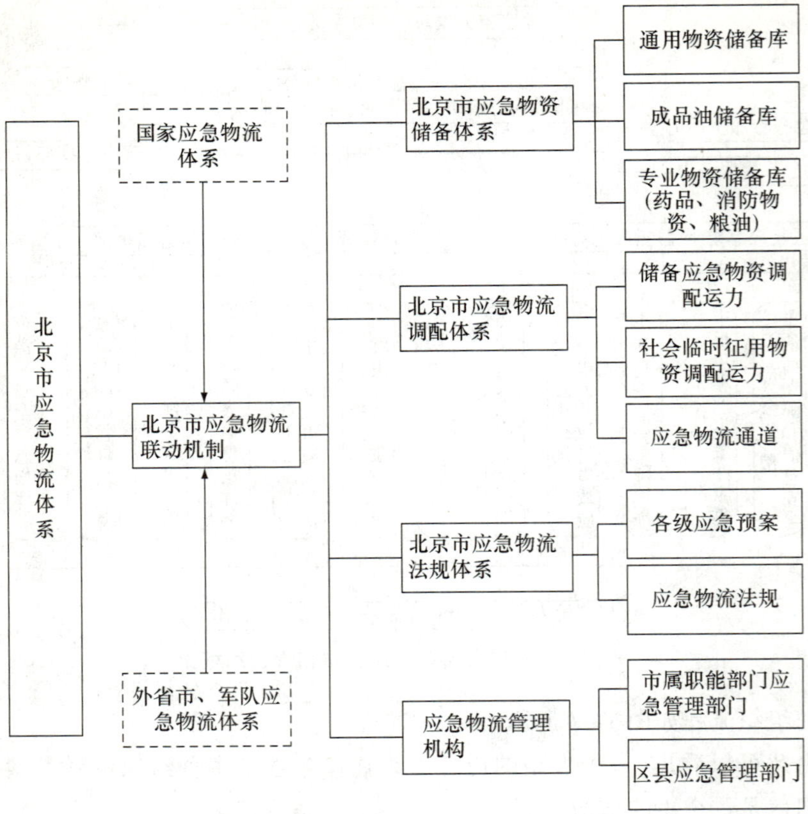

图 14-6 北京应急物资指挥组织体系框架

民政部及慈善机构这三个组织有信息间的交流，因此，这样的组织模式会造成各组织间的权责不一致，响应不及时，灾害信息缺乏有效沟通和交流。所以说，现有的应急组织模式亟待改进。

14.2.6 北京市应急物资保障体系现状总结

目前，北京市应急物资物流保障体系，已经有了较为完善的系统，尤其是在技术应用、基础建设、预案法规以及组织结构领域更能体现北京市在应急物资储运及物流保障方面做出的巨大成就。

随着时代发展和技术进步，北京市将向国际超级都市迈进，那么在应急物资储运及物流保障方面的建设也将承受越来越大的压力。再考虑未来北京市在应急领域内面临的压力，就要从新技术、新管理模式上进行创新，完善能够紧跟时代发展，适应未来 20 年乃至 50 年需求的北京市应急物资保障体系。

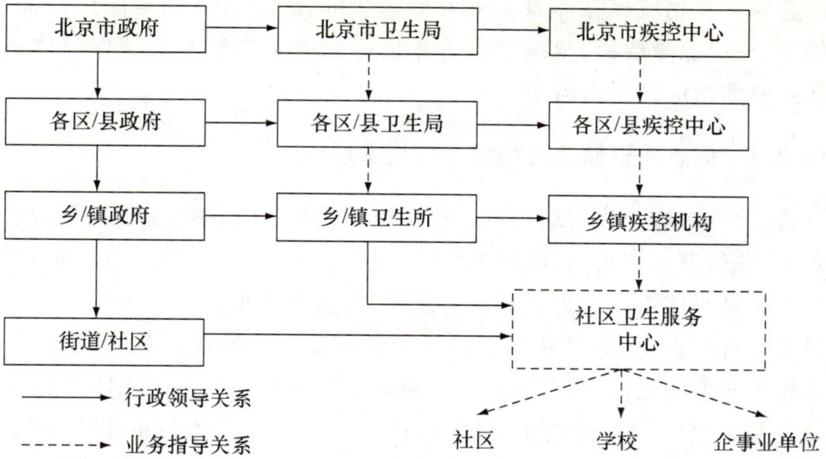

图 14-7　疾病控制系统的组织流程

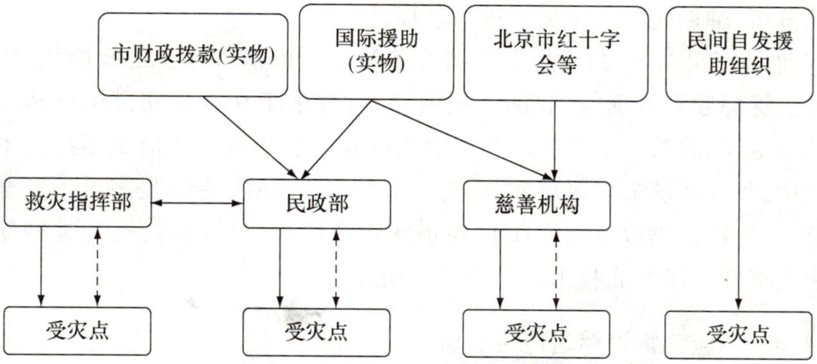

图 14-8　现有突发事件应急物资保障组织模式

14.3　北京市应急物资保障体系改进建议

未来北京市建立的应急物资保障体系应是以完善的法律法规为准绳，以信息共建、资源共享的调度平台为基础，以统一指挥、统一调度的政府组织机构为导向，以实施物联网技术的储备库群为载体的系统科学应急物资保障体系。这一发展目标，要求在应急物资的分类储备、运输、信息、法律、组织方面都要有所改善。最后，通过建立应急物资保障体系的评价系统，不断修正发展方向，建立完善的、能够适应北京市高速发展需求与安全需要的应急物资保障体系平台。

通过应急物资及物流保障体系未来发展趋势的技术层面、储运应用层面、信息保障层面、法律保障层面、组织层面等角度研究应急物资及物流保障体系在未来如何更好地适应北京市需要。

14.3.1 应急物资储备及物流保障技术层面

目前,北京市应急物资储备及物资保障系统标准化的物流信息平台已经较为完善,应急信息共享机制,组织系统间的横向、纵向交流,应急物资信息流通、发放基本满足当前需求。为了进一步发展,应急物资保障体系不仅要在组织和法律层面上有所提高,更要从应用技术上开拓创新。物联网技术的出现,正为这一设想大开方便之门,在技术层面上全面实现对应急物资保障体系的支撑。

随着首都经济社会的快速发展,城市公共安全风险和隐患逐步增多,公共安全风险和隐患监测、突发事件预测预警的技术手段需要进一步加强,资源整合、信息共享的力度和技术支撑手段需要进一步强化,应急指挥技术支撑系统的智能分析、辅助决策水平需要进一步提高。

因此,北京市"十二五"规划提出要着眼于本市都市产业的智能化发展,在应急物资保障建设方面,物联网产业的发展,着手于在城市安全运行和应急管理领域的应用,将数字信息技术与智能互联技术应用到本市应急指挥技术支撑系统当中,加强系统的实时感知、信息共享和智能分析,有效提高城市安全运行动态监控、智能研判以及突发事件现场感知和快速反应能力,有力地推动都市数字化发展和智能互联技术更广泛的应用。

14.3.2 应急物资储运应用层面

北京市作为全国政治中心,具有人口密度大、交通拥挤等特点。在应急物资储运方面此类特点给应急物资的储存和运输都造成了一定的困难。因此,有了对应急物资储运主体的扩展、应急物资储备新模式、应急物资合理的分类、改善运输环节的保障,才能在突发事件发生后做出快速有效的应急措施。

(一) 扩大应急物资储备主体

应急物资储备主体应从政府组织储存物资,到许多企业甚至个人也开始为突发事件做出准备。政府是突发事件的主要应对者,同样也是应急物资的主要储备者。除了政府之外,家庭、企业和市场等也都需要储备一定量的应急物资,因为家庭和企业不仅是主要受灾者,而且也是灾害的第一应对者。企业家庭和市场储备是对政府应急资源储备的必要补充,虽然数量较小,但是对于生命拯救以及灾情控制往往发挥着重要作用。因此,整个应急物资储备就形成了以政府储备为主，其他储备为辅的应急物资储备体系。

（二）以风险级别为基础的政府应急物资储备模式

对民政部公布的 208 种应急物资计算表明，应急物资的最优分类为七个类别。每类应急物资的属性不同，其储备方式也有较大差别。根据它们的消费性质、保质期、功效、突发事件的预计需求量、市场流通量和需求的持续性等，可以将应急物资分为不同类别，根据应急物资的不同类别设置符合实际情况的储备模式。

根据突发事件发生的风险以及突发事件产生影响程度情况，确定“分级负责”的原则，第一，确定各级政府主要负责应对的突发事件的风险级别；第二，以突发事件的风险级别为基础，确定各级政府需要储备的应急物资的种类和数量；第三，确定各类应急物资的储备方式；第四，对应急物资的保障能力进行评价，提高应急物资的储备质量。

按照突发事件分级负责的应急管理体制，各区域政府都需要根据自己的级别，确定主要负责应对相应级别的突发事件，并需要储备相应的应急物资。分类的标准应当结合不同灾害发生导致的对不同物资的需求特点，如有大坝处，石料、装土编织袋等物资属于重点控制的物资；多发生地震处，则应增加救灾帐篷、医疗器械的储备量；矿区易发生矿难，则应重点储备救生器材，消防设备等工具。这是一种动态的过程，避免了管理中单纯僵化的管理，分类后就可以针对不同类别物资来进行管理，采用不同的采购和库存策略来降低成本。

（三）应急运输通道建设立体化

应急物资的物流保障流程包括以下几个环节：应急协调指挥中心、物资供给端、物流中心以及物资需求端，各个部门间实现信息的双向传递，实时回馈信息，将物资供给者所提供的物资加工分类后配送到受灾区。只有各类组织相互合作，并且做到物流与信息流相结合，才能真正解决应急物资的运输问题。

14.3.3 应急物资组织模式层面

应急物资保障体系的组织模式未来将在信息技术发展的基础上，更加适应情况变化需求和统一指挥的实际情况。信息网络是组织内部相互联系和沟通的基础，信息技术、网络技术是一个不可缺少的前提。网络化结构促进了信息的全方位沟通，提高了组织的应变力和创新力。面向过程的组织是应急组织发展的趋势，因此，为了提高应急的效率和有效性，有必要分析应急组织结构设计的步骤和特点，建立面向过程的应急组织。

（一）应急物资协作一体化

应急物资本身具有弱经济性和公益性的特征，这必然要求政府在应急物流系统的构建和实施过程中发挥重要作用，北京市根据政府机构设置和物流的运作流程，整合国家军队、地方的相关机构，建立专业应急物流指挥中心。北京市逐步强化市应急办、各专项应急指挥部、各有关部门、各区县政府与国家有关部门，驻京部队、武警，周边省区市，中央在京企业等重点单位的信息沟通与应急协作，逐步建立联络会商等工作制度，强化联合监测预警、信息沟通、技术支持和应急资源共享，形成多层次的联动应急物流体系。推进北京市应急指挥机制与部队指挥机制的有效衔接的步伐加快。整合利用军地资源，构建市、区县两级联合应急指挥协调机制，形成军地一体、协调联动、资源共享的突发事件应对物流体系。推进北京市与周边省市应急物流体系衔接的步伐加快。北京市利用周边省市地缘优势，不断强化构建环北京物资储备体系，重视建设进京应急物流通道，有效提升北京市应急物流能力。

（二）组织结构的动态化

北京市应急物资储备体系是应急物流体系的基础，储备体系呈现出动态化趋势。加强各项专项物资储备制度是应急储备物资体系建设的根本保证。实现国家、军队、地方、市场和家庭“五位一体”的中国特色的应急物资储备系统，有效保障应对突发公共事件的物资需求。北京市对应急物资储备实行动态化趋势发展。实行实物储备与能力储备相结合，政府储备与市场储备相结合的储备方式，推动应急物资储备由静态储备向动态储备转变。未来将实行市场化储备和政府储备相结合，从单一的政府行为转变为政府主导、全民参与。

14.3.4 应急物资保障体系展望总结

上述在应急物资保障体系的技术层面、储运应用层面与组织模式层面分别论述了北京市面向未来发展的趋势及改进建议。这种趋势是基于北京市的实际需求、技术发展、时代创新发展三者相结合的产物。智能化都市的发展是当前城市产业发展的趋势，从应急方面反映出智能互联的应用以及在保障体系的精确储运。扩大的物资储备主体，不仅能将政府从烦琐的应急事务解放出来，集中精力做大事，更能在需要应急物资的第一时间不同存储主体做出相应反应，有利于突发事件后的快速恢复。以风险级别划分应急体制及立体运输有利于相关部门对应急物资保障体系划分出更为明确的相应层次。而在组织模式的创新有助于应急物资保障体系的健康运作。

在北京市已经相对完善的应急物资保障体系基础上，本章从面对未来、适应未来、服务未来的角度出发，在具体环节和保障体系总体趋势提出北京市应急物资保障的各方面，在未来应对突发事件的以更为高效的姿态迎接挑战。

第 15 章

北京城市垃圾回收物流问题

随着我国城市化进程的加快,城市生活垃圾数量也在迅速增加,垃圾的大幅度增长使得垃圾回收和处理问题变得异常棘手,而作为我国政治中心的北京市更是如此。殊不知北京市不断发展和壮大的背后是把自身禁锢在垃圾围城之中。而垃圾回收和处理设施也是常年超负荷运转,垃圾处理问题已成为城市化发展过程中的一道难题。垃圾指的是不需要或无用的固体、流体物质。它伴随着人们的日常生活和生产而产生,与人的关系可以说是形影不离的。正由于垃圾和人的关系十分密切,因此垃圾的回收和处理就显得非常重要。如今,北京市常住人口由 2001 年的 1 385.1 万增长到了 2010 年的 1 961.9 万,其中常住外来人口也由 262.8 万增加到了 704.7 万而且还有增加的趋势,这势必给垃圾回收和处理问题造成更大的困扰。常见的做法是收集后送往堆填区,或是用焚化炉焚化,但两者均会制造环境保护的问题。前不久发布的十八大报告中,有一项内容就是要大力推进生态文明建设,发展循环经济,促进生产、流通、消费过程的减量化、再利用、资源化,这也是回收垃圾处理的目标。

近年来,北京垃圾产生量每年以 2% 的速度增长, 2009 年日产生活垃圾大概是 1.83 万吨,年产 669 万吨,2012 年全市垃圾年产生量将达到 914 万吨,到 2015 年将达到 1 152 万吨。如此“大量”的垃圾,的确有必要全面把握目前北京市垃圾回收和处理状况,并据此提出科学合理的垃圾回收和处理措施。

1983 年,北京曾进行过一次航空遥感观测,发现在当时规划区 750 平方公里的范围内，大于 16 平方米的固体废弃物堆共有 4 699 堆，占地 9 300 亩，平均每平方公里有 6 堆多，包括农业肥料堆、生活垃圾堆、混合垃圾堆和工业废渣等。北京有关部门通过三次航空遥感发现，面积在 50 平方米以上的垃圾堆，在四环路以内就有 4 700 多个。1983 年，北京市不得不斥巨资 23 亿元来清运这些垃圾。

自 20 世纪 80 年代以来，特别是“九五”期间，北京市市、区两级政府连续不断加大投入，加快环卫设施建设，健全管理体制，城市生活垃圾收集、运输、处理体系基本形成。由此，城市生活垃圾收运方式从“摇铃倒土”的手工劳动逐步发展到机械化、密闭化作业；垃圾处理方式也由露天堆放、简易填埋发展到以卫生填埋为主，焚烧、堆肥和综合处理为辅的无害化处理阶段。

在 1991 年之前，北京市的垃圾处理基本是采用简易堆放的方式处理。直到 1991 年世行贷款建成的大屯转运站和阿苏卫填埋场投入使用，北京的垃圾处理才进入无害化处理阶段，到 2002 年年底，北京市相继建成了小武基转运站、马家楼转运站、北神树填埋场、安定填埋场和南宫堆肥厂五个德国赠款垃圾处理项目，同时，海淀区建成了五路居转运站和六里屯填埋场，朝阳区建成了高安屯填埋场，丰台区建成了北天堂填埋场，大部分远郊县也建成了垃圾处理设施。北京周边的填埋场多是 20 世纪 90 年代规划设计，选址、处理工艺和技术也是十多年前的标准，很多有害垃圾和建筑垃圾也一埋了之。现在在大兴区的垃圾转运站旁，可以看到这样的场景，转运站周边全是菜地，垃圾污染了地下水；而大棚蔬菜需要浇水灌溉，水又是全部取自地下；奶牛在被污染的河中饮水，羊群在垃圾场上寻找食物；不仅仅是垃圾焚烧的二噁英会危害健康，填埋造成的污染已通过各种途径渗透到我们的生活中。

伴随着城市不断向外扩展，北京的垃圾回收和处理设施也不断地外扩，从最初的四环五环外移到六环，甚至河北等地。一些达到年限的垃圾填埋场，有的被建设成为绿地。

15.1 北京城市垃圾回收物流现状

15.1.1 北京城市垃圾产生量

（一）北京城市垃圾产生量变化

随着人口增长、经济发展和人民生活水平提高，北京市垃圾产生量最近几年以平均每年大约2%的速度增长(见表15-1、图15-1)。

表15-1 2004—2011年垃圾相关数据

	2004年	2005年	2006年	2007年	2008年	2009年	2010年	2011年
垃圾产量(万吨)	496	537	585.1	619.5	672.8	669.1	665	634.9
清运(万吨)	491	454.6	538.2	600.9	656.6	656.1	657	633.0
常住人口(万)	1 492.7	1 538.0	1 581.0	1 633.0	1 695.0	1 755.0	1 961.2	2 018.6
人均(万吨)	0.33	0.35	0.37	0.38	0.40	0.38	0.32	0.30
无害化处理(万吨)	79.1	81.2	92.5	95.7	97.7	98.2	96.9	98.8

资料来源:《北京市生活垃圾治理白皮书》,2011。

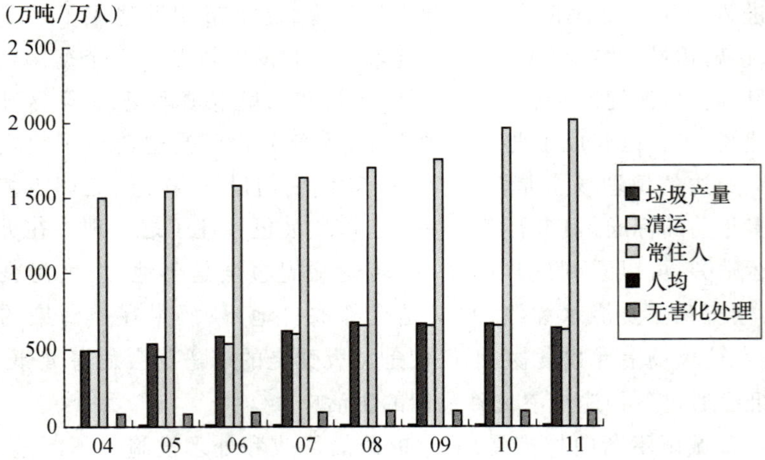

图15-1 2004—2011年垃圾相关数据对比

资料来源:《北京市生活垃圾治理白皮书》,2011。

从图15-1可以看出,2003年以来,除2005年、2009年、2010年垃圾清运量有所下降以外,其余年份的垃圾都呈增长趋势,然而人口和垃圾产生量却一直保持着上升的趋势。2008年北京生活垃圾产生总量达到了656.6万吨的高峰,举一个形象的例子,北京市每天产生的垃圾量,如果用装载量为2.5吨的车辆来运输,首尾相连,这些汽车可排成全长47.8公里的一字长蛇阵,能绕三环路一圈。2010年,北京市生活垃圾日产生量为1.74万吨,较2009年的1.83万吨下降4.9%,垃圾减量初见成效,2011年北京全年产生的生活垃圾高达634.9万吨,平均每天1.74万吨。北京市2012年的目标是,“实现垃圾产生量增长率年均下降 5%”,并“实现本市垃圾分类达标率超过 50%”;在末端处理方面,“实现全市垃圾处理能力达 1.7 万吨/日,垃圾焚烧、生化处理和填埋比例达 2:3:5”,“实现餐厨垃圾集中处理能力达 1 545 吨/日”。

(二) 垃圾结构变化

随着居民生活质量的提高,生活垃圾的主要成分都发生了很大的变化。垃圾中的有机物比例增加,可回收利用物比例增加,垃圾热值升高,灰土量迅速减少。目前北京市生活垃圾中有机成分占 60% 以上,纸张等高热值垃圾占 30% 左右。经过预处理将有约 40% 的高热值垃圾适合于焚烧。然而目前北京垃圾处理 90% 为填埋,占用 600 多亩土地。

(三) 垃圾分类

城市生活垃圾的处理是个世界性难题。从根本上解决城市生活垃圾处理这个难题的出路,就在于要对垃圾进行分类回收。如果不从源头上解决城市垃圾分类问题,就会使后面的工序更加烦琐,也会使得垃圾的资源化率、再利用化率降低,就不能很好地实现城市的可持续发展。目前北京市的生活垃圾主要以填埋为主,因此我们以填埋场为例,任何一个垃圾填埋场都要占用土地,而且每个修建好的垃圾填埋场都有一个使用年限的问题,假如现在的生活垃圾已经进行了分类,并回收了其中的 50%,那么就可以由于堆放垃圾所占用的库容体积减少一半,而使这个投入很多成本的垃圾填埋场的使用年限延长一倍;如果回收了其中的 90%,而只将其中不可燃的也无法回收的 10% 送去填埋,那么,填埋场的使用期限就可以大大延长,可以使用几百年。可以设想,如果不进行垃圾分类,不仅垃圾中可作为资源的部分无法进行充分地回收,就是作为垃圾填埋场的土地资源也会日趋紧张,何谈城市乃至社会的可持续发展,由此可见垃圾分类的重要性。

北京市现有 3 000 多个居住小区、大厦和工业区(其中 1 500 个实行了物业管理),有 465 个居住小区、大厦和工业区实现生活垃圾分类收集、运输和处理,城镇人口生活垃圾分类率达到 15% 以上。2011 年北京继续推动 1 200 个试点小区实现垃圾分类,于 10 月完成任务。目前全市再生资源回收量持续上升,生活垃圾产生量继续保持下降,由此带来垃圾处理结构得到优化,焚烧、生化、卫生填埋处理比例由 2010 年的 10:10:80,调整为现在的 15:15:70,垃圾填埋量比例下降了 10%,而堆肥等生化处理上升了 5%。2011 年 11 月,北京市人大常委会表决通过《北京市生活垃圾管理条例》。作为国内首部以立法形式规范垃圾处理的地方性法规,条例确定建立生活垃圾分类和处理收费制度。今后在北京，对生活垃圾实行计量收费、分类计价，条例从2012年3月1日起实施。随着居民环保意识提高和政府的推动，开展垃圾源头分类的覆盖范围和资源综合利用水平将会逐年提高。预计今后每年将新增垃圾分类小区、大厦、工业区200—300个，每年可减少垃圾量约4.4万吨。

目前，北京市主要把垃圾分成以下4类：

(1) 湿垃圾：主要指厨房产生的厨余、果皮等含水率较高的食物性垃圾。

(2) 干垃圾：主要指废纸张、废塑料、废金属、废玻璃等可用于直接回收利用或再生后循环使用的含水率较低的垃圾。

(3) 有害垃圾：指对人体健康或者环境造成现实危害或者潜在危害的废弃物，同时也包括对人体健康有害的重金属或有毒物质废弃物。包括废电池、废荧光灯管、水银温度计、废油漆桶、过期药品以及有机类杀虫剂、除草剂容器、打印机墨盒等。

(4) 大件垃圾：指质量超过5 kg或体积超过0.2 m^3 以及长度超过1 m的废旧家具、办公用具、废旧电器，以及包装箱、箩筐等大型的、耐久性的固体废弃物，包括家具类、家电类以及晾衣竿、自行车等。

据统计，目前的生活垃圾中约有70%为厨余垃圾、果皮等有机垃圾，20%为废纸、塑料类，约4%为玻璃，剩余的为金属、布类等。所以说只要我们能够坚持在源头进行垃圾分类，其中大部分物质都具有被资源化利用的可能，合理地开发利用就能够变废为宝。这是实现垃圾无害化、减量化、资源化的最经济的方法。

15.1.2 北京城市垃圾回收物流现状概况

(一) 垃圾回收流程

城市生活垃圾收运主要由各区环卫服务中心、街道保洁队伍和物业公司收集到指定的垃圾站，再由专业作业队伍运送到垃圾处理厂进行处理；机关、企事业单位和社会团体的生活垃圾主要以合同的形式委托环卫专业队伍进行收集。

北京市生活垃圾收运过程分为两个环节，它们分别是生活垃圾的收集与运输。生活垃圾的收集是指从将垃圾丢弃开始到在垃圾收集点集中的过程；运输指将垃圾收集点中的垃圾运到垃圾转运站或垃圾处理场的过程。

目前，北京生活垃圾回收流程如图15-2所示。其中：对于废品的回收并形成回收市场，是我国特有的一种模式；混合回收是北京市主要的收集方式，后续程序伴随着人工与机器分选；机器分选在垃圾中转站内进行；目前分类回收并没有统一的模式，而且分类情况很不理想；北京市垃圾终端处理现以填埋为主；厨余垃圾一般与其他垃圾混合收集,餐饮垃圾目前是分类收集。

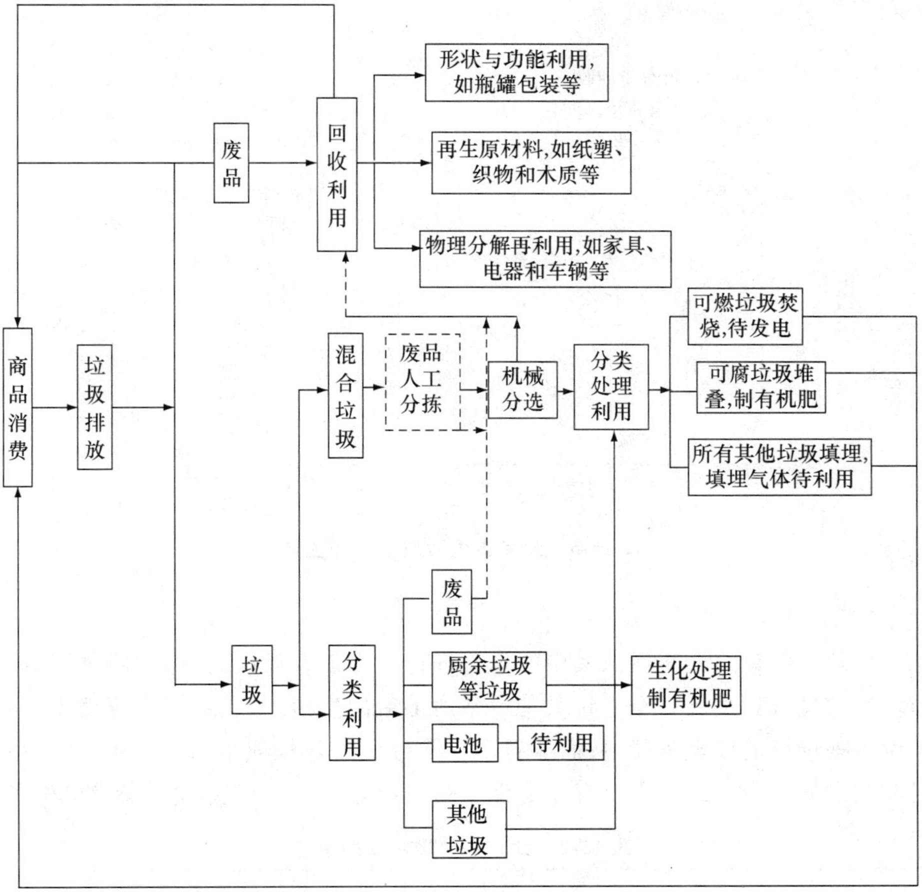

图 15-2　北京垃圾物流现状

北京城市垃圾收运设施数量逐年增加,并逐步向密闭、先进、便于操作的方向发展。但目前北京市普遍采用混合收集的垃圾收运方式,增大了资源化、无害化处理的难度,且易造成污染。北京市城市垃圾主要由居民生活垃圾、街道保洁垃圾和集团垃圾三大类组成。城市垃圾中大体是有机废弃物占 65% ,无机废弃物为 30% ,可再生材料占 5% 左右。

北京市垃圾回收体系的各阶段分类主体如图 15-3 所示,从居民家庭到住宅小区属于垃圾分类收集阶段,其行为主体为小区保洁员或者小区居民自身,这个阶段是垃圾分类收集的最初阶段,如果能够保证这一阶段垃圾的分类收集,那么可以简化之后工序的繁杂程度以及减少其处理成本,但是目前这一阶段的分类并不理想。从住宅小区到转运站,以及从转运站到最后的末端处置由北京市政府相关部门统一管理。

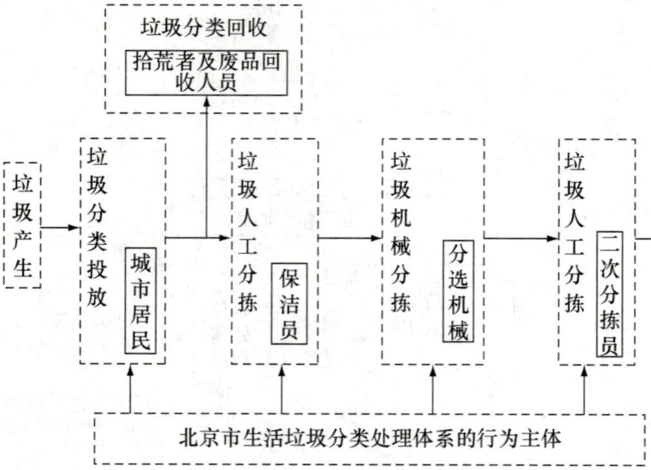

图 15-3 北京市生活垃圾处理主体

(二) 垃圾转运站现状

在垃圾转运站会将运入其中的垃圾进行分类以及压缩处理,并将加工好的垃圾运往垃圾处理场。经过垃圾转运站加工后的生活垃圾,在一定程度上简化了垃圾处理场的处理程序,从而节省了一部分垃圾处理成本。如表 15-2 所示,目前北京的 6 个转运站中只有 2 个带有筛分功能,其日处理能力接近 2 000 吨。

表 15-2 北京市垃圾中转站总汇

名称	服务区域	处理工艺	周边是否存在白色污染现象	严重程度	清扫责任单位情况责任单位名称	去向
环卫集团大屯转运站	原东城区,原西城区,朝阳区部分	压缩转运	无	无	北京市四清环卫工程集团有限责任公司	阿苏卫垃圾卫生填埋场
环卫集团小武基转运站	原崇文区,朝阳区部分	筛分、压缩转运	无	无	北京环卫集团一清分公司	南宫堆肥厂,北神树垃圾卫生填埋场
环卫集团马家楼转运站	原宣武区,大兴区,丰台区部分,房山区部分	筛分、压缩转运	无	无	环卫集团马家楼转运站	南宫堆肥厂,安定垃圾卫生填埋场

（续表）

名称	服务区域	处理工艺	周边是否存在白色污染现象	严重程度	清扫责任单位情况责任单位名称	去向
石景山衙门口转运站	石景山区	压缩转运	无	无	石景山垃圾综合处理厂	焦家坡垃圾卫生填埋场
门头沟葡萄嘴转运站	门头沟区	压缩转运	无	无	区环卫中心	焦家坡垃圾卫生填埋场
海淀五路居转运站	海淀区	压缩、转运	无	无	五路居密闭式转运站	六里屯垃圾卫生填埋场

资料来源:北京市市政市容管委会网站(http//www.bjmac.gov.cn/)。

(三)垃圾回收物流终点——垃圾处理厂分布现状

城市生活垃圾的处理方式主要有三种,分别为堆肥、焚烧、填埋处理。目前北京市有垃圾无害化处理场17座,其中卫生填埋场13座,垃圾堆肥场2座,垃圾焚烧场2座,如表15-3所示。其中,填埋占总处置量的91%,焚烧处理量占2%,综合处理量占7%,从数据中我们可以看出垃圾处理的主要方式还是以卫生填埋为主。截至2011年6月,北京市共有垃圾转运站7座,焚烧厂2座(其中1座在综合处理厂内),综合处理厂4座,填埋场15座。

表15-3　北京市生活垃圾处理设施台账

单位名称	服务范围	处理工艺	周边是否存在白色污染现象	严重程度	处理能力(吨/日)	清扫责任单位情况责任单位名称
环卫集团阿苏卫填埋场(昌平)	东城、西城、朝阳、昌平	卫生填埋	无	无	2 000	北京市昌平区小汤山同心园保洁服务中心
朝阳高安屯填埋场(朝阳)	朝阳	卫生填埋	无	无	1 000	朝阳区垃圾无害化处理中心
环卫集团北神树填埋场(大兴)	崇文、朝阳、大兴	卫生填埋	无	无	980	北京环卫集团一清分公司
环卫集团安定填埋场(大兴)	宣武、丰台、崇文、朝阳、大兴	卫生填埋	无	无	700	北京环卫集团二清分公司

（续表）

单位名称	服务范围	处理工艺	周边是否存在白色污染现象	严重程度	处理能力（吨/日）	清扫责任单位情况责任单位名称
丰台永合庄填埋场(丰台)	丰台	卫生填埋	无	无	1 500	丰台永合庄填埋场
门头沟焦家坡填埋场(门头沟)	石景山、门头沟	卫生填埋	无	无	600	区市政管委
海淀区六里屯填埋场(海淀)	海淀	卫生填埋	无	无	1 500	六里屯垃圾压缩卫生填埋场
房山东南召填埋场(房山)	房山	卫生填埋	无	无	100	区市政管委
房山半壁店填埋场(房山)	房山	卫生填埋	无	无	200	区市政管委
通州西田阳填埋场(通州)	通州	卫生填埋	无	无	300	区市政管委
平谷前芮营填埋场(平谷)	平谷	卫生填埋	有	严重	100	平谷区市容环境卫生管理处
密云滨阳填埋场(密云)	密云	卫生填埋	无	无	200	密云垃圾卫生填埋场
延庆小张家口填埋场(延庆)	延庆	卫生填埋	无	无	150	延庆小张家口填埋场
环卫集团二清分公司南宫堆肥厂(丰台)	宣武、丰台、崇文、朝阳、大兴	堆肥	无	无	400	环卫集团南宫堆肥厂
怀柔综合处理厂(怀柔)	怀柔	分选+堆肥	无	无	200	北京沃绿洁环保工程有限公司
昌平焚烧厂(昌平)	昌平	焚烧	无	无	120	大门以西为本厂负责，大门以东为南邵镇营房村负责
顺义生活垃圾综合处理厂(顺义)	顺义	焚烧+堆肥	无	无	300	顺义生活垃圾综合处理厂
丰台北天堂填埋场(丰台)	丰台	筛分	无	无	1 500	

资料来源：北京市市政市容管委会网站（http//www.bjmac.gov.cn/）。

（四）垃圾回收收费与垃圾管理

目前，北京市向单位和个人收取的费用主要有三项：卫生日常保洁费，由保洁公司或物业管理公司向单位或居民个人收取；城市生活垃圾处理费，每户每月 3 元，暂住人口每人每月 2 元，由社区居委会或小区物业管理公司代收；垃圾委托清运费，每吨 25 元，由清运公司向委托单位收取。

最近实施的《北京市生活垃圾管理条例》（2011 年 11 月 18 日北京市第十三届人民代表大会常务委员会第二十八次会议通过），明确指出北京城将按照“多排放多付费、少排放少付费，混合垃圾多付费、分类垃圾少付费”的原则并逐步建立起“计量收费、分类计价、易于收缴”的生活垃圾处理收费制度。而在 2012 年北京对非居民垃圾处理做出收费调整正是形成“生活垃圾处理收费制度”的关键尝试。北京市市政市容委综合计划处处长林晋文在发布会上透露，2012 年内为全市非居民垃圾将实施计量收费为由原来统一收取 25 元/吨变更为餐厨垃圾收取 25 元/吨，其他垃圾收取 90 元/吨且收费价格将逐年递增。

据其介绍 2013 年京城餐厨垃圾收费将调至 50 元/吨，2014 年调至 90 元/吨；其他垃圾收费 2013 年调至 135 元/吨，2014 年调至 180 元/吨。垃圾收运部门将对统一发放的 140 升和 120 升垃圾桶“点桶计数、按重计费”。“收费调整方案体现了‘污染者付费’原则，改变了现行生活垃圾收费水平低、标准单一的局面。”目前，北京市生活垃圾设施处理具体费用情况如表 15-4 所示。

表 15-4　北京市生活垃圾处理设施垃圾处理费用

设施名称	单位处理费用（元/吨）	设施名称	单位处理费用（元/吨）
大屯转运站	73	五路居转运站	73
马家楼转运站	73	小武基转运站	73
衙门口转运站	73	阿苏卫垃圾筛分厂	51
海淀垃圾筛分厂	51	梨园转运站	73
阿苏卫综合处理厂	96	阿苏卫垃圾焚烧厂	182
阿苏卫垃圾填埋场	57	南宫堆肥厂	123
南宫垃圾焚烧厂	111	安定垃圾填埋场	46
董村综合处理厂	142	大杜社填埋场	46
西田园填埋场	46	六里屯填埋场	46
六里屯焚烧厂	182	高安屯焚烧厂	273
高安屯填埋场	46	焦家坡填埋场	46
斋堂填埋场	46	丰台综合处理厂	96

资料来源：北京市市政市容管委会网站（http//www.bjmac.gov.cn/）。

由此可以看出，在城八区的大部分地区和郊区卫星城基本上形成了较为完备的垃圾管理系统；但是在城乡结合部、郊区乡镇等地区尚未形成规范的垃圾管理系统，垃圾露天堆放或简易填埋的现象比较普遍。由于农村大部分地区的垃圾还没有纳入到规范化管理范围，每年实际运输到垃圾处理场的生活垃圾约为321万吨。

15.2 北京城市垃圾回收物流问题分析

近年来，随着社会经济的发展，北京城市生活垃圾的产生量迅猛增长，种类也日趋复杂，尽管相关部门下了很大功夫在垃圾的治理上，但是从生活垃圾的产生、回收、运输以及最后的处理上都存在制约北京环境发展的问题。

（一）垃圾的产生也就是源头问题

我国生活垃圾产生量随着城市化进程加快和人们生活水平提高而剧增。尤其像北京这样的大城市，人口密度大，经济发展迅速，生活垃圾产量增加尤其明显。比如一些菜市场、批发市场，以及郊区无人清扫的街道，到处都能看到很多随地堆放的垃圾。从2004年开始计算，2004年北京市生活垃圾日产生量约13 573吨(495.46万吨/年)。其中，城八区日产生活垃圾为9 767吨(356.57万吨/年)，郊区县日产生活垃圾为3 806吨(138.89万吨/年)。2005年北京市生活垃圾日产生量达到了14 710吨(536.93万吨/年)，其中，城八区日产生活垃圾为10 501吨(383.29万吨/年)，郊区县日产生活垃圾4 209吨(153.64万吨/年)。2006年北京市生活垃圾日产生量达到了15 800吨(576.69万吨/年)，其中，城八区日产生活垃圾11 097吨(405.04万吨/年)，郊区县日产生活垃圾4 703吨(171.65万吨/年)。很明显地看出北京市生活垃圾的产量在逐年增加，并且大约每年以2%的速度在增长。垃圾道成为百姓的苦恼。北京现在高楼林立，垃圾道成为许多地方的卫生死角，脏乱不堪的垃圾道口，蚊蝇十分张狂，使得居民们每当走过时必捂鼻而过，底层的住户可就无法逃避，在炎热的夏季也不敢打开门户。老百姓期待新型垃圾回收办法的实施。由此看来，这必然成为制约北京市环境发展的重要问题。

影响城市生活垃圾产生量变化的因素很多，主要有以下三类。

(1) 内在因素：主要是指直接影响城市生活垃圾产生量变化的因素，如人口数量、居民生活水平、城市建设水平等。人口增加，在其他因素不变的情况下，垃圾产生量必然增加；由于经济的发展，居民生活水平的提高，居民消费品数量与类别越来越多，垃圾量也会相应增加；建城区范围增大，保洁区面积增大，垃圾量也会增加。

（2）社会因素：主要是指社会行为准则、社会道德规范、法律规章制度等，是一种外部的、间接的因素。社会因素实际上是人类对垃圾产生系统的干预，如推行垃圾分类收集、源头回收和再利用等措施，可以大幅度减少垃圾产生量。

（3）个体因素，主要是指垃圾产生的主体——人类本身的行为习惯、受教育程度及整体素质等因素。一般来说，人们可以通过社会因素的影响和自身素质的提高，改变行为习惯和生活方式，进而影响垃圾产量的变化。只有从垃圾产生的源头出发，尽可能地让人们节约资源少制造垃圾，随时警醒自己，相互监督，才是降低垃圾产量的最有效的方法。当然，这也不是一朝一夕能做到的，需要整体社会文明的带动。

（二）垃圾的回运问题

随着每日垃圾大量的产生，垃圾回收及其运输就成了一项艰巨重要的任务。垃圾一般可分为四大类，即可回收垃圾、厨余垃圾、有害垃圾和其他垃圾。其中可回收垃圾还分为塑料、纸类、玻璃、金属、布料等，可见种类之多给垃圾回收部门带来的诸多问题。

目前北京现有的垃圾分类处理的设备较少，通过机械化分类成本较高，规模又有限，不能满足垃圾分类处理的需要。袋装垃圾也并非长久之计。北京一些地方开始实行封闭垃圾道，用塑料袋装垃圾定时回收的办法，以减少垃圾露天堆放对环境的影响。经相关人员调查结果表明：消费者使用后的商场购物袋重复使用的占 89.91%，其中，充当垃圾袋的占 57.05%，目前有 77% 的商场采用一般的塑料袋，仅有 15% 的商场采用可降解的塑料袋，8% 的商场采用纸袋，仅有 23% 的商场采用的购物袋符合目前环保要求，许多消费者用不可降解的塑料袋装垃圾，给垃圾的回收利用和分类处理带来很大的困难，同时也给垃圾填埋和焚烧带来新的问题。

拾荒大军取而代之问题更多，超过 8 万人的拾荒者，每年从北京“捡走”10 亿元，同时还将废弃物转化成为新的资源，客观上减轻了政府处理垃圾的负担，减少十多亿元的处理费用，延长了垃圾填埋处理场的使用寿命。但是，这些民间自发的拾荒者，均是无照经营，缺乏规范、检验和约束，致使垃圾在捡拾、收集、运输、加工过程中造成严重的二次污染，他们自身的传染病发病率也较高。

垃圾得不到合理的分类回收，会产生诸多的不利影响，其中就是有害垃圾的回收，常见的城市有害垃圾包括使用过的或被遗弃的电池、含汞物品、打印耗材、药品和个人护理用品、装修垃圾、家用杀虫剂以及其他日用化学品和有害废物。随着生活方式和消费模式的变化,北京市所产生的有害垃圾越来越多,也越来越复杂。然而,就对其管理而言,我们发现其中存在不少问题。由于垃圾分类工作流于形式,使得大量的有害垃圾混入普通生活垃圾之中。这就会对接下来的垃圾处理再利用的环节上带来很多问题。市政管委负责垃圾分类的工作人员坦诚,他们目前的主要工作之一就是采购和发放带有分类标志的垃圾桶,而有了“分类垃圾桶”的社区单位即被视作“具备分类能力”,进而被纳入城市垃圾分类率的统计之中。这无疑是作表面文章。因为从实际情况来看,虽然设有“分类垃圾桶”,但居民投入垃圾桶中的垃圾却是大杂烩。其实,北京曾经是全国率先进行垃圾分类尝试的城市,市民一开始的热情和期望都很高,但是长时间的蹉跎和分类工作的形式化使居民对这件事日渐消极和冷淡。这样,虽然市政管委要求居住区把生活垃圾分为厨余、可回收、塑料、其他垃圾四类,而且环卫部门现已具备了分类运输的能力,但社区居民却仍不能给予充分的配合,并以过去的经验作为现在不主动进行垃圾分类的理由,都说“分了也没用,运走的时候又混起来了”。结果,大多数垃圾箱接纳的都是混合垃圾,有害垃圾除少量进入专门容器外,绝大部分与普通垃圾混合在一起。也就是说,因为垃圾分类做得不到位,有害垃圾就不能被有效分开回收和处理。此外,北京市的土壤和地下水污染已非常严重,有害垃圾是其重要的污染源之一。对有害垃圾尽早加以有效管理,既是缓解现实环境危机的需要,也是对社会资源的最大节约。

所以,要想解决垃圾回收问题,第一,树立垃圾分类的观念。广泛开展垃圾分类的宣传、教育和倡导工作,使消费者树立垃圾分类的环保意识,阐明垃圾对社会生活造成的严重危害,宣传垃圾分类的重要意义,呼吁消费者积极参与。同时教会消费者垃圾分类的知识,使消费者进行垃圾分类逐渐成为自觉和习惯性行为。第二,改造或增设垃圾分类回收的设施。可将一个垃圾桶分割成几个隔段或建立几个独立的分类垃圾桶。垃圾分类应逐步细化。垃圾分类搞得越细越精,越有利于回收利用。可以用不同颜色的垃圾桶分别回收玻璃、纸、塑料和金属类包装垃圾、植物垃圾、生活垃圾、电池灯泡等特殊的垃圾。垃圾桶上必须注明回收的类别和简要使用说明,指导消费者使用。垃圾桶也可以成为企业广告的载体,企业可以承担制作费用。第三,封闭旧的垃圾道,在社区建立规范的回收站。社区回收站可由社区物业或居委会负责管理,建立现代社区的垃圾经营和回收服务功能,使垃圾回收成为其创收的途径,贴补消费者卫生保洁费用的不足。政府可实行减免经营税的倾斜政策,来调动社区的管理积极性。新建小区更是要合理规化垃圾回收站,逐渐成为审批和验收的必备条件,强化新型社区的综合功能。第四,大力开发垃圾回收利用的科学研究。如电池、塑料等的无害化处理技术的研究。积极扶植垃圾回收利用的下游产业,消化和充分利用垃圾资源,为社会造福,减少二次污染。这样我们的垃圾回收系统才能更加完善,资源才能得到更加充分的利用。

拿美国为例,美国在城市固体废物回收上采取了许多包括直接回收、转换利用和庭院堆肥等在内的措施,不仅在立法上给予了强有力的支撑,还在技术、设备、管理等方面运用了许多新理念和新技术,效果很明显。

2000年美国城市固体废物产生量为22 900万吨,比1999年增长了3个百分点。利用堆肥和再循环回收利用废物6 400万吨,生活垃圾回收率已达27.8%。据统计,美国城市固体废物中纸和纸板占38%,庭院垃圾占12.1%,食品残渣占10.9%,木头占5.3%。2000年美国共回收庭院垃圾1 260万吨,纸和纸板3 670万吨。2001年美国共有公共和私营废物再循环利用企业56 000家,提供劳动岗位110万个,年度总销售额2 360亿美元,美国有40%的城市废物再循环利用率达到50%,既节省了能源,保护了环境,节省了废物处理费,又促进了本地区的经济发展。

(三)垃圾的运输问题

上述的垃圾回收过程中涉及一个非常重要的环节,就是垃圾的运输。北京市垃圾清运处置是由环卫部门一家完成。环卫部门既是监督机构,又是管理部门和执行单位,政企不分。这种体制不能形成有效的监督和竞争机制,制约着垃圾管理的发展。

我们在朝阳的一家环卫局了解到,这个环卫局内有各式各样的垃圾车几百辆,主要负责回收朝阳区东北部分的生活垃圾。据了解,像这样的环卫局朝阳一共有四处。我发现该环卫局中的垃圾车有很大一部分都没有对车厢进行分隔改造,也就是说他们在对垃圾进行回收的过程中,不能做到分类回收,这是一个很严重的问题。另外,由于垃圾车的数量非常地多,工作人员很难做到合理地调配,导致车辆自身经济费用的浪费和工作人员回收效率的降低。所以建议还是要将垃圾车的车厢进行分隔,这样有利于垃圾的分类回收,而且最好将车辆分开调配,就近调配,这样既可以提高工作效率又能减少不必要的经济开支。将回收工作做到最佳。

最后要简单说一说垃圾回收后的回收利用问题,根据相关调查,垃圾资源化潜力随着生活水平和经济的发展也不断增长。在垃圾成分中,金属、纸类、塑料、玻璃被视为可直接回收利用的资源,占垃圾总量的42.9%,可直接回收利用率应不低于33%。而且,垃圾中的其他物质也能转化为资源,如食品、草木和织物可以堆肥,生产有机肥料;垃圾焚烧可以发电、供热或制冷;砖瓦、灰土可以加工成建材等。所以说垃圾山可以变成金山。各种固体废弃物混合在一起是垃圾,分选开就是资源。如果能充分挖掘回收生活垃圾中蕴含的资源潜力,仅北京每年就可获得11亿元的经济效益。

15.3 北京城市垃圾回收物流改进建议

(一)趋势探讨

2009年,北京市城区生活垃圾产生量首次出现负增长,远郊区县的生活垃圾产生量增长率明显下降,再生资源回收量逐年提高。2010年,北京市再生资源回收量同比增长8%,生活垃圾日产生量为1.74万吨,较2009年的1.83万吨下降4.9%,垃圾减量初见成效。

"十二五"垃圾处理规划中将首次纳入了"促减量"目标,2008年以及垃圾年增加长率约8%,"十二五"期间垃圾产生量年增长率每年降低1—2个百分点,2015年实现生活垃圾产生量零增长。

这里所说的垃圾产生量是指进入垃圾处理系统的量,不包括物资回收部分的量,物资回收量的增长是垃圾产生量下降的一个途径。

由于人口的增长垃圾产生量将会产生刚性的增长,这里所指的增长率下降是指在"十二五"期间人口总量控制在2 300万人左右的情况,当人口超过这一测算基数时,垃圾产生量增长率下降的目标不一定能实现,当然人均垃圾产生量的增长率下降是必须保障的。

目前可回收物的回收量较高,通过提高物资回收比例对进一步减少垃圾产量的贡献率不会很大。

北京市"十二五"垃圾处理设施建设规划,拟将垃圾处理结构调整为焚烧、生化和填埋4∶3∶3。其核心内容是增加焚烧和填埋比例,减少卫生填埋比例。焚烧提高到40%以上,生化提高到30%以上,卫生填埋下降到30%,最终实现"零填埋"。有人可能会对垃圾中60%是厨余垃圾,40%的是高热值垃圾,而焚烧比例高于生化有疑问,如图15-4所示。

在本计算中假定全市65%的人能够做到垃圾分类,而做到垃圾分类的人可以将一半的厨余垃圾(厨余占60%,一半即总量的30%)分出来,原因是厨余垃圾要保持相对"纯净"否则等于没分,而焚烧对垃圾的要求相对较低。混合垃圾一定要脱水(生化脱水可以脱除一半的水分即总量的30%,不适合做肥料,脱水

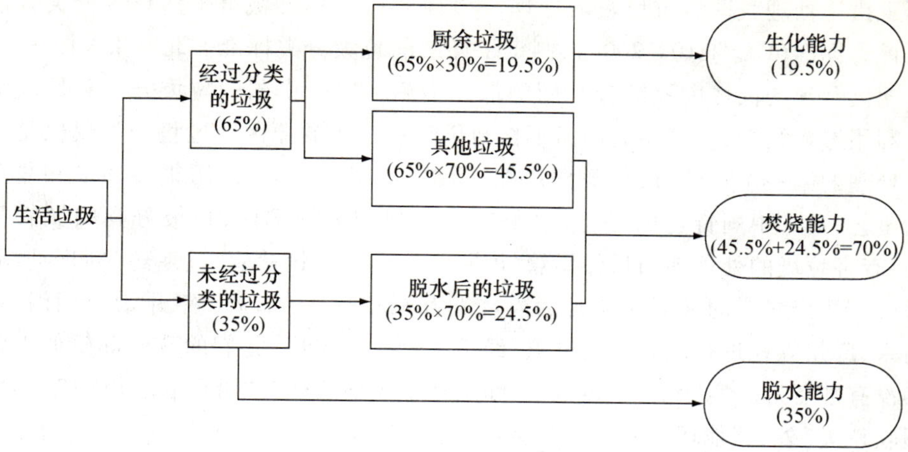

图 15-4　城市生活垃圾分类处理结构

后焚烧），纯厨余垃圾也要进行生化处理（效果好），因而总的生化处理能力需要"十二五"规划（初稿）中拟于 2015 年垃圾处理设施总能力达到 3 万吨/日左右，满足全市生活垃圾处理的需要，具体情况说明如下：

由于土地紧张、气味控制和渗沥液处理成本高等原因，"十二五"期间不再建设混合垃圾填埋场，现有卫生填埋场也将改造为焚烧和生化残渣填埋场，实现原生垃圾零填埋。

综观现在主要的三种垃圾处理方式，卫生填埋的优点在于技术成熟、处理量大、操作简单且总成本较低，但同时也存在占地面积大、选址困难等不足。焚烧的优点是能在短时间内将垃圾量减小，同时还可以回收热能，但是于国内大部分焚烧厂产生烟尘和二噁英类物质超标，导致处理厂周围大气污染严重，影响人们健康。堆肥法的资源化程度较高，但是堆肥周期长，卫生条件差，在制作过程中容易产生恶臭，垃圾堆肥产品肥效不高、产品销路不畅。

因此，解决好北京市的垃圾危机，需要建立合理的垃圾收运、处理系统，提高垃圾无害化处理水平，最好的办法就是将这几种方式结合起来，采用综合的方式对垃圾进行处理。

（二）措施建议

通过对北京市目前垃圾收集、转运、运输、处理现状的分析以及对国外比较成功的垃圾回收和处理方式进行借鉴，结合我国技术水平的实际情况，我们认为北京市生活垃圾回收和处理需做好以下几个方面的关键工作。

（1）改变垃圾管理"政企不分"的旧体制。近年来，尽管政府部门已经采取不少措施处理我国城市垃圾的处理。2004 年出台标准城市生活垃圾分类方法及评价标准(CJJ/T 102-2004),制定了详细的垃圾分类标准。北京市"十一五"时期出台新的固体废物综合利用的保障措施。但是中国的垃圾分类和垃圾综合利用进展缓慢,政府相关部门不作为仍是一个重要原因。垃圾分类仅仅是垃圾处理的第一个环节,从分类到压缩、运输、堆肥、填埋要经历很多环节和复杂的工艺,具有中国特色的是,这些都属于不同的分管部门,垃圾分类归城管委管,有害垃圾的处理却归环保局管,可回收垃圾归供销社管,过期药品归药监局管……政出多头的最后结果是遇着问题互踢皮球。自 2000 年开始,政府就在南京、广州等地进行垃圾分类试点,经历十余年的推广,我们的政府部门似乎仍然没有准备好。实际上,很多城市,除了在垃圾桶上标明"可回收垃圾"和"不可回收垃圾"外,其他环节几乎一片空白。

改变垃圾管理"政企不分"的旧体制,将原有政府直属机构精简后按现代企业制度改制,并允许社会其他企业、个人参与竞争;按市场经济原则解决垃圾问题,必须培育一大批市场主体,形成政府扶持产业;垃圾产生、破坏市容环境者付费,垃圾处理利用者得利的格局。北京市应制定相应的地方政策或条例,使得城市垃圾处理不仅有指导方针,还有相应的"子法"及实施细则并加强执法。除此之外,引入竞争机制,加大资金投入,改变建设资金政府大包大揽、行业垄断经营的模式。依法加强管理,落实各级责任,全面落实《北京市市容环境卫生条例》,依法加强对各责任主体落实情况的检查和监督。推广垃圾分类,提高资源化水平,坚持从源头抓起,实行垃圾分类投放、分类收集、分类运输和分类处理,逐步减少以至最终禁止混合垃圾直接填埋处理。依靠科技进步,推进技术创新,建立和完善垃圾减量化的途径和垃圾资源化的整体技术框架,提高现有垃圾卫生填埋工艺,促进垃圾资源综合利用。加强宣传工作,扩大市民参与,通过新闻媒体、志愿者参与和社区公益性宣传等多种形式,提高全社会对环境卫生的参与意识和责任意识,引导市民养成文明、健康的卫生习惯。

(2) 垃圾分类是解决垃圾危机的一个重要环节,也是决定性的一个环节。进行垃圾分类,不仅可以减少环境污染促进资源循环利用,还可以简化垃圾处理技术,提高垃圾回收和处理效率,使垃圾处理的经济效益最大化。在国外,许多发达国家都已经实行垃圾分类收集,建立了较完善的垃圾分类收集制度。根据瑞典马尔默市 2009 年统计,马尔默 77% 的包装材料和报纸都被分类收集、回收,马尔默人年均分类 16 kg 玻璃、12 kg 纸(板)、1 kg 金属、3 kg 塑料及 49 kg 报纸。

解决好北京的垃圾问题,实施好垃圾分类工作已经是当务之急,其实我国早就制定了详细的垃圾分类标准。按照 2004 年建设部行业标准城市生活垃圾分类方法及评价标准(CJJ/T 102-2004),城市生活垃圾分为可回收、大件垃圾、可堆肥垃圾、可燃垃圾、有害垃圾及其他垃圾六大类。

我们可以根据以上的垃圾分类标准制定好适合于操作实施的垃圾分类回收方式,建立完善的分类收集系统,确保从源头就将生活垃圾进行有效分类,从而保证垃圾回收利用的效果。

(3) 卫生填埋。卫生填埋运行成本低,是目前使用最广泛的处理技术。今后选址在人口密度低,土地利用价值低,地下水利用可能性低,交通较方便的地区;还应注意防渗材料的使用。近年来,随着政府环境意识的增强以及环保经费投入的增加,一些城市的生活垃圾处理方式也在发生变化,修建垃圾填埋场对城市垃圾进行卫生填埋的比例在逐渐提高。

最后强调一点,从学校教育开始,传授环保知识,树立环保意识,逐步提高北京市公民环保素质,从而确保环保教育工作在人民群众中积极开展,让每一个人为城市垃圾的合理回收和有效处理贡献出自己的一份力量。

第16章

北京物流教育、人才培养问题

随着北京市社会经济的全面发展，本市的物流行业必将在“十二五”期间实现全面升级。然而要顺利实现这一目标需要有效地利用现代科技和资源等优势，更要依赖于那些掌握了现代科技知识和具备企业家才能的物流领域的专业人才。因此，如何发展物流教育，为北京物流产业的发展提供可靠的软实力保障，成为北京物流产业必须关注的战略性问题。

北京商务委员会在《北京市“十二五”时期物流业发展规划》中提出，“十二五”期间北京的社会物流总额将会以20%的速度增长。① 据此我们可以大致测算出截至2015年，北京社会物流总额将达到12.5万亿元。如果在随后两年中能维持这一增速，2017年北京的社会物流总额将攀升至18.1万亿元。按照北京市统计局提供的2008—2011年物流从业人员②和物流总额的数据，如果劳动生产率不变，维持在0.10%的平均水平，那么可以估算出截止到2015年，北京

① http://www.bjmbc.gov.cn/zwgk/fzgh/ndgh/201201/t20120111_57658.html。社会物流总额是指第一次进入市内需求领域，产生从供应地向接受地实体流动的物品的价值总额。包括六个方面的内容，即进入需求领域的农产品物流总额、工业品物流总额、进口货物物流总额、外省市调入物品物流总额、再生资源物流总额、单位与居民物品物流总额。

② 按照《北京统计年鉴》中对物流从业人员的界定，是指企业中直接或间接从事物流活动的人数。包括直接从事物流活动的人员，如在企业中从事运输、配送、装卸搬运、仓储保管等物流活动并取得劳动报酬的从业人员，也包括间接从事物流活动的人员，如在企业中从事物流管理活动并取得劳动报酬的从业人员。

物流从业人员总数将升至 128 万人。换言之,2012—2015 年每年物流业的从业人员需增加 19.4 万人。实际上,在 2008—2011 年,从业人员仅累计增加了 5.5 万人。

此外,在北京物流从业人员总量亟须快速突破的同时,也存在物流人才供给滞后的瓶颈,这才是真正制约北京物流业发展的关键问题所在。因此,本市的各级教育机构和单位、物流企业和行业协会,必须前瞻性地合力推动物流教育工作,才有可能在较短的时间内,为北京的物流产业培养出大量的合格人才。

物流教育是一个系统工程,既包括高等院校的物流专业教育,也涵盖了中职和高职的物流教育、物流企业的内部培训以及职业资格培训等。由于物流领域所涉及的产业众多,需要各方面的专业人才,如计算机应用专业、通信工程、统计、会计、财务管理、人力资源管理专业等。从广义上讲,这些专业人才在进入物流行业从事物流工作之后,都可称为物流专业人才。但是在本章中,从物流教育的角度,采用的是狭义物流人才概念,主要将北京高等教育层面的物流管理和物流工程专业的教育列为物流人才的教育范畴。实际上,物流教育应该是一个完整的体系,不但包括高等教育层面的人才培养,也包括了中、高职层面的人才培养,还包括了在职培训和职业资格培训。

16.1 北京物流教育的历史演变

北京物流教育的一个突出优势是物流高等教育的历史积淀,正是这一特色为北京的中职和高职教育物流以及物流职业资格培训奠定了坚实的基础,更为物流教育的持续创新提供了营养丰富的土壤。

北京的物流高等教育可上溯到 1946 年①,当时的北平铁道管理学院(现在的北京交通大学)为支持抗战胜利后铁路事业的发展,设立了材料管理系。新中国成立之后,该学院的材料管理系改为材料工程系,后被调整到了唐山铁道学院,后又被合并入北京钢铁学院(现在的北京科技大学)材料系,此后因种种原因材料管理系被取消。直到 1954 年,北京铁道学院恢复了材料管理专业,更名为材料技术供应专业。1961 年后,北京矿业学院、北京经济学院、北京机械学院先后开设了物资管理专业,一些中等专业学校也开始培养物流专门人才。北

① 国内物流最早可以上溯到 20 世纪 30 年代初,上海交通大学管理系最先开设了材料课——材料管理专业,但是因条件所限仅办一期而止。

方交通大学(现在的北京交通大学)的材料技术供应专业从1961年开始招收硕士研究生。后因"文化大革命"使得物流教育工作中断。直到1980年以北京经济学院的物资管理系为基础,成立了北京物资学院,设立了储运管理专业,并于1983年开始面向全国招生。1979年,北方交通大学开始招收材料和供应管理本科生,1980年开始招收硕士生,研究方向是采购和储运。1984年,北方交通大学将材料技术供应专业转入了物资管理专业,硕士层面首次改为物流管理工程方向。1996年开始招收物流管理工程方向博士研究生。北京科技大学则是从1984年开始培养物流专业的硕士生,当时物流专业设在冶金机械方向下。1985年开始培养物流工程研究方向硕士研究生,并拥有了全国第一所专门从事物流教育和研究的学术机构。

步入20世纪90年代后,北京物流教育得到快速发展。1993年,国家教委将物资管理专业列入了新修订的本科专业目录,将"仓储运输管理"等专业变为"物流管理"专业,北京商学院(现在的北京工商大学)设立了"物流管理"专业。1993年,北京科技大学设立了"物流工程"专业。专业合并后,在机械工程专业中保留了物流工程方向。该校将"机械工程及自动化"、"热能与动力工程"、"工业工程"和"物流工程"四个专业按"机械类"大类统一招生。2003年在机械工程学院下设置了"物流工程系"。北京物资学院于1994年将储运管理专业更名为物流管理专业。

1998年之前,物流本科教育中的专业设置方向有物资管理、物资经济、材料技术供应、交通运输管理(货运管理)、商业储运管理等;硕士与博士层面的专业设置方向在1996年从物流管理工程方向并入管理科学与工程方向。然而,1998年教育部组织的第四次本科专业目录修订时,取消了物流管理等相关专业。原物资管理专业被并入经济类或管理类专业,如将"物流管理"放到"市场营销"专业中。

21世纪伊始,被称为"第三利润源"的物流业重新受到了广泛重视,相应对物流专业的人才需求快速提升。在中国物流与采购联合会等组织的共同推动下,经教育部批准,北京物资学院恢复了物流管理本科专业,成立了物流系,现已经发展为物流学院。2001年,北方交通大学、北京工商大学、中国人民解放军军事后勤学院先后向教育部、解放军后勤部申请新设物流管理本科专业。物流管理方向硕士研究生和博士生的培养也开始在很多高校展开,研究方向主要集中在产业经济、管理科学与工程、交通运输规划与管理工业工程、企业管理等方向。2002年,北京工商大学和北京交通大学经教育部批准开始设立物流管理专业,同年获批的还有北京物资学院的物流管理第二学士。

截至 2012 年年底，北京的物流教育体系已经形成了以高等教育为主体的博士、硕士、本科、大专、中专层次的学历教育，和各类职业资格培训的非学历教育构成了物流教育架构。目前，北京市开设物流管理与物流工程专业本科层面教育的高等院校有 10 所，开设研究生层面专业教育的高等院校有 13 所。尽管人才培养的规模在不断增大，但是北京物流产业在最近十余年的发展速度，以及未来的发展规模实际上已经向教育机构以及物流企业自身提出了新的要求，即各级各类物流教育机构和物流企业本身，都应成为物流教育工作的参与者和实践者，应共同适应物流产业的发展对于专业人才的异质性、多层次需求，前瞻性地为社会和自身培养和开发物流专业人才。这就需要物流教育机构、物流企业以及行业协会共同推动物流教育事业的发展，形成有利于物流教育事业的大环境。

16.2　物流人才的供、需现状

16.2.1　专业人才的需求

为全面了解北京物流企业对于物流人才的需求现状，本章课题组在 2012 年 4—10 月重点调查了北京的七大物流园区的一百多家物流企业，包括顺义区的北京天竺空港物流基地①，通州区的北京通州马驹桥物流基地②，丰台、大兴、房山三区交界处的北京亿发物流园区③，房山区的北京西南良乡物流园区④，朝阳区的北京物流港⑤，大兴区的北京新神龙丰物流园，以及其他地区的物流企

① 北京空港物流基地于 2002 年经北京市政府批准设立，是航空—公路国际货运枢纽型物流基地。位于北京市临空经济区的核心区。引进包括 TNT、日本邮船、日本住友等 7 家世界 500 强企业以及中外运、近铁、宅急送等 70 家物流企业。

② 北京通州物流基地于 2003 年开工建设，位于北京东南的通州区马驹桥镇，规划面积 5.04 平方公里，是北京市物流发展规划确定的三大物流基地之一。基地集现代物流功能、内陆口岸功能、流通加工功能于一体，为北京市进出货物的集散和大型厂商在环渤海地区、全国采购和分销提供物流平台，定位于公路—海运国际货运枢纽型物流基地。

③ 北京亿发物流园位于大兴区京良路芦求路口，占地面积 80 余万平米。园区紧邻京石高速和 107 国道，是大兴通向市中心的主要交通要道。

④ 北京西南良乡物流基地，位于房山区良乡。周边有京石、京开、六环路等高速公路及 107 国道等主干道，及京原、京周、黄良公路等辅助型公路交织成网。基地周边还有京九、京广、京山、京原等支干线铁路的顺畅连接。

⑤ 北京物流港于 2003 年 2 月动工，由京泰实业集团、香港集团、北京市华远集团、SOHO 中国有限公司联合投资 110 亿元。位于北京市朝阳区十八里店乡，紧邻东南四环，是京津塘高速路的起点，东南为京丰铁路环线，西边是北京市朝阳口岸。总规划范围为 471.28 公顷，总建筑面积 318.28 万平方米。

业,收回有效问卷114份。调查对象包括国有独资企业(12%)、私营企业(65%)、股份制企业(13%)、中外合资企业合作企业(2%)、外商独资企业(8%)。在被调查的企业中,从事铁路运输业的企业占9%,从事公路运输的企业占48%,水上运输业占6%,航空运输业占13%,管道运输业占4%,装卸搬运和其他运输服务业占16%,谷物、棉花等农产品仓储占1%,冷库仓储占3%,集装箱等物流设备租赁占1%。调查对象涵盖范围广泛,因此可以基本上反映北京物流行业的整体现状。

调查结果表明,截至2012年,北京物流企业中人才缺乏的困境并没有得到质的改善(见图16-1)。从学历看,本科以下学历占到了这些企业中从业人员的86.07%,其中初中及以下占27.86%,高中或中专占35.82%,大专占22.39%,而本科占11.94%,硕士研究生占1.49%,博士占0.50%。企业内部,专业技术和管理人员所占比重同样也不高。其中专业技术人员数量不足10人的企业占企业总数的19.16%,管理人员不足10人的企业占企业总数的16.09%。其他情况如图16-2所示。

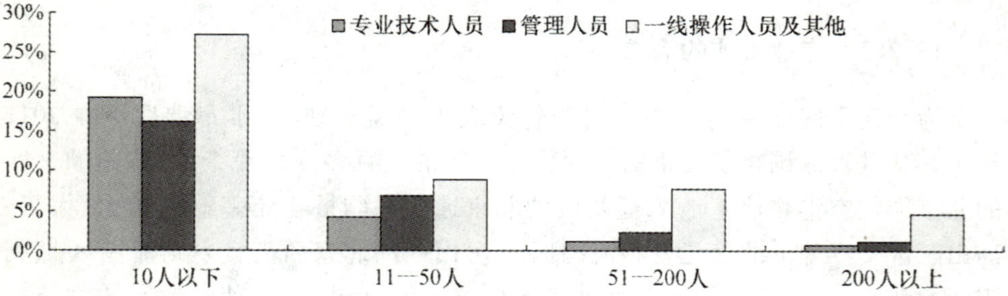

图16-1 企业岗位构成

资料来源:课题组调查数据。

与北京物流业总额快速增长情况不相匹配的状况是,被调查的物流企业在最近三年中,对人员的需求数量并没有快速增长。多数物流企业基本上维持在年均增长1—10人的规模,这类企业占到了所有企业的44.44%。需求规模是11—50人的企业数量占总数量的比重平均是20.56%,合计平均占到了65%。具体情况如图16-2所示。

对于未来人员需求的调查结果表明,这些企业对人员需求并不强烈,有38.33%的企业没有招聘计划,计划招收1—10人的企业占41.67%,计划招收11—50人的企业占35.00%,计划招收51—100人的企业占6.67%,有更大规模的招聘计划的企业仅占到5%。

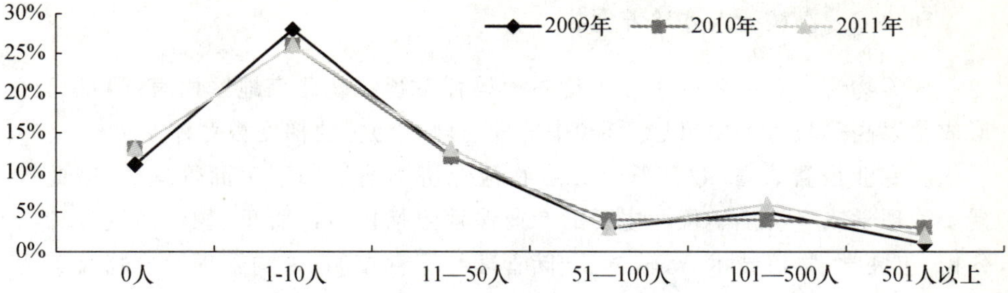

图 16-2　2009—2012 年人员需求数量

资料来源：课题组调查数据。

综合 2009—2012 年的人员需求数量，可以估算出被调查企业的从业人员增长的年均增长速度是 4.81%。如果区分物流企业对于管理、技术以及一般工作人员的招聘需求结构来看，可以发现企业对于开拓业务与拓展新业务的需求比重最高，而因人员流失和其他原因招聘的比重较少，如图 16-3 所示。

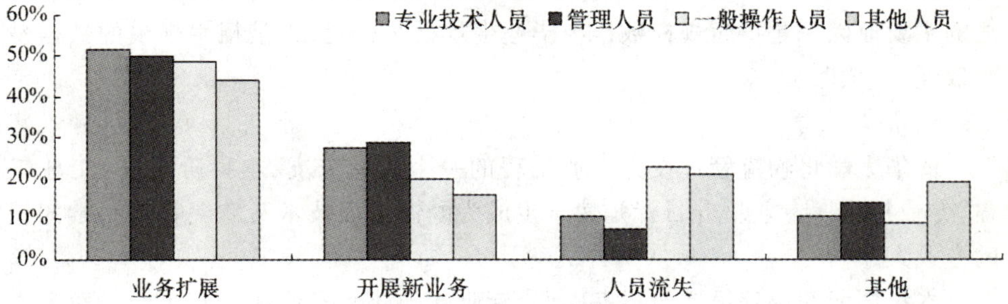

图 16-3　物流企业人才需求领域

资料来源：课题组调查数据。

综上，北京物流产业对从业人员的需求现状呈现四个特点：第一，当前及今后较长一段时间内，北京物流领域最需要的是具备团队合作精神、专业学习和应用能力，能敏锐发现和开拓市场的人才，这在很大程度上是由物流行业的系统性和一体化，以及跨行业、跨部门、跨地域运作的特点所决定的；第二，北京物流业的从业人员增长在短期内依然不会出现快速增长的形势，新增岗位数与物流业的预计增长速度并不一致；第三，物流教育与物流产业对人才的需求并未成功对接，物流学历教育与非学历教育之间衔接滞后，因此也就制约了物流人才市场的潜力，造成了教育资源与企业资源的错配和低效利用。第四，物流教育需要高校、物流企业、行业协会和北京市相关部门的高效配合，才能使教育资源与企业资源实现优化配置，推动物流教育的发展与物流产业的升级。

16.2.2 高校的人才培养现状

培养物流专业人才的主力军是高校教育系统。就北京地区而言，目前已经形成了以高等教育为主、以专科和中等职业教育为辅的梯度教育体系。

从专业设置来看，物流管理或者物流经济学均划归于工商管理类，因此被授予管理学或经济学学位。主要的专业课程包括供应链管理、物流系统设计与分析、包装学、物流技术、运输学、仓储管理与库存控制、采购管理等。物流工程专业属于工科类，授工学学位。主要专业课程包括物流技术、运筹学、计算机辅助设计、系统仿真、传感器及测试技术、电子商务及平台设计等。

（一）本科人才的培养现状

截至2012年年底，北京地区开设物流工程和物流管理本科专业的高校共有十所，下面分别介绍各高校的专业特色、课程设置和人才培养规模以及未来的人才培养趋势。对于未来人才培养规模的估计，均是以每年的招生规模平均数计算，对于新建专业的学校则按照最近的招生规模为预计基础。采用这种方法的主要原因一是招生规模数据与毕业生规模很接近，二是招生规模的数据易获取性。

1. 清华大学

清华大学将物流管理设为工业工程的一个研究分支，本科阶段以“工业工程”专业招生。专业培养目标是使学生成为既懂工程技术又掌握管理科学知识的专业人才。

本科层面的课程设置包括基础课、专业基础课和专业课。专业课分两个方向课组：工业工程方向课组和物流管理方向课组，学生可根据自己的爱好和兴趣任选一个方向课组。部分优秀学生可直接攻读硕士或博士学位。

专业基础课主要包括工业工程概论、工程经济学、制造工程概论、人因工程基础、运筹学、数据结构与算法、数据库原理、管理信息系统、建模与仿真。专业方向限选课中，对于物流管理方向开设的课程包括需求与库存管理、企业生产与物流管理、物流网络系统规划、交通系统规划与控制、服务运作管理、物流装备与信息化等。该校培养的毕业生数学基础好、兼有工程背景又善于综合平衡技术、经济、效率等方面的特长。

该系每年招收两个本科生班，约60名本科学生。现有本科生规模大致是240余人。如果以将来从事物流管理方向的毕业生占全系学生总数50%的比例计算，每年可培养物流管理方向的本科生有30余名。据此预计未来五年内，估计累计可培养物流管理专业本科生150余人。

2. 北京邮电大学

该校是在自动化学院开设了物流工程专业。专业培养目标是使学生能够熟练运用现代物流工程理论、系统规划设计方法和计算机技术,具有物流系统自动化技术知识和物流信息技术知识,具备从事大型物流工程项目规划与设计、实施、管理工作的能力。

设置的专业主干课程包括信息技术、机械制造基础、电路分析基础、模拟电子技术、数字电子技术、运筹学、供应链管理、物流信息系统、系统建模与仿真、物流配送中心设计、物流设施规划与设计、现代物流信息技术、现代邮政技术、C++ 高级语言程序设计、数据库应用基础等。设置电路课程设计、物流软件设计实践、物流信息系统课程设计、机械设计课程设计、物流系统综合课程设计、专业实习等实践教学环节。

从 2008 年开始,该校已经培养物流工程专业的本科生 252 名,目前在校生有 199 人。按此规模,预计在未来五年可累计培养 200 名物流工程专业的本科生。

3. 北京交通大学

该校在培养物流人才方面具有丰厚的积淀。目前已经形成专科、本科、硕士、博士的多层次的教学与研究体系。该校的物流管理专业本科生的培养宗旨是使学生具备扎实的经济和管理理论基础、掌握物流基础理论和基本方法,具备物流管理、规划、设计等较强实务运作能力的懂管理、善经营的现代物流管理人才。

主要课程包括运筹学、ERP 理论与实践、供应链管理、物流成本管理、物流系统分析、采购学、物流系统模拟、仓储管理、运输管理、物流信息管理等课程,并安排专业实习环节。

该校 2008—2011 年物流管理专业的招生规模年均 60 人,现有 240 余名学生。预计五年间学校为社会培养的物流管理专业本科生累计约 300 余人。

4. 北京科技大学

北京科技大学于 2003 年在机械工程学院下设置了"物流工程系",培养目标是使学生具备现代工业工程和系统管理方面的知识和能力,能够从事生产、经营、服务等管理系统的规划、设计、评价和创新等工作。主要课程包括物流学、配送与配送中心、现代生产管理、系统建模仿真、设施规划与设计、物流装备及控制、供应链管理、物流信息系统等。

现在,该校的培养方式是先将"机械工程及自动化"、"热能与动力工程"、"工业工程"和"物流工程"四个专业按"机械类"统一招生,学生入学后实行宽口径培养模式，一年半后再根据人才市场的需求和本人志愿进入不同的专业学习。

学校在2005—2012年，年均招生53人，目前在校生约198人。以目前的专业人才培养规模，预计未来五年内将累计培养物流工程专业本科生260余人。

5. 北京物资学院

该校目前已经形成了专科、本科、硕士三个层次的教学和研究体系。开设了物流管理与物流工程两个专业。物流管理专业的培养目标是使学生掌握物流系统化的理论和方法，能从事商业企业物流管理、制造业物流管理、物流企业管理的应用型人才。主干课程包括线性规划与运筹、物流学、物流系统论、信息系统管理、运输经济与运输管理、配送中心规划与运营、供应链管理、采购战略与库存控制等。

物流工程专业的培养目标是使学生具备物流系统优化设计和工程技术应用能力，能从事物流信息技术集成、物流系统集成与仿真、物流资源优化配置等现代物流工程方面的工作。主要专业课程包括物流工程、布局规划与设计、系统集成与仿真、信息系统管理、自动化仓库规划与设计、交通运输规划及分析、物流装备、物流软件及应用、采购战略与库存控制、仓储规划与管理、包装工程与技术。

自1994年，北京物资学院已经向社会输送了物流管理专业本科生共有1 584人，物流工程专业本科生310人。截至2012年年底，在校生中物流管理专业有421人，物流工程专业学生有241人，合计有663人。如果按学校每年培养物流管理专业105人和物流工程专业60人的规模预计，未来五年学校将为社会分别输送物流管理专业毕业生575名，物流工程专业毕业生300名。

6. 北京工商大学

该校开设的是物流管理专业。专业培养目标是使学生成为从事物流业务管理、进行企业物流系统规划设计、评价与选择物流技术方案、从事物流科学研究的复合性应用型物流专业人才。

主干课程包括运筹学、物流战略与运作管理、电子商务与现代物流、流通技术与方法、连锁经营与配送、物流设施设备、物流信息系统分析与设计、供应链管理等。

北京工商大学现有物流管理专业本科生280余名，2012年物流管理专业本科毕业生达70余名。该校从2009年起开始按照工商管理的大类招生，每年的规模在70—80名。在未来五年，预计累计为社会培养本科生370余名。

7. 首都经济贸易大学

首都经济贸易大学是在工商管理学院开设了物流管理专业。培养目标是使学生具备经济、管理、法律等方面的基础知识，掌握现代物流管理理论与方法，成为具有物流实务运作能力的复合型物流管理人才。

专业主干课程有管理信息系统、运筹学、商品学、运营管理、物流管理概论、仓储与配送管理、运输管理、供应链管理、物流系统规划与设计、物流设施与设备管理。

目前是按工商管理学科大类招生。2012 年在北京招收物流管理专业 117 人，京外招生 110 人，合计是 227 人。预计该校在未来五年累计培养的物流管理毕业生达 1 130 余人。

8. 对外经济贸易大学

该校是在国际经济贸易学院的国际运输与物流学系，为经济学专业学生开设了国际运输与物流方向，实际上属于物流管理专业。专业培养目标是使学生掌握国际运输的基本理论框架、操作技能和先进物流系统管理技术，获取从事物流运输、物流产业经营和大型企业集团物流规划的专门技能，成为掌握国际运输的基本理论和基本技能，能从事国际物流操作的人才。主要特点在于使学生掌握海、陆、空运和多式联运等具体操作环节，熟悉国际物流操作。

主要专业课程包括国际运输与物流管理、国际海上运输、采购学原理、运输经济学、国际陆空运输、海上保险、仓储管理、生产管理、供应链管理、国际经济学等。充分体现了传统国际服务贸易与现代商业模式相结合的特点。

自 2010 年以来，该校招生规模维持在每年 40 人左右。现在校学生为 150 人左右。预计未来五年可累计培养 200 名物流管理专业的本科生。

9. 北京联合大学

该校开设了物流工程和物流管理两个专业，分别是在自动化学院和商务学院的市场营销专业中开设国际物流管理方向。

物流工程专业的培养目标是使学生掌握工程科学和管理科学的基础理论知识和良好的计算机和外语能力，掌握现代物流专业知识，成为在物流领域具有较强的适应能力和可持续发展能力的高素质应用型人才。主干课程有运筹学、供应链管理、计算机软件技术基础、控制工程基础、交通运输学、物流工程、物流管理信息系统、条码与射频技术、物流装备自动控制技术、物流仓储规划与管理、物流运输与配送规划等。

国际物流管理方向的培养目标是使学生具备现代市场营销学、管理学、国际贸易、现代物流管理理论与实务知识，掌握相关产品生产与检测技术，具有一定的计算机网络知识及网站运作、网页设计能力，成为能在工商企业、进出口贸易公司、国际物流企业从事市场营销管理与策划、网络营销与策划、国际贸易、现代物流管理的高级应用型人才。主要课程有物流与供应链管理、国际物流管理、物流信息系统分析与设计、现代物流技术、电子商务与物流管理、市场调查与预测、网络营销等。

该校每年招生规模都有不同程度的变动，按最近两年学校招生平均规模 50 人估计，在未来五年中，可累计培养物流工程专业本科毕业生 250 人左右，市场营销专业国际物流管理方向毕业生 150 名左右。

10. 北京邮电大学世纪学院

北京邮电大学世纪学院于 2005 年成立，是北京邮电大学与锡华未来教育实业股份有限公司合作举办的全日制本科普通高校。设立有物流工程专业，培养目标是使学生掌握物流工程的基本理论，具备物流中心规划与设计、物流信息系统的开发与应用以及物流运营管理与技术管理的能力，将来可为物流企业、制造企业、电子商务企业以及政府机关部门、科研院所等企事业单位提供物流技术与管理服务。

该校的物流工程专业是按制造业、流通业、运输业、第三方物流企业和政府部门等不同的方向培养高级技术人才，包括物流规划设计、采购管理、现代立体仓库管理、供应链管理、信息系统管理、物流系统仿真、物流设备管理、物流成本控制等。

该校近四年的招生规模约 60 人，预计未来五年可累计为社会输送物流工程专业本科毕业生 300 余人。

综上数据，可以统计出，截至 2012 年年底，北京市高校中的物流管理本科专业在校生规模是 1 830 余名，物流工程专业本科生在校生规模是 680 余名，合计是 2 510 余名。初步预计未来五年高校可为社会累计培养物流管理本科生 2 300 余名，物流工程专业本科生 800 余名，总计 3 100 余名。实际上，这只是保守估计，因为没有考虑到本科生攻读硕士学位的情况。同样，在估计硕士生培养规模时同样也存在这个问题。但可以肯定的是，以上结果高估了北京市物流高等教育在不同层次物流人才的培养规模。

（二）硕士研究生物流教育

与物流本科教育规模快速增长形成对比的是物流专业硕士和博士的培养在稳步推进。目前北京地区已经有 13 所高校可以培养物流管理和物流工程专业或方向的硕士生。从今后的发展趋势来看，物流管理与物流工程专业的研究生培养规模将不断扩大。那么，为了初步估计未来五年的高级人才的培养规模,我们采取相对保守的估计方法,按近一年的招生规模来预估。

1. 清华大学

清华大学是在“管理科学与工程”一级学科下,设立了“物流工程与管理”研究生培养二级学科,招收物流工程专业硕士生。实行学分制和本、硕贯通培养,大多数学生在六年半左右的时间内完成学士和硕士学位。其中一部分优秀学生可直接攻读博士学位。

2013 年物流工程招收硕士生 6 人,按此规模今后五年可累计培养 30 余人。

2. 北京交通大学

该校的经济管理学院招收物流工程专业硕士生,2013 年拟招收 25 人,研究方向有物流管理工程、物流系统规划与设计、供应链管理与现代物流。经济管理学院的物流管理与工程专业拟于 2013 年招收 33 人。研究方向有物流与供应链管理、综合物流工程、物流信息管理三个。交通运输学院 2013 年拟招收物流工程专业硕士生 18 人,交通运输学院招收的物流工程专业不区分研究方向。按此规模,预计未来五年将累计培养物流工程专业硕士生 215 人,物流管理与工程专业硕士生 165 人。

3. 北京理工大学

该校的管理与经济学院招收物流工程专业硕士生,但不区分研究方向。学校拟于 2013 年招收 15 人。按此规模,未来五年可累计培养物流工程专业硕士生 75 人。

4. 北京工商大学

该校的计算机与信息工程学院培养物流工程硕士生,研究方向包括智能物流和供应链管理,两个方向分别招收 10 名学生。按此规模,未来五年可累计培养物流工程专业硕士生 100 人。

北京工商大学还开设了 MBA 项目,设有物流管理、财务与投资、会计与审计、企业管理、市场营销、金融与保险、创业投资与创业、项目管理等方向。

5. 北京邮电大学

该校的自动化学院设有物流工程专业硕士点。研究方向有物流设备及自动化、物流信息系统和物流系统规划、供应链系统仿真及控制、运输系统规划、供应链金融、物流信息系统及设备自动化、物联网技术与物流信息化、电子商务、嵌入式系统与测控网络、测控系统与控制网络、物联网技术及其在自动化物流系统中的应用、物流信息系统和物流系统规划、供应链管理、物流工程系统分析与仿真。

2013 年物流工程专业硕士点招生规模在 18 人左右。预计未来五年可累计培养物流工程专业硕士生90人左右。

6. 北京外国语大学

该校的国际商学院培养物流与供应链管理专业的硕士生,不分研究方向。2013年招收5名学生。按此规模,未来五年可累计培养物流工程专业硕士生25人。

7. 中国矿业大学(北京)

该校的管理学院培养物流工程专业硕士生,但不区分研究方向。2013年招收10名学生。按此规模,未来五年可累计培养物流工程专业硕士生50人左右。

8. 北京科技大学

在管理科学与工程学科下设"物流工程"硕士点和"物流工程"博士点。物流工程硕士点设有物流系统分析与仿真、物流系统规划、物流信息管理、物流技术及自动化、供应链管理及应用、配送与配送中心、物流信息采集与监控技术、物流信息技术,图像处理与模式识别和物流系统优化十个研究方向。

物流工程专业拟于2013年招收物流工程专业32人。按此规模,未来五年可累计培养物流工程专业硕士生160人左右。

9. 北京物资学院

该校是从1986年招收硕士研究生。目前设有物流工程和物流管理硕士学位授权点。物流工程硕士专业的研究方向包括物流信息技术、物流金融工程。

2003—2010年,学校累计培养企业管理(物流管理方向)的硕士生达125名,管理科学与工程(物流工程方向)的学生185名,物流工程专业学位毕业生40名。按照近两年招生规模平均数16人估计,未来五年累计可培养物流管理方向硕士生80余人,而管理科学与工程(物流工程方向)可达120余人,物流工程专业学位毕业生100余人。

10. 北京印刷学院

该校的信息与机电工程学院培养物流工程专业硕士生,研究方向包括物流自动化技术与装备、物流系统安全与信息化和物流系统规划与仿真。2013年拟招收7名硕士生。按此规模,未来五年可累计培养物流工程专业硕士生35人左右。

11. 北京建筑工程学院

该校的物流工程硕士点于2010年获批。现分别在机电与汽车工程学院和经济与管理学院开设有物流工程专业。

机电与汽车工程学院设置了6个研究方向,学科培养特点是以建筑工程、机电工程和管理科学为学科基础，以企业物流管理与运作、供应链管理、物流产品研制与运用、物流信息系统、物流设施、物流系统的运输管理与优化、物流系统的优化为专业主干，依托先进生产制造过程仿真系统、物流仿真系统、物流实践基地、建筑业和机电行业，形成自身的特色。2013 年招收 5 名物流工程专业学生，工业工程专业招收 6 名学生，其中设有先进物流系统研究的研究方向。

经济与管理工程学院的学科培养特点是以物流系统为研究对象，研究物流系统的规划设计与资源配置、物流运作过程的控制、经营和管理的工程领域。2013 年招收物流工程专业学生 3 名(研究方向分别是建筑企业物流管理和物流工程设计)。招收工商管理专业学生 19 名，其中开设有物流与信息管理研究方向。

综合以上信息，按照 2013 年的物流工程专业招收 8 名学生的规模，以及从事物流研究方向 3 名的规模，未定五年学校可累计培养物流工程专业学生 40 名，相关研究方向的学生 15 名。

12. 华北电力大学

该校开设供应链管理和物流工程与管理研究方向，设在经济与管理学院。

培养方式是按照管理科学与工程的大类招生。2013 年拟招生总数是 28 人。在工商管理专业下开设现代物流管理研究方向，2013 年工商管理按大类招生是 90 人。该专业设有 6 个研究方向，预计未来五年累计可培养 70 余名物流管理研究方向的硕士生。

该校的物流工程专业的学术型硕士设有四个研究方向，物流系统规划与设计、物流系统优化与信息化，以及物流系统建模与仿真。2011 年招生 8 人，2012 年招收硕士生 10 人。2013 招 12 人。如按照 2013 年的招生规模，未来五年累计培养物流工程专业研究生 60 余人。

13. 北京信息科技大学

该校是由原北京机械工业学院和原北京信息工程学院两所全日制普通高等学校合并组建。学校的信息管理学院培养物流工程专业硕士生，设有物流系统工程、物流系统规划与设计以及先进制造技术与物流管理三个研究方向。

该校的招生规模在逐年增加。2011 年招收物流 8 人，2012 年招收计划 8 人，2013 年拟招收 15 名学生。如果按 2013 年的招生规模，预计今后五年将累计培养 75 名物流工程专业的硕士生。

截至 2012 年年底，北京地区的各所高校将培养物流管理和物流工程以及管理科学与工程(物流工程)专业的硕士生总体规模达到 870 余人，预计今后五年可以累计社会培养 1 460 余名硕士毕业生。因此，预计未来五年内北京地区的所有高校将累计为社会培养物流专业的本科生和硕士生6 000余名。[①]

（三）博士生培养

截至2012年12月，北京地区共有4所高校可以培养物流专业或物流管理方向的博士生。

清华大学在是在工业工程系招收管理科学与工程专业（运筹学与物流管理方向）博士生，2011年只公开招收了1名，2012年和2013年均未公开招收博士生。

北京交通大学的经济管理学院在2013年拟招收8名左右的物流管理与工程专业博士生，信息管理专业（物流信息化与电子商务方向）拟招收1名博士生。该校的交通运输学院拟招收55名博士生，由于4个专业及其13个研究方向几乎都与物流有着内在的密切联系，故可以将这些专业均归为物流专业。预计未来五年可以累计培养200余名物流专业的博士生。

北京科技大学2013年招收物流工程专业博士生5名，管理科学与工程专业（物流管理和绿色物流与供应链管理方向）各1人。研究方向有物流系统分析与仿真、复杂网络理论及应用、物流信息系统规划与设计和企业物流管理。未来五年预计的培养规模会在30人左右。

北京理工大学的机械与车辆学院2013年招收载运工具运用工程专业运输安全与现代物流方向的博士生，按照15个研究方向共招生82名学生来看，平均估计将招收5名该方向的博士生。未来五年预计累计培养30余人。

显然，目前物流专业的博士研究生培养规模处于相对稳定的状态，预计今后五年这四所高校可累计培养260余名博士生。

16.2.3 研究中心与实验室建设现状

北京地区目前开设物流专业教育的十几所高校，不仅承担了物流专业人才培养的重任，还承担了国家和北京市物流科研工作，各校都先后建立了专业的物流研究机构，这些研究机构成为物流理论研究、物流教学实践的开展、物流信息发布及物流科研成果转化的中心。如清华大学物流研究中心、北京物资学院的物流研究中心、对外经济贸易大学大田物流研究中心、北京科技大学物流研究所，铁道部、中国物资总公司与北京交通大学于1986年成立的北京交通大学物流研究中心，主要从事物流学的教学与科研工作，也是我国第一个具有物流学博士学位授予权的专业学术单位。2001年经国家教育部批准成立博士后流

① 同上，如果我们考虑本科生考取硕士和硕士考取博士的情况，这一数据存在一定程度的高估。

动站，目前正积极进行着博士后流动站的建设工作。

同时，许多高校为提高教学质量，向社会输送理论知识丰富、操作能力强的复合型人才，大力推进了实验室建设的工作。清华大学物流系统实验室主要用于培养学生运用所学运筹学知识和一系列建模仿真手段，对复杂的物流系统进行设施规划、设计、过程优化以及流程管理的实际能力。主要硬件设备有自动化立体仓库、电子标签分拣中心、混流组装线、RFID 等，主要软件有仓储管理系统、分拣作业管理系统、自动化立体仓库管理系统、制造执行系统、物流网络平台等管理软件。该实验室能够模拟现代生产型企业在产品的生产、存储、运输和销售过程的一般情况。为了培养学生关于现代物流系统实践操作的知识和技能，物流系统实验室的整体结构布局包括四个主要组成部分：混流组装线、自动化立体仓库系统、分拣中心及网络平台。物流系统实验室的建设和实验的设计与开发富有创新性，许多工作具有独创性，对训练学生的动手能力和从事物流管理的决策能力发挥着重要的作用。

北京交通大学拥有综合物流工程实验室和铁道部重点实验室——交通运输系统模拟实验室。

北京工商大学与络捷斯科技发展有限公司达成合作协议，共同建设物流专业教学实验室。北京科技大学建设了"数字化企业及仿真实验室"、"物流信息采集和跟踪实验室"、"配送中心实验室"。

北京物资学院于 1999 年成立了北京市物流系统与技术重点实验室，2001 年被北京市教委和北京市科委联合评定为北京市级重点实验室，是国内首家以物流为背景的省部级重点实验室。实验室结合现代物流产业和首都发展需要，定位成为"国内领先、国际知名的综合性的物流教学、科研和社会服务中心"，打造成为物流新产品新技术研发、应用和推广中心、物流规划设计咨询中心、物流人才培养中心。目前已经建设成为国内规模最大的综合性物流实验室。实验室目前拥有实验场地 3 000 余平方米，实验设备总资产 3 000 余万元，拥有自动化立体仓库、AGV 等一大批高端大型物流设备，形成包括智能化、自动化、机械化、手工化等在内的综合性软硬件测试平台，可以为企业提供全方位的物流系统规划、设计、仿真、优化以及实施服务。

北京建筑工程学院建有物流工程实验室、物流系统仿真实验室、供应链仿真实验室、物流企业模型实验室、交通工程实验室等。

这些高校的实验室建设为北京物流教育的教学和科研工作提供了良好的实验及研发环境，发挥了较好的社会与经济效益。

16.2.4 继续教育与在职培训现状

北京物流教育的一个不可或缺的部分是继续教育。目前,北京许多院校开展了物流专业的继续教育工作。如北京物资学院继续教育学院已经成立二十多年,引进了中国物流与采购联合会主办的物流师资格认证培训,国际贸易中心(International Trade Center,ITC,是联合国贸易与发展大会(UNCTAD)和世界贸易组织(WTO)联合设置的机构)主办、中国物流与采购联合会承办的 ITC 采购与供应链管理国际资格(注册采购师)认证培训。

此外,中央财经大学继续教育学院、北京交通大学远程与继续教育学院、北京现代职业技术学院、北京京北职业技术学院、北京锡华国际经贸职业学院开设了物流管理专业。北京北大方正软件技术学院开设了工商企业管理(国际物流管理)专业。

在资格教育培训方面,北京的物流教育也已取得阶段性成果。如中国物流与采购联合会的物流师资格培训,全国物流标准化技术委员会和中国物流与采购联合会共同组织的培训认证工作在北京取得了显著的成就。①

现在,北京共有 17 家单位成为物流师培训中心,包括北京恒信高科管理科学研究院、北京市物资贸易职工学院、北京物资学院继续教育学院、北京中关村学院、中国铁道建筑总公司北京培训中心、北京市经济管理干部学院房山分院、中国水利电力物资流通协会、中国物资储运协会、博瑞管理人才培训学校、汽车物流分会、北京浩天亮物流信息咨询中心、北京睿博远景管理顾问有限公司、北京中怡通应急物流发展中心、中国石油企业协会、北京航空航天大学教育培训学院、北京瑞博文化交流中心韩国事务所、北京吉利大学(物流学院)②。同时,有 5 家单位成为全国注册采购师/ITC 培训中心,分别是北京航空航天大学教育培训学院、北京财经管理高级培训中心、北京恒信高科管理科学研究院、北京市华孚经济教育培训学校和北京物资学院继续教育学院。

物流教育中一个不可或缺的构成部分是物流企业提供的在职培训。这种形式的物流教育可以根据不同岗位的具体要求提供非常有针对性的培训,主要表现为不同层次和不同类别的物流培训,培训的效果显著,在发达国家非常受重视。然而我们的实地调查结果表明,目前多数物流企业对于物流教育并未给予足够的支持。前期的实地调查结果显示,仅有 29.41% 的企业非常重视,有

---

① 贺登才,《回首十年:2001—2011 年〈中国物流发展报告〉综述》,中国物资出版社,2011。

② http://search.clpp.org.cn/cxdtxs.asp? dq = 北京。

36.27% 的企业比较重视，有 25.49% 的企业属于一般重视，有 5.88% 的企业不重视，有 2.94% 的企业属于很不重视。这是态度方面的结果，体现企业对教育真正落实的制度建设方面，更反映出企业的物流教育质量。数据显示，被调查企业中，仅有 57.28% 的公司建立了正式培训制度，有 29.13% 的企业没有建立，13.59% 的企业拟建立培训制度。

物流教育投资方面，可以真实反映物流企业对于物流教育的支持程度。上述的调查结果显示，2009—2011 年的培训经费在 1 万元以下的企业平均占 35.19%，2 万—20 万元的平均占 38.89%，21 万—50 万元的平均占 12.96%，51 万—200 万元的占 12.96%，200 万元以上投入没有。具体的培训对象，主要是新员工，所占的比重是 35.04%，其次是基层管理人员，占 18.80%，再次是中高层管理人员 15.81%，普通员工占 15.81%，最后是专业技术人员，占 14.53%。从培训的方式来看，师带徒或日常工作指导方式所占的比重最高，是 20.60%；其次是内部讲师的主题内训，占 19.85%；组织员工在线学习，占 11.99%；员工自学，占 11.99%；外聘讲师主题内部培训，占 11.61%；外派学习，占 10.86%；外派参观考察交流，占 6.74%；邀请专家提供咨询式培训，占 5.24%；其他占 1.12%。

16.3　物流人才发展新趋势及北京物流教育发展对策

目前北京物流产业中人才相对不足的主要原因可从三个方面讨论，一是教育机构本身，二是物流企业，三是二者的联系机制的完善程度。

（一）教育机构的视角

北京物流教育虽然具备了一定的基础条件，但是真正取得实质性的推进，也只是在近十年北京的物流业在同期的迅速增长的背景下才有所突破。一些高校为适应物流市场对于人才的迫切需要，开始设立物流管理或物流工程等相关专业或者专业方向。然而，囿于高校师资规模和学校其他硬件资源的短缺，实际上并不能在短期内缓解北京物流产业对于专业人才的需求压力。同时，因为许多高校缺乏对物流专业人才需求的微观市场调查，导致了以下三个结果：一是物流专业人才培养目标不明确，盲目性大，对于人才的分层次培养模式没有体现出来；二是导致课程结构设置滞后于物流行业对于人才知识结构的实际需求，学生的知识结构也不适应现代物流业发展的需要，难以真正满足我国当前物流专业的人才需求；三是各校在物流专业教材的选用上不统一，有些课程甚至没有教材。

同时,由于非学历教育的运行机制尚不健全,表现为培训机构的操作欠规范、培训质量不高。更突出的问题是部分经国家有关部门批准的培训机构在管理上有待进一步规范,包括培训与认证的资质、专业师资、教学大纲和教材,以及相应的认证管理。

(二) 物流企业的视角

我们的实地调查结果还表明,绝大多数的物流企业并没有积极主动地与高校构建有效的人才培养合作或者产学研三位一体的合作机制。

物流企业对员工的在职培训投入相对偏低,主要是出于降低人才流动造成企业培训投资会损失的考虑。这也直接导致了教育资源和企业资源的闲置与浪费。

在绝大多数物流企业都不愿意在在职培训方面投入更多财力和精力的情况下,必然造成物流企业整体培训投入偏低的状况,很大程度上制约着物流教育质量的有效提升。

同时,北京物流产业的快速增长对于专业人才的需求压力日益增加,人才供需矛盾日益加剧。于是对物流专业的高等学历教育施加了无法承受之重,扭曲了教育资源的配置。

(三) 教育机构与物流企业的动态联系机制

物流专业人才的培养,是一个系统过程,高等教育机构与物流产业是这一系统中的两个重要环节。从目前来看,一个迫切而现实的任务是打通这两个环节的沟通渠道,即由高等教育机构、物流企业和行业协会单位的角度来看,是实践性教学环节的缺位、实验室建设和物流实习基地建设的滞后。这就在很大程度上降低了物流专业毕业生的理论水平和实际操作能力。企业方面由于人才的流动性高以及业务发展的预期不稳定,在与高等院校合作培养人才方面的投入相对不足,行业协会发挥企业与高校之间沟通方面的潜力尚未充分发挥出来。

16.3.1 物流人才发展新趋势

(一) 综合和专业化趋势

物流系统的七大功能——运输、仓储、装卸搬运、流通加工、包装、信息处理和配送决定了物流产业的综合性特征与趋势,决定了物流领域的专业人才要具备更加广泛的知识。在全球化趋势和北京成为国际大都市的背景下,物流的领域将会进一步拓展，涵盖物流规划与建筑、库存控制与管理、物流中心配送中心运作、运输组织、配送规划与调度、供应链物流管理、电子商务物流管理、物流信息管理、物流作业机械化与自动化、货物维护与保管、商品检验、国际运输、包装与集装、货物通关与保险业务等。因此，物流领域物流人才的综合素质要求将日益提升。

这一趋势要求物流教育单位将来需要在“宽口径、厚基础”上着力，使受教育者成为基础知识扎实、适应面广的物流管理专业人才。相应要求物流专业的课程体系要逐渐形成一个有机整体，课程内容将依据不同的培养要求而设置。

同时，由于物流业务与技术跨度将随着业务范围的拓展而拓展，以及专业人才本身的知识结构与学习能力所限，人才的培训也应注重专业化的分工。从教育的层面讲，就是要在确定培养人才层次和业务领域的基础上，选定一定的专业范围作为培养目标，才能更有效率。

（二）信息化

信息化对于包括物流行业在内的所有行业已经产生了前所未有的影响。物流的信息化、网络化和社会化是现代物流的发展趋势。目前，基于互联网的GIS、GPS技术在现代物流及供应链管理领域有着广阔的应用前景，对于物流企业优化资源配置、提高市场竞争力，存在着重要的作用。物流行业的信息化工作中，主要的信息技术种类有信息采集类技术，如条码、射频等，以及信息传输方面的技术，如早期的EDI以及近期的互联网和丰富的管理软件。正是这些信息技术在物流产业的应用，很大程度上推动了北京物流的发展。尤其是EDI的运用与专家系统的利用。①

同时，电子商务将成为物流业发展的重要趋势。新兴的电子物流已把其服务覆盖面延伸至北京乃至全国各地，以较短周期的运作满足客户的需求。因此，北京物流业亟需加速推广电子商务的进程，实现物流业的跳跃性发展。

（三）国际化趋势

在世界经济市场化、市场一体化、竞争国际化的背景下，物流的国际化发展趋势已不可逆转，北京物流业的国际化进程也必然将加速推进。这种趋势要求

① EDI是计算机之间不需要任何书面信息媒介或人力介入的一种构造化、标准化的信息传递方法，这种信息传递不仅提高了传递效率和信息的正确性，而且带来了交易方式的变革，为物流纵深化发展带来了契机。专家系统的推广也为物流管理提高了整体效果。现代物流为了保障效率和效果，一方面通过POS系统、条形码、EDI等收集、传递信息，另一方面利用专家系统使物流战略决策实现最优化，从而共同实现商品附加价值。现代物流是以物流企业为主，以运输和信息为平台，涉及生产、流通和消费全过程的现代化供应链管理系统。

未来物流教育必然注重国际化的内容,引进先进的物流管理理念和系统的教育体系。

我们必须注意,北京的物流业有其自身的发展背景和特色化的发展路径,完全照搬西方已经成熟的教育体系势必走向教条化,反而会制约北京物流产业的发展。因此,北京的物流教育要重视"国际化"与"本土化"的有机结合。

16.3.2 北京发展物流教育的对策

(一)物流教育体系建设

物流教育的体系建设是一个战略性问题,物流产业中人才的结构应呈金字塔形,就是构建与完善包括中等职业教育、专科教育、本科教育和研究生教育的多层次的完整体系。

国外的成熟经验可以为北京的物流教育提供有益的借鉴。以美国为例,已建立了包括本科生、研究生在内的多层次物流专业体系。美国麻省理工学院斯隆学院(MIT Sloan School of Management)、密歇根州立大学(Michigan State University)、迈阿密大学(University of Miami)、西北大学(Northwestern University)等50多所大学开设了物流管理或者供应链管理专业,且学士、硕士、博士学位设置齐全。2000年欧洲物流协会(European Logistics Association)[①]公布,在欧洲共有87所大学开展物流高等教育。德国科隆大学、英国克兰菲尔德商学院、瑞典斯德哥尔摩经济学院、日本早稻田大学、日本流通经济大学、新加坡国立大学等开设了物流管理本科专业。

从物流教育的对象看,既包括在基层从事基础性工作——运输、仓储、装卸搬运、流通加工、包装、信息处理和配送等体力要求更多的事务性工作的人员,也包括在中层从事管理工作的专业人才,更有在高层负责战略规划的高端专业人才。对于基层人员的培训与教育,主要可以由中等和高等职业教育机构来承担,以及企业内部的培训来完成。这一层面的物流教育相对容易,可以在短期内根据行业发展的需要提供足够的供给。对于高层专业人员的培养,则需要高等教育机构和企业相应的在职锻炼与高级培训共同推动。由于高端人才成长的特殊性,这是单纯的高等教育机构所无法完成的,更重要的环节是在企业层面的内部长期历练,并配合企业内部的继任计划。因此,从物流教育的角度来

① 欧洲物流协会(European Logistics Association, ELA)成立于20世纪80年代,是欧洲历史最悠久、规模最庞大、理念最先进和最具权威性的物流机构联盟。由30多个国家级物流协会组成,会员几乎覆盖了整个欧洲大陆,http://www.elalog.org/。

讲,需要物流产业一个长期的发展过程。对于物流企业中的中层专业人才,主要是由高等教育机构来和后续的企业培训来承担。这是最现实和有效的人才培训途径,这一层面的物流教育有着承上启下的重要作用。

因此,北京物流教育的发展重点不应只放在高等物流专业教育层面,在中高职物流教育中更需要加大力度。既可以在中长期内缓解物流人才的供给相对不足,也可以为高端人才培养建立后备人才库。

此外,政府应当鼓励和允许各高等院校按照市场对人才的需要,引导组织民办教育机构,进一步拓展多层次的物流人才培养与教育工作。积极鼓励各所高校结合本身的特点探索物流专业的课程设置和学生的培养问题。同时,推行物流从业人员的资格管理制度。

(二)联合办学

物流工程、物流管理都是科学性和实践性非常强的专业,要求有现代化的物流实验室,对物流实践非常熟悉的教师,企业指导人员以及学生的实践过程。这些条件可以保证学生有更多的机会在物流企业得到初步的实践,更好地理解物流运行原理,同时能够成为物流管理的操作人员,在实践中成长为熟练的物流工程人员。德国在这方面的教育体系最为突出。德国所实施的是双元制职业教育[①]。如德国巴符州州立合作教育大学乐哈克分校,学生在毕业前一年,不但要准备正规的学术性毕业论文,而且要有半年以上的到企业单位的物流岗位实习,最终要提交实践报告。

日渐发展成为国际型大都市的首都北京完全可以走出一条发展物流教育的创新之路,形成由物流企业、中高等院校、行业协会共同组织、政府以及相关部门形成的多种形式的培养模式,如果这种模式能够成功,将为其他城市的物流教育和创新起到一个示范作用,

物流实验室虽然在一些高校中建立起来,但是要真正发挥实验室的作用,需要在教学中灵活运用导向式的问题设计与实验检验,避免闭门造车或搞"教绩工程"。成熟的实验室建设应该能够培养学生的专业敏感性。这种专业敏感性一旦建立起来,很可能就会使学生在物流专业发展的道路上打通第一个关键环节——兴趣的培养。一个可行的方法是一年级新生就开始实践课导师制,开始培养他们的社会实践,进入高年级后再提供难度更大的专业实践和毕业实

① 双元制职业教育,是指一元在企业、一元在学校;培训时间为企业每周3—4天,职业学校每周1—2天。总共校企学习时间为2.5—3年,实习生享受国家的实习津贴,可以满足其基本的生活费。每年大约有占同龄人数2/3的初、高中毕业生接受"双元制"职业教育。

习，使学生得到系统的专业培养。

由物流企业与高校以及协会组织的校外实践基地，则可以根据企业面临的实际专业问题，使学生更深入地理解物流企业的基本流程和运行特点，为学生提供丰富的、鲜活的案例教学素材，进一步培养学生的专业敏感性。而现代高校的多媒体技术和视频网络技术等现代化教学手段，使企业与高校理论教学的结合也更为有效，也在更高的层次上实现了校企之间的紧密结合。

从企业的角度，可以构建起专业人才的人才库或者广泛的社会联系渠道。从高校的角度，可以提升学生的学习兴趣，有利于教学工作的推进，教学相长。同时，高校教师可以介入企业实务来提升自己的感性认识以及理论理解，无论是对科研还是对教学都会产生潜移默化的效应，企业也可以通过高校的科研优势解决面临的现实问题或是提供理论支持。

这种结合更重要的方面在于为高校和物流企业反馈第一手的人才的供求信息，构建人才信息库。而行业协会，如中国物流采购与联合会可以发挥非常重要的桥梁作用。人才信息库的更新频率可以随着工作的全面展开逐渐增加，从年度报告到半年度报告、季度报告和月度报告。鉴于物流企业规模不等，从事的业务类型繁多，对于人员的数量要求和资质要求异质性大、时间性强，因此及时获得企业所需要的人员信息非常必要。对于从事物流教育的单位而言，在短期内可以为学生提供最有价值的用人信息，提升就业率。而且，可以借助于这个信息平台的历史及相关数据，分析影响物流人才需求总量和结构的各种影响因素，从而预测未来的人才需求趋势，以前瞻性地制定符合物流行业发展的人才培养计划。这是目前国内物流行业在物流教育方面亟需建立的一项工作。

（三）专业培养目标和课程设置

物流行业本身发展的特色决定了专业人才的素质结构，适应这一趋势的教育方向就是向“宽口径、厚基础”的方向着力。实际上，包括北京地区高校在内的全国许多院校在招收本科生时，已经开始淡化专业教育，往往是对相近专业的学科按照大类来招生，在高年级时再分专业，以适应物流行业对于人才需求的多样化要求。

物流课程的体系应向综合化和信息化方向发展，专业课程设置要有前瞻性，并根据不同层次的培养目标，相应设立具体可行的培养方案。具体到本科人才的培养方案及课程体系，就主要突出理论与实践相结合，在基础课、专业基础课、专业课以及实践课的结构上有阶梯性，使学生具有扎实的专业理论基础和必要的实践基础。

在现代物流管理实践中，特别是随着信息化大环境的迅速发展，物流人才必须熟悉计算机与网络技术，熟悉管理信息系统，这就要求我们的物流教育要强化定量分析的判断能力，在基础教学方面要相应加强学生的数理知识，尤其是统计学、运筹学和计算机知识的教学。

（四）教师的发展

物流专业人才的培养亟需教师队伍整体素质的持续提升。从目前的教学经验来看，高校可以采取“培养”与“引进”的形式，并在北京的各高校之间，甚至是与其他地区的高校之间构建起物流师资互聘、共享的物流师资队伍的培养机制，加快物流人才培养和交流。充分发挥首都科技、教育资源优势，加大教师的培养和发展力度。制定物流人才激励政策，引进国内外优秀物流专业人才，尤其是熟悉国际物流业务运作的高级人才，为物流业的快速发展提供人力资源的可靠保障。

构建具有专业特色的物流人才培养模式必须有一支适应高校物流教育的“双师型”教师队伍。“双师型”教师队伍建设是一项难度很大、费时较长的系统工程。为了让教师队伍朝“双师型”方向发展，坚持培养与引进相结合。一方面要在理论上深造，包括选送优秀的中青年教师深造学习，和引进高层次人才；而更重要的工作是积极支持和鼓励教师参加物流实践活动，为教师提供物流工作的实践平台，给教师提供到物流及相关企业参与一定的业务管理工作的机会，或者进行实地调研，增强物流专业教师的实践能力和认识水平，最终使他们在理论与实践方面能够不断取得进步，以保证教学质量的持续提升和与时俱进。

附录一

物流统计数据

表 1　北京市交通运输业基本情况(2002—2011 年)

年份	铁路里程(公里)	公路里程(公里)	客运量(万人)				货运量(万吨)				
			总计	铁路	公路	民航	总计	铁路	公路	民航	管道
2002	987	14 359	28 384	5 032	22 103	1 249	30 961	2 348	28 375	44	194
2003	964	14 453	30 520	4 352	24 940	1 228	30 925	2 265	28 361	45	254
2004	964	14 630	49 750	5 437	41 463	2 850	31 700	1 959	29 256	73	412
2005	966	14 696	60 841	5 779	51 925	3 137	32 509	1 976	30 050	77	406
2006	962	20 503	12 276	6 269	2 482	3 525	33 547	1 956	30 953	89	549
2007	962	20 754	20 040	6 915	9 275	3 850	20 770	1 925	17 872	98	875
2008	956	20 340	128 525	7 644	117 118	3 763	21 885	1 733	18 689	93	1 369
2009	956	20 755	133 872	8 161	121 373	4 339	22 017	1 635	18 753	98	1 531
2010	956	21 114	140 663	8 903	126 130	5 630	23 712	1 572	20 184	130	1 827
2011	1 067	21 347	145 773	9 755	129 918	6 100	26 849	1 380	23 276	132	2 061

注:表 1—表 16 数据来自《北京统计年鉴》和《中国统计年鉴》。表 17 数据来自北京现代物流研究基地数据库。占地面积为使用卫星图测量计算,受限于调查手段,与实际面积会有适度差异。

表2 北京市交通运输业职工人数 单位:人

年份	铁路运输业	道路运输业	城市公共交通业	水上运输业	航空运输业	管道运输业	装卸搬运和其他运输服务业
2003	50 683	22 089	152 131	32	17 805	114	14 483
2004	54 528	24 037	151 732		32 487	122	15 023
2005	59 276	28 671	160 137	85	29 824	121	15 537
2006	87 695	32 215	175 786	45	26 740	122	22 514
2007	97 235	34 816	174 992	44	29 159	125	26 314
2008	97 147	38 236	178 358	50	34 615	1 857	27 492
2009	117 802	50 340	213 184	112	35 847	1 937	30 236
2010	116 901	51 532	217 499	95	37 309	2 325	32 614
2011	123 906	46 607	214 722	140	57 941	2 480	49 626

表3 北京地区运输线路长度 单位:公里

年份	铁路营业里程	内河航道里程	公路里程	等级公路	高速	一级	二级	等外公路
2003	1 136.1		14 453	14 139	499	420	1 845	314
2004	1 124.6		14 630	14 404	525	560	2 198	227
2005	1 125.4		14 696	14 481	548	554	2 368	215
2006	1 121.5		20 503	20 223	625	625	2 515	280
2007	1 119.9		20 754	20 535	628	768	2 799	219
2008	1 166.5		20 340	20 135	777	797	2 669	205
2009	1 169.5		20 755	20 551	884	914	3 106	204
2010	1 169.4		21 114	20 920	903	924	3 196	193
2011	1 228.4		21 347	21 155	912	999	3 279	193

表4 全国运输线路长度 单位：万公里

年份	铁路营业里程	国家铁路电气化里程	公路里程	高速公路	内河航道里程	定期航班航线里程	国际航线	管道输油(气)里程
2003	7.30	1.81	180.98	2.97	12.40	174.95	71.53	3.26
2004	7.44	1.86	187.07	3.43	12.33	204.94	89.42	3.82
2005	7.54	1.94	334.52	4.10	12.33	199.85	85.59	4.40
2006	7.71	2.34	345.70	4.53	12.34	211.35	96.62	4.81
2007	7.80	2.40	358.37	5.39	12.35	234.30	104.74	5.45
2008	7.97	2.50	373.02	6.03	12.28	246.18	112.02	5.83
2009	8.55	3.02	386.08	6.51	12.37	234.51	91.99	6.91
2010	9.12	3.27	400.82	7.41	12.42	276.51	107.02	7.85
2011	9.32	3.43	410.64	8.49	12.46	349.06	149.44	8.33

表 5 国家运输线路质量

指标	1990	1995	2000	2010	2011
国家铁路营业里程(公里)	**53 378**	**54 616**	**58 656**	**66 239**	**66 050**
复线里程(公里)	13 024	16 909	21 408	29 684	29 884
复线里程比重(%)	24.4	31.0	36.5	44.8	45.2
自动闭塞里程(公里)	10 370	12 910	18 318	37 500	34 175
公路里程(公里)	**1 028 348**	**1 157 009**	**1 679 848**	**4 008 229**	**4 106 387**
等级公路里程(公里)	741 104	910 754	1 315 931	3 304 709	3 453 590
等级公路里程比重(%)	72.1	78.7	78.3	82.4	84.1
内河航道里程(公里)	**109 192**	**110 562**	**119 325**	**124 242**	**124 612**
等级航道里程(公里)	59 575	64 323	61 367	62 290	62 648
等级航道里程比重(%)	54.6	58.2	51.4	50.1	50.3

表 6 全国货运量 单位:万吨

年份	货运量总计	铁路				公路	水运		民航	管道
		总计	国家	地方	合资		总计	远洋		
2003	1 564 492	224 248	199 814	13 064	11 370	1 159 957	158 070	34 002	219.0	21 998
2004	1 706 412	249 017	217 816	14 924	16 277	1 244 990	187 394	39 469	276.7	24 734
2005	1 862 066	269 296	231 839	17 802	19 655	1 341 778	219 648	48 549	306.7	31 037
2006	2 037 060	288 224	245 476	19 593	23 154	1 466 347	248 703	54 413	349.4	33 436
2007	2 275 822	314 237	262 400	24 390	27 447	1 639 432	281 199	58 903	401.8	40 552
2008	2 585 937	330 354	275 243	27 128	27 983	1 916 759	294 510	42 352	407.6	43 906
2009	2 825 222	333 348	277 572	23 873	31 903	2 127 834	318 996	51 733	445.5	44 598
2010	3 241 807	364 271	309 541	19 089	35 641	2 448 052	378 949	58 054	563.0	49 972
2011	3 696 961	393 263	329 535	22 179	41 549	2 820 100	425 968	63 542	557.5	57 073

表 7 全国货物周转量 单位:亿吨公里

年份	货物周转量总计	铁路				公路	水运		民航
		总计	国家	地方	合资		总计	远洋	
2003	53 859	17 246.7	16 475.6	69.0	702.1	7 099.5	28 715.8	22 305	57.90
2004	69 445	19 288.8	18 285.5	89.1	914.2	7 840.9	41 428.7	32 255	71.80
2005	80 258	20 726.0	19 533.4	99.2	1 093.5	8 693.2	49 672.3	38 552	78.90
2006	88 840	21 954.4	20 557.2	105.7	1 291.6	9 754.2	55 485.7	42 577	94.28
2007	101 419	23 797.0	22 112.5	132.7	1 551.8	11 354.7	64 284.8	48 686	116.39
2008	110 300	25 106.3	23 648.9	150.9	1 306.5	32 868.2	50 262.7	32 851	119.60
2009	122 133	25 239.2	23 649.9	126.6	1 462.7	37 188.8	57 556.7	39 524	126.23
2010	141 837	27 644.1	25 937.3	116.1	1 590.7	43 389.7	68 427.5	45 999	178.90
2011	159 324	29 465.8	27 631.7	138.7	1 695.4	51 374.7	75 423.8	49 355	173.91

表 8 全国货物运输平均距离 单位:公里

年份	总计	铁路	公路	水运	民航	管道
2003	344	769	61	1 817	2 643	336
2004	407	775	63	2 211	2 595	329
2005	431	770	65	2 261	2 572	350
2006	436	762	67	2 231	2 698	464
2007	446	757	69	2 286	2 896	460
2008	427	760	171	1 707	2 934	443
2009	432	757	175	1 804	2 833	453
2010	438	759	177	1 806	3 177	440
2011	431	749	182	1 771	3 120	506

表 9 北京地区货运量 单位:万吨

年份	合计	铁路				公路	水运
		总计	国家	地方	合资		
2003	30 729	2 368	2 265	103		28 361	
2004	31 321	2 065	1 959	106		29 256	
2005	32 113	2 063	1 976	87		30 050	
2006	33 008	2 055	1 956	99		30 953	
2007	19 877	2 005	1 925	80		17 872	
2008	20 525	1 836	1 733	104		18 689	
2009	20 470	1 717	1 635	82		18 753	
2010	21 762	1 578	1 572	6		20 184	
2011	24 663	1 387	1 380	8		23 276	

表 10 北京地区货物周转量 单位:亿吨公里

年份	合 计	铁路			公路
		总计	国家	地方	
2003	462.5	383.5	383.3	0.2	79.0
2004	537.7	455.4	455.2	0.2	82.3
2005	582.1	496.6	496.5	0.1	85.5
2006	653.2	564.6	564.4	0.2	88.6
2007	724.8	645.5	645.4	0.1	79.3
2008	758.9	674.8	674.6	0.2	84.1
2009	731.6	643.7	643.6	0.1	87.9
2010	876.9	775.3	775.3		101.6
2011	999.6	867.3	867.3		132.3

表 11 全国机车拥有量

单位：台

项目	1985 年	1990 年	1995 年	2000 年	2005 年	2010 年	2011 年
国家铁路	**11 770**	**13 592**	**15 146**	**14 472**	**16 547**	**18 349**	**19 590**
蒸汽机车	7 672	6 279	4 347	601	94	51	
前进型	4 429	4 188	2 985	261	24	18	
建设型	1 216	1 644	1 329	340	70	33	
内燃机车	3 511	5 680	8 282	10 355	11 331	10 041	10 095
东风 4 型	955	2 351	4 362	5 623	6 443	5 035	4 820
电力机车	587	1 633	2 517	3 516	5 122	8 257	9 495
韶山 1 型	506	816	814	800	664	512	401
地方铁路	**386**	**389**	**408**	**327**	**348**	**279**	**295**
蒸汽机车	246	262	279	159	59	12	6
内燃机车	140	127	129	168	289	260	270
电力机车						7	19
合资铁路				**454**	**578**	**803**	**836**
蒸汽机车				151	40	9	9
内燃机车				303	494	689	716
电力机车					44	105	111

表 12 全国铁路货车拥有量

单位：台

项目	1985 年	1990 年	1995 年	2000 年	2005 年	2010 年	2011 年
客车（辆）	**20 872**	**27 261**	**32 404**	**35 989**	**40 328**	**50 391**	**52 838**
软卧车	679	1 061	1 537	2 055	3 109	4 071	4 104
硬卧车	2 633	4 351	7 607	10 139	12 942	16 486	16 981
软座车	260	330	574	764	759	3 874	4 675
硬座车	13 700	17 503	18 076	17 571	16 900	17 954	18 228
软硬座车	114	63	35	25	2		
餐车	1 221	1 520	1 695	1 847	2 108	2 517	2 617
行李车	1 498	1 686	1 949	2 144	2 480	2 365	2 195
公务车	87	77	87	69	78	61	74
其他	680	670	844	1 375	1 950	3 063	3 964
货车（辆）	**300 886**	**364 966**	**432 731**	**439 943**	**541 824**	**622 284**	**644 677**
按车型分							
棚车	52 677	66 668	80 437	92 569	99 206	101 481	101 967
敞车	185 684	232 999	268 179	252 977	343 480	418 778	443 666
平车	18 753	18 726	27 461	24 685	30 290	39 654	39 543
毒品车		1 229	1 580	1 578	2 056	2 056	2 056
罐车	31 837	33 646	37 119	37 778	38 331	30 522	31 448

（续表）

项目	1985 年	1990 年	1995 年	2000 年	2005 年	2010 年	2011 年
冷藏车	3 991	5 150	7 030	7 909	7 419	6 153	6 152
其他	7 944	6 548	10 925	22 447	21 042	23 640	19 845
按载重量分							
40 吨以下及不明	20 234	6 071	3 547	4 159	4 892	5 671	5 642
40 吨	4 577	5 119	6 929	3 606	3 590	3 132	3 132
41—49 吨					7 589	7 167	7 166
50 吨	104 456	92 442	48 287	15 799	3 512	3 710	3 709
51—59 吨	16 544	15 500	27 951		52 565	44 640	42 120
60 吨	153 198	238 680	342 086	307 521	265 154	198 749	192 080
61—69 吨	1 571	6 825	3 546	103 431	195 911	196 554	195 194
70 吨及以上	306	329	385	5 427	8 611	162 661	195 634
货车总标记载重量(万吨)	**1 612.5**	**2 055.3**	**2 502.9**	**2 619.9**	**3 294.5**	**3 934.3**	**4 102.6**
平均每辆车标记载重量(吨)	**53.9**	**56.6**	**57.9**	**59.6**	**60.8**	**63.2**	**63.6**

表 13 全国主要干线货运量

2003 年			2004 年		
线路名称	货运量（万吨）	货物周转量（百万吨公里）	线路名称	货运量（万吨）	货物周转量（百万吨公里）
京沈线	3 181	84 877	京哈线	8 274	35 131
京广线	6 998	133 799	京沈线	1 887	87 073
京九线	3 265	57 538	京广线	7 264	143 011
京包线	5 859	59 645	京九线	3 882	66 796
京秦线	352	9 877	京包线	4 865	58 649
			京秦线	584	11 365
2005 年			**2006 年**		
线路名称	货运量（万吨）	货物周转量（百万吨公里）	线路名称	货运量（万吨）	货物周转量（百万吨公里）
京沈线	1 728	85 731	京沈线	1 661	83 578
京广线	6 789	140 466	京广线	6 784	141 616
京九线	3 747	89 399	京九线	3 929	96 049
京包线	3 119	55 923	京包线	3 715	60 077
京秦线	416	10 204	京秦线	431	13 702

（续表）

2007 年			2008 年		
线路名称	货运量（万吨）	货物周转量（百万吨公里）	线路名称	货运量（万吨）	货物周转量（百万吨公里）
京哈线	1 526	79 495	京哈线	1 496	63 916
京广线	7 012	135 254	京广线	6 564	135 489
京沪线	5 700	91 097	京沪线	5 518	80 225
京九线	3 778	10 9407	京九线	3 932	112 180
京包线	4 514	65 336	京包线	5 380	69 403
2009 年			2010 年		
线路名称	货运量（万吨）	货物周转量（百万吨公里）	线路名称	货运量（万吨）	货物周转量（百万吨公里）
京哈线	1 374	54 956	京哈线	1 451	55 392
京广线	6 362	125 268	京广线	6 954	130 222
京沪线	5 317	78 615	京沪线	5 439	78 129
京九线	3 687	107 469	京九线	3 697	112 933
京包线	5 975	73 657	京包线	8 288	89 924

表 14　北京载货汽车拥有量

年份	载货汽车（万辆）				
	总计	重型	中型	轻型	微型
2002	812.22	148.28	218.69	360.58	84.66
2003	853.51	136.79	243.70	390.79	82.22
2004	893.00	153.90	233.94	425.74	79.43
2005	955.55	168.07	236.66	484.51	66.31
2006	986.30	174.01	235.39	532.13	44.76
2007	1 054.06	186.74	243.46	587.22	36.63
2008	1 126.07	200.84	249.73	644.96	30.54
2009	1 368.60	315.08	262.21	765.33	25.97
2010	1 597.55	394.80	269.75	911.88	21.12
2011	1 787.99	460.58	267.80	1 042.07	17.54

表 15 北京有关的港口货物吞吐量

港口	2000 年	2005 年	2008 年	2009 年	2010 年	2011 年
大连	9 084	17 085	24 588	27 203	31 399	33 691
秦皇岛	9 743	16 900	25 231	24 942	26 297	28 770
天津	9 566	24 069	35 593	38 111	41 325	45 338
烟台	1 774	4 506	11 189	12 351	15 033	18 029
青岛	8 636	18 678	30 029	31 546	35 012	37 230
日照	2 674	8 421	15 102	18 131	22 597	25 260

表 16 航空运输量及通用航空运输时间

指标	1990 年	1995 年	2000 年	2005 年	2010 年	2011 年
客运量(万人)	**1 660**	**5 117**	**6 722**	**13 827**	**26 769**	**29 317**
国际航线	114	368	690	1 225	1 931	2 118
国内航线	1 346	4 419	6 031	12 602	24 838	27 199
港、澳地区航线	200	330	403	509	672	760
旅客周转量(万人公里)	**2 304 797**	**6 813 036**	**9 705 437**	**20 449 288**	**40 389 960**	**45 369 629**
国际航线	516 910	1 149 710	2 328 154	4 524 063	7 589 325	8 780 512
国内航线	1 576 554	5 287 232	7 377 283	15 925 225	32 800 635	36 589 118
港、澳地区航线	211 333	376 094	502 405	709 205	981 817	1 116 167
货(邮)运量(吨)	**369 722**	**1 011 145**	**1 967 123**	**3 067 168**	**5 630 371**	**5 574 779**
国际航线	81 102	229 632	492 356	771 551	1 926 315	1 780 427
国内航线	239 467	702 557	1 474 767	2 295 618	3 704 056	3 794 352
港、澳地区航线	49 153	78 956	135 442	169 247	216 603	210 028
货邮周转量(万吨公里)	**81 825**	**222 981**	**502 683**	**788 954**	**1 788 982**	**1 739 131**
国际航线	43 830	115 894	291 550	452 450	1 253 028	1 187 527
国内航线	31 647	96 604	211 133	336 504	535 954	551 604
港、澳地区航线	6 348	10 483	19 495	26 263	28 700	27 607
总周转量(万吨公里)	**249 950**	**714 385**	**1 225 007**	**2 612 724**	**5 384 490**	**5 774 427**

表 17　北京主要仓储设施情况

仓储设施名称	经度	纬度	占地面积（万平米）
北京市商业储运总公司库区	116.512	39.889	38.1
马池口钢材库	116.199	40.206	36.7
汉龙货运站	116.347	39.811	35.6
中外运朝阳储运仓库	116.592	39.984	32.3
北京市三台山化工贸易储运公司	116.466	39.821	32.2
嘉里京泰物流	116.477	39.836	30.4
神龙丰物流园	116.275	39.774	28.1
首发物流(良乡库)	116.115	39.721	24.7
北京祥龙物流	116.574	39.758	23.9
大红门货场	116.375	39.829	21.9
百利威物流	116.343	39.686	21.4
北京外运陆运公司	116.254	39.856	20.4
北京万宇物流等公司	116.269	39.781	19.4
亦庄保税物流中心	116.548	39.770	19.3
中国国际航空货运	116.592	40.093	19.1
中铁吉运北京公司	116.338	39.698	18.3
誉成物流港	116.275	39.750	18.2
京粮物流西北物流中心	116.349	40.069	18.2
诚明物流园	116.362	39.779	16.8
国航货运库	116.587	40.067	16.7
空港物流园 7	116.600	40.114	16.5
华粮物流集团	116.204	40.203	16.0
纺织仓库	116.516	39.968	15.9
物资储运总公司百子湾库	116.507	39.888	14.8
国航货运 3	116.608	40.097	14.7
三江物流	116.375	39.726	14.3
达顺成物流	116.407	39.694	14.3
同仁堂仓库	116.255	40.112	14.0
海盛方宁仓储公司	116.284	39.803	13.9
空港物流园 6	116.604	40.113	13.5
东方信捷物流	116.565	39.766	13.3
天云储运	116.348	39.688	12.9
国航货运 2	116.607	40.103	12.7
普洛斯大兴物流园凡客	116.344	39.695	12.7
北京五元物流	116.522	40.004	12.7
中石化北京燕山分公司大石河仓库	116.027	39.726	12.7

（续表）

仓储设施名称	经度	纬度	占地面积（万平米）
北京昌达物流有限公司	116.395	39.670	12.6
(安吉)汽车物流基地	116.038	39.727	12.6
中国电力出版社储运部	116.348	39.683	12.5
东北郊粮油仓库	116.504	39.957	12.3
北京世纪行储运公司	116.337	39.689	12.3
小物流企业聚集地	116.488	39.816	12.0
同仁堂集团公司通县仓库	116.656	39.885	12.0
京南物流中心	116.537	39.822	11.9
西联国际石材交易市场库房	116.541	39.839	11.9
鑫方盛集团北京物流中心	116.416	39.718	11.9
(国兴工业园)广通巨丰物流有限公司仓库	116.305	39.700	11.8
华圣利泽物流等	116.418	39.766	11.7
北京天亿恒通物流	116.283	40.054	11.5
顺鑫绿色物流	116.578	40.132	11.4
京宏大伟业物流有限公司	116.348	39.695	11.2
北京华商国际物流	116.579	39.922	11.1
北京海丰宝物流有限公司	116.571	39.836	11.0
图书城物流中心	116.618	39.832	11.0
北京通联物流有限公司	116.644	40.349	11.0
普洛斯空港物流	116.594	40.126	10.9
粤江物流有限公司	116.344	39.774	10.8
朝批配送二号库	116.515	39.834	10.7
民政局应急库	116.388	39.618	10.5
北京奥运物流中心	116.599	40.126	10.4
农垦仓库	116.598	39.890	10.3
北京农业生产资料公司农顺仓库	116.644	40.111	10.2
华芳物流园	116.609	39.871	10.2
马驹桥新大型仓库	116.581	39.766	10.1
北京京津国际物流有限公司	117.022	40.085	10.1
北京东方恒辉物流	116.571	39.879	10.1
昌平区国企物流仓储库房	116.298	40.171	9.9
百利威物流二	116.351	39.695	9.9
北京东站货场	116.483	39.901	9.8
东方信捷小武基库	116.500	39.847	9.7
杜家坎货运站	116.208	39.849	9.7

（续表）

仓储设施名称	经度	纬度	占地面积（万平米）
五元物流	116.541	40.045	9.6
北京京铁联合货运公司	116.597	39.895	9.3
北京俊发物流有限公司	116.413	39.695	9.3
空港物流园4	116.597	40.109	9.3
北京艺嘉仓储有限公司	116.581	39.922	9.2
朝鑫东方物流园	116.627	39.970	9.2
康力西侧库房	116.584	40.130	9.1
招商局物流集团北京有限公司	116.576	39.761	8.9
物流公司聚集地	116.500	39.820	8.9
百子湾车站货场仓库	116.514	39.875	8.8
七联伟业等物流公司	116.281	39.754	8.8
北京世纪物流有限公司	116.467	39.812	8.8
宅急送京朝阳配送中心	116.593	39.878	8.6
北京五环顺通物流有限公司	116.455	39.787	8.6
大兴广本仓库	116.346	39.699	8.6
中远物流	116.511	39.744	8.5
汉龙货运聚集区	116.348	39.821	8.5
北京百运通货运代理有限公司	116.540	39.835	8.5
马驹桥仓库	116.571	39.766	8.3
京外运陆运公司	116.250	39.853	8.3
东方友谊食品配送公司	116.340	39.851	8.3
大兴西红门京开路东货运市场	116.353	39.775	8.2
国美电器配送中心	116.601	39.857	8.1
亿发物流园	116.271	39.771	8.0
北京环亚运商物流有限公司	116.195	39.713	8.0
世隆运达仓储公司	116.540	39.865	7.9
长久物流顺义配送中心	116.695	40.145	7.9
沙河镇工业园内的库房	116.292	40.154	7.8
新发地批发市场	116.341	39.821	7.8
北京现代物流配送中心	116.703	39.824	7.8
京宏贤达物流有限公司	116.375	39.697	7.8
BGS国际货运公司	116.586	40.070	7.7
白盆窑物流中心东区	116.326	39.799	7.6
北京西南物流中心南区	116.258	39.833	7.6
宏品物流	116.252	39.854	7.6
鞋帽公司仓库	116.425	40.133	7.5

（续表）

仓储设施名称	经度	纬度	占地面积（万平米）
525库	116.440	39.780	7.4
北京运商物流有限公司仓库	116.322	39.800	7.4
兴贸国际物流	116.569	39.762	7.3
北京铁路局双桥货场	116.592	39.896	7.2
北京德利得物流	116.663	39.857	7.1
昌平区小汤山适合前店后场出租	116.437	40.119	7.1
康力国际仓储	116.590	40.131	7.0
土产公司仓库	116.520	39.968	7.0
北京亚昆物流有限公司	116.755	39.825	7.0
北京烟草物流中心	116.634	39.869	6.9
顺天发仓储服务中心	116.688	40.018	6.9
冠捷物流	116.586	40.120	6.8
德邦物流	116.258	40.142	6.8
空港物流园3	116.591	40.113	6.8
马驹桥物流	116.610	39.757	6.8
安德鲁电器北京物流中心	116.567	39.731	6.7
北京东安储运公司	116.591	39.891	6.7
北京宝利捷货物运输有限公司	116.348	39.781	6.7
物流企业聚集区	116.470	39.806	6.6
进极储运有限公司	116.598	39.857	6.6
华商物流仓储中心	116.279	39.735	6.6
鸿达物流北京双铁物流中心	116.382	39.830	6.4
广源货运	116.549	39.841	6.4
北京外运物流	116.535	39.848	6.4
八里桥货运场	116.636	39.916	6.4
金盏物流园	116.595	39.989	6.4
白盆窑物流中心	116.316	39.816	6.4
联成亚之龙物流园	116.624	39.851	6.3
中远汽车物流	116.645	40.098	6.3
信行万路捷	116.527	39.956	6.1
纳百川物流	116.779	39.828	6.1
马驹桥普洛斯仓库	116.565	39.764	6.1
中铁快运	116.355	39.764	6.0
东方盛泽博远仓储中心	116.527	39.852	5.9
京东配送库	116.592	39.841	5.9
西南物流中心北区	116.254	39.849	5.9

（续表）

仓储设施名称	经度	纬度	占地面积（万平米）
安吉天地物流京库	116.317	39.793	5.9
京源景阳市场北侧仓库	116.202	39.895	5.9
空港物流园5	116.595	40.107	5.9
机场周边库房出租	116.576	40.152	5.8
中糖物流	116.387	39.660	5.7
岳兴达仓储公司	116.272	40.062	5.7
京西南物流中心西区	116.249	39.847	5.7
中铁物流	116.659	40.102	5.7
未知名	116.269	39.763	5.7
万泽龙物流中心	116.398	39.823	5.6
友谊商店仓库	116.528	39.952	5.6
吉林华龙物流北京公司	116.802	40.334	5.5
北京客隆配送中心	116.591	39.892	5.5
百利威物流	116.292	39.795	5.5
北京金建物流公司	116.616	39.874	5.5
东方信捷分拨中心	116.561	39.765	5.5
北京和众奥顺达	116.490	39.833	5.5
蓝色畅想物流公司	116.296	39.663	5.4
北京善泰物流	116.570	40.098	5.4
顺通物流	116.656	40.098	5.4
宝供北京物流基地	116.591	40.123	5.4
北京益海盛隆物流	116.289	40.084	5.4
卓越亚马逊配送中心	116.568	39.825	5.3
第六日服饰公司物流中心	116.455	39.782	5.3
新兴思达国际物流基地	116.579	40.130	5.3
中集车辆物流装备中心	116.566	39.745	5.3
大洋友利达仓储中心	116.524	39.849	5.2
外运发展仓储中心	116.565	40.070	5.2
乐园庄村仓库	116.682	40.346	5.2
北京圆舜通物流有限责任公司	116.536	40.042	5.1
北京和志物流	116.569	39.758	5.1
京西南物流中心西二区	116.249	39.845	5.1
斯派特物流	116.572	40.100	5.1
邮件综合处理中心	116.540	39.821	5.0
东方恒辉物流公司	116.607	39.878	5.0
朝批配送一号库	116.524	39.836	5.0

（续表）

仓储设施名称	经度	纬度	占地面积（万平米）
安博京顺空港仓储中心	116.590	40.127	5.0
北京春溢通物流公司	116.596	39.942	5.0
速尔快递	116.592	39.842	4.9
统一食品库房	116.648	40.337	4.8
德邦物流	116.594	39.831	4.8
通州西站货运站	116.624	39.903	4.8
苏宁电器配送中心	116.568	39.765	4.7
文德广运	116.608	40.045	4.6
泰通达物流园	116.597	39.841	4.6
北京家福运通物流公司	116.271	39.775	4.6
玉君物流	116.282	39.733	4.5
凯利物流	116.779	39.825	4.5
宝龙物流公司通西储运中心	116.625	39.898	4.5
黑庄户附近货运站	116.618	39.859	4.5
（带铁路线仓库）	116.266	39.862	4.4
顺义临河大库房	116.692	40.097	4.4
万升源联合物流	116.264	39.774	4.4
一汽轿车北京库区	116.405	39.829	4.4
中远物流	116.532	39.834	4.4
福鑫物流	116.313	39.802	4.4
北京泓江物流有限公司	116.599	39.827	4.3
京兴利达工贸集团库房	116.371	39.731	4.3
公益书海工程物流中心	116.279	39.744	4.3
世通国际物流公司	116.590	39.869	4.2
百货大楼仓库	116.422	40.132	4.2
安吉汽车北京物流中心	116.536	40.004	4.2
世通国际物流公司	116.604	39.878	4.2
京东商城物流中心	116.610	39.754	4.2
大鲁店物流	116.591	39.832	4.2
中电物流	116.280	39.742	4.2
日进汽车公司物流	117.128	40.165	4.1
东升物流	116.640	39.773	4.1
太阳金属仓储	116.672	40.094	4.0
北京兴达宏远物流公司	116.632	39.799	4.0
北京嘉和嘉事医药物流有限公司	116.559	39.826	4.0
北京新发地农产品中心批发市场	116.334	39.811	4.0

（续表）

仓储设施名称	经度	纬度	占地面积（万平米）
中外运久凌储运朝阳仓库	116.595	39.952	4.0
伊藤忠朝阳库	116.510	39.831	4.0
博亮木业公司库房	116.594	39.993	4.0
北京太平洋物流	116.689	40.371	3.9
东南物流中心	116.398	39.829	3.9
北京旗舰物流有限公司	116.533	39.840	3.9
中国外运马驹桥	116.574	39.764	3.9
德邦物流	116.506	39.891	3.8
巨鸿物流园	116.266	39.770	3.8
中铁快运	116.568	39.865	3.8
顺达物流	116.516	39.883	3.8
新发地北侧聚集区	116.343	39.825	3.8
东安储运南库1区	116.599	39.878	3.7
天亿九州环宇物流	116.349	39.780	3.7
顺捷仕储运	116.400	40.073	3.7
北京上地物流有限公司	116.293	40.060	3.7
北京佳方物流	116.713	39.960	3.7
北京外运仓库	116.585	39.850	3.7
华辰伟业库房	116.318	39.800	3.7
北京大众虎悦物流中心	116.754	40.135	3.7
环东物流	116.617	39.854	3.6
北京海义发物流有限公司	116.510	39.992	3.6
国航货运1	116.604	40.108	3.6
东安市场仓库	116.544	39.954	3.6
北京顺福达物流	116.573	39.844	3.6
货运市场	116.347	39.781	3.6
住总物流	116.774	39.797	3.5
振四海物流	116.269	39.820	3.5
江场物流园	116.606	39.840	3.5
汉龙货运东侧聚集区	116.354	39.819	3.5
北京博翔国际物流公司	116.594	39.841	3.5
北京大新华华日飞天物流有限公司	116.533	39.825	3.5
金马恒通货运站	116.607	39.760	3.4
乐扣乐扣北京物流中心等	116.553	39.836	3.4
空港物流园2	116.592	40.111	3.4
上海益泰物流北京公司	116.607	39.757	3.4

（续表）

仓储设施名称	经度	纬度	占地面积（万平米）
北京翔远通储运	116.264	39.970	3.4
鹏顺达物流	116.567	40.098	3.4
构件存储	116.568	40.001	3.4
恩龙物流	116.603	39.851	3.4
荣庆物流	116.373	39.703	3.4
北京翔远通储运	116.223	39.953	3.3
嘉里大通物流	116.565	40.072	3.3
华商国际物流中心	116.546	39.717	3.3
太平洋物流	116.512	39.829	3.3
华信物流	116.371	39.770	3.3
晨江物流	116.170	39.773	3.3
沟渠庄仓库	116.686	39.976	3.3
昌平沙河厂库房	116.310	40.151	3.3
顺丰物流	116.593	40.123	3.3
北京交运通正运输有限责任公司	116.414	39.815	3.3
万客兴超市于辛庄店仓库	116.308	40.151	3.3
同仁堂配送中心	116.507	39.732	3.3
快行线食品物流公司	116.354	39.774	3.3
公司库房具体不详	116.693	40.297	3.3
宏兴物流	116.597	39.877	3.3
农业机械公司储运分公司	116.381	39.811	3.2
北京盐业配送中心	116.636	39.916	3.2
北京盛业达物流	116.572	40.102	3.2
朝阳标准物流库房	116.576	39.968	3.2
长富食品库房	116.647	40.339	3.2
中都物流(现代工厂旁)	116.647	40.102	3.2
犬运物流	116.264	39.755	3.2
合众奥顺达物流	116.511	39.832	3.1
北京广通达物流	116.652	39.857	3.1
中石化通州仓库	116.626	39.900	3.1
公司库房具体不详	116.354	39.770	3.0
首钢材料总仓库	116.173	39.914	3.0
兴贸国际物流	116.567	39.980	3.0
伊藤忠物流(中国)有限公司	116.659	40.081	3.0
北京和众奥顺达物流	116.484	39.838	3.0
世纪基业储运	116.345	39.693	3.0

（续表）

仓储设施名称	经度	纬度	占地面积（万平米）
北京西南物流中心南二区	116.263	39.823	3.0
DHL 北京库房	116.530	39.791	2.9
魏善庄仓库区	116.426	39.643	2.9
聚美优品华北物流中心	116.622	39.862	2.9
联发物流	116.335	39.711	2.9
北京亨达物流	116.535	39.828	2.9
环球快乐物流	116.289	39.724	2.9
南苑物流聚集区	116.400	39.754	2.9
庞各庄厂房、库房	116.328	39.631	2.9
金山物流	116.487	39.840	2.9
某小型物流公司	116.623	39.952	2.9
北京灵捷物流有限公司	116.587	39.843	2.9
空港海关监管库	116.567	40.075	2.9
凯源物流北京分公司	116.289	39.707	2.8
中国货运邮政航空	116.571	40.068	2.8
空港仓储	116.567	40.077	2.8
北京北贸仓库	116.419	40.131	2.8
百富达物流	116.674	39.838	2.8
福田物流昌河公司	116.248	40.113	2.8
佳吉快运	116.409	39.769	2.8
北京安吉利物流有限公司	116.619	39.863	2.8
中外运朝阳库	116.599	39.993	2.8
华堂商场仓库	116.541	39.954	2.8
北京通港物流	116.549	39.804	2.8
中储世纪物流顺义区天竺仓库	116.570	40.070	2.7
六必居酱菜三厂库房	116.308	39.777	2.7
北京市化工通州仓库	116.620	39.899	2.7
北京港中能达物流有限公司	116.578	40.066	2.7
信安达物流	116.269	39.759	2.7
TNT	116.589	40.121	2.7
北京山九物流	116.576	39.885	2.7
京福润通仓储有限公司	116.569	40.072	2.7
大田物流上地	116.295	40.038	2.6
京东网上商城华北第三物流中心	116.619	39.869	2.6
泰华食品库房	117.111	40.132	2.6
申通快递	116.566	40.128	2.6

（续表）

仓储设施名称	经度	纬度	占地面积（万平米）
信通通达仓储物流	116.605	39.756	2.6
福田物流	116.622	40.272	2.6
东方信捷物流北清路物流中心	116.293	40.085	2.6
北京信得利国际货运	116.408	39.816	2.6
北京隆福大厦仓库	116.429	40.142	2.6
北京西南物流中心南一区	116.261	39.830	2.6
宏泰兴业机械工程公司仓库	116.151	40.230	2.6
畅捷物流	116.361	39.783	2.6
北京好晨物流	116.580	40.063	2.5
货运物流园	116.507	39.833	2.5
中国物流	116.300	39.771	2.5
太平洋物流	116.640	40.221	2.5
京粮物流东北中心	116.504	39.955	2.5
张辛庄冷库	116.683	40.016	2.5
北京旺洋物流	116.513	39.831	2.5
双桥黑庄户	116.588	39.832	2.5
西芦物流园	116.285	39.755	2.5
出租的仓库厂房	116.724	39.958	2.5
凌云东园	116.677	40.302	2.4
河北快运北京公司	116.609	39.759	2.4
中铁物流仓储四部	116.621	39.863	2.4
中润物流	116.247	39.854	2.4
汇通物流	116.507	39.832	2.4
小型物流聚集区	116.408	39.811	2.4
北京米斯特比萨餐饮有限公司物流中心	116.316	39.729	2.4
民航快递	116.606	40.109	2.4
鑫海仓储中心	116.507	40.041	2.4
中粮我买网物流中心	116.586	39.866	2.3
华泰永盛仓储公司	116.590	39.834	2.3
中通大盈物流公司	116.588	39.879	2.3
王佐物资站	116.188	39.786	2.3
世能达物流	116.607	39.755	2.3
北京远成物流有限公司	116.353	39.783	2.3
新广通货运公司	116.351	39.820	2.3
旺旺食品仓库	117.142	40.170	2.3
空港物流园 1	116.593	40.112	2.3

（续表）

仓储设施名称	经度	纬度	占地面积（万平米）
海尔物流	116.509	39.808	2.2
奇瑞汽车北京配件库	116.512	39.827	2.2
世能达物流	116.608	39.754	2.2
出租的仓库厂房	116.667	39.951	2.2
北京市电信器材公司双桥仓库	116.600	39.893	2.2
京客隆生鲜配送中心	116.511	39.940	2.2
新华苑储运	116.511	39.830	2.2
北京环京物流	116.501	39.817	2.2
世能达物流公司	116.607	39.755	2.2
宅急送	116.593	40.121	2.2
北京京桥仓储服务有限责任公司	116.508	39.994	2.1
大洋福运物流公司	116.520	39.838	2.1
电子工业出版社仓储物流中心	116.312	39.691	2.1
北京前航物流	116.533	39.826	2.1
西罗园物流聚集区	116.397	39.848	2.1
华晖国际物流	116.595	40.121	2.1
海陆港物流	116.541	39.948	2.1
北京住总物流有限公司仓库	116.571	39.959	2.1
石景山昌顺达储运站	116.208	39.902	2.1
远洋货运	116.147	39.701	2.1
航空邮件交换站	116.587	40.064	2.0
北京昌平九华山庄库房	116.435	40.175	2.0
大洋福运物流	116.533	39.828	2.0
北京方迪晨物流	116.650	40.340	2.0
京信通物资仓储有限公司	116.327	39.817	2.0
北京成协物流	116.554	39.838	2.0
北京京恒安顺物流	116.499	39.822	2.0
贸易信托公司仓库	116.432	40.142	2.0
正时货运服务公司	116.291	40.081	2.0
北京闽盛丰物流	116.376	39.703	2.0
合兴餐饮集团北京物流中心	116.418	39.720	2.0
京远达物流	116.289	40.061	1.9
九海汇龙物流	116.571	40.108	1.9
朝阳金盏库房出租	116.626	39.996	1.9
北京九州通达物流有限公司	116.361	39.757	1.9
快捷快货运公司	116.610	39.878	1.9

（续表）

仓储设施名称	经度	纬度	占地面积（万平米）
北京铁路分局丰台站仓库	116.298	39.847	1.9
顺义北小营冷库	116.730	40.200	1.9
国药集团物流中心	116.533	39.768	1.9
全星仓储物流服务公司	116.290	40.082	1.9
北京鑫港仓储	116.571	39.889	1.9
鑫谷物流 C 区	116.575	40.065	1.9
华丰物资供应仓储南库	116.335	39.840	1.9
北京铜牛青年路库房	116.527	39.918	1.9
方正电子物流库	116.291	40.079	1.9
北京电力物流	116.273	39.753	1.9
小加路仓库	116.351	39.593	1.9
安得利国际物流公司	116.495	39.840	1.9
汉宏物流	116.590	40.121	1.9
京海安达物流	116.655	40.343	1.9
西南物流中心	116.259	39.844	1.8
速通物流	116.590	39.948	1.8
六环边昌平区小汤山库房出租	116.428	40.162	1.8
北京一兆鑫腾商贸有限公司	116.704	40.139	1.8
嘉里大通	116.527	39.811	1.8
凯瀛货运	116.542	39.842	1.8
北京信捷通达物流公司	116.599	39.841	1.8
北京通州东宝仓储	116.576	39.770	1.8
北京首发仓储	116.729	39.853	1.8
北京创业仓储有限公司	116.488	39.836	1.8
新邦物流	116.573	39.847	1.8
国控华鸿物流	116.596	39.878	1.8
韵达快运北京转运中心	116.691	39.841	1.8
西南物流中心东区北库	116.261	39.848	1.7
北京铜牛牛堡屯库	116.687	39.760	1.7
花乡库房	116.330	39.835	1.7
北京集广希特物流有限公司	116.681	40.092	1.7
北京捷世通物流	116.525	39.838	1.7
底层库房	116.566	39.769	1.7
京西南物流中心	116.261	39.845	1.7
德邦物流	116.591	39.829	1.7
红十字公益书库	116.271	39.795	1.6

（续表）

仓储设施名称	经度	纬度	占地面积（万平米）
昌平外贸仓库	116.199	40.190	1.6
京良路边库房	116.305	39.771	1.6
北京万基物流	116.534	39.860	1.6
华冠物流中心	116.199	39.759	1.6
白盆窑物流中心	116.329	39.800	1.6
北京中宇博辰储运有限公司	116.369	39.779	1.6
恒远物流	116.302	39.772	1.5
北京晨奥仓储公司	116.292	40.061	1.5
中体伟业运动木制地板厂仓库	116.336	40.164	1.5
德邦物流上地	116.297	40.040	1.5
中国移动通信仓库	116.377	39.772	1.5
首都医药配送中心	116.326	39.881	1.5
夏晖物流	116.517	39.791	1.5
益泰洪丰仓储中心	116.270	39.797	1.5
玉泉营库房	116.342	39.843	1.5
王辛庄仓库	116.574	40.071	1.5
福斯特物流	116.571	40.066	1.5
北京汇通快递	116.597	39.946	1.5
北京交运通远运输有限责任公司	116.540	39.832	1.5
东方鑫盛公司仓库	116.329	39.839	1.4
东亚储运	116.693	39.843	1.4
北京沃德物流	116.831	40.162	1.4
化学工业出版社物流中心	116.536	40.215	1.4
京西南物流中心图书库	116.253	39.846	1.4
八方俊杰物流	116.660	40.073	1.4
北京御园食品物流	116.655	40.265	1.4
丰台张仪村储运仓储	116.226	39.880	1.4
北京磨铁图书物流	116.594	40.150	1.4
百胜餐饮北京物流中心	116.531	39.774	1.4
空港果蔬仓储	116.578	40.063	1.4
三江华宇物流	116.345	39.715	1.4
北京西南物流中心华文天下	116.261	39.825	1.4
义成物流	116.282	39.756	1.4
和盛达石业仓库	116.564	39.841	1.3
中远实业北京物流	116.562	39.751	1.3
鸿讯物流	116.592	40.121	1.3

（续表）

仓储设施名称	经度	纬度	占地面积（万平米）
顺天龙物流公司	116.613	40.029	1.3
天顺运输公司	116.378	39.812	1.3
中润易达物流	116.587	39.834	1.3
信诺安达物流	116.516	39.885	1.3
恒通盛世物流	116.517	39.886	1.3
瑞隆物流	116.514	39.829	1.3
科捷物流	116.257	39.972	1.3
北京外运公司仓库	116.593	39.855	1.3
宅急送货运	116.605	39.878	1.3
北京朝富京泽物流	116.567	39.870	1.3
中铁快运京配送中心	116.244	39.875	1.3
富奎快运公司	116.297	39.810	1.3
北京西南兆隆物流有限公司	116.261	39.833	1.3
北京恒运天鸿物流有限公司	116.206	39.902	1.3
山汉物流	116.566	39.769	1.3
北京市京顺达物资有限公司	116.474	39.814	1.3
邮政速递物流	116.535	39.769	1.3
宝达伟业货运	116.392	39.684	1.3
北京交运通华景良运输有限公司	116.592	39.877	1.3
京徽芝堂药业库房	117.134	40.161	1.3
北京腾飞环宇物流	116.617	40.147	1.3
金冠方舟纸业物流公司	116.595	39.842	1.3
隆福大厦仓库	116.541	39.952	1.3
蓝色畅想物流公司	116.322	39.648	1.3
京粮物流杏石口中心	116.227	39.951	1.3
北京金方达物流有限公司	116.369	39.780	1.3
宅急送	116.299	39.770	1.2
东方环宇物流	116.266	39.754	1.2
大田物流	116.588	39.834	1.2
林泽物流仓储中心	116.558	39.842	1.2
北京中集物流有限公司	116.533	39.827	1.2
百业储运仓库张仪村分库	116.223	39.879	1.2
腾达钢材库	116.535	39.884	1.2
万东医疗装备公司安捷储运站	116.551	39.844	1.2
某小型物流公司	116.625	39.996	1.2
中铁物流集团有限公司	116.537	39.872	1.1

（续表）

仓储设施名称	经度	纬度	占地面积（万平米）
昌达物流	116.298	39.772	1.1
蓝天物流	116.603	39.853	1.1
北京晶都冷藏物流公司	116.352	39.802	1.1
安泰达物流	116.291	39.796	1.1
中外快运京久凌物流中心	116.224	39.879	1.1
京东大运河蔬菜配送	116.748	39.902	1.1
北京世纪汇鑫物流	116.575	40.087	1.1
宝宇通储运	116.267	39.771	1.1
大鲁店物流	116.584	39.835	1.1
天顺达物流	116.571	40.092	1.1
北京隆伟业物流公司	116.609	39.842	1.1
北京燕山胜利运输有限公司	115.933	39.737	1.1
都乐物流	116.524	39.839	1.0
银路通物流	116.588	39.745	1.0
青鸟物流	116.503	39.828	1.0
龙盛丰物流	116.261	39.821	1.0
顺义供销社京大空港仓库	116.666	40.049	1.0
898 库房	116.505	39.880	1.0
北京华人物流有限公司	116.530	39.808	1.0
天顺物流	116.356	39.779	1.0
中牧实业	116.329	39.834	1.0
北京辉歌物流中心	116.301	39.696	1.0

附录二

物流政策法规汇编索引

1. 中华人民共和国反垄断法　中华人民共和国主席令第68号
2. 中华人民共和国反不正当竞争法　中华人民共和国主席令第10号
3. 国务院关于禁止在市场经济活动中实行地区封锁的的规定　中华人民共和国国务院令第303号
4. 国家发改委关于完善价格政策促进蔬菜生产流通的通知　发改价格[2011]958号
5. 商务部 财政部 税务总局关于开展农产品连锁经营试点的通知　商建发[2005]1号
6. 财政部 国家税务总局关于促进农产品连锁经营试点税收优惠政策的通知　财税[2007]10号
7. 商务部关于贯彻实施农产品流通标准的通知　商建函[2011]42号
8. 国务院办公厅关于加强鲜活农产品流通体系建设的意见　国办发[2011]59号
9. 财政部 国家税务总局关于免征蔬菜流通环节增值税有关问题的通知　财税[2011]137号
10. 关于开展农产品现代流通试点的通知　财办建[2010]65号
11. 关于农产品现代流通综合试点指导意见的通知　商建字[2010]278号
12. 农业部关于加强农产品市场流通工作的意见　农市发[2005]12号

13. 关于加快农产品流通设施建设的若干意见 计经贸[2002]2668 号
14. 国务院关于进一步搞活农产品流通的通知 国发[1991]60 号
15. 国务院关于合作商业组织和个人贩运农副产品若干问题的规定 国发[1984]24 号
16. 国务院关于加强新阶段"菜篮子"工作的通知 国发[2002]15 号
17. 国务院办公厅关于统筹推进新一轮"菜篮子"工程建设的意见 国办发[2010]18 号
18. 绿色市场认证管理办法 2003 年第 14 号公告
19. 商务部 国家认监委关于进一步推动绿色市场建设有关问题的通知
20. 农副产品绿色批发市场国家标准 GB/T 19220-2003
21. 农副产品绿色零售市场认证标准 GB/T 19221-2003
22. 全国高效率鲜活农产品流通"绿色通道"建设实施方案 交公路发[2005]20 号
23. 关于进一步完善和落实鲜活农产品运输绿色通道政策的通知 交公路发[2009]784 号
24. 交通运输部 国家发改委 财政部关于进一步完善鲜活农产品运输绿色通道政策的紧急通知 交公路发[2010]715 号
25. 商务部 农业部关于开展农超对接试点工作的通知 商建发[2008]487 号
26. 教育部办公厅 农业部办公厅 商务部办公厅关于高校食堂农产品采购开展"农校对接"试点工作的通知 教发厅[2009]8 号
27. 商务部 财政部 农业部关于做好农产品"农超对接"试点工作的通知 商建发[2009]286 号
28. 商务部 农业部关于全面推进农超对接工作的指导意见 商建发[2011]43 号
29. 农业部办公厅关于组织编制《农产品批发市场建设专项规划》(2010—2015)的通知 农办市[2009]10 号
30. 农业部定点市场管理办法 农市发[2010]11 号
31. 农业部水产品批发市场信息采集管理暂行办法 农办渔[2010]5 号
32. 农业部 中国农业银行关于支持农产品批发市场建设的通知 农市发[2007]18 号
33. 农业部关于贯彻《农产品质量安全法》加强农产品批发市场质量安全监管工作的意见 农市发[2007]7 号
34. 商务部 农业部 国家税务总局 国家标准委关于开展农产品批发市场标准化

工作的通知 商建发[2005]30号

35. 农产品批发市场建设与管理指南(试行) 农市发[2004]10号
36. 国家发改委办公厅关于印发全国重点农产品批发市场信息系统和检验检测系统技术方案(试行)的通知 发改办经贸[2003]737号
37. 全国农产品批发市场发展规划纲要(2002—2005年) 农市发[2002]6号
38. 水产品批发市场管理办法 农渔发[1996]13号
39. 农业部全国"菜篮子工程"定点鲜活农产品中心批发市场管理办法(试行) 农办综[1996]91号
40. 国家工商行政管理局关于加快培育发展农副产品批发市场、工业品专业市场和生产资料市场的意见 工商市字[1992]第68号
41. 商务部 财政部关于实施标准化菜市场示范工程的通知 商商贸发[2009]290号
42. 关于供应港澳鲜活冷冻商品主动配额管理暂行规定
43. 供港澳蔬菜检验检疫监督管理办法 国家质量监督检验检疫总局令第120号
44. 关于扩大农产品出口的指导性意见 商贸发[2004]491号
45. 农产品出口"十一五"发展规划
46. 农产品进口关税配额管理暂行办法 中华人民共和国商务部 中华人民共和国国家发展和改革委员会令2003年第4号
47. 商务部关于调整《实行进口报告管理的大宗农产品目录》的公告 商务部公告2011年第6号
48. 商务部关于"十二五"期间加快肉类蔬菜流通追溯体系建设的指导意见
49. 商务部办公厅 财政部办公厅关于肉类蔬菜流通追溯体系建设试点指导意见的通知 商秩字[2010]279号
50. 全国肉类蔬菜流通追溯体系建设规范(试行)
51. 农垦农产品质量追溯系统建设项目管理办法(试行) 农办垦[2008]55号
52. 国务院关于组织和发展农副产品就地加工若干问题的规定
53. 农产品包装和标识管理办法 中华人民共和国农业部令第70号
54. 生鲜乳生产收购管理办法 中华人民共和国农业部令第15号
55. 生鲜乳收购站标准化管理技术规范 农牧发[2009]4号
56. 奶畜养殖和生鲜乳收购运输环节违法行为依法从重处罚的规定 农牧发[2011]4号
57. 农产品冷链物流发展规划 发改经贸[2010]1304号

58. 国务院办公厅关于进一步加强鲜活农产品运输和销售工作的通知 国办发明电[2008]9 号
59. 中华人民共和国农产品质量安全法 中华人民共和国主席令第 49 号
60. 农产品质量安全体系建设“十一五”规划 农市发[2006]25 号
61. 农产品批发市场食品安全操作规范(试行) 商运字[2008]43 号
62. 农产品质量安全发展“十二五”规划 农质发[2011]5 号
63. 农村市场体系建设“十一五”规划 商建发[2006]535 号
64. 商务部 国家工商行政管理总局 国家质量监督检验检疫总局 中华全国供销合作总社关于加强农村市场体系建设的意见 商建发[2008]183 号
65. 国家工商行政管理总局关于进一步加强农村市场监管维护农村市场秩序的通知 工商消字[2008]263 号
66. 新农村现代流通网络工程——农资现代经营服务网络示范要求 供销农字[2009]2 号
67. 商务部 国家邮政局关于共同推进农村流通网络建设的通知 商建发[2007]236 号
68. 商务部 中华全国供销合作总社关于共同推进农村流通网络建设进一步促进消费扩大内需的通知 商建发[2009]172 号
69. 商务部 国家发改委 工业和信息化部 财政部 农业部 国家工商行政管理总局 国家质量监督检验检疫总局 中华全国供销合作总社关于完善农业生产资料流通体系的意见 商建发[2009]98 号
70. 国务院关于改革化肥等农业生产资料流通体制的通知 国发[1994]45 号
71. 农业生产资料市场监督管理办法 国家工商行政管理总局令第 45 号
72. 商务部关于加快农机现代流通体系建设的意见 商建发[2011]431 号
73. 国务院关于深化化肥流通体制改革的通知 国发[1998]39 号
74. 化肥淡季商业储备管理办法 中华人民共和国国家发展和改革委员会 中华人民共和国财政部令第 26 号
75. 国务院关于进一步深化化肥流通体制改革的决定 国发[2009]31 号
76. 整顿棉花流通秩序工作方案 发改经贸[2004]2123 号
77. 国家经济体制改革委员会 商业部关于改革农村商品流通体制若干问题的试行规定
78. 关于进一步做好农村商品流通工作的意见 国办发[2004]57 号
79. 商务部 国家食品药品监督管理局关于完善农村商品流通网络有关问题的通知 商建发[2006]350 号

80. 商务部 财政部关于加快农产品流通网络建设推进“双百市场工程”的通知 商建发[2009]277 号
81. 家电下乡流通网点管理实施细则 商建发[2010]235 号
82. 财政部办公厅 商务部办公厅关于 2011 年开展肉菜流通可追溯体系建设试点有关问题的通知 财办建[2011]12 号
83. 商务部关于印发《肉类流通追溯体系基本要求》、《蔬菜流通追溯体系基本要求》等技术规范的通知
84. 农村物流服务体系发展专项资金管理办法 财建[2009]228 号
85. 关于推动农村邮政物流发展的意见 国办发[2009]42 号
86. 粮食质量监管实施办法(试行) 国粮发[2004]266 号
87. 国务院关于加快粮食流通体制改革的通知 国发[1993]9 号
88. 国务院关于进一步深化粮食流通体制改革的决定 国发[1998]15 号
89. 国务院关于进一步完善粮食流通体制改革政策措施的通知 国发[1999]11 号
90. 国务院关于进一步完善粮食流通体制改革政策措施的补充通知 国发[1999]20 号
91. 国务院关于进一步完善粮食生产和流通有关政策措施的通知 国发[2000]12 号
92. 国务院关于进一步深化粮食流通体制改革的意见 国发[2001]28 号
93. 国务院关于进一步深化粮食流通体制改革的意见 国发[2004]17 号
94. 国务院关于完善粮食流通体制改革政策措施的意见 国发[2006]16 号
95. 粮食流通管理条例 中华人民共和国国务院令第 407 号 2004 年 5 月 26
96. 粮食流通基设施“十二五”建设规划 国粮展[2012]3 号
97. 关于进一步促进粮食产销合作发展的指导意见 国粮调[2006]224 号
98. 商业部关于加强国务院市场调节粮管理的通知 [90]商贸粮字第 108 号
99. 商业部粮油调运管理规则 [89]商储(粮)字第 62 号
100. 国务院办公厅关于议价粮食收购和地区之间粮食调剂有关问题的通知 国办发明电[1989]20 号
101. 粮食系统内部省、自治区、直辖市间粮油调拨结算办法 [63]粮财字第 54 号
102. 粮食流通监督检查暂行办法 国粮检[2004]230 号
103. 关于进一步促进粮食批发市场发展的意见 国粮政[2005]192 号
104. 粮食收购条例 中华人民共和国国务院令第 244 号 1998 年 6 月 6 日

105. 关于严格执行粮食最低收购价和临时存储粮油收购政策有关问题的通知　发改电[2010]273号
106. 国务院关于做好当前粮食收购和储存工作的通知　国发[1996]44号
107. 国务院关于深化粮食购销体制改革的通知　国发[1994]32号
108. 国家粮食储备局直属库管理办法(试行)　国粮储[1996]155号
109. 国务院办公厅关于开展全国粮食清仓查库工作的通知　国办发[2008]118号
110. 粮油仓储管理办法　国家发展和改革委员会令第5号 2009年12月29日
111. 农户科学储粮专项管理办法　国粮展[2011]184号
112. "十二五"农户科学储粮专项建设规划　发改经贸[2011]587号
113. 国务院关于建立国家专项粮食储备制度的决定　国发[1990]55号
114. 中央储备粮管理条例　中华人民共和国国务院令第388号 2003年8月15日
115. 中央储备粮油轮换管理办法(试行)　国粮调[2001]209号
116. 中央储备粮代储资格认定办法实施细则　国粮通[2004]3号
117. 郑州粮食批发市场交易管理暂行规则　[90]商贸粮联字第209号
118. 中国郑州粮食批发市场中央储备粮竞价销售办法　中国郑州粮食批发市场 1999年11月8日
119. 粮食现代物流发展规划　发改经贸[2007]2136号
120. 粮食现代物流项目管理暂行办法　发改经贸[2008]413号
121. 关于进一步做好粮食现代物流项目建设工作的通知　国粮办展[2009]7号
122. 国家级粮食现代物流示范单位管理暂行办法　国粮办展[2012]132号
123. 国家粮食储备局粮食运输管理规则(试行)　国粮储[1997]255号
124. 关于进一步做好全社会粮食流通统计工作的通知　发改经贸[2005]376号
125. 商务部关于"十二五"期间推进生产资料流通现代化的指导意见　商流通发[2011]474号
126. 商务部关于完善生产资料流通体系的意见　商商贸发[2010]115号
127. 商务部关于"十二五"期间石油流通行业发展的指导意见　商运发[2011]413号
128. 中华人民共和国海关管道运输进口能源监管办法　海关总署令第204号 2011年10月24日

129. 关于缓解成品油调价对交通运输业影响严格控制连锁反应的通知　发改电[2008]217 号
130. 关于清理整顿成品油流通企业和规范成品油流通秩序的实施意见　国经贸贸易[1999]637 号
131. 国务院办公厅转发国家经委关于进一步压缩钢材库存报告的通知　国办发[1987]51 号
132. 国务院关于完善钢材进口管理的通知　国发[1994]第 49 号
133. 国家煤炭应急储备管理暂行办法　发改运行[2011]996 号
134. 关于加强煤炭进出口管理工作的通知　发改运行[2004]543 号
135. 国家发改委关于做好 2012 年煤炭产运需衔接工作的通知　发改运行[2011]2945 号
136. 国家发改委关于做好 2011 年煤炭产运需衔接工作的通知　发改运行[2010]2880 号
137. 国家发改委关于完善煤炭产运需衔接工作的指导意见　发改运行[2009]3178 号
138. 煤炭出口配额管理办法　国家发展和改革委员会 商务部 海关总署令第 7 号 2004 年 1 月 7 日
139. 国务院关于促进流通业发展的若干意见　国发[2005]19 号
140. 国务院办公厅关于搞活流通扩大消费的意见　国办发[2008]134 号
141. 商务部关于加强流通法律工作的若干意见　商法发[2005]400 号
142. 商务部 国家开发银行关于进一步推进开发性金融支持流通业发展的通知　商改发[2007]313 号
143. 流通领域商品质量监测办法　工商消字[2004]第 213 号
144. 国务院关于整顿和规范市场经济秩序的决定　国发[2001]11 号
145. 关于禁止公用企业限制竞争行为的若干规定　国家工商行政管理局令第 20 号
146. 工商行政管理机关查处垄断协议、滥用市场支配地位案件程序规定　国家工商行政管理总局令第 42 号
147. 深化流通体制改革试点方案　商改发[2004]654 号
148. 流通业改革发展纲要　商改发[2004]232 号
149. “十五”商品流通行业结构调整规划纲要　国经贸贸易[2002]773 号
150. 国家储备综合物资管理办法
151. 中央储备糖管理办法　中华人民共和国商务部 中华人民共和国国家发展

和改革委员会 中华人民共和国财政部令 2008 年第 1 号

152. 商务部关于“十二五”期间促进拍卖业发展的指导意见 商建发[2011]479 号
153. 二手车流通管理办法 中华人民共和国商务部 中华人民共和国公安部 国家工商行政管理总局 国家税务总局令 2005 年第 2 号
154. 关于进一步做好农村商品流通工作的报告 国发[1984]96
155. 商务部关于“十二五”期间促进拍卖业发展的指导意见 商流通发[2011]480 号
156. 商务部关于促进汽车流通业“十二五”发展的指导意见 商建发[2011]489 号
157. 关于保税区及保税物流园区贸易管理有关问题的通知 商资字[2005]76 号
158. 国家物资储备资金管理制度 财工字[1998]73 号
159. 国家物资储备资金管理制度补充规定 财经字[1998]276 号
160. 财政部 国家税务总局关于部分国家储备商品有关税收政策的通知 财税[2006]105 号
161. 商务部关于“十二五”期间促进旧货业发展的指导意见 商流通发[2011]479 号
162. 旧货流通管理办法 内贸行 1 联字[1998]第 6 号
163. 拍卖管理办法 中华人民共和国商务部令 2004 年第 24 号
164. 商务部 财政部关于完善流通领域市场监管公共服务体系的通知 商秩发[2009]271 号
165. 商务部关于“十二五”期间加强酒类流通管理的指导意见 商运发[2011]459 号
166. 药品流通监督管理办法 国家食品药品监督管理局令第 26 号
167. 关于促进连锁经营发展的若干意见 国办发[2002]49 号
168. 商业特许经营管理办法 中华人民共和国商务部令 2004 年第 25 号
169. 关于促进食盐流通现代化的若干意见 发改经贸[2003]1995 号
170. 酒类流通管理办法 中华人民共和国商务部令 2005 年第 25 号
171. 关于加强药品流通行业管理的通知 商秩发[2009]571 号
172. 全国药品流通行业发展规划纲要(2011—2015 年)
173. 典当管理办法 商务部、公安部令 2005 年第 8 号
174. 关于全面推进政府采购制度改革的意见 国办发[2003]74 号

175. 商务部关于促进中小流通企业改革和发展的指导意见　商改发[2005]485号
176. 商务部关于加快我国流通领域现代物流发展的指导意见　商改发[2008]53号
177. 商务部关于开展流通领域现代物流示范工作的通知　商贸发[2009]434号
178. 商贸物流发展专项规划　商商贸发[2011]67号
179. 国务院办公厅关于加快电子商务发展的若干意见　国办发[2005]2号
180. 关于促进电子商务健康快速发展有关工作的通知　发改办高技[2012]226号
181. 2012年电子商务工作要点　商电字[2012]18号
182. 电子商务"十二五"发展规划　工信部规[2011]556号
183. 商务部关于加快流通领域电子商务发展的意见　商商贸发[2009]540号
184. 大宗商品电子交易规范　中华人民共和国国家标准 GB/T 18769-2003
185. 第三方电子商务交易平台服务规范　中华人民共和国商务部公告2011年第18号
186. 电子商务模式规范　中华人民共和国国内贸易行业标准 SB/T 10518-2009
187. 网络交易服务规范　中华人民共和国商务部公告2009年第21号
188. 网络交易平台服务规范　中国电子商务协会政策法律委员会2004年9月
189. 关于开展打击网络传销违法犯罪专项行为的通知　工商直字[2011]138号
190. 关于进一步推进网络购物领域打击侵犯知识产权和制售假冒伪劣商品行动的通知　商商贸发[2011]119号
191. 物联网"十二五"发展规划　工信部规[2011]552号
192. 国务院关于加快发展服务业的若干意见　国发[2007]7号
193. 国务院办公厅关于加快发展服务业若干政策措施的实施意见　国办发[2008]11号
194. 服务贸易发展"十二五"规划纲要　商服贸发[2011]340号
195. 中华人民共和国货物进出口管理条例　中华人民共和国国务院令第332号 2001年12月10日
196. 货物自动进口许可管理办法　商务部 海关总署令2004年第26号
197. 货物进口许可证管理办法　商务部令2004年第27号
198. 货物出口许可证管理办法　商务部令2004年第28号

199. 出口商品配额管理办法　对外贸易经济合作部令 2001 年第 12 号
200. 国家税务总局关于出口货物退(免)税有关问题的通知　国税函[2010] 1 号
201. 出口货物退(免)税管理办法(试行)　国税发[2005]51 号
202. 国家税务总局关于出口货物退(免)税管理有关问题的通知　国税发[2004]64 号
203. 商务部关于进一步做好物流领域吸引外资工作的通知　商资函[2006] 38 号
204. 关于开展试点设立外商投资物流企业工作有关问题的通知　外经贸资一函[2002]615 号
205. 外商投资国际货物运输代理业管理规定　对外贸易经济合作部令 2001 年第 31 号
206. 海峡两岸空运协议　2008 年 11 月 4 日
207. 海峡两岸海运协议　2008 年 11 月 4 日
208. 海峡两岸邮政协议　2008 年 11 月 4 日
209. 海峡两岸空运补充协议　2009 年 4 月 26 日
210. 海峡两岸农产品检疫检验合作协议　2009 年 12 月 22 日
211. 海峡两岸标准计量检验认证合作协议　2009 年 12 月 22 日
212. 关于促进两岸海上直航政策措施的公告　中华人民共和国交通运输部公告 2009 年第 21 号
213. 关于公布进一步促进海峡两岸海上直航政策措施的公告　中华人民共和国交通运输部公告 2009 年第 54 号
214. 关于促进台湾海峡两岸海上直航政策措施及实施事项的公告　中华人民共和国交通部公告 2007 年第 22 号
215. 台湾海峡两岸直航船舶监督管理暂行办法　中华人民共和国交通运输部海船舶[2008]597 号
216. 关于海峡两岸海上直航营业税和企业所得税政策的通知　财税[2009] 4 号
217. 关于台湾海峡两岸间海上直航实施事项的公告　中华人民共和国交通运输部公告 2008 年第 38 号
218. 关于网上办理台湾海峡两岸间船舶营运证的通知　中华人民共和国交通运输部办公厅厅水字[2008]62 号
219. 关于报台湾海峡两岸间海上货物运输运量统计报表的通知

220. 关于海峡两岸空中直航营业税和企业所得税政策的通知　财税[2010]63 号
221. 关于台湾海峡两岸间货物运输代理业管理办法　中华人民共和国对外贸易经济合作部 1996 年 8 月 21 日
222. 内地与香港关于建立更紧密经贸关系的安排
223. 内地与澳门关于建立更紧密经贸关系的安排
224. 中国人民共和国货物进出口管理条例　中华人民共和国国务院令第 332 号
225. 中华人民共和国进出口货物原产地条例　中华人民共和国国务院令第 416 号
226. 中华人民共和国海关进出口货物优惠原产地管理规定　中华人民共和国海关总署令第 181 号
227. 中华人民共和国海关进出口货物申报管理规定　中华人民共和国海关总署令第 103 号
228. 中华人民共和国海关进出口货物集中申报管理办法　中华人民共和国海关总署令第 169 号
229. 中华人民共和国进出口商品检验法　中华人民共和国主席令第 67 号
230. 中华人民共和国进出口商品检验法实施条例　中华人民共和国国务院令第 447 号
231. 中华人民共和国海关进出口货物商品归类管理规定　中华人民共和国海关总署令第 158 号
232. 中华人民共和国海关进出口货物查验管理办法　中华人民共和国海关总署令第 138 号
233. 进出口肉类产品检验检疫监督管理办法　国家质量监督检验检疫总局令第 136 号
234. 中华人民共和国海关对保税仓库及所存货物的管理规定　中华人民共和国海关总署令第 105 号
235. 关于执行《中华人民共和国海关对保税仓库及所存货物的管理规定》有关问题　中华人民共和国海关总署公告 2004 年第 14 号
236. 中华人民共和国海关对保税物流园区的管理办法　中华人民共和国海关总署令第 190 号
237. 关于公告保税物流园区统计办法　中华人民共和国海关总署公告 2005 年第 71 号

238. 国务院关于修改《中华人民共和国公路管理条例》的决定　中华人民共和国国务院令第 543 号 2008 年 12 月 27 日
239. 商务部关于流通服务业节能减排工作的指导意见　商商贸发[2010]397 号
240. 公路水路交通运输节能减排"十二五"规划　交政法发[2011]315 号
241. 交通运输节能减排专项资金管理暂行办法　财建[2011]374 号
242. 关于港口节能减排工作的指导意见　交水发[2007]747 号
243. 商务部关于"十二五"期间流通服务业节能减排工作的指导意见　商流通发[2011]468 号
244. 中华人民共和国海关对保税物流中心(A 型)的暂行管理办法　中华人民共和国海关总署令第 129 号
245. 中华人民共和国海关对保税物流中心(B 型)的暂行管理办法　中华人民共和国海关总署令第 130 号
246. 保税物流中心(B 型)税收管理办法　国税发[2004]150 号
247. 中华人民共和国财政部、海关总署、国家税务总局关于保税物流中心(B 型)扩大试点期间适用税收政策的通知　财税[2007]125 号
248. 中华人民共和国国家税务总局关于保税物流中心及出口加工区功能拓展有关税收问题的通知　国税函[2009]145 号
249. 中华人民共和国海关监管场所管理办法　中华人民共和国海关总署令第 171 号
250. 中华人民共和国海关对出口监管仓库及所存货物的管理办法　中华人民共和国海关总署令第 133 号
251. 中华人民共和国海关对进出境快件监管办法　中华人民共和国海关总署令第 147 号
252. 中华人民共和国海关对进口展览品监管办法　署监[1997]115 号
253. 关于部分进入特殊监管区域的货物不征收出口关税和退税　中华人民共和国海关总署公告 2008 年第 34 号
254. 中华人民共和国海关进出境运输工具监管办法　中华人民共和国海关总署令第 196 号
255. 关于《中华人民共和国海关关于境内公路承运海关监管货物的运输企业及其车辆、驾驶员的管理办法》有关问题　中华人民共和国海关总署公告 2007 年第 43 号
256. 中华人民共和国海关对用于装载海关监管货物的集装箱和集装箱式货车

车厢的监管办法　中华人民共和国海关总署令第 110 号

257. 中华人民共和国海关总署关于修改《中华人民共和国海关关于境内公路承运海关监管货物的运输企业及其车辆、驾驶员的管理办法》的决定　中华人民共和国海关总署令第 121 号

258. 中华人民共和国海关关于转关货物监管办法　中华人民共和国海关总署令第 89 号

259. 关于开展内外贸集装箱同船运输以及中国籍国际航行船舶承运转关运输货物试点工作　中华人民共和国海关总署公告 2005 年第 3 号

260. 关于决定实施跨关区“属地申报,口岸验放”通关模式　中华人民共和国海关总署公告 2006 年第 43 号

261. 关于开展内贸货物跨境运输试点工作　中华人民共和国海关总署公告 2007 年第 5 号

262. 中华人民共和国海关对过境货物监管办法　中华人民共和国海关总署令第 38 号

263. 关于吉林省开展内贸货物跨境运输试点　中华人民共和国海关总署公告 2010 年第 49 号

264. 中华人民共和国海关暂时进出境货物管理办法　中华人民共和国海关总署令第 157 号

265. 关于发布暂时进出境货物管理办法有关事宜　中华人民共和国海关总署公告 2007 年第 48 号

266. 关于开展国际服务外包业务进口货物保税监管试点工作的公告　中华人民共和国海关总署公告 2009 年第 85 号

267. 关于全面推广实施国际服务外包业务进口货物保税监管模式　中华人民共和国海关总署公告 2010 年第 39 号

268. 中华人民共和国海关总署、国家税务总局关于扩大出口监管仓库入仓退税政策试点范围的通知　署加发[2007]494 号

269. 中华人民共和国海关进出口货物征税管理办法　中华人民共和国海关总署令第 124 号

270. 中华人民共和国海关进出口货物减免税管理办法　中华人民共和国海关总署令第 179 号

271. 中华人民共和国海关计核涉嫌走私的货物、物品偷逃税款暂行办法　中华人民共和国海关总署令第 97 号

272. 中华人民共和国交通运输部关于加快推进交通电子口岸建设指导意见

交水发[2010]670 号

273. 铁路运营食品安全管理办法　卫监督发[2010]79 号
274. 流通领域食品安全管理办法　中华人民共和国商务部令 2007 年第 1 号
275. 食品流通许可证管理办法　中华人民共和国国家工商行政管理总局令第 44 号
276. 关于印发《食品市场主体准入登记管理制度》等流通环节食品安全监管八项制度的通知　工商食字[2009]176 号
277. 流通环节食品安全监督管理办法　中华人民共和国国家工商行政管理总局令第 43 号
278. 关于认真做好流通环节食品抽样检验工作的通知　工商食字[2009]183 号
279. 2010 年流通环节食品安全整顿工作方案　工商食字[2010]51 号
280. 超市食品安全操作规范(试行)　商运字[2006]122 号
281. 流通环节食品安全示范店规范指导意见　工商食字[2009]219 号
282. 进出口水产品检验检疫监督管理办法　国家质量监督检验检疫总局令第 135 号
283. 进出口肉类产品检验检疫监督管理办法　国家质量监督检验检疫总局令第 136 号
284. 食品召回管理规定　国家质量监督检验检疫总局令第 98 号
285. 2008 年流通领域食品安全调查报告
286. 关于加快发展现代交通业的若干意见　交科教发[2007]761 号
287. 交通运输“十二五”发展规划　交规划发[2011]191 号
288. 关于进一步完善投融资政策促进普通公路持续健康发展的若干意见　国办发[2011]22 号
289. “十一五”综合交通体系发展规划　发改交运[2007]3044 号
290. 综合交通网中长期发展规划　发改交运[2007]3045 号
291. 中华人民共和国公路法　中华人民共和国主席令第 19 号 2004 年 8 月 28 日
292. 中华人民共和国公路管理条例实施细则　中华人民共和国交通运输部令 2009 年第 8 号
293. 公路网规划编制办法　交规划发[2010]112 号
294. 国家公路运输枢纽布局规划　交规划发[2007]220 号
295. 公路运输枢纽总体规划编制办法　交规划发[2007]365 号

296. 收费公路管理条例　中华人民共和国国务院令第 417 号 2004 年 9 月 13 日
297. 国家高速公路网规划　交规划发[2005]40 号
298. 交通运输部关于加强高速公路服务设施建设管理工作的指导意见　交公路法[2009]31 号
299. 农村公路管理养护体制改革方案　国办发[2005]49 号
300. 全国农村公路建设规划　发改交运[2005]294 号
301. 公路水路交通"十一五"发展规划　交规划发[2006]484 号
302. 公路水路交通节能中长期规划纲要　交规划发[2008]331 号
303. 公路水路交通中长期科技发展规划纲要(2006—2020)　交科教发[2005]439 号
304. 公路水路交通运输信息化"十二五"发展规划　交规划发[2011]192 号
305. 公路水路交通信息化"十一五"发展规划(简要本)　交规划发[2006]210 号
306. 公路、水路交通结构调整意见　中华人民共和国交通部 2001 年 5 月 8 日
307. 公路水路交通结构调整指导意见　交规划发[2008]86 号
308. 中华人民共和国铁路法　中华人民共和国主席令第 32 号 1990 年 9 月 7 日
309. 关于进一步加强铁路建设管理的若干意见　铁办[2011]68 号
310. 中长期铁路网规划(2008 年调整)　发改基础[2008]2901 号
311. 中华人民共和国港口法　中华人民共和国主席令第 5 号 2003 年 6 月 28 日
312. 港口规划管理规定　中华人民共和国交通部令 2007 年第 11 号
313. 港口经营管理规定　中华人民共和国交通运输部令 2009 年第 13 号
314. 全国沿海港口布局规划　发改交运[2006]1886 号
315.《长江三角洲、珠江三角洲、渤海湾三区域沿海港口建设规划(2004—2010 年)》(内容简介)　2004 年 12 月 22 日,第 74 次国务院常务会议审议并原则通过
316. 中华人民共和国河道管理条例　中华人民共和国国务院令第 3 号 1988 年 6 月 10 日
317. 国务院关于加快长江等内河水运发展的意见　国发[2011]2 号
318. "十二五"期长江黄金水道建设总体推进方案　交水发[2011]291 号
319. 关于合力推进长江黄金水道建设的若干意见　交水发[2009]319 号

320. 全国内河航道与港口布局规划　发改交运[2007]1370号
321. 国务院关于修改《中华人民共和国航道管理条例》的决定　中华人民共和国国务院令第545号 2008年12月27日
322. 关于修改《中华人民共和国航道管理条例实施细则》的决定　中华人民共和国交通运输部令2009年第9号
323. 航道建设管理规定　中华人民共和国交通部令2007年第3号
324. 中华人民共和国民用航空法　中华人民共和国主席令第56号 1995年10月30日
325. 外国航空运输企业航线经营许可规定　中国民用航空局令第192号 2008年6月11日
326. 中华人民共和国车船税法　中华人民共和国主席令第43号 2011年2月25日
327. 中华人民共和国车船税法实施条例　中华人民共和国国务院令第611号 2011年12月5日
328. 中华人民共和国船舶吨税暂行条例　中华人民共和国国务院令第610号 2011年12月5日
329. 中华人民共和国海关船舶吨税暂行办法　海关总署1952年9月29日发布 2011年1月8日修订
330. 关于促进道路运输业又好又快发展的若干意见　交公路发[2007]610号
331. 国防交通条例　中华人民共和国国务院、中华人民共和国中央军事委员会令第173号 1995年2月24日
332. 中华人民共和国道路运输条例　中华人民共和国国务院令第406号 2004年4月30日
333. 公路货物运输合同实施细则　交公路字[86]901号
334. 道路运输业"十二五"发展规划纲要　交运发[2011]590号
335. 道路运输业发展规划纲要(2001—2010)　交公路发[2001]698号
336. 高速公路交通应急管理程序规定　公通字[2008]54号
337. 关于加强道路运输车辆动态监管工作的通知　交运发[2011]80号
338. 关于修改《道路货物运输及站场管理规定》的决定　中华人民共和国交通运输部令2009年第3号
339. 公路安全保护条例　中华人民共和国国务院令第593号 2011年3月7日
340. 关于推动公路水路交通运输行业IC和RFID技术应用的指导意见　交科技发[2009]563号

341. 交通运输部 发展改革委 财政部关于促进高速公路应用联网电子不停车收费技术的若干意见　交公路发[2010]726 号
342. 交通运输部关于进一步加强道路运输市场诚信体系建设的意见　交运发[2011]157 号
343. 国务院关于修改《机动车交通事故责任强制保险条例》的决定　中华人民共和国国务院令第 618 号 2012 年 3 月 30 日
344. 铁路货物运价规则　铁运[2005]46 号
345. 铁路集装箱运输规则　铁运[2007]203 号
346. 国内水路运输经营资质管理规定　中华人民共和国交通运输部令 2008 年第 2 号
347. 铁路运输安全保护条例　中华人民共和国国务院令第 430 号 2004 年 12 月 27 日
348. 中华人民共和国内河交通安全管理条例　中华人民共和国国务院令第 355 号 2002 年 6 月 28 日
349. 关于加强内河集装箱运输安全管理的通知　交水发[2009]498 号
350. 国务院关于修改《中华人民共和国水路运输管理条例》的决定　中华人民共和国国务院令第 544 号 2008 年 12 月 27 日
351. 关于修改《中华人民共和国水路运输服务业管理规定》的决定　中华人民共和国交通运输部令 2009 年第 5 号
352. 水路货物运输合同实施细则　交通部 1986 年 12 月 1 日发布 2011 年 1 月 8 日修订
353. 关于修改《水路运输管理条例实施细则》的决定　中华人民共和国交通运输部令 2009 年第 6 号
354. 关于修改《水路运输违章处罚规定(试行)》的决定　中华人民共和国交通运输部令 2009 年第 7 号
355. 中华人民共和国船员条例　中华人民共和国国务院令第 494 号 2007 年 4 月 14 日
356. 中华人民共和国交通部关于上海航运交易所管理规定　中华人民共和国交通部令 1996 年第 8 号
357. 关于修改《国内船舶管理业规定》的决定　中华人民共和国交通运输部令 2009 年第 1 号
358. 中华人民共和国船舶识别号管理规定　中华人民共和国交通运输部令 2010 年第 4 号

359. 快递市场管理办法　中华人民共和国交通运输部令 2008 年第 4 号
360. 中华人民共和国邮政行业标准《快递服务》　YZ/T 0128-2007
361. 快递业务经营许可管理办法　中华人民共和国交通运输部令 2009 年第 12 号
362. 快递业务经营许可条件审核规范　国家邮政局 2009 年 9 月 30 日
363. 京津冀地区快递服务发展规划(2010—2014)　国家邮政局 2010 年 7 月 29 日
364. 关于进一步加强寄递物品安全监管工作的通告　国邮发[2008]159 号
365. 关于切实加强寄递物品安全监管工作的通知　国邮发[2008]87 号
366. 寄递服务企业收寄物品安全管理规定(试行)　国邮发[2008]21 号
367. 国家邮政局关于快递企业兼并重组的指导意见　国邮发[2001]108 号
368. 快递企业等级评定管理办法(试行)　国家邮政局 2011 年 8 月 30 日
369. 国务院办公厅关于加强车辆超限超载治理工作的通知　国办发[2005]30 号
370. 关于加强道路货运车辆超限超载源头治理工作的通知　交运发[2011]355 号
371. 公路超限检测站管理办法　中华人民共和国交通运输部令 2011 年第 7 号
372. 超限运输车辆行驶公路管理规定　中华人民共和国交通部令 2000 年第 2 号
373. 交通部关于禁止运输和装卸超重集装箱的通知　交水发[2000]187 号
374. 关于车辆超限超载治理工作中规范收费罚款等有关问题的通知　交公路发[2004]334 号
375. 关于修改《道路危险货物运输管理规定》的决定　中华人民共和国交通运输部令 2010 年第 5 号
376. 道路危险货物运输管理规定　中华人民共和国交通部令 2005 年第 9 号
377. 关于农药运输的通知　交水发[2009]162 号
378. 放射性物品道路运输管理规定　中华人民共和国交通运输部令 2010 年第 6 号
379. 放射性物品运输安全管理条例　中华人民共和国国务院令第 562 号 2009 年 9 月 14 日
380. 放射性物品运输安全许可管理办法　中华人民共和国环境保护部令第 11 号 2010 年 9 月 25 日
381. 水路运输易流态化固体散装货物安全管理规定　交水发[2011]638 号

382. 中华人民共和国车辆购置税暂行条例　中华人民共和国国务院令第294号2000年10月22日

383. 国家税务总局关于修改《车辆购置税征收管理办法》的决定　国家税务总局令第27号2011年12月19日

384. 中华人民共和国车船税暂行条例　中华人民共和国国务院令第482号2006年12月29日

385. 机动车安全技术检验机构监督管理办法　国家质量监督检验检疫总局令第121号2009年10月13日

386. 中华人民共和国船舶安全检查规则　中华人民共和国交通运输部令2009年第15号

387. 关于修改《老旧运输船舶管理规定》的决定　中华人民共和国交通运输部令2009年第14号

388. 道路运输车辆燃料消耗量检测和监督管理办法　中华人民共和国交通运输部令2009年第11号

389. 公路水路交通运输环境保护"十二五"发展规划　交规划发[2012]18号

390. 公路水路交通运输节能减排"十二五"规划　交政法发[2011]315号

391. 交通运输节能减排专项资金管理暂行办法　财建[2011]374号

392. 关于全面清理涉及交通和车辆收费的通知　财综[2009]6号

393. 货物运输业营业税纳税人认定和年审试行办法　国税发[2003]121号

394. 关于公布取消公路养路费等涉及交通和车辆收费项目的通知　财综[2008]84号

395. 关于加快铁水联运发展的指导意见　交水发[2011]544号

396. 关于加强联运行业管理工作的通知　发改运行[2006]469号

397. 全国人民代表大会常务委员会关于修改《中华人民共和国道路交通安全法》的决定　中华人民共和国主席令第81号2007年12月29日

398. 中华人民共和国道路交通安全法实施条例　中华人民共和国国务院令第405号2004年4月30日

399. 交通运输突发事件应急管理规定　中华人民共和国交通运输部令2011年第9号

400. 中华人民共和国国际海运条例　中华人民共和国国务院令第335号2001年12月11日

401. 中华人民共和国国际海运条例实施细则　交通部令2003年第1号

402. 关于促进我国国际海运业平稳有序发展的通知　交水发[2012]262号

403. 中华人民共和国交通部航行国际航线船舶及外贸进出口货物理货费收规则 交通部 1993 年 5 月 1 日
404. 外商投资国际海运业管理规定 交通部 商务部令 2004 年第 1 号
405. 关于试行无船承运业务经营者保证金责任保险的通知 交水发[2010]533 号
406. 中华人民共和国国际货物运输代理业管理规定实施细则 商务部公告 2003 年第 82 号
407. 外商投资国际货物运输代理企业管理办法 对外贸易经济合作部 2002 年第 65 号公告 2005 年 10 月 19 日商务部第 15 次会议修订
408. 外商投资国际货物运输代理企业审批规定 [1996]外经贸资发第 58 号
409. 关于国际货物运输代理企业登记和管理有关问题的通知 商贸发[2005]32 号
410. 对外贸易经济合作部关于规范国际货运代理业管理工作的通知 [2001]外经贸发展运函字第 278 号
411. 中国国际货运代理行业诚信公约 中国国际货运代理协会 2005 年 2 月 21 日
412. 关于加强对班轮公会和运价协议组织监管的公告 交通部公告 2007 年第 10 号
413. 关于国际集装箱班轮运价备案实施办法的公告 交通运输部公告 2009 年第 20 号
414. 融资租赁船舶出口退税管理办法 国税发[2010]52 号
415. 国际道路运输管理规定 交通运输部令 2005 年第 3 号 2005 年 4 月 13 日
416. 中华人民共和国海关计核违反海关监管规定案件货物、物品价值办法 海关总署令第 182 号 2009 年 1 月 22 日
417. 中华人民共和国海关计核涉嫌走私的货物、物品偷逃税款暂行办法 海关总署令第 97 号 2002 年 10 月 8 日
418. 中国民用航空货物国际运输规则 中国民用航空总局令第 91 号 2000 年 4 月 21 日
419. 统一国际航空运输某些规则的公约 1999 年 5 月 28 日签订于蒙特利尔
420. 物流业调整和振兴规划 国发[2009]8 号
421. 国务院办公厅关于促进物流业健康发展政策措施的意见 国办发[2011]38 号
422. 关于促进我国现代物流业发展的若干意见 发改运行[2004]1617 号

423. 关于加快我国现代物流发展的若干意见　国经贸运行[2001]189 号
424. 关于鼓励和引导民间投资进入物流领域的实施意见　发改经贸[2012]1619 号
425. 商务部关于推进现代物流技术应用和共同配送工作的指导意见　商流通发[2012]211 号
426. 国家发改委关于继续组织实施社会物流统计核算与报表制度的通知　发改运行[2010]2040 号
427. 关于在上海市开展交通运输业和部分现代服务业营业税改增值税试点的通知　财税[2011]111 号
428. 关于交通运输业和部分现代服务业营业税改增值税试点若干税收政策的补充通知　财税[2012]53 号
429. 财政部 国家税务总局关于物流企业大宗商品仓储设施用地城镇土地使用税政策的通知　财税[2012]13 号
430. 关于中国邮政集团公司邮政速递物流业务重组改制有关税收问题的通知　财税[2011]116 号
431. 国家税务总局关于物流企业缴纳企业所得税问题的通知　国税函[2006]270 号
432. 关于开展物流园区发展规划调研活动的通知　发改办经贸函[2010]867 号
433. 商务部 财政部开展主食加工配送中心建设试点工作　商财发[2008]351 号
434. 关于加强主食加工配送中心信息管理系统建设的通知　商务部商贸服务管理司 2010 年 5 月 6 日
435. 关于开展物流信息化典型发现和试点示范工作的通知　工业和信息化部信息化推进司 2010 年 1 月 12 日
436. 全国物流标准 2005—2010 年发展规划　国家标准化管理委员会等 8 部委联合印发 2005 年 6 月 28 日
437. 关于印发《全国物流标准专项规划》的通知　国标委服务联[2010]42 号
438. 第三方物流服务质量要求　GB/T 24359-2009
439. 中华人民共和国国家标准《物流术语》　GB/T 18354-2006
440. 2011 年全国物流运行情况通报　国家发展和改革委员会 国家统计局 中国物流与采购联合会 2012 年 2 月 13 日
441. 中华人民共和国海关对保税物流中心(A 型)的暂行管理办法　中华人民

共和国海关总署令第 129 号 2005 年 6 月 23 日
442. 中华人民共和国海关对保税物流中心(B 型)的暂行管理办法　中华人民共和国海关总署令第 130 号 2005 年 6 月 23 日
443. 保税物流中心(B 型)税收管理办法　国税发[2004]150 号
444. 关于保税物流中心(B 型)扩大试点期间适用税收政策的通知　财税[2007]125 号
445. 中华人民共和国海关对保税物流园区的管理办法　中华人民共和国海关总署令第 190 号 2010 年 3 月 15 日
446. 关于保税区及保税物流园区贸易管理有关问题的通知　商务部办公厅 海关总署办公厅 2005 年 7 月 13 日
447. 关于公告保税物流园区统计办法　中华人民共和国海关总署公告 2005 年第 71 号
448. 中华人民共和国海关对保税仓库及所存货物的管理规定　中华人民共和国海关总署令第 105 号 2003 年 12 月 5 日
449. 关于执行《中华人民共和国海关对保税仓库及所存货物的管理规定》有关问题　中华人民共和国海关总署公告 2004 年第 14 号
450. 保税区检验检疫监督管理办法　中华人民共和国国家质量监督检验检疫总局令第 71 号 2005 年 1 月 12 日
451. 商务部关于加快我国流通领域现代物流发展的指导意见　商改发[2008]53 号
452. 商务部关于开展流通领域现代物流示范工作的通知　商商贸发[2009]434 号
453. 商务部关于公布全国流通领域现代物流示范城市名单的通知　商商贸函[2010]85 号
454. 商贸物流发展专项规划　商商贸发[2011]67 号
455. 关于加强药品监督管理促进药品现代化物流发展的意见　国食药监市[2005]160 号
456. 粮食现代物流发展规划　发改经贸[2007]2136 号
457. 粮食现代物流项目管理暂行办法　发改经贸[2008]413 号
458. 关于进一步做好粮食现代物流项目建设工作的通知　国粮办展[2009]7 号
459. 农村物流服务体系发展专项资金管理办法　财建[2009]228 号
460. 关于推动农村邮政物流发展的意见　国办发[2009]42 号

461. 农产品冷链物流发展规划 发改经贸[2010]1304 号
462. 全国高效率鲜活农产品流通“绿色通道”建设实施方案 交公路发[2005]20 号
463. 国务院办公厅关于进一步加强鲜活农产品运输和销售工作的通知 国办发明电[2008]9 号
464. 关于进一步完善和落实鲜活农产品运输绿色通道政策的通知 交公路发[2009]784 号
465. 交通运输部 国家发展改革委 财政部关于进一步完善鲜活农产品运输绿色通道政策的紧急通知 交公路发[2010]715 号
466. 冷藏食品物流包装、标志、运输和储存 GB/T 24616-2009
467. 东北地区物流业发展规划 发改东北[2011]2590 号
468. 关于共同加快物流业发展的战略合作协议书 长春市 大连市 哈尔滨市 沈阳市 2005 年 6 月 8 日
469. 关于促进制造业与物流业联动发展的意见 全国现代物流工作部际联席会议办公室 2010 年 4 月 9 日
470. 中华人民共和国国际货物运输代理业管理规定实施细则 中华人民共和国商务部公告 2003 年第 82 号
471. 国际货运代理企业备案(暂行)办法 中华人民共和国商务部令 2005 年第 9 号 2005 年 3 月 2 日
472. 商务部办公厅关于国际货代业务有关问题的通知 商办贸函[2010]155 号
473. 商务部、国家工商行政管理总局关于国际货物运输代理企业登记和管理有关问题的通知 商贸发[2005]32 号
474. 对外贸易经济合作部关于规范国际货运代理业管理工作的通知 [2001]外经贸发展运函字第 278 号
475. 中国国际货运代理行业诚信公约 中国国际货运代理协会 2005 年 2 月 21 日
476. 外商投资国际货物运输代理企业管理办法 中华人民共和国商务部令第 19 号 2005 年 12 月 1 日
477. 外商投资国际货物运输代理业管理规定 中华人民共和国对外贸易经济合作部令第 31 号 2001 年 12 月 19 日
478. 商务部关于进一步做好物流领域吸引外资工作的通知 商资函[2006]第 38 号

479. 关于开展试点设立外商投资物流企业工作有关问题的通知 外经贸资一函[2002]615号
480. 物联网"十二五"发展规划 工业和信息化部2011年11月28日
481. 国家发展改革委办公厅关于组织实施2012年物联网技术研发及产业化专项的通知 发改办高技[2012]1203号
482. 物联网发展专项资金管理暂行办法 财企[2011]64号
483. 国家税务总局关于试点物流企业有关税收政策问题的通知 国税发[2005]208号
484. 2011年全国重点企业物流统计调查报告 国家发展改革委经济运行调节局等3部委2011年12月
485. 物流企业分类与评估指标 GB/T 19680-2005
486. 物流企业综合评估申报与审核暂行办法 中国物流与采购联合会物流企业综合评估委员会第1次会议2005年7月7日
487. 物流企业综合评估暂行办法 中国物流与采购联合会物流企业综合评估委员会第1次会议2005年7月7日
488. 关于开展物流企业信用评级的通知 物联行字[2007]18号
489. 再生资源回收管理办法 商务部 国家发展和改革委员会 公安部 建设部 国家工商行政管理总局 国家环境保护总局令2007年第8号
490. 商务部关于进一步推进再生资源回收行业发展的指导意见 商商贸发[2010]187号
491. 商务部 财政部关于加快推进再生资源回收体系建设的通知 商商贸发[2009]142号
492. 关于再生资源增值税退税政策若干问题的通知 财税[2009]119号
493. 财政部 国家税务总局关于再生资源增值税政策的通知 财税[2008]157号
494. 财政部下发补充通知进一步明确办理再生资源增值税退税程序 财监[2009]7号
495. 国务院办公厅关于建立完整的先进的废旧商品回收体系的意见 国办发[2011]49号
496. 报废汽车回收管理办法 中华人民共和国国务院令第307号2001年6月16日
497. 废旧金属收购业治安管理办法 公安部令第16号1994年1月25日
498. 中华人民共和国固体废物污染环境防治法 1995年10月30日第八届全

国人民代表大会常务委员会第十六次会议通过 2004 年 12 月 29 日修订

499. 固体废物鉴别导则(试行) 国家环境保护总局 国家发展和改革委员会 商务部 海关总署 国家质量监督检验检疫总局公告 2006 年第 11 号

500. 关于对重点固体废物实施分类装运管理 海关总署公告 2010 年第 21 号

501. 进口可用作原料的固体废物检验检疫监督管理办法 国家质量监督检验检疫总局令第 119 号 2009 年 8 月 21 日

502. 固体废物进口管理办法 环境保护部 商务部 国家发展和改革委员会 海关总署 国家质量监督检验检疫总局令 2011 年第 12 号

503. 国务院办公厅关于加强地沟油整治餐厨废弃物管理的意见 国办发[2010]36 号

504. 循环经济发展专项资金支持餐厨废弃物资源化利用和无害化处理试点城市建设实施方案 发改办环资[2011]1111 号

505. 关于组织开展城市餐厨废弃物资源化利用和无害化处理试点工作的通知 发改办环资[2010]1020 号

506. 关于进一步加强城市生活垃圾处理工作的意见 国发[2011]9 号

507. 城市生活垃圾管理办法 建设部令第 157 号 2007 年 4 月 28 日

508. 废弃电器电子产品回收处理管理条例 中华人民共和国国务院令第 551 号 2009 年 2 月 25 日

509. 医疗废物管理条例 中华人民共和国国务院令第 380 号 2003 年 6 月 16 日

510. 城市放射性废物处理办法 [87]环放字第 239 号

511. 放射性物品运输安全管理条例 中华人民共和国国务院令第 562 号 2009 年 9 月 14 日

512. 水路运输易流态化固体散装货物安全管理规定 交水发[2011]638 号

以上目录索引参见中国物资出版社 2011 年 8 月至 2012 年 11 月出版的《中国现代流通体系规划与建设政策文献汇编》第一辑至第二十辑。

参考文献

[1] 王之泰.新编现代物流学[M].3版.北京:首都经济贸易大学出版社,2012.
[2] 吴润涛等.物流学及其应用[M].北京:经济科学出版社,1987.
[3] 金若楠,张文杰.现代综合物流管理[M].北京:中国铁道出版社,1994.
[4] 翁心刚.物流管理基础[M].4版.北京:中国财富出版社,2013.
[5] 崔介何.物流学概论[M].北京:中国计划出版社,1997.
[6] 吴清一.物流学[M].北京:中国建材工业出版社,1996.
[7] 唐纳德·鲍尔索克斯,戴维·克劳斯.物流管理——供应链过程的一体化[M].北京:机械工业出版社,1999.
[8] 汤浅和夫.物流管理入门[M].北京:中国铁道出版社,1982.
[9] 中田信哉.物流浅论[M].北京:新华出版社,1983.
[10] 日通综合研究所.物流手册[M].北京:中国物资出版社,1986.
[11] 丁俊发.中国物流[M].北京:中国物资出版社,2002.
[12] 王宗喜.军事物流学概论[M].上海:海潮出版社,1994.
[13] 马士华.供应链管理[M].北京:机械工业出版社,2000.
[14] 何明珂.物流系统论[M].北京:中国审计出版社,2001.
[15] 董千里.高级物流学[M].北京:人民交通出版社,1999.
[16] 骆温平.第三方物流:理论、操作与案例.[M].上海:上海社会科学出版社,2001.
[17] 宋华,胡左浩.现代物流与供应链管理[M].北京:经济管理出版社,2000.
[18] 孙前进.北京农产品流通体系规划与建设[M].北京:中国物资出版社,2011.
[19] 魏国辰,肖为群.基于供应链管理的农产品流通模式研究[M].北京:中国物资出版社,

2009.
[20] 王成荣,黄爱光等.北京国际商贸中心建设研究[M].北京:中国经济出版社,2012.
[21] 中华人民共和国商务部.中国电子商务报告(2010—2011年)[M].北京:清华大学出版社,2012.
[22] 荆林波,黄浩,赵京桥.中国城市电子商务影响力报告2012[M].北京:社会科学文献出版社,2012.
[23] 深圳发展银行、中欧国际工商学院"供应链金融"课题组.供应链金融,新经济下的新金融[M].上海:上海远东出版社,2009.
[24] 唐曙光,任建标.银行供应链金融——中小企业信贷的理论、模式与实践[M].北京:中国财政经济出版社,2010.
[25] 立金银行培训中心.银行供应链融资、货权质押融资培训[M].北京:中国金融出版社,2012.
[26] 黄金火. 连锁经营[M]. 武汉:武汉大学出版社,2006.
[27] 徐柏园.布局农产品流通体系,全面创新农产品流通方式[J].中国批发市场,2012.6.
[28] 周莉,刘春明.食品可追溯体系研究现状[J].粮食与油脂,2008.7.
[29] 叶勇,张友华,乐毅,罗红恩.食品安全追溯研究[J]. 华中农业大学学报(社会科学版),2011.2.
[30] 侯熙格,姜启.我国食品可追溯体系建设现状与对策[J].农产品质量与安全,2012.4.
[31] 赵荣 ,乔娟 ,孙瑞萍.消费者对可追溯性食品的态度、认知和购买意愿研究——基于北京、咸阳两个城市消费者调查的分析[J].消费经济,2010.3.
[32] 王欣兰. 高等院校物流类专业人才培养模式[J]. 中国物流与采购,2009.4.
[33] 张声书,曹佩文. 发展物流教育及其对策[J]. 重庆职业技术学院学报,2005.14.
[34] 潘安定,刘会平. 发展我国现代物流教育的探讨[J]. 广州大学学报(自然科学版),2003.2.
[35] 季靖,崔介何. 北京市物流高等教育的现状分析与思考[J]. 物流技术,2005.5.
[36] 曲衍国. 道路运输企业的发展策略[J]. 交通标准化,2003.12.
[37] 崔振武,李雅平,王万金. 道路货运企业如何导入第三方物流经营模式[J]. 黑龙江交通科技,2004.11.
[38] 吴斌. 道路货运企业向现代物流企业的转型[J]. 综合运输,2006.8.
[39] 刘小平. 关于我国连锁经营的立体透视[J]. 青海师范大学学报(哲学社会科学版),2000.3.
[40] 鲁南. 关于我国连锁经营问题的思考 [J]. 特区经济,2008.7.
[41] 龚莉. 北京连锁经营的发展阶段和趋势分析[J]. 北京财贸职业学院学报,2002.2.
[42] 李薇薇. 北京市连锁经营发展研究[J]. 北京市财贸管理干部学院学报,2006.1.
[43] 周敏. 我国零售业连锁经营的物流配送模式选择[J]. 当代经济,2008.12.
[44] 陈雷,崔倩. 新形势下连锁零售企业的共同配送研究[J]. 中国市场,2012.9.

[45] 雷雯霏. 连锁经营的物流配送及服务创新[J]. 科技与管理,2004.1.
[46] 唐红燕. 北京连锁经营的特点问题和对策[J]. 北京统计,2003.5.
[47] 张宇. 我国连锁经营业的物流合理化问题及对策研究[J]. 科技与管理,2005.9.
[48] 刘钦. 连锁经营物流配送服务体系分析[J]. 物流科技,2001.12.
[49] 毕于榜. 我国连锁经营物流配送中心的建设[J]. 市场经纬,2008.2.
[50] 物流业调整和振兴规划(国发[2009]8号).
[51] 北京市国民经济和社会发展第十二个五年规划纲要.
[52] 北京市"十二五"时期物流业发展规划.
[53] 北京市"十二五"时期国际商贸中心建设发展规划.
[54] 北京市"十二五"时期商业服务业发展规划.
[55] 北京市物流业调整和振兴规划.
[56] 北京城市总体规划(2004—2020).
[57] 北京市生活垃圾治理白皮书(2011).
[58] 北京市"十二五"时期农产品流通体系发展规划(2011).
[59] 北京千龙网 中国首都网 http://www.qianlong.com/
[60] 北京市发展和改革委员会 网站 http://www.bjpc.gov.cn/
[61] 北京市商务委员会 网站 http://www.bjmbc.gov.cn/

后　记

北京物资学院以物流和流通为特色，集中北京物资学院在物流研究方面的优势科研力量，为首都物流发展做有深度的分析和有重点的研究，从而为政府决策做参考、为企业发展做指引，是物资学院发挥自身优势依托基地主动服务于首都经济建设、提供智力支持的一种有效方式。

《北京物流——现状与趋势》正是这一有益尝试的具体呈现，本书上篇从北京物流发展环境、现状和趋势以及基础设施规划与建设方面对北京物流总体现状和趋势做了分析，下篇选择十三个重点问题对北京物流发展做了专题研究。其具体研究及撰写分工如下：第 1 章（唐秀丽），第 2 章（郑进科），第 3 章（孙前进），第 4 章（李义福），第 5 章（王可山），第 6 章（刘玉奇），第 7 章（王晓芳），第 8 章（刘俐、郑进科），第 9 章（刘旗、童年成），第 10 章（吴非），第 11 章（张志勇、安久意），第 12 章（翁心刚、安久意），第 13 章（李俊韬），第 14 章（张旭凤），第 15 章（周三元），第 16 章（王旭东、刘江），附录一、附录二（童年成）。尽管全体作者尽了最大努力，但受知识水平和能力所限，书中难免会存在各种各样的缺陷和不足，恳请各位读者批评指正。

北京现代物流研究基地

2013.8.28